인문한국불교총서 6

테마Thema 한국불교 6

* 이 저서는 2011년 정부(교육과학기술부)의 재원으로 한국연구재단의 지원을 받아 수행된 연구임(NRF-2011-361–A00008)

인문한국불교총서 ❻

테마 Thema
한국불교 6

동국대학교 불교문화연구원
HK연구단 엮음

동국대학교출판부

머리말

　불교는 인도에서 성립된 후 중앙아시아와 중국을 거쳐 약 1,700년 전에 한반도에 들어왔다. 인도불교는 수행의 과정을 거쳐 세상의 이치(dharma)에 대한 깨달음을 추구하였고 생사윤회의 길에서 벗어나고자 하였다. 인도불교의 이러한 지향점은 이질적 세계였던 중국에 수용된 뒤에 토착화와 새로운 변용의 과정을 거쳐야 했다. 붓다와 시간적·공간적으로 멀리 떨어져 있는 중국인들이 스스로 붓다가 되기 위해서는, 누구나 붓다가 될 수 있는 성품을 본래 가지고 태어났다고 하는 강한 확신이 필요했다. 그 결과 중국불교에서는 깨달음이 '본래 깨달아 있음(本覺)'으로, 붓다가 '붓다의 성품(佛性)'으로 변형되어 이해되었다. 또한 세상의 이치인 다르마도 '조건들의 일어남(緣起)'에서 '본성의 일어남(性起)'으로 다르게 인식되었다. 이러한 양상은 중국적 사유 방식인 본성론적 사고에서 비롯되었다. 중국불교에서는 이를 바탕으로 교학에서는 천태종과 화엄종, 실천에서는 정토종과 선종이 독자적 성격을 띠며 발전하게 되었다.

　이처럼 본성론에 의거해 성립된 중국불교의 교리와 사상은 같은 한자문화권인 한국과 일본에도 영향을 미쳤다. 다만 한국의 경우에는 그 수용 방식에서 조금은 다른 양상을 보였는데, 여러 학파 및 교파의 이론과 각각의 대립적 주장들을 융합하고 조화시키려는 통섭적 경향이 두드러졌다. 한국불교의 사상적 독창성을 상징하는 원효는 여러 학설 사이의 화쟁을 주장하였고, 한국 선불교의 대표자인 지눌은 간화선과 화엄으로 요약되는 선과 교의 일치를 추구하였다. 조선 후기 불교 전통에서 나타난 선과 화엄, 염불의 결합 시도 또한 한국불교 특유의 융섭적 특성을 보여 주는 사례이다. 본성론에 기초하여 다양한 학파와 종파가 성립된 것은 중국에서였지만, 종합과 통섭의 사고는 한국에서 보다 분명히 나타난 한국불교의 특성이라고 말할 수 있다.

동국대학교 인문한국(HK)연구단은 한국불교가 갖는 로컬의 특성을 글로벌한 시각에서 조명하여 글로컬리티의 확장성을 구현하려는 방향의 연구를 수행하고 있다. 본 연구단은 '글로컬리티의 한국성: 불교학의 문화 확장 담론'을 아젠다로 하여, 2011년 9월부터 2021년 8월까지 총 10년간 HK사업을 수행 중이며, 현재 3단계 1년차 사업을 진행하고 있다. 1단계 3년간은 한국불교의 '원형의 고유성'을 탐색하여 연간 9개씩 27개의 주제를 다루었고 그 결과물로『테마 한국불교』1~3을 출간한 바 있다.

2단계에서는 한국불교의 '소통의 횡단성'에 초점을 맞추어, 〈문헌과 사상〉에서 '텍스트'와 '콘텍스트', 〈종교와 문화〉에서 '권력과 종교', '문화와 의례'로 유형화하여 특성화 연구를 하였다. 텍스트로는 신라 원효의『기신론소』와『금강삼매경론』, 의상의『법계도기』, 경흥의『삼미륵경소』와 둔륜의『유가론기』, 고려 일연의『삼국유사』를 선정하여 한국적 사유의 독창적이며 보편적인 특징을 도출하였다. 콘텍스트에서는 사본, 금석문, 과문, 교판, 교관, 선교 겸수를 테마로 하여 횡단 문화의 교차적 관점에서 한국불교의 융합적 성격을 추출하였다. 권력과 종교는 승역·승군, 호국·호법, 정교, 정토, 지옥, 윤회의 주제를 다루고 문화와 의례에서는 불교 설화, 어록, 언해불서, 불탑, 갈마, 청규를 주제어로 불교의 한국적 변용과 전개 과정을 살펴보았다.

본서 『테마 한국불교』 6은 2단계 3년차 주제에 해당하는 『유가론기』와 『삼국유사』의 텍스트, 과문 및 선교라는 콘텍스트, 권력과 종교의 정교와 윤회, 그리고 문화와 의례의 언해불서와 청규를 대상으로 한 주제별 개설서이다. 각 테마는 글로벌리티의 관점에서 고대부터 조선시대까지 한국불교의 장기 지속 및 시대적 변화상을 통시적으로 접근하였다. 또한 2단계 아젠다 연구 목표인 '소통의 횡단성'을 고려하여 인도 이후 중국, 일본과의 비교를 통해 동아시아 세계 공통의 지형과 한국불교의 고유한 특성을 함께 조명하였다. 이를 기반으로 3단계에서는 로컬과 글로벌이 융합된 한국불교의 글로컬한 특성을 '변용의 확장성'이라는 관점에서 탐색해 본다.

『테마 한국불교』 시리즈는 다양한 영역과 주제를 포괄하여 한국불교의 전체상을 종합적으로 그려 보는 동국대학교 HK연구단의 공동 연구서이다. 10년간 진행되는 HK 아젠다 연구의 성과물이 모두 10권의 책으로 결실을 맺게 되면, 한국불교의 다채로운 양상과 융합적 특성을 한눈에 바라보면서 의미 있는 비교사적 담론을 제기할 수 있을 것이다.

2018년 6월
동국대학교 불교문화연구원장·HK연구단장
김종욱

차 례

머리말_ 김종욱 · 5
총　설_ 김용태 · 15

제1부 문헌과 사상

텍스트

유가론기瑜伽論記　_ 이수미 ● 43

Ⅰ. 『유가론기』의 사상적 배경 및 특징 … 44
『유가론기』의 사상적 위치와 중요성 44/ 『유가론기』의 판본 및 구성 47/ 『유가론기』와 신라 유식학 55

Ⅱ. 『유가론기』에 대한 초기 연구 … 57
『유가론기』의 저자, 성립 시기 및 판본 58/ 신라 출신 논사들의 확정 63/ 『유가론기』의 사상적 입장에 대한 연구 69

Ⅲ. 『유가론기』 연구의 심화 및 확대 … 72
『유가론기』에 대한 재고찰 72/ 둔륜, 경사 및 현법사에 관한 연구 78/ 『유가론기』 관련 연구 82

■ 『유가론기』, 보다 넓은 불교학 이해를 위한 통로 • 86

삼국유사三國遺事 _ 박광연 ● 89

Ⅰ. 『삼국유사』의 위상 … 90

『삼국유사』와 『삼국사기』 90/ 근대 학문과 『삼국유사』 91/ 세계 속의 『삼국유사』 94

Ⅱ. 고려시대 『삼국유사』의 찬술 … 96

찬자 96/ 찬술 시기 98/ 『삼국유사』 찬술의 의도 100

Ⅲ. 조선시대 『삼국유사』의 간행과 유통 … 102

간행 시기와 조선 초기 판본 102/ 중종임신본 105/ 『삼국유사』 간본의 인용 107

Ⅳ. 『삼국유사』의 체제와 해석 … 110

「왕력」·「기이」 110/ 「흥법」·「탑상」·「의해」·「신주」·「감통」·「피은」·「효선」 112/ 『삼국유사』 체제에 대한 해석 114

■ 한국 고대 불교문화의 보고 『삼국유사』 • 116

콘텍스트

과문科文 _ 김천학 ● 121

Ⅰ. 과문의 개념과 다양화 … 122

과문의 개념 및 범위 122/ 인도불교 문헌의 분과 125/ 중국 남북조 불교의 과문 127

Ⅱ. 과문의 정형화 과정과 새로운 경전 주석 개념들 … 132

　　과문의 정형화 과정 132/ 수·당 시대 이후 현담 136/ 경전 주석 개념들 142/ 일본불교 과문의 신형태 148

Ⅲ. 신라·고려 불교의 다양한 과문 형태 … 150

　　원효의 '종요' 문헌 150/ 의상 『일승법계도』의 자주 형태 152/ 표원 『화엄경문의요결문답』의 장 형식 153/ 광본의 요약 제관의 『천태사교의』 155

Ⅳ. 조선시대 과문의 전문화 … 156

　　조선 후기 과문 문헌의 출현 156/ 설암 추붕의 『선원제전집도서과평』 157/ 도봉 유문의 『법성게과주』 158

　■ 과문, 전통과 현대를 잇다 • 161

선교 禪敎　　　　　　　　　　　　　　　_ 김호귀 ● 165

Ⅰ. 교학과 선종의 근원 … 166

　　경전의 출현 166/ 교학의 발전과 선종의 출현 168/ 교상판석과 선종의 선리 170

Ⅱ. 선교관의 출현과 전개 … 172

　　중국 선종과 불립문자 172/ 『선원제전집도서』를 통한 회통의 선교관 174/ 선교의 융합과 회통 176

Ⅲ. 선교의 차별과 융합 … 181

　　나말여초의 선교차별 181/ 고려시대 선교융합의 전개 185/ 조

선시대 선교의 교섭 188

　Ⅳ. 선교관의 변천과 지향 … 193

　　선과 교의 긴장-선교차별 193/ 휴정의 선교관-종교입선 196/
　　선과 교의 통로-선교융합 199

■ 선시불심 교시불어 • 203

제2부 종교와 문화

권력과 종교

정교 政教　　　　　　　　　　　　　　　　_ 조윤경 ● 209

　Ⅰ. 인도와 중국의 정교 관계 … 210

　　인도의 전륜성왕, 아쇼카왕 210/ 북조의 '왕즉불'과 폐불 212/
　　남조 교단과 양 무제 216

　Ⅱ. 고대국가와 불교의 만남 … 221

　　삼국의 불교 수용과 왕권 221/ 신라의 정치이념과 승관 제도
　　224/ 신라의 호국의례·법회 226

　Ⅲ. 고려시대 정교결합 … 227

　　숭불정책 227/ 국가의례 230/ 승군의 국가 수호 232/ 호국신앙
　　과 고려대장경 235

　Ⅳ. 조선시대 정교분리와 활용 … 237

성리학적 지배 질서와 '억불' 237/ 의승군의 활약과 불교의 사회적 위상 239

■ 불교와 정치권력의 역동적 공생 • 242

윤회輪廻 _ 박서연 ● 249

Ⅰ. 인도불교와 윤회사상 … 250
업과 윤회 250/ 무아와 윤회 252/ 아뢰야식과 윤회의 주체 254

Ⅱ. 동아시아 불교와 업·윤회 관념 … 257
중국불교의 윤회 관념 257/ 티베트·몽골 불교의 윤회 관념 260/ 일본불교의 윤회 관념 263

Ⅲ. 신라시대 업·윤회사상의 수용과 전개 … 266
신라인의 윤회관 266/ 윤회와 지계 268/ 점찰법회와 윤회 인식 270

Ⅳ. 고려~조선 시대 윤회 관념의 변용 … 272
수륙재의 설행 272/ 효 윤리와 윤회 274/ 육도윤회설과 지옥 277

■ 윤회, 그 간단없는 생사의 수레바퀴 • 280

문화와 의례

언해불서諺解佛書 _김기종 ● 285

Ⅰ. 한글의 창제와 불서의 언해 … 286
   번역과 언해 286/ 언해의 체재와 양식 287/ 언해의 과정 289

Ⅱ. 조선 전기의 언해불서 … 291
   『석보상절』과 『월인석보』 291/ 간경도감과 불서 언해 295/ 지방 사찰의 언해불서 299

Ⅲ. 조선 후기의 언해불서 … 305
   『은중경』의 언해와 유통 305/ 『권념요록』·『염불보권문』 309/ 『지장경언해』 313

Ⅳ. 근대 시기의 불경 번역 … 315
   백용성과 삼장역회 315/ 권상로의 경전 번역 317/ '근대적' 역경의 출현 320

   ■ 승려의 교육과 대중의 교화 • 324

청규淸規 _이자랑 ● 329

Ⅰ. 율律과 승제법僧制法 … 330
   승가의 형성과 율의 제정 330/ 율의 내용과 제정 목적 332/ 승제법, 중국적 규범의 등장 334

Ⅱ. 중국과 일본에서 청규의 등장과 발전 … 338

광률의 역출 338/ 선종의 출현과 동산법문의 집단생활 340/『백장청규』와『선원청규』342/ 도겐의『영평청규』345

Ⅲ. 한국에서 청규의 도입과 변용 … 348

선종의 수용과 청규의 도입 348/ 보조 지눌과『계초심학인문』350/ 고려 말 선승의 불교 교단 개혁과『칙수백장청규』352/ 불교 상례집과 청규 355

Ⅳ. 한국 근현대기의 결사와 청규 … 357

근대 한국불교의 청규 357/ 봉암사결사와 공주규약 360/『조계종 선원청규』와『승가청규』362

■ 청규, 승가 개혁을 위한 결사의 상징 • 367

찾아보기 _ 373
저자 소개 _ 388

총 설

한국불교 횡단성의 발현: 글로벌리티의 구축

김용태

1. 한국불교의 '고유성'에 이어 '횡단성'을 도출하다

동국대학교 인문한국(HK)연구단의 아젠다는 '글로컬리티의 한국성: 불교학의 문화 확장 담론'이다. 이는 글로벌과 로컬을 합성한 글로컬리티(glocality)에 주목해 세계주의적 보편성과 지역적 특수성을 아울러, 한국학으로서 한국불교의 특징을 살펴보려는 구상에서 기획되었다. 이를 위해 1단계 '원형의 고유성'(로컬), 2단계 '소통의 횡단성'(글로벌), 3단계 '변용의 확장성'(글로컬)을 단계별 목표로 삼아, 주변과 중심이라는 이원적 도그마를 극복하는 '융합적 지역성'의 시각에서 불교를 매개로 한 '한국성'을 도출해 보고자 한다.

아젠다 연구의 목표는 첫째로 한국 역사의 시공간을 종단하고 인도와 동아시아를 횡단하여 문화 확장의 가능성을 찾아보려는 것이며, 둘째로 특수와 주변(로컬), 보편과 중심(글로벌)의 길항 관계를 넘어 양자의 교차와 융합을 통한 트랜스 지역성(글로컬)을 추출하는 것이다. 이는 글로컬리티의 한국성이 가질 수밖에 없는 다층의 복합 구조를 해명하여 과연 불교의 입장에서 한국성이란 무엇인가를 밝혀 보려는 시도이다. 이를 기반으로 한국형 문명 패러다임의 창출 가능성을 타진해 보고자 한다.

1단계 '원형의 고유성'에서는 한국적 고유성의 추출을 연구 목표로 하여 로컬리티의 특수성을 기반으로 한 글로컬리티의 적용 가능성을 탐색해 보았다. 이에 〈사유와 가치〉, 〈종교와 국가〉, 〈문화와 교류〉의 세 영역으로 나누어 영역별로 세 개의 특화된 주제어를 설정하였다. 〈사유와 가치〉는 사상, 윤리, 내세, 〈종교와 국가〉는 권력, 전쟁, 재화, 〈문화와 교류〉는 사람, 문자, 의례의 주제어로서, 1단계 3년간 수행한 27개의 구체적 테마는 다음과 같다.

1단계 원형의 고유성

연차	사유와 가치			종교와 국가			문화와 교류		
	사상	윤리	내세	권력	전쟁	재화	사람	문자	의례
	전수	공동체	계세	왕권	기원	생산	수용	표기	재회
1	유식	충의	하늘	제정일치	원력	사전	자장	변체한문	팔관회 연등회
2	화엄	신의	조상	왕즉불	위령	사노	의상	향찰	수륙재
3	선	세간	무격	불국토	계율	사장	태고 나옹	구결 현토	향도 결사

1단계 아젠다 연구의 수행 결과 한국불교는 인도는 물론 중국과도 다른 독특한 문화적 원형을 형성하였고 그러한 특성이 장기적으로 지속되고 내재적으로 전개·발전되었다는 점에서 고유성을 찾을 수 있었다. 그 특징은 불교 수용 이전에 있었던 토착적 사유 및 신앙과의 접합과 융섭, 국가권력과의 강한 연대와 상호 공생, 외래문화의 수용과 자국적 변용으

로 요약된다. 또 독선과 배제, 갈등과 대립, 타율적 이식과 정체 등과 대비되는 개념으로 포용과 융화, 절충과 조화, 주체적 수용과 발전이라는 키워드를 가지고 설명이 가능하다. 한국불교의 고유성은 수용과 접변, 토착적 기반에 뿌리를 둔 연속과 외래문화의 내재적 확장을 매개로 형성·전개되었다. 그 과정에서 타자와 주체, 특수와 보편 사이의 마찰과 대립이 나타나기도 했지만 연쇄적인 계기적 전환을 거치면서 또 다른 차원의 한국적 고유성을 형성하게 되었다. 또한 축적된 문화적 토양을 근간으로 시대의 변화를 거치면서 다층의 새로운 스펙트럼을 생성해 냈다. 이러한 전개 과정을 통해 결국 특수와 보편이 교차 융합된 제3의 한국적 로컬리티가 형성되기에 이르렀다.

이를 바탕으로 2단계(횡단성)에서는 1단계(고유성)의 〈사유와 가치〉, 〈종교와 국가〉, 〈문화와 교류〉의 세 영역을 〈문헌과 사상〉, 〈종교와 문화〉로 집약하여 보다 압축적인 연구를 수행하였다. 영역별로는 다시 유형을 나누어 특성화된 주제별 연구를 추구하였는데, 〈문헌과 사상〉은 텍스트와 콘텍스트, 〈종교와 문화〉는 권력과 종교, 문화와 의례로 구분하였다. 2단계의 영역과 유형, 세부 주제는 다음과 같다.

2단계 소통의 횡단성

연차	문헌과 사상				종교와 문화			
	텍스트		콘텍스트		권력과 종교		문화와 의례	
1	기신론소	삼미륵경소	사본	교판	승역·승군	정토	불교설화	불탑
2	법계도기	금강삼매경론	금석문	교관	호국·호법	지옥	어록	갈마
3	유가론기	삼국유사	과문	선교	정교	윤회	언해불서	청규

'소통의 횡단성'은 문헌과 사상의 수용 및 변용 과정을 텍스트와 콘텍스트의 연결 구조를 통해 설명하고, 인도 및 동아시아 세계와의 횡단 문화적 접변을 통한 글로벌리티의 투영 양상을 살펴본 후 그 확장성을 모색한 것이다. 또한 권력과 종교, 문화와 의례 유형은 그 변화 양태와 역사적 전개 과정을 구체적 사례와 함께 비교사적 관점에서 조망하였다. 내세관과 가치의 전환 문제, 의례와 문학의 발현 양상을 아시아 차원의 문화 교류 및 상호 영향의 틀 속에서 검토하고 그 결과로 나타난 지역성을 집중적으로 조명하고자 하였다.

〈문헌과 사상〉의 텍스트에서는 신라 원효의 『기신론소』와 『금강삼매경론』, 의상의 『법계도기』, 경흥의 『삼미륵경소』와 둔륜의 『유가론기』, 고려시대 일연의 『삼국유사』와 같이 불교 사상은 물론 역사 관련 대표 문헌을 선정하여 한국적 사유의 본질을 탐색하고, 중국·일본과의 비교 연구를 수행하였다. 콘텍스트에서는 한국불교사 전체를 관통하는 기록 유산인 사본, 금석문, 과문을 택하여 그 자료적 가치를 동아시아적 관점에서 조명하였다. 또한 교학 및 경전의 단계를 분류하는 교판, 교학과 관행의 일치, 선과 교의 겸수 등을 대립이나 갈등이 아닌 동아시아 횡단 문화의 교차적 관점에서 융합과 공존의 구조로 설명하였다.

〈종교와 문화〉의 권력과 종교에서는 승역·승군, 호국·호법, 정치·종교 문제를 구체적으로 검토하고, 불교와 국가의 관계나 전쟁과 폭력에 대한 대응 및 인식을 중점적으로 다루었다. 또한 불교가 동아시아에 지대한 영향을 미친 내세관과 관련하여 정토, 지옥, 윤회를 한국인의 가치관 및 정체성 형성이라는 시각에서 검토해 보았다. 문화와 의례에서는 불교 설화, 어록, 언해불서를 주제로 하여 문자 및 언어 생활, 문학으로 확산된 불교적 세계를 발굴하였다. 이어 불탑, 갈마, 청규를 테마로 인도에서 중국을 거쳐 한국에 이르기까지 불교 신앙과 계율이 어떻게 변용되고 전개되었는지 살펴보았다.

2. 한국불교 '횡단성'의 전개: 글로벌리티의 확산

2단계 2년차 연구 성과를 집성한 『테마 한국불교』 5(2017)는 '한국불교 횡단성의 전개: 글로벌리티의 확산'을 주제로 하였다. 〈문헌과 사상〉 영역에서는 『법계도기』와 『금강삼매경론』의 텍스트, 콘텍스트로는 금석문과 교관에 대해 살펴보았다. 〈종교와 문화〉 영역에서는 권력과 종교 유형으로 호국·호법, 지옥을 정리하였고 문화와 의례에서는 어록과 갈마를 검토하였다.

먼저 〈문헌과 사상〉의 텍스트와 콘텍스트에 해당하는 네 편의 연구 결과를 요약한다.

'법계도기'는 한국 화엄의 개조인 신라 의상의 주저 『일승법계도』가 동아시아에 미친 사상사적 영향에 대해 살펴본 것이다. 의상은 당에 유학하여 화엄 조사 지엄 문하에서 수학하였고 귀국 후 평등한 화엄 교단을 운영하고 많은 제자를 육성하였다. 그의 화엄사상은 범부의 5척 몸이 성기性起 세계를 드러낸다는 오척신五尺身, 육상六相과 해인삼매海印三昧 등으로 집약되었는데, 『화엄경』에 입각하여 수행을 함께 닦는 실천적 보현행을 특징으로 한다. 의상의 사상은 중국 화엄사상가 법장과 송대의 선승 영명 연수, 그리고 일본에까지 큰 영향을 미쳤다. 또한 고려시대의 『법계도기총수록』에는 『일승법계도』 주석서와 의상계 문헌이 다수 수록되었고 균여의 『일승법계도원통기』는 특히 성기 관념과 관련이 있는 구래불舊來佛설을 계승하였다. 이후 유불을 넘나들었던 조선 초의 김시습은 선의 입장에서 의상의 『법성게』를 주해하였고 조선 후기 도봉 유문의 『법성게과주』에서도 그에 대한 해석이 이루어졌다.

'금강삼매경론'에서는 '일미一味관행'을 주창한 원효의 저술 『금강삼매경론』을 검토하였다. 원효는 당시 유행하던 거의 모든 경론에 주석서를 남겼는데 『금강삼매경론』의 해석 대상인 『금강삼매경』이 가장 먼저 유행한 곳이 신라였고 그에 대한 주석서가 최초로 나온 곳도 신라였다. 『금강삼매경』의 성립에 관해서는 용궁 출현, 신라 대안의 편집과 원효의 해설을 설화적으로 윤색한 기록이 전한다. 원효는 『금강삼매경』의 중심 사상을 『대승기신론』과 마찬가지로 일심으로 보았고 실천적 의미를 강조한 일미관행을 내세웠는데 이는 선종과도 관련성이 있다. 원효의 해석은 중국과 일본에도 많은 영향을 미쳤고 신라 둔륜의 『유가론기』에도 인용되어 있다. 고려의 의천과 혜심도 『금강삼매경론』의 사상을 일부 계승하였는데 주로 삼매와 진무眞無 개념을 통한 이해를 시도하였다. 이는 일심과 결정성을 강조한 것으로 해석된다. 원효의 일미관행 사상은 동아시아 불교를 관통하며 널리 활용되었고 실천적 모티브를 제공한 것으로 평가할 수 있다.

'금석문'은 '쇠와 돌에 새겨진 불교와 불교인의 역사'라는 시각에서 고찰하였다. 금석문과 불교 금석문의 범주와 인도·중국·일본의 사례를 비교사적으로 검토하였고 삼국과 통일신라의 불교 금석문을 불상·탑·종의 명문과 비문을 통해 살펴보았다. 이어 고려와 조선의 불교 금석문을 고승비와 묘지석, 불상·탑·종·반자, 매향비와 사적비를 중심으로 정리하였다. 정사에 수록되지 못했거나 유학자들의 취사선택을 거쳐 선별된 자료에서는 볼 수 없는 불교사의 구체적 실상과 당시 사람들의 불교적 사유 및 일상은 자료의 보고인 금석문에서 찾을 수밖에 없다. 통일신라 이후 고려까지의 금석문 가운데 묘지명을 제외하면 90% 이상이 불교 금석문이며 각종 불사에 참여한 이들의 명단에는, 승려뿐 아니라 관료, 향리, 지방 공동체와 민이 모두 망라되어 있다. 또한 불교 제도와 불교 의례의 구체적 양상을 확인할 수 있다. 불교 금석문을 총망라하여 살펴본다면 불교사뿐 아니라 역사, 문학, 문화 등 다양한 분야에서의 조명이 가능하다.

'교관'은 '교학과 관행의 융합과 한국적 발현'의 시각에서 정리해 보았다. 먼저 교학과 관행을 합친 교관 용어의 성립 배경과 사례를 정리하고 천태와 화엄을 중심으로 한 중국불교의 교관 문제를 검토하였다. 한국의 경우 삼국·통일신라 시대의 교관은 법화 신앙과 천태의 수용에 대해 소개하였다. 화엄교학이 그대로 관행문이 되는 '교즉관'을 내세운 의상계, 일심사상을 축으로 실천적 관행을 추구한 원효, 해인삼매와 삼매관행을 제시한 비의상계로 대별하여 특징을 살펴보았다. 천태교관은 7세기 이후 신라에 도입되었지만 법화신앙에 화엄사상이 결부되거나 관음신앙이 강조된 반면 천태의 지관止觀이 크게 부각되지는 않았다. 고려시대의 교관은 의통, 제관의 천태교관과 균여, 의천의 화엄교관으로 특화되었으며 후기의 천태종 백련사와 묘련사 계열은 천태지관과 법화참법을 중시하였다. 조선시대도 김시습, 김대현, 『화엄사기』의 사례를 통해 천태학과 화엄학으로 나누어 전개 양상을 고찰하였다.

다음으로 〈종교와 문화〉 영역에서는 권력과 종교, 문화와 의례로 나누어 네 개의 테마를 다루었다.

'호국·호법'은 '호국, 과연 한국불교의 전통인가'라는 문제 제기의 관점에서 접근하였다. 호국불교의 의미와 경전적 근거, 호국불교 담론의 문제점에 대한 논의로 시작하여 인도의 아쇼카왕과 전륜성왕, 중국의 호국사상과 왕권, 일본의 진호국가 개념과 '왕법즉불법' 사상을 중심으로 살펴보았다. 이어 삼국과 통일신라의 불국토 관념과 호국 사찰, 호국 의례와 법회 등을 조명하였고 고려와 조선은 『인왕경』 법회와 불교 의례, 호국의 염원과 대장경 조판, 승군의 호국 활동에 대해 검토하였다. 한국에서 호국불교 담론은 민족주의 및 국가주의가 요구된 시대 상황에서 배태되어 전개되었다. 이에 호국불교 담론의 태생적 원류나 근대적 국가 관념을 전근대 호국 양상에 투영한 개념적 범주의 오용 문제가 지적되었다. '한국'이라는 국가 개념을 전제로 할 때 국가라는 공동체에 종속시켜 불교를 해석할지, 아니면 보편적 종교로서 불교를 이해할지에 따라 이분법적 호국불교의 해석이 생겨난 것이다. 호국불교 담론은 보편성과 특수성이 시대별로 어떠한 모습으로 규정되었는가를 밝히는 작업이라고 생각된다.

'지옥'은 '도덕적 삶을 위한 심판과 징벌'을 주제로 불교의 지옥과 한국 및 동아시아에서 나타난 지옥 관념의 변천에 대해 살펴보았다. 인도의 지옥 관념은 니라야와 나라카, 야마와 염라왕, 불전 속의 형상화로 구분하여 검토하였고 중국과 일본의 사례는 태산부군과 시왕, 관리가 통제하는 감옥, 징벌의 강조를 들어 비교하였다. 삼국에서 고려까지는 지옥 관념의 수용과 시왕 신앙의 유포, 우란분재의 설행과 목련고사로 나누어 정리하였다. 조선시대는 유가와 불가의 지옥 인식 비교, 시왕도, 불교 가사와 회심곡, 한글 소설로 유형화하여 고찰하였다. 동아시아에서 인과응보설을 바탕으로 한 지옥 관념은 불교의 업설과 윤회사상을 전파, 확산시키는 데 중요한 역할을 하였다. 그렇기에 지옥 및 명부를 형상화한 수많은 문학작품이 만들어져서 대중에게 향유되었고 다수의 지옥도와 시왕도가 제작되었다. 조선 후기의 지옥 관련 불교 가사와 한글 소설은 지옥행의 원인에 초점을 맞추어 윤리 규범을 특히 강조한 점이 특징이다.

'어록'은 주로 선어록을 가리키며 '불립문자와 기록의 아이러니'라는 특징을 갖고 있다. 먼저 어록의 정의와 출현, 찬술 경전의 쇠퇴에 대해 살펴보았고 선어록의 분류와 중국 및 일본의 선어록에 대해 개관하였다. 이어서 한국 선어록의 간행과 전개를 선의 전래와 정착, 고려의 선어록, 조선의 승려 문집으로 구분하여 검토하였다. 끝으로 한국불교에서 선어록의 역할과 기능을 분석하여 선어록의 유통과 역할, 선어록의 의미를 중점적으로 고찰하였다. 선은 불립문자, 교외별전, 직지인심이라는 말로 표현되듯이 그 본질은 언설로 제대로 표현할 수 없고 자신의 체험을 통한 이해, 나아가 깨달음을 강조하는 것이다. 하지만 부처의 정법안장이 이심전심으로 이어지는 과정에서 결국 언설을 통한 사유를 말미암지 않을 수 없어서 언어도단의 경지를 언설로 표현해야 하는 역설이 발생하였다. 이러한 아이러니 때문에 불립문자를 강조하면서도 조사의 이해와 체험을 담은 사건과 문답을 중심으로 한 어록이 나오게 된 것이다.

'갈마'는 '오랜 침체와 새로운 부흥'을 주제로 갈마의 개념과 한국과 동아시아에서의 전개 양상을 다루어 보았다. 갈마는 승가에서 의사 결정을 위해 실행하는 모든 회의 또는 회의 방식을 일컫는 말로 승려의 전원 출석과 만장일치 원칙이 적용되었다. 먼저 화합을 실현하는 공동체라는 의미의 화합승의 실현으로서 갈마의 규정, 현전승가와 사방승가, 갈마의 형식과 종류 및 그 의미를 고찰하였다. 중국과 일본의 사례는 수계갈마, 4대 광률의 번역과 혼란, 도선과 『사분율』, 감진의 도일과 국립 3계단으로 나누어 검토하였다. 한국은 백제의 수계 및 포살 갈마 실행, 신라 자장의 계율 및 교단 정비, 고려시대 관단수계의 제도화, 조선의 수계갈마로 시기별로 특징을 개관하였다. 이어 한국 근현대기의 혼란과 단일 계단의 정비 문제를 소개하였는데 19세기 대은 낭오의 서상수계瑞祥受戒와 만하 승림의 중국 계맥 전수, 여법갈마와 중수계 수지, 현대의 자운 율사와 단일 계단 정비 문제를 들 수 있다.

3. '문헌과 사상'에서의 글로벌리티의 구축

본『테마 한국불교』6에 수록된 〈문헌과 사상〉 영역의 네 개 테마를 텍스트(유가론기, 삼국유사)와 콘텍스트(과문, 선교)로 나누어 '횡단성의 발현'이라는 시각에서 글로벌리티의 구축 문제를 정리해 본다.

1) 텍스트

유가론기

신라 승 둔륜(혹은 도륜, 650~730)의『유가론기』는 유식학의 근본 논서 중 하나이자 교리서인 현장 역『유가사지론』에 대한 주석서이다. 먼저『유가론기』의 사상적 위치와 중요성, 판본과 구성에 대해 살펴보았고 신라 유식학을 간단히 개관하였다. 이어『유가론기』에 대한 초기 연구를 정리하면서 저자와 성립 시기, 신라 출신 논사들의 확정,『유가론기』의 사상적 입장에 대한 논저를 소개하였다. 이어 '『유가론기』 연구의 심화 및 확대'라는 제목으로『유가론기』에 대한 연구사적 고찰을 시도하여 둔륜, 경사, 현법사 및『유가론기』관련 연구를 다루었다.

『유가론기』에 대한 근대적 연구는 1930년대에 시작되었지만 이후 학계의 별다른 관심을 끌지 못하다가 1980년대 이후 연구가 재개되었다. 초기 연구에서 이미 이 텍스트를 통해 고대 동아시아, 특히 신라 학승들의 사상적 특징을 복원할 수 있을 것이라는 일말의 기대가 있었지만, 아직까지도 『유가론기』 연구는 초보적 단계에 머무르는 형편이다. 초기의 연구는 서지적 기초 사항과 형식상의 분석에 그쳤지만, 80년대 이후의 연구는 세부적 교학 이론 및 주제에 대한 보다 심화된 연구 경향을 보여준다. 그렇지만 『유가론기』의 사상적 전모나 저자의 입장 등 핵심적인 논제에 대해서는 여전히 눈에 띄는 성과가 나오고 있지 않다.

 이는 두 가지 이유에서 기인한다고 생각된다. 첫째, 『유가론기』 이해에 있어 가장 기본적 요건이라 할 수 있는 판본의 정본화가 이루어지지 않았다. 사상 내용을 분석하기에 앞서 판본상의 상위와 결락 문제를 해소하기 위해 여러 판본을 대조 검토하여 오자와 탈자를 바로잡는 정본화 작업이 선행되어야 한다. 선본으로 알려져 있는 『금장』본의 경우도 결락된 부분이 있으므로 반드시 다른 판본을 참조할 필요가 있다. 둘째, 당시 유식학자들의 논쟁 이슈에 대한 교학적 선행 연구가 충분하지 않다는 점이다. 『유가론기』는 유식사상을 백과사전식으로 다루고 있는 『유가사지론』 100권에 대한 주석서이다. 따라서 다양한 유식 이론들에 관한 당시의 사상적 논쟁이 상세히 다루어져 있고 분량이나 교리적으로도 매우 방대하고 복잡한 문헌이다. 그렇기에 『유가론기』에 대한 이해에는 당시의 이론적 논점에 대한 연구가 병행되어야 하며 해당 분야 전문가들의 협업을 바탕으로 한 장기간의 역주 작업 또한 필요하다.

 『유가론기』 연구는 당대 신라 및 동아시아 논사들의 『유가사지론』에 대한 견해를 복원하는 데서 그치는 것이 아니라, 유식사상에 대한 깊은 이해를 통해 동아시아 불교학의 심원을 향해 갈 수 있는 통로가 될 수 있으며 그에 대한 연구가 진척되기를 기대한다.

삼국유사

고려 후기 승려 일연이 지은 것으로 유명한 『삼국유사』는 한국 고대의 역사·문화·불교 신앙의 구체적 양상을 담은 귀중한 문헌이다. Ⅰ장 '『삼국유사』의 위상'에서는 『삼국유사』와 『삼국사기』, 근대 학문과 『삼국유사』, 세계 속의 『삼국유사』로 소제목을 뽑아 서술하였고, Ⅱ장 '고려시대 『삼국유사』의 찬술'에서는 찬자, 찬술 시기, 찬술의 의도를 살펴보았다. 이어 Ⅲ장 '조선시대 『삼국유사』의 간행과 유통'에서는 간행 시기와 조선 초기 판본, 중종임신본, 조선시대 『삼국유사』 간본의 인용 문제를 다루었고, Ⅳ장 '『삼국유사』의 체제와 해석'에서는 「왕력」·「기이」·「흥법」·「탑상」·「의해」·「신주」·「감통」·「피은」·「효선」 편의 내용을 개관하고 『삼국유사』의 체제에 대한 해석을 덧붙였다. 끝으로 한국 고대 불교문화의 보고로서 『삼국유사』를 어떻게 활용할 것인지의 문제를 제기하였다.

한국 고대사와 불교사 연구에서 『삼국유사』의 비중과 위상은 너무나 높으며 그것은 앞으로도 마찬가지일 것이다. 하지만 그에 상응하는 사료 비판이 충분히 이루어졌다고 할 수는 없다. 이는 사료로서 『삼국유사』가 지니는 한계에서 비롯된 문제이기도 하다. 『삼국유사』의 찬자는 고기古記, 금석문, 고문서, 국내외 역사서, 고승전, 문집 등에서 광범위하게 자료를 수집하고, 직접 보고 듣고 발굴해 낸 향전鄕傳의 수많은 설화와 전설들도 수록하였다. 앞서 나온 김부식의 『삼국사기』를 염두에 두고서 정사인 『삼국사기』에 실리지 않은 이야기를 위주로 『삼국유사』에 담았는데, 이 가운데 많은 분량을 차지하는 고기나 향전 등에서 인용한 내용은 신이神異적 성격이 매우 강하다. 이 때문에 『삼국유사』 찬자의 역사관을 신이사관이라고도 한다. 따라서 그 안에 내재된 역사적 사실을 어떻게 추출해 낼 것인가가 관건이 된다.

그 구체적인 방법 및 방향으로는 우선 『삼국사기』는 유교, 『삼국유사』는 불교라는 대립적 구도에서 벗어나 당대인의 다원적 사유 구조를 읽어 낼 필요가 있다. 고기 등에 실린 신이적·영험적 이야기들은 당대인들의 사유 구조를 반영하고 있다. 시조의 신성성을 강조하고자 했던 정치적 의도, 불국토를 강조하려 했던 승려의 염원, 더욱이 전승의 주역이었던 서민들의 인식까지 모두 투영되어 있다. 따라서 『삼국유사』에 기록된 전설은 유교와 불교의 구도에 가려졌던 신라·고려 시대 사람들의 다원적 사유 구조의 표출로서 이해되어야 한다.

또한 『삼국유사』에 인용된 전거들의 형성 과정에서 일어났을 변형에 대한 고찰도 필요하다. 인용 전거들은 사건 발생-창작-전승-이야기 채집-기록의 과정을 거쳐 만들어졌다. 이 과정에서 어떤 형태로든 변형이 없었을 리 없지만 지금까지는 이를 애써 외면하거나 변형된 부분을 가급적 걷어 냄으로써 사건의 원형을 최대한 찾으려 하였다. 최근에는 사건을 그대로 역사적 사실로 간주하는 데에 대한 반성으로 『삼국유사』가 나온 고려시대의 인식이나 상황이 이야기에 반영되었을 것이라는 문제 제기가 있었다. 이뿐 아니라 창작, 전승, 채집 단계의 변형에 대한 검토도 이루어져야 한다. 고대 동아시아에서 불교는 보편 사유로서 작동했고 시·공간에 따라 다르게 기능했다. 이를 전제로 중국·일본의 불교문화·인식 형성 과정의 비교사적 접근을 시도하면 이야기의 변형 과정을 추론해 낼 수 있을 것이다.

2) 콘텍스트

과문

과문科文은 중국에서 한역 불전을 이해하기 위해 경전 해석을 구조화하는 방안으로서 만들어졌다. Ⅰ장에서는 과문의 개념과 범위, 인도 불교 문헌의 분과, 중국 남북조 시기의 불교 과문에 대해 살펴보았고, Ⅱ장에서는 중국에서 과문의 정형화 과정과 수·당 시대 이후의 현담, 경전 주석 개념, 일본불교 과문의 새로운 형태에 대해 정리하였다. Ⅲ장에서는 신라와 고려 불교의 다양한 과문 형태를 원효의 '종요' 문헌, 의상의 『일승법계도』 자주, 표원의 『화엄경문의요결문답』의 장 형식, 광본의 요약, 주석인 제관의 『천태사교의』를 통해 검토해 보았다. Ⅳ장에서는 '조선시대 과문의 전문화'라는 소제목하에 조선 후기 과문 문헌의 출현, 설암 추붕의 『선원제전집도서과평』, 도봉 유문의 『법성게과주』를 다루었다.

과문은 간단히 경전 내용을 나누는 과정에서부터 장절의 트리 구조로 하부구조를 복잡하게 분류하는 것까지 다양하며 현대의 연구자들도 애용하는 문헌 분석 방법이다. 과문의 기원을 거슬러 올라가면 인도에서 불교 경전을 주석하는 논장이 만들어지면서부터이다. 대표적인 예로 세친의 『십지경론』을 들 수 있지만, 『십지경론』은 경전 전체를 대상으로 과문을 하지는 않았다. 경전 전부를 구획하는 과문의 시초는 4세기 중국의 학승 도안의 3분 과경으로 알려져 있는데, 3분은 서분, 정종분, 유통분이다. 이후 이 3분 과경이 과문의 대표적 방식으로서 부동의 지위를 얻게 된다. 또한 경전뿐 아니라 주석서에 대한 복주가 만들어지면서 과문은 더욱 복잡한 형태를 띠게 되었고, 동아시아에서 불교 문헌을 해석하는 대표적 방법으로 과문의 전통은 깊이 뿌리를 내렸다.

중국에서는 남북조시대부터 과문을 상세하게 표시하기 시작했는데 법운의 『법화의기』의 현담에서는 경전의 종요 등에 대해 술어화하는 경향이 보인다. 현담은 경전의 골자를 요약하여 핵심적 지식을 제공하는 것으로 현담의 과문화는 과문 형식의 정형화로 이어졌다. 현담은 독립적으로 유통되기도 했는데 천태 지의의 『법화현의』, 길장의 『법화현론』 등이 대표적이다. 『화엄경』에 대한 주석서인 지엄의 『수현기』와 법장의 『탐현기』에서는 현담을 5문, 10문으로 나누어 경전의 명칭을 해석하고 종요를 밝히면서 경전의 대상과 교판상의 위치를 밝히고 있다. 한국과 일본에서도 이러한 정형화된 경전 주석 형태를 수용하였는데 일본에서는 헤이안시대에 사기라는 독특한 주석 형태가 나왔고 에도시대에는 관도, 관주라는 새로운 주석 형태가 유행하였다.

신라의 원효는 대칭적인 구조의 과문을 붙이는 독특한 기풍으로 유명하며 과문 형태의 종요 문헌을 가장 많이 저술했다. 의상의 『화엄일승법계도』는 자주 형태의 선구적 성과였고 그에 대한 신라와 고려의 많은 주석서들이 『법계도기총수록』에 회편되었다. 표원의 『화엄경문의요결문답』은 신라 최초의 화엄학 개론서로서 장 형식으로 구성되었는데, 과입이라는 용어를 만들고 3문 분별의 형식을 통해 해석하였다. 고려 제관의 『천태사교의』는 지의의 광본 『사교의』를 요약, 주석한 것으로 간략한 과문을 통해 전체 흐름을 쉽게 파악하게 하였고 중국과 일본에서 그에 대한 수많은 주석서가 나왔다. 조선 후기에는 화엄교학이 다시 중시되면서 과문 문헌이 양산되고 과문의 전문화 경향이 나타났으며 그 전통은 오늘날까지도 이어지고 있다.

선교

선교는 불교의 두 가지 주요 흐름인 선과 교의 관계에 대해 살펴본 것이다. Ⅰ장 '교학과 선종의 근원'에서는 경전의 출현, 교학의 발전과 선종의 출현, 교상판석과 선종의 선리에 대해 검토하였고, Ⅱ장 '선교관의 출현과 전개'에서는 중국 선종과 불립문자, 『선원제전집도서』를 통한 회통의 선교관, 선교의 융합과 회통 문제를 다루었다. Ⅲ장 '선교의 차별과 융합'에서는 나말 여초의 선교차별, 고려시대 선교융합의 전개, 조선시대 선교의 교섭을 시대순으로 개관하였다. 끝으로 Ⅳ장 '선교관의 변천과 지향'에서는 선과 교의 긴장-선교차별, 휴정의 선교관-종교입선, 선과 교의 통로-선교융합으로 나누어 각각의 특징을 고찰하였다.

선은 부처가 가섭을 통해 이심전심의 방식으로 전승한 마음이었고, 교는 아난을 통해 언어 문자의 방식으로 전한 부처의 말씀이었다. 선과 교의 관계는 불교가 중국으로 전승되면서 가시화되었는데 먼저 경전이 한역되면서 그에 대한 연구로 교상판석이 출현하였다. 선종이 등장하면서부터는 교학에 대비되는 자파의 특성을 불립문자, 교외별전의 종지로 나타내며 우월적 인식을 제기하였다. 선과 교의 대립이나 비교의 전통은 선교의 차별, 회통, 일치, 융합, 화회 등 다양한 입장으로 나타났는데, 당나라 말의 폐불을 거치면서 교학이 쇠퇴하고 송대 이후 선종의 부상이 주된 흐름이 되었다.

한국의 경우 통일신라 말에 선이 본격적으로 수입되었고 나말 여초에는 입당 구법승에 의한 의도적인 선교차별의 모습이 두드러졌다. 고려 중기에는 선의 우월적 의식 속에서 보조 지눌의 경우 선교의 융합과 일치를 도모하였다. 고려 후기부터는 선종이 더욱 득세하여 선주교종의 입장에 선 선교일치의 주장이 대세가 되었다. 조선 전기는 억불 정책의 영향으로 교학이 침체하면서 선종 중심으로 전개되었는데 선과 교의 관계는 다시 일치나 융합의 모습으로 나타났다. 허응 보우는 일치의 측면을 강조하였고 청허 휴정은 『선가귀감』에서 선주교종의 입장에서 선과 교의 융합을 주장하였다. 다만 만년에 쓴 『선교석』과 『선교결』에는 선의 우월성을 전제로 한 종교입선의 인식이 드러났다.

조선 후기에는 선교의 교섭 양상이 강화되었는데 17세기 저자 미상의 『선교총판문』에서는 보완적이고 차제적인 입장에서의 선교융합의 모습이 보인다. 반면 18세기 무경 자수의 「선교대변」에서는 선교차별 내지 선주교종의 인식이 확인된다. 조선 후기에는 임제종의 법맥이 정통으로 받들어지고 표면적으로는 선종이 대세였지만 화엄을 비롯한 교학도 성행하였다. 이는 선과 교에 대한 이해의 폭이 넓어졌음을 의미하며 새로운 선교관의 전개로 이어졌다. 선과 교는 불법의 전승 과정에서 나타난 교화 방편의 차이일 뿐 상호 대립적이기보다는 보완과 승화의 관계였고 이는 한국불교사에서도 마찬가지로 적용될 수 있다.

4. '종교와 문화'에서의 글로벌리티의 구축

본 『테마 한국불교』 6에 수록된 〈종교와 문화〉 영역의 네 개 테마를 권력과 종교(정교, 윤회), 문화와 의례(언해불서, 청규)로 나누어 '횡단성의 발현'이라는 시각에서 검토해 본다.

1) 권력과 종교

정교

 정치와 종교의 관계를 다루는 본 테마에서는 먼저 인도의 전륜성왕과 아쇼카왕, 중국 북조의 '왕즉불'과 폐불, 남조 교단과 양 무제의 정교 문제를 살펴보았다. 한국불교는 고대, 고려, 조선으로 나누어 개관하였는데 고대에 대해서는 삼국의 불교 수용과 왕권, 신라의 정치이념과 승관 제도 및 호국 의례·법회를 정리하였다. 이어 고려시대 정교결합의 양상을 숭불정책, 국가의례, 승군의 국가 수호, 호국신앙과 고려대장경으로 나누어 검토하였다. 조선시대에 대해서는 정교 분리와 활용에 주목하여 성리학적 지배 질서와 '억불', 의승군의 활약과 불교의 사회적 위상을 다루었다.

 동아시아에서 불교와 정치권력은 역동적으로 공생하여 왔다. 인도의 초기 불교에서 교단은 정치권력과 일정한 거리를 두었으나, 마우리아왕조의 아쇼카왕이 불교에 의한 통치를 선언하면서 정치권력과 불교는 밀접한 관계를 맺게 된다. 중국의 통치자들도 아쇼카왕의 전륜성왕 개념을 적극 수용하여 왕권 강화를 도모했는데 이는 불교가 중앙집권체제를 뒷받침하는 정교통합의 기제로서 작용하였음을 의미한다. 북조의 왕즉불 관념이나 교단 통제, 폐불은 정치권력에 예속되어 간 불교 교단의 모습을 잘 보여 준다. 한편 남조에서는 혜원의 『사문불경왕자론』에서 볼 수 있듯이 교단이 정치권력과 일정한 거리를 두고 독자적 세력을 형성하였다. 그러나 숭불 군주이자 '황제보살'을 표방한 양 무제가 끊임없는 정교결합을 시도하면서 교권을 포섭한 강력한 왕권을 수립하기에 이른다. 술과 고기를 금한 '단주육'의 시행은 교단에 대한 정책적 개입의 대표적 사례일 것이다.

한국에서 삼국의 불교 수용과 공인은 모두 중앙집권체제 구축의 일환으로 왕실을 통해 이루어졌다. 신라 왕실의 불교 수용도 귀족 세력에 대한 왕권 강화와 국가체제 정비를 모색하는 과정에서 단행되었다. 신라는 왕이 곧 부처라는 전륜성왕의 이념을 받아들였고 신라 왕족이 석가족과 같은 진종이라는 관념을 창조하는 한편, 국가적 불교 의례를 통해 호국 의식을 고취하였다. 고려시대에 불교는 국교로서 정치적 위상이 매우 높았는데, 〈훈요십조〉를 남긴 태조 이후 고려의 국왕들은 숭불 정책과 전륜성왕의 이미지를 통해 중앙집권적 정치체제를 구축하고자 하였다. 국사나 왕사, 승과 제도는 고려 불교의 권력과의 강한 연계성을 함축한 제도였고 팔관회, 연등회와 같은 대규모 국가의례도 고려 사회를 통합하는 기능을 수행하였다. 또한 두 차례에 걸친 대장경 조판은 불법으로 위기를 극복하고 국가를 수호하려는 호국적 기원의 생성물이었다.

조선은 성리학을 통치 이데올로기로 내세웠고 억불의 주장은 현실화되었다. 임진왜란의 승군 활동으로 불교는 사회적으로 인정을 받은 반면 막대한 인적·물적 손실을 입었고 수행의 기풍 또한 퇴색되었다. 무엇보다 계율보다 호국과 충의를 우위에 두면서 재차 정치권력에의 종속이 시작되고 세속화의 길을 걷게 되는 결과로 이어지기에 이르렀다. 결론적으로 한국사에서 불교는 정치권력에 예속되는 면모가 주를 이루는 정교결합의 특성이 관통하였지만, 시대와 상황에 따라 다양한 면모를 보이면서 역동적인 공생 관계를 맺어 왔다.

윤회

윤회는 끊임없이 돌고 도는 수레바퀴에 비유된다. 간단없이 생사를 반복하는 우리의 삶을 윤회라는 말로 표현한 것이다. 윤회사상은 불교 이전에 이미 인도 사회에 퍼져 있었으며 초기부터 불교에 수용되었다. 불교의 윤회사상은 업설과 결합되어 더욱 발전되었고 인도를 넘어 동아시아 세계로 전파되어 동아시아인들의 내세관을 바꾸게 되었다. 먼저 인도불교와 윤회사상을 업과 윤회, 무아와 윤회, 아뢰야식과 윤회의 주체로 나누어 살펴보았고, 동아시아 불교와 업·윤회 관념은 중국불교의 윤회 관념, 티베트·몽골 불교의 윤회 관념, 일본불교의 윤회 관념으로 나누어 정리해 보았다. 그리고 신라인의 윤회관, 윤회와 지계, 점찰법회와 윤회 인식을 통해 신라의 업·윤회사상의 수용과 전개를 개관하였다. 고려~조선 시대는 윤회 관념의 변용이라는 측면에서 수륙재의 설행, 효 윤리와 윤회, 육도윤회설과 지옥 문제를 다루었다.

불교가 언어와 세계관을 달리했던 중국에 들어온 후 윤회사상은 영혼의 존재를 둘러싼 신멸론과 신불멸론의 논쟁을 야기하였다. 하지만 중국에 뿌리를 내린 불교의 업·윤회 관념은 유교의 효 윤리와 결부되었고 이는 한국에서도 마찬가지였다. 티베트의 활불전세제도는 불교의 전파와 발전 과정에서 영혼 전세와 생사윤회의 학설에 근거를 두고 형성되었다. 몽골도 티베트 불교의 영향을 받아서 몽골의 칸은 부처의 환생으로 믿어졌고, 16세기 몽골에는 선악의 업사상과 화신 관념이 유행하였다. 몽골이 불교와 깊은 인연이 있다는 관념은 신라가 불국토라는 인식과도 유사하다. 일본에서는 불교 전래 이후 신神과 관련한 업의 관념이 생겼고 8세기에는 업에 인한 응보사상이 나왔다. 불교는 일본인들에게 삼세사상을 심어 주었고 일본에서 윤회는 업설과 더욱 철저히 결부되며 전개되었다.

한국에서도 불교 수용 이후 업과 윤회사상은 큰 여파를 미쳤다. 먼저 신라 사회에 업과 윤회에 입각한 내세관이 정착하는 데 원광의 점찰회가 중요한 역할을 한 것으로 보인다. 『점찰경』에 근거한 점찰법회는 업과 과보를 살피고 계율과 참회를 강조하는 실천적 성격을 띤다. 이후 진표가 계법을 중심으로 참회를 중시하는 점찰법회를 더욱 확산시켰다. 신라 사회를 배경으로 한 사복 설화, 욱면비 설화 등도 계의 실천, 선업과 악업의 결과를 강조하는 등 윤회와 큰 관련이 있었다. 신라인들은 육도의 관념을 받아들여 죽은 뒤에 천상이나 인간, 짐승의 세계 혹은 지옥에 태어난다고 믿었다. 고구려·백제에서도 윤회전생하는 가운데 지옥·아귀·축생의 삼악도를 빨리 여의기를 기원했던 것으로 추정된다. 한국에서 윤회의 주체에 대한 논쟁은 자료상 확인되지 않지만, 신라의 의적은 업이 신식神識에 있어서 끝내 없어지지 않는다고 하였고, 경흥은 중생이 지은 스스로의 행위에 의해 육도에 윤회한다고 보았다.

고려~조선 시대에는 수륙재·우란분재·사십구재 등의 재회가 빈번히 시행되었다. 그 근저에는 불교의 윤회와 업사상, 유교에서 강조하는 효의 윤리가 복합적으로 내포되어 있다. 또한 시왕도나 불교 가사, 소설에 나오는 지옥, 업경대 등에서 당시 사람들의 윤회 관념 속에 죄업·악업 등의 업사상이 깊이 깔려 있었음을 볼 수 있다. 『구운몽』에도 윤회설이 잘 함축되어 있는데 윤회의 동력이 되는 의업意業의 중요성을 강조하고 있다. 조선 후기의 '회심곡'류 불교 가사에서는 불효를 가장 중요한 죄업으로 간주하였고, 19세기 한글 소설인 〈저승전〉에는 불교의 윤회사상이 유교 윤리와 결합되는 모습이 보인다. 이처럼 인과응보, 자업자득이라고도 칭해지는 윤회사상과 업설은 자신의 행동을 절제하고 보다 긍정적 방향으로 행동하게 만드는 보이지 않는 규율의 기제로 작동해 왔다.

2) 문화와 의례

언해불서

한글이 만들어지고 제일 처음 쓰인 책이 불서였음은 널리 알려진 사실이다. 언해불서는 Ⅰ장 '한글의 창제와 불서의 언해'에서 번역과 언해, 언해의 체재와 양식, 언해의 과정에 대해 살펴보았고, Ⅱ장 '조선 전기의 언해불서'에서 『석보상절』과 『월인석보』, 간경도감과 불서 언해, 지방 사찰의 언해불서를 다루었다. Ⅲ장 '조선 후기의 언해불서'에서는 『불설대보부모은중경』의 언해와 유통, 『권념요록』·『염불보권문』, 『지장경언해』로 세분하여 정리하였고, Ⅳ장 '근대 시기의 불경 번역'에서 백용성과 삼장역회, 권상로의 경전 번역, '근대적' 역경의 출현을 조명하였다.

언해불서의 편찬은 15·16세기에 집중적으로 이루어졌고 조선 후기에는 주로 앞서 나온 언해불서가 복각·유통되었다. 새롭게 만들어진 언해불서는 『권념요록』과 『염불보권문』 두 책뿐이다. 언해불서는 시기별로 편찬 배경과 언해된 텍스트의 내용 및 성격에서 차이를 보인다. 먼저 15세기 언해본은 국가의 불교 정책과 관련이 있다. 태종 대에 공인 종파를 11종에서 7종으로 줄이고 세종 대에는 다시 선·교 양종으로 통합하는 등 억불 정책이 가시화되었지만 그럼에도 불교는 여전히 일반민뿐 아니라 사대부가에서도 믿어졌고 불교 의례 및 불사도 계속 성행하였다. 세종 또한 예악과 문물제도의 정비가 이루어진 재위 후반기에는 불교에 대한 유화적 입장으로 돌아섰다. 『석보상절』, 『월인천강지곡』의 제작은 유교 국가의 틀 안에서 통치에 도움이 되는 방향으로 불교를 '순화'시키는 방안으로 나온 것이었다. 이는 백성들에게 친숙한 불교를 이용한 대중 교화 방안이면서 승려 교육을 위한 목적도 가지고 있었다.

간경도감의 언해불서는 이러한 맥락에서 편찬·간행된 것으로, 그중에서도 '승려 교육'의 의도가 컸다고 할 수 있다. 세조 대에 개정된 도승법이 불교에 대한 제도적 정비라면, 불서 언해는 불교계에 대한 일종의 문화 통제라고도 할 수 있는데, 선행 연구에서 제기된 불교 중흥 또는 불교 대중화와는 그 성격과 맥락을 다르게 보았다. 한편 지방 사찰에서 나온 16세기 언해불서는 언해 텍스트의 선정에서 선서의 비중이 확대되고 대승경전 주석서 대신 밀교 경전이 새로 추가되는 특징을 보인다. 이들 언해불서는 승려의 생활과 밀접한 관련이 있고, 승려들을 주요 독자층으로 설정하고 있다는 점에서 간경도감본과 공통점을 갖는다.

조선 후기 언해불서의 특징은 『은중경언해』의 유통 및 개각, 『권념요록』과 『염불보권문』의 편간, 『월인석보』 권21의 『지장경언해』로의 재편이라는 세 가지로 정리할 수 있다. 이들 불서의 유통과 성행은 조선 후기 불교의 역할 내지 존재 이유를 보여 준다는 점에서 주목할 필요가 있다. 곧 부모에 대한 '효도', 왕생과 지옥·극락으로 대표되는 '사후 문제'가 그것이다. 또한 일상생활에서 지켜야 할 윤리 규범을 강조하고 있는 등 일종의 '교화서'의 성격도 가진다. 언해불서는 교육을 위한 학습서와 대중을 위한 교화서의 특징을 동시에 가지며 이는 한글의 창제자인 세종이 설정한, 불교문화 정책의 방향과 일치한다는 점에서 흥미롭다.

청규

청규는 선종 교단, 즉 총림에서 지켜야 할 일상적인 생활 규범 혹은 그러한 규범들을 모아 놓은 규범집을 말한다. I장 '율과 승제법'에서는 승가의 형성과 율의 제정, 율의 내용과 제정 목적, 승제법, 중국적 규범의 등장을 검토하였고, II장 '중국과 일본에서 청규의 등장과 발전'에서는 광률의 역출, 선종의 출현과 동산법문의 집단생활, 『백장청규』와 『선원청규』, 도겐의 『영평청규』에 대해 살펴보았다. Ⅲ장 '한국에서 청규의 도입과 변용'에서는 선종의 수용과 청규의 도입, 보조 지눌과 『계초심학인문』, 고려 말 선승의 불교 교단 개혁과 『칙수백장청규』, 불교 상례집과 청규 문제를 다루었고, Ⅳ장 '한국 근현대기의 결사와 청규'에서는 근대 한국불교의 청규, 봉암사결사와 공주규약, 『조계종 선원청규』와 『승가청규』를 소개하였다.

승가는 불도 수행을 위해 모인 이들의 공동체로서 붓다는 이들이 안정된 환경에서 수행에 전념할 수 있도록 다양한 규범을 제정하였다. 이를 통틀어 '율'이라 부르는데 인도에서는 승가의 규범인 율이 후대까지도 매우 중요한 역할을 했다. 한편 불교가 중국으로 전해지면서 율 외에 다른 규범들이 등장하게 되는데 4세기 도안의 「승니궤범」을 시작으로 혜원의 『법사절도』 등 중국의 상황에 맞는 새로운 승제법이 제정되었다. 5세기 후반 달마에 의해 중국 선종이 성립되고 6조 혜능에 의해 더욱 발전을 이루지만, 선종은 자립하지 못한 채 선승들이 율사에 기거하였다. 이에 9세기 초에 백장 회해가 이들 절을 선원 조직으로 바꾸고 『백장청규』를 제정하여 선종에 부합하는 수행과 생활을 실현했다. 이후 총림의 규범으로 많은 청규가 만들어졌는데 그중 대표적인 것이 12세기 초 자각 종색이 찬한 『선원청규』이다. 일본에서는 13세기에 도겐이 중국 청규에 의거하면서도 자신의 경험과 사상을 반영한 『영평청규』를 찬술하였다.

통일신라 하대부터 선종이 유입되면서 한국에도 청규가 도입되었는데 12세기 무렵에는 선종 사원이 청규에 따라 운영되었을 것으로 추정된다. 한국에서 처음 찬술된 청규는 보조 지눌이 정혜결사를 일으키면서 그 구체적 생활규범을 제시한 『계초심학인문』이었다. 14세기 공민왕 대에는 태고 보우 등 여말 3사를 중심으로 국가적 차원에서 청규가 활용되었고 이를 통해 승가의 병폐를 해결하려 하였다. 17세기에는 불교 상례집도 유교 사회의 시대적 영향을 받아 일부 내용이 세속 사회의 룰로 바뀌었고, 19세기의 선승 백파 긍선은 수선결사운동을 전개하고 불교 의식문을 편집하여 『작법귀감』이라는 종합 의례서를 지었다.

근대기에는 다양한 결사와 청규가 등장하였다. 한국 근대 선불교의 중흥자로 평가받는 경허 성우는 1899년 해인사에서 수선사를 만들고 정혜결사운동을 주창하며 30개 조의 규례를 제시하였고 1902년 범어사에서도 청규를 제정하였다. 1920년대에 한암 중원은 건봉사에서 선회를 열고 결사를 진행하며 공동생활 규례 아홉 항목을 정하였고 백용성도 전통 선의 활성화를 위해 만일참선결사회를 추진하며 청규를 만들었다. 이어 백학명도 반농 반선의 선농 불교를 주창하며 내장선원의 규칙을 개정하였다. 1947년부터 1950년까지 성철을 중심으로 일어난 봉암사결사는 해방 이후 한국불교의 정체성 회복을 위한 모임으로서 18개 항의 실천 수행 규범인 '공주규약'을 정하였다. 청규는 승가 개혁을 위한 결사의 상징으로서 전통을 이어 오늘날까지도 큰 의미를 지니며 지계 및 실천의 목표와 현실 사이의 간극을 좁히는 것이 관건이 될 것이다.

지금까지 '한국불교 횡단성의 발현: 글로벌리티의 구축'이라는 아젠다 연구 목표를 설정한 2단계 3년차의 8개 테마 내용을 요약 정리하였다. 〈문헌과 사상〉 영역에서는 텍스트로 『유가론기』와 『삼국유사』, 콘텍스트로 과문과 선교에 대해 살펴보았고, 〈종교와 문화〉에서는 권력과 종교 유형으로 정교와 윤회를 다루고 문화와 의례는 언해불서와 청규를 소개하였다. 다음에 나올 『테마 한국불교』 7은 3단계 1년차의 8개 주제를 다루게 되며, 이는 '변용의 확장성'이라는 3단계 아젠다 연구의 첫 번째 성과물이 될 것이다. '확장성의 탐색'을 연구 목표로 하는 7년차 테마는 〈인물과 문헌〉에서 사상가로 원효와 원측, 텍스트로 『범망경』과 『고승전』을 선정하였고, 〈종교와 문헌〉은 종교와 미래에서 영험과 디지털 인문학, 문화와 의례에서 불교 가사와 재회를 주제로 한 연구 결과를 도출할 것이다.

본 HK연구단의 2단계 아젠다 목표는 '소통의 횡단성'이다. 불교는 1700년 전에 한국에 전래된 이후 토착적 전통과의 마찰과 대립, 포용과 융합을 거쳐 변용을 거듭하였고 이는 장기 지속의 내재적 고유성을 창출하는 것으로 이어졌다. 한편 시간적으로는 불교의 탄생 이후 현대까지, 공간적으로는 인도에서 중국과 동아시아로 연결되는 불교문화권의 거대한 횡적 네트워크 속에서 교류와 소통의 역사성과 세계사적 보편화 과정을 장기간 경험하였다. 이는 로컬리티(특수성)가 글로벌리티(보편성)와 만나 한국이라는 시공간의 제한을 뛰어넘는 문명 접변의 코드를 생성해 내었음을 의미한다. 이러한 기반 위에서 이제 다음 단계의 글로컬리티(확장성)의 창출로 한 걸음 다가가고자 하며, 이를 통해 향후 한국형 문명 패러다임 담론의 형성을 꿈꿀 수 있을 것이다.

제1부

문헌과 사상

텍스트

유가론기

삼국유사

콘텍스트

과문

선교

텍스트

유가론기 瑜伽論記

· 이수미

I. 『유가론기』의 사상적 배경 및 특징

　『유가론기』의 사상적 위치와 중요성/ 『유가론기』의 판본 및 구성/ 『유가론기』와 신라 유식학

II. 『유가론기』에 대한 초기 연구

　『유가론기』의 저자, 성립 시기 및 판본/ 신라 출신 논사들의 확정/ 『유가론기』의 사상적 입장에 대한 연구

III. 『유가론기』 연구의 심화 및 확대

　『유가론기』에 대한 재고찰/ 둔륜, 경사 및 현법사에 관한 연구/ 『유가론기』 관련 연구

　■ 『유가론기』, 보다 넓은 불교학 이해를 위한 통로

I.『유가론기』의 사상적 배경 및 특징

『유가론기』의 사상적 위치와 중요성

신라 승 둔륜遁倫(혹은 도륜道倫, ca. 650~730)[1]의『유가론기瑜伽論記』[2]는 유식학의 근본 논서 중 하나이자 백과사전적 교리서인 *Yogācārabhūmi-śāstra*를 현장玄奘(602~664)이 한역한『유가사지론瑜伽師地論』(100권; 이하『유가론瑜伽論』으로 약칭)[3]에 대한 주석서이다. 현장이 인도로 구도행을 떠난 것은

---

1 『유가론기』의 저자명이 둔륜인지 아니면 도륜인지 결정하는 문제를 포함하여 둔륜의 행적 및 사승관계에 관련된 사항들은 다음 장에서 상세히 다룰 것이다. 이 글에서는 일단 초기 연구의 관행을 따라 둔륜이라고 칭한다.
2 『瑜伽倫記』 또는 『倫記』라고도 한다. 『新編諸宗教藏總錄』에는 『瑜伽論疏』로 되어 있으나 일본 『法相宗章疏』 등 목록집과 현행본에는 모두 『瑜伽倫記』로 되어 있다.
3 미륵 또는 무착의 저술로 알려져 있는 『유가론』은 보살의 수행 계위를 17지로 설명하면서 유식학의 교리를 망라한 논서로서 阿賴耶識說, 三性三無性說 등을 위시하여 다양한 유식 교리가 상세히 논구되고 있다. 4세기 전반부에 성립된 것으로서 3~4세기 인도 소승 및 대승 불교 사상 연구에 있어서 핵심적인 논서이다. 현재 티베트본과 한역은 완본으로, 범본은 부분적으로 전해지고 있다. 현재 한역으로만 남아 있는 『顯揚聖教論』(20권)은 무착이 『유가론』을 재조직하여 11품으로 만든 것이고, 『大乘阿毗達磨集論』(7권)도 무착이 『유가론』의 교의를 재조직하여 대승의 논장으로 찬술한 것이다. 그 외에 『大乘莊嚴經論』(13권)은 그 품명이 『유가론』 菩薩地의 품명과 거의 동일하므로 이를 바탕으로 하여 성립한 저서로 알려져 있다. 동아시아에는 현장의 번역 이전에 이미 『유가론』의 부분 이역본들이 존재하였다. 『유가론』은 다섯 부분, 즉 삼승의 사상을 17지로 나누어 상세히 설명한 「本地分」(1~50권), 「본지분」 가운데 자세히 설명하지 못했던 부분을 선택하여 결택, 즉 밝혀서 의문을 풀어 주는 「攝決擇分」(51~80권), 여러 경전을 모으고 이 경전들에 의한 해석을 통해 「본지분」과 「섭결택분」이 정당함을 입증한 「攝釋分」(81~82권), 경전에 포함된 여러 다

완전히 갖추어진 『유가론』을 구하기 위해서였고,[4] 그가 645년에 입국한 후 초기 4년간 번역한 것도 바로 『유가론』이었다. 이와 같이 『유가론』은 번역 당시 이미 사상적으로 중요성을 가지는 논서로 주목받고 있었고, 따라서 이 논서가 번역된 후에 무려 60여 종의 주석서가 편찬되었다.[5] 하지만 이들 논서 가운데 현재까지 남아 있는 것은 당나라 자은기慈恩基(632~682)가 쓴 『유가사지론약찬瑜伽師地論略纂』(16권; 이하 『약찬略纂』으로 약칭)과 둔륜의 『유가론기』, 그리고 몇 점의 돈황본[6]뿐이다. 이들 현존 주석서들은 『유가론』 연구에 있어서 중요한 자료들이라고 할 수 있는데, 특히 『유가론기』는 『유가론』 100권 전체에 대한 유일한 주석서로서 그 가치를

양한 용어들의 의미를 풀이한 「攝異門分」(83~84권), 경, 율, 논의 삼장 가운데 行, 12處, 菩提分法 등 중요한 일(事)들을 모아 설명하고 있는 「攝事分」(85~100권)으로 나뉘어 있는데, 그중 「본지분」 제15지인 보살지에 해당하는 것으로 曇無讖(385~433, Dharmakṣema) 역의 『菩薩地持經』(10권)과 求那跋摩(367~431, Guṇavarman) 역의 『菩薩善戒經』(9권)이 있다. 담무참은 『보살지지경』에서 戒本(4중42경계)만을 분리하여 『菩薩戒本』(1권)으로 번역했다. 그리고 「본지분」의 앞부분에 해당하며 지금은 일실된 眞諦(499~569, Paramārtha) 역 『十七地論』(5권)이 있었고, 「섭결택분」의 앞부분에 해당하는 것으로 『決定藏論』(3권)이 번역되었다. 현장은 『유가론』에서 계본(4중43경계)을 분리하여 『보살계본』(1권)을 역출하였고, 受戒作法(羯磨)을 분리하여 『菩薩戒羯磨文』(1권) 또한 역출하였다. 정승석 편, 『불전해설사전』, 서울: 민족사, 1989, pp.257~258 참조.

4 『大唐大慈恩寺三藏法師傳』, "法師旣遍謁衆師 備飡其說 詳考其理 各擅宗塗 驗之聖典 亦隱顯有異 莫知適從 乃誓遊西方以問所惑 幷取《十七地論》以釋衆疑 卽今之《瑜伽師地論》也."(『大正藏』 50, 222c)

5 結城令聞, 『唯識學典籍志』, 東京: 大藏出版, 1962, pp.250~287 참조.

6 돈황본으로서 남아 있는 것에는 『瑜伽論分門記』(6권)와 『瑜伽論手記』(4권)가 있다. 그 밖에 『유가론』에 나오는 특정 이론들에 대해 문답 형식으로 결택한 연구서로 일본 천태승 增賀(917~1003)의 『瑜伽論問答』(7권)이 있다. 정승석 편, 앞의 책, 1989, p.258 참조.

인정받고 있다.[7]

8세기 초에 찬술되었다고 추정되는[8] 『유가론기』에는 그 이전 논사들의 『유가론』에 대한 학설들이 집성되어 있는데, 특히 지금은 일실된 신라 논사들의 『유가론』 주석서의 설을 상당히 인용하고 있음이 주목되어 왔다. 즉, 『유가론기』에는 모두 50여 인의 논사들이 인용되고 있는데[9] 이 가운데에는 자은기(950회)와 현장(221회)[10]을 위시한 당의 불교 논사들뿐 아니라 신라 논사로 추정되는 경사景師(1269회), 측사測師(269회), 비사備師(187회) 등의 견해 또한 상당한 비중으로 인용되고 있다. 이런 점에서 『유가론기』는 신라 논사들을 포함한 당대 『유가론』 주석가들의 산일된 주장과 당시의 사상적 논쟁점들을 복원하는 데 있어서 중요한 자료임이 지적되어 오고 있다.

일본학자 가츠마타 순쿄(勝又俊敎)는, 『유가론기』는 『유가론』에 대한 직접적 설명과 해석이라기보다는 이전 논사들의 『유가론』에 대한 설들을

---

7 자은기의 『약찬』은 『유가론』 100권 전체의 주석이 아니라 66권까지의 주석이다.
8 『유가론기』의 찬술 연대에 관한 문제에 대해서는 아래에 다룬다.
9 일본학자 勝又俊敎는 이 중 37인에 대하여 『유가론기』 각 권에 대한 인용 횟수를 정리하여 제시하고 있다.(勝又俊敎, 「瑜伽論記に關する二三の問題」, 『仏敎硏究』 2~4, 大東出版社, 1938, pp.124~125)
10 勝又俊敎에 의하면 『유가론기』에 현장이 三藏 또는 三藏法師로 지칭되어 221회 인용되는 외에 奘法師로서의 인용이 11회 나온다. 하지만 이 장법사가 현장을 가리키는 것인지 확정하기는 어렵다고 한다. 또한 勝又俊敎는 장법사가 현장을 가리키기도 하고, 또는 道宗이나 靈潤의 스승인 靑州 道藏寺의 道奘을 가리키는 때도 있다고 하는 宇井伯壽의 추정(『印度哲學硏究』 6, 東京: 甲子社書房, 1924, p.298)에 동의하면서 장법사의 인용 11회 가운데 10회까지는 현장을 가리키고 나머지 三性義에 대한 인용 1회는 『섭대승론』에 정통하고 聞熏, 解性, 佛果 등 4종의 梨耶의 뜻을 세운 도장을 가리키는 것으로 본다.(勝又俊敎, 앞의 논문, 1938, p.135)

망라하는 형식을 취하고 있기 때문에 『유가론기』 저술 당시에는 이미 『유가론』 연구가 제2기에 접어들었음을 나타내는 것이라고 한다. 즉, 『유가론기』는 주소註疏로서의 창의력이 발휘된 저술이라기보다는 제1기의 『유가론』 논사들의 설을 집성하는 것을 임무로 삼는 논서라고 평가한다.[11] 이런 점에서, 『유가론기』에 대한 충실한 내용 분석 및 판본 교정 등의 작업을 통해 앞으로 고대 동아시아 논사들, 특히 신라 유식가들의 사상적 특징을 점차 복구할 수 있으리라는 기대를 가져볼 수 있다. 이 글에서는 먼저 『유가론기』의 판본 및 구성을 살펴보고, 이어서 신라 유식학과 『유가론기』의 관계를 중심으로 기존의 연구들을 정리하고 난 후, 마지막으로 앞으로의 전망과 남은 과제들에 대해 논의한다.

『유가론기』의 판본 및 구성

현존하는 『유가론기』의 판본은 다섯 가지로 나눌 수 있다. 첫째는 현재 『대정신수대장경大正新修大藏經』(이하 '대정장'으로 약칭)에 수록된 24권본 혹은 『만신찬대일본속장경卍新纂大日本續藏經』(이하 '속장경'으로 약칭)에 수록된 48권본에 해당하는 판본이다. 비록 『대정장』본과 『속장경』본의 권수에 차이가 있지만 『대정장』본의 각 권은 『속장경』에서 다시 상, 하로 나뉘어 있기 때문에 실제로 두 판본의 차이는 없다. 보통 『대정장』과 『속장경』은 교열의 정확도가 비교적 높은 것으로 알려져 있지만 『유가론기』의

---

11 勝又俊敎는 기존 『유가론』 연구의 총합집성이라는 『유가론기』의 기술 방식이 한편으로는 『유가론기』가 지닌 장점으로 해석될 수도 있지만, 다른 한편으로는 『유가론』 연구가 쇠락의 전환기에 접어들었음을 보여 주는 것이라고도 평가하고 있다.(勝又俊敎, 앞의 논문, 1938, p.129)

경우는 예외이다. 이것은 『유가론기』의 『대정장』본과 『속장경』본의 말미에 수록된 일본 승려 쇼이(性威, 18세기경)의 1733년 발문에 의해 알 수 있다. 이 발문에서 쇼이는 이 판본이 자신의 필사본 및 '자심장본慈心藏本'과 대조 교정한 것이지만 이 교정 자체가 정확한 것이 아니며 따라서 교열을 표시해 두고 있음을 밝히고 있기 때문이다.[12] 하지만 현재 일반적으로 열람 가능한 판본은 『대정장』과 『속장경』의 활자본이고 쇼이의 교열이 표시된 원래의 목판본은 일반에게 공개되어 있지 않다.

둘째는 1922년에 처음 간행된 금릉각경처본金陵刻經處本(100권)인데, 이 판본은 중국불교의 근대화를 주도하였던 양원후이(楊文會, 1837~1911)가 일본에서 구해 온 판본을 저본으로 하여 만들어진 것이다. 하지만 이후 1933년에 『금각대장경金刻大藏經』(이하, '금장'으로 약칭)본이 발견된 후 이와 대조하여 교정을 거쳐 다시 출간되었고, 그 결과 어떤 부분에서는 『대정장』본을, 다른 부분에서는 『금장』본을 따르게 되었다. 재출간된 판본에는 원래 『금장』에 포함되어 있는 이욱李燠(12세기경)의 서문(1122)이 첨가되어 있다.[13]

---

[12] 이 발문에 따르면 性威는 소유자의 부탁으로 『유가론기』를 필사하여 보관하였는데 세월로 인해 글자가 어그러진 부분이 있어 후에 '자심장본'을 얻었을 때 세 번 교정하였다고 한다. 性威는 교정이 오히려 원문을 잘못 해석하지 않도록 하기 위해 상단에 표시를 하여 두었고 의문이 있는 문자는 옆에 동그라미를 붙여 열람자가 결정하도록 하였다고 한다. 『瑜伽論記』, "予往者懇求 謄錄一本 敬藏篋笥 但久歷年所 文字訛舛 非無憾焉 後得稱慈心藏本者 三復校讎取正不少 …… 其所校正者 不敢妄刪訂原文 標之格頂 稍可疑者圈之字傍 俟覽者之采擇 豕渡蠧傷 猶有不安者 後君子幸鑒定焉"(『大正藏』42, 868ab)
[13] 楊白衣, 「新羅の學僧道(遁)倫の『瑜伽師地論記』の研究」, 『東洋學術研究』 23-1, 東洋哲學研究所, 1984, pp.294~296; 박인석, 「『유가론기(瑜伽論記)』의 연구 현황과 과제」, 『한국사상사학』 50, 한국사상사학회, 2015, pp.277~278 참조.

셋째는 1933년에 보고된 『금장』본(20권)으로, 산서성山西省 조성현趙城縣 곽산霍山 광승사廣勝寺 사리탑에 소장되어 있었던 가장 오래된 판본이다. 현재 1935년에 간행된 『송장유진宋藏遺珍』에 수록되어 있다. 이 판본의 제1권에는 1122년에 작성된 이욱의 서문이 수록되어 있는데, 이에 따르면 『유가론기』는 북송 시대까지 진정각산眞定覺山에 소장되어 있었는데, 고려 의천義天(1055~1101)이 논소를 모을 당시(1085~1086) 송에서 『유가론기』의 초본鈔本을 구했다고 한다. 이 초본은 당시 『유가론』과 『성유식론』에 능통했던 송 진정의 용흥사龍興寺 사자사문賜紫沙門 천공 법사千公法師(혹은 수천 법사守千法師, 1064~1127/1143)가 1121년 『유가론』과 대조 교감을 한 후에 이듬해에 목판으로 간행되었고, 이것이 다시 산서성 천녕사에서 1178년에 재간되어 금조에 바쳐졌다고 한다.[14] 『대정장』본 및 『속장경』본보다 오탈자가 적은 선본이지만 현재는 20권 가운데 단지 열세 권만이 남아 있고 권3, 4, 8, 13, 14, 15, 18 등 일곱 권은 결락되어 있다. 남아 있는 열세 권에도 빠진 부분이 많다.

넷째는 남송 1334년 적사연성원磧砂延聖院에서 간행한 『적사대장경磧砂大藏經』에 수록된 판본이다. 『적사대장경』은 1931년에 발견될 당시 빠진 부분이 많아 송, 원대 이후의 대장경으로 보충할 계획이었는데 마침 『금장』본이 발견되어 『송장유진』에 수록된 『유가론기』를 다시 『적사대장경』에 재수록한 것이다. 따라서 이 『적사대장경』본 역시 『금장』본을 저본으로 한다.[15]

---

[14] 이욱의 서문에 기술된 『금장』본의 성립 경위, 즉 이 판본에 대한 설명이 塚本善隆의 논문인 「金刻大藏經の發見とその刊行」, 『日華佛敎硏究會年報』 1, 日華佛敎硏究會, 1936b, pp.167~191에 수록되어 있다.
[15] 박인석, 앞의 논문, 2015, p.278 참조.

다섯째는 『한국불교전서』의 제2책(1979)과 제3책(1980)에 실린 것으로 『대정장』본을 저본으로 하고 금릉각경처본 및 『속장경』본과 대조 교감한 『유가론기』(48권)이다. 이 판본은 오탈자가 많은 한계로 인해 이후 제13책(2001)과 제14책(2004)이 보유편으로 간행되었다. 이 보유편에 실린 『유가론기』는 『송장유진』본을 저본으로 하여 제2책과 제3책의 수록본과 대조 교감한 것이다. 『송장유진』본에 원래 존재하는 결락 부분은 『대정장』본에서 보입하였고, 『송장유진』본에는 원래 실려 있지 않은 『유가론』의 전문을 『적사대장경』본으로부터 회편하여 열람의 편의를 도모하였다.[16]

이들 현존 판본들을 종합해 보면 『유가론기』의 판본은 크게 두 종류로 나뉜다고 할 수 있다. 첫째는 일본에 전해져서 18세기 초에 간행된 판본으로서 『대정장』본과 『속장경』본, 금릉각경처본 등의 저본이 되었던 판본이고, 둘째는 중국에서 12세기 초에 간행되어 1934년에 발견된 판본으로서 『송장유진』본, 『적사대장경』본 등의 저본인 『금장』본이다. 이 두 가지 판본 가운데 12세기 판본이 오자가 적은 것으로 밝혀졌지만, 앞서 언급한 것과 같이 많은 부분이 결락되어 있으므로 18세기본의 참조 또한 필수적이다.

『유가론기』의 판본은 여러 가지가 있지만 기본적인 구성은 모든 판본에서 동일하게 6문으로 이루어져 있다. 즉, 『유가론』이 설해진 목적을 서술하는 서소위敍所爲, 무착 보살이 『유가론』을 설하게 된 유래와 번역되기까지의 과정을 나타내는 창소인彰所因, 이 논의 핵심이 유가행자들이 수습해야 할 17지地임을 밝힌 명종요明宗要, 『유가론』이 보살장아비달마

---

16 백진순, 「『유가론기』 해제」(H0041; H0324), 동국대학교 불교학술원 불교기록문화유산아카이브사업단 편, 『한국불교전서편람』, 서울: 동국대학교출판부, 2015, pp.81·417~418 참조.

菩薩藏阿毘達磨의 장에 속한다는 현장섭顯藏攝, 어원적 분석을 통해『유가론』의 제목을 해석한 해제목解題目,『유가론』본문에 대한 주석인 석본문釋本文이 그것이다. 이 가운데 앞의 다섯 문은『유가론기』제1권 초반부에 모두 서술되어 있으며 나머지는 모두 석본문에 해당한다. 따라서『유가론기』의 대부분은『유가론』본문에 대한 주석으로 이루어져 있다고 할 수 있다.

『유가론』은 삼승이 배워야 할 경境, 닦아야 할 행行, 그리고 경과 행에 의해 얻어지는 과果를 17지로 나누어 설명하는 논서로서, 앞서 언급했듯이「본지분本地分」(1~50권),「섭결택분攝決擇分」(51~80권),「섭석분攝釋分」(81~82권),「섭이문분攝異門分」(83~84권),「섭사분攝事分」(85~100권)의 다섯 분으로 이루어져 있다.『유가론기』의 석본문 부분도『유가론』의 구성을 따라 차례대로 이루어져 있는데, 이 가운데 17지에 대한 본격적인 설명 부분인「본지분」을 특히 자세히 다루고 있다. 둔륜은 이 17지 가운데 오식신상응지 등 처음의 아홉 지는 경에 해당하고, 다음의 여섯 지는 행에, 마지막의 유여의지와 무여의지는 과에 해당하는 것으로 해석한다. 또한, 행에 해당하는 여섯 지 가운데 문소성지 등 세 지는 삼승이 공통으로 닦는 행이고, 성문지 등 세 지는 성문, 독각, 보살이 각각 별도로 닦는 행이라고 한다.[17]『유가론』의 구성과 이에 각각 해당하는『유가론기』의 판본별 분권들을 정리하면 다음 표와 같다.[18]

---

17 백진순, 앞의 해제, 2015, p.417~418 참조.
18 이 표는 楊白衣, 앞의 논문, 1984, p.295에 수록된 표에『유가론』의 구성을 보충하여 작성한 것이다.

〈표〉 『유가사지론』의 구성과 판본별 『유가론기』의 해당 권수

『유가사지론』			『유가론기』			
권	지	제목	24권본	48권본	20권본	100권본
「본지분本地分」						
1	1 2	오식신상응지五識身相應地 의지意地	1상	1	1	1, 2
2	2	의지意地	1하	2	1	3, 4
3			1하	2	1	4
4	3 4 5	유심유사등삼지 有尋有伺等三地	2상	3	1	5
5			2상	3	2	5, 6
6			2상	3	2	6, 7
7			2하	4	2	7, 8
8			2하	4	2	8, 9
9			3상	5	2	9, 10
10			3하	6	3	11, 12
11	6	삼마희다지 三摩呬多地	4상	7	불명不明	13, 14
12			4하	8	불명	15, 16, 17
13	7 8 9	비삼마희다지非三摩呬多地 유심무심이지有心無心二地	5상	9	불명	17, 18
14	10	문소성지聞所成地	5상	9	불명	18, 19
15			5상	9	불명	19
16	11	사소성지思所成地	5하	10	불명	20
17			5하	10	불명	20
18			5하	10	불명	21
19			5하	10	불명	21, 22
20	12	수소성지修所成地	6상	11	불명	22
21	13	성문지聲聞地	6상	11	5	23
22			6상	11	5	23
23			6상	11	5	23, 24
24			6상	11	5	24
25			6하	12	5	24, 25
26			6하	12	5	25
27			7상	13	5	26
28			7상	13	5	26, 27
29			7하	14	6	27, 28

『유가사지론』			『유가론기』			
권	지	제목	24권본	48권본	20권본	100권본
30	13	성문지聲聞地	7하	14	6	28
31			7하	14	6	28, 29
32			7하	14	6	29
33			8상	15	6	29, 30
34	14	독각지獨覺地	8상	15	6	30, 31
35	15	보살지菩薩地	8하	16	7	32, 33, 34
36			9상	17	7, 8	34, 35, 36, 37
37			9하	18	8	38, 39
38			10상	19	8	39, 40
39			10상	19	8	41
40			10상	19	9	41, 42
41			10하	20	9	42
42			10하	20	9	42, 43
43			10하	20	9	43
44			11상	21	9	44
45			11상	21	9	44, 45
46			11하	22	9	45
47			11하	22	10	46
48			12상	23	10	47, 48, 49
49			12하	24	10	49
50	16 17	유여의지有餘依地 무여의지無餘依地	12하	24	10	50
「섭결택분攝決擇分」						
51	1 2	오식신상응지五識身相應地 의지意地	13상	25	11	51, 52, 53
52			13하	26	11	54
53			14상	27	12	55, 56
54			14하	28	12	56, 57, 58
55			15상	29	13	59, 60
56			15하	30	불명	61, 62
57			16상	31	불명	63, 64
58	3 4 5	유심유사등삼지 有尋有伺等三地	16하	32	불명	65, 66
59			17상	33	불명	66, 67
60			17상	33	불명	67, 68
61			17상	33	불명	68
62	6	삼마희다지三摩呬多地	17하	34	불명	68, 69

「유가사지론」			「유가론기」			
권	지	제목	24권본	48권본	20권본	100권본
63	6 7 8 9	삼마희다지三摩呬多地 비삼마희다지非三摩呬多地 유심지有心地 무심지無心地	17하	34	불명	69, 70
64	10	문소성혜지聞所成慧地	18상	35	불명	71
65	11	사소성혜지思所成慧地	18상	35	16	71, 72
66			18상	35	16	72, 73
67	12 13	수소성혜지修所成慧地 성문지聲聞地	18하	36	16	73, 74
68	13	성문지聲聞地	18하	36	16	74
69			18하	36	16	75
70			19상	37	16	75, 76
71			19상	37	16	76
72	15	보살지菩薩地	19상	37	불명	77, 78
73			19하	38	불명	79, 80
74			20상	39	불명	81, 82
75			20상	39	불명	82, 83
76			20하	40	불명	83
77			20하	40	불명	84
78			21상	41	불명	85
79			21상	41	불명	87
80	16 17	유여의급무여의이지 有餘依及無餘依二地	21하	42	불명	86
「섭석분攝釋分」						
81		「섭석분攝釋分」	21하	42	불명	88
82			22상	43	불명	89
「섭이문분攝異門分」						
83		「섭이문분攝異門分」	22상	43	불명	90
84			22상	43	불명	90
「섭사분攝事分」						
85		「섭사분攝事分」	22상	43	불명	91
86			22하	44	불명	91, 92
87			22하	44	불명	92, 93
88			23상	45	불명	93, 94
89			23상	45	불명	94
90			23상	45	20	95

『유가사지론』			『유가론기』			
권	지	제목	24권본	48권본	20권본	100권본
91		「섭사분 攝事分」	23하	46	20	95
92			23하	46	20	96
93			23하	46	20	96, 97
94			24상	47	20	97
95			24상	47	20	97, 98
96			24상	47	20	98
97			24하	48	20	98, 99
98			24하	48	20	99
99			24하	48	20	100
100			24하	48	20	100

『유가론기』와 신라 유식학

『유가론기』에는 앞서 언급했듯이 50여 명의 논사들의 설이 인용되고 있는데, 그중에는 신라 논사들의 견해가 다수 포함되어 있다. 현장이 새로운 불교 전적을 번역한 이래 그의 문하에 모여든 문도들 중에는 많은 신라 논사들이 포함되어 있었지만 특이하게도 이들의 전기는 현재 거의 전해지지 않는다.[19] 이와 같은 상황에서 『유가론기』에 인용되고 있는 적지 않은 신라 논사들의 유식학설은 기존에 거의 알려져 있지 않은 고대 신라 유식가들의 학문적 지형을 밝히는 데 중요한 기본 자료가 될 수 있을 것으로 기대된다.

『유가론기』에 인용된 논사들 중 지금까지 신라인으로 추정되고 있는 논사들은 저자인 둔륜[20]을 비롯하여 신라 승이라고 명시되어 있는 신라

---

19 常盤大定는 이들의 행적이 거의 전해지지 않는 이유로 신라인이었기 때문일 가능성을 제기한다.[常盤大定, 『仏性の硏究』, 東京: 國書刊行會, 1973(1933), p.240]
20 『유가론기』의 저자가 신라 승임이 확정적으로 밝혀진 것은, 아래에 논의되듯이,

원효사新羅元曉師, 신라현법사新羅玄法師, 신라인법사新羅因法師, 신라증법사新羅證法師, 신라국법사新羅國法師, 신라방법사新羅昉法師, 신라효법사新羅晶法師, 신라흥법사新羅興法師 등의 8인과, 신라 승으로 명시되어 있지는 않지만 신라인임이 분명한 원측圓測(613~696)과 순경順憬(7세기경), 그리고 학자들에 의해 신라인으로 강력히 추정되고 있는 경사景師, 달사達師, 범사範師 등이 있다.

신라 논사들의 설은 『유가론기』의 6문 가운데 석본문에 주로 인용되고 있다. 『유가론기』는 앞서 언급하였듯이 자은기의 『약찬』을 상당 부분 인용하고 있는데, 가츠마타에 따르면 『약찬』의 주석이 끝나는 『유가론』 제66권까지(즉, 『유가론기』 제18권상까지)는 『약찬』의 대부분을 인용하여 자은기의 설을 위주로 먼저 해석하고 이어서 경사, 태사泰師, 비사備師, 측사 등의 설을 참조하는 방식으로 기술되어 있고, 『유가론』 제67권부터의 주석에서는(즉, 『유가론기』 제18권하부터는) 경사, 태사의 설을 위주로 하고 비사 등의 설을 참조로 하고 있다. 이러한 분석을 바탕으로 가츠마타는 『유가론기』가 기본적으로 『약찬』을 답습하고 있다고 보고, 이것을 또한 둔륜의 사자상승 문제와 관련하여 둔륜이 자은의 자資라는 전승과 연결시켜 해석하고 있다.[21]

1933년에 발견된 『금장』본 『유가론기』 제1권 발문에 "海東興輪寺沙門道倫集撰"이라는 구절이 있었기 때문이다.

21 勝又俊敎는 또한 『대정장』본으로 보았을 때 『유가론』 제66권까지의 주석에 해당하는 『유가론기』의 분량(407쪽)이 『약찬』 분량(228쪽)의 두 배가량이고 『유가론기』에 『약찬』이 거의 그대로 인용되어 있다는 것에 근거하여, 『유가론』 제66권까지의 주석에 해당하는 『유가론기』의 약 절반이 『약찬』으로 이루어진 것으로 보았다. 그리고 그는 『유가론기』의 제4권과 제5권은 『약찬』과 거의 다르지 않다는 것도 지적한다. (勝又俊敎, 앞의 논문, 1938, pp.128~129)

하지만 『유가론기』가 단순히 『약찬』의 답습이라는 주장에 의문을 표시하는 연구들도 있다. 비록 『유가론기』가 『약찬』을 상당 부분 의지하고 인용하고 있는 것이 사실이라 할지라도 둔륜을 자은기와 사자상승 관계로 연계시키지 않고 원측 계통으로 본다든지,[22] 세부적인 측면에서 『유가론기』가 『약찬』과 차이점을 보인다는 것이 지적되기도 한다.[23] 이것은 『유가론기』에 함축되어 있는 신라 유식학의 사상적 의미 및 위상을 파악하기 위해서는 아직도 연구자들의 많은 노력이 요구된다는 것을 나타낸다. 이런 시점에서 『유가론기』 및 여기에 인용된 신라 논사들에 대한 기존의 연구들을 총괄적으로 되짚어 보고, 이를 바탕으로 앞으로의 『유가론기』에 대한 연구 방향을 구상하는 것은 의미 있는 작업일 것이다.

II. 『유가론기』에 대한 초기 연구

『유가론기』의 연구가 처음 시작된 것은 1930년대 전후의 일본에서였다. 이 시기에는 『유가론기』의 저자 및 성립 시기 또는 판본 등 『유가론기』 전반에 관한 기초적 사항들을 규명하려는 연구와 함께, 『유가론기』에 인용되는 논사들 가운데 신라 논사를 확정하려는 시도 또한 진행되었다. 그리고 상대적으로 적은 수이기는 하나 『유가론기』에 인용된 논사들의

---

[22] 고익진, 「새로 確認된 新羅僧 遁倫의 著述과 그 性格」, 『한국불교학』 11, 한국불교학회, 1986, pp.160~162·176

[23] 예를 들어 다음과 같은 논문이 있다. 水谷(林)香奈, 「道倫(遁倫)集撰 『瑜伽論記』에 대하여: 基撰 『瑜伽師地論略纂』과의 關係から」, 『印度學仏敎學硏究』, 日本印度學仏敎學會, 2015; 추인호, 「『瑜伽師地論』의 알라야식 存在 論證에 관한 『瑜伽論記』의 주석: 제1상 依止執受證을 중심으로」, 『한국불교학』 70, 한국불교학회, 2014

사상적 성향을 분석하는 연구도 발표되었다. 이 장에서는 1930년대 이래 1960년경까지 일본 학자들을 중심으로 이루어진 『유가론기』에 대한 기반적 연구를 살펴본다.

『유가론기』의 저자, 성립 시기 및 판본

『유가론기』의 저자 둔륜에 대한 논의는, 그의 생존 연대 또는 저술 목록의 확정이라는 문제들[24] 이외에 주로 세 가지 방향으로 진행되어 왔다. 첫째는 그가 신라 출신인가의 문제이다. 앞서 언급했듯이 당에서 활동한 신라 승들의 행적을 보여 주는 자료는 거의 전해지지 않기 때문에, 『유가론기』의 저자인 둔륜 또한 『금장』본이 발견되기 전까지는 단지 신라인으로 추정될 뿐이었다. 『금장』본이 발견되기 이전 『유가론기』의 저자를 신라인으로 추정한 학자에는 도키와 다이조(常盤大定),[25] 가토 세이신(加藤精神),[26] 에다 토시오(江田俊雄)[27] 등이 있다. 이 중 에다는 일본 법상종 승려 주잔(仲算, 10세기경)의 『법상종현성의략문답法相宗賢聖義略問答』 제4권

---

[24] 江田俊雄에 따르면 둔륜의 생존 연대는 650년에서 710 혹은 720년경이다.(江田俊雄, 「新羅の遁倫と 倫記 所引の唐代諸家」, 『宗敎硏究』 新11-3, 宗敎硏究會, 1934, p.98) 또한 富貴原章信은 둔륜을 璟興(7세기 말경)과 大賢(8세기경)의 시대 사이인 660년에서 730년경의 인물로 추정한다.(富貴原章信, 『日本唯識思想史』, 京都: 大雅堂, 1944) 둔륜의 저술에 대해, 민영규는 17부 76권을 제시하고 있다.(민영규, 「新羅章疏錄長編」, 『백성욱박사송수기념불교학논문집』, 서울: 백성욱박사송수기념사업위원회, 1959, pp.371~372)

[25] 常盤大定, 앞의 책, 1973(1933), p.240

[26] 加藤精神, 「『瑜伽師地論』解題」, 『國譯一切経』 瑜伽部1, 東京: 大東出版社, 1930, p.17

[27] 江田俊雄, 앞의 논문, 1934, pp.88~90

에 "신라둔두반륜사작차문야新羅遁斗反倫師作此問也"라고 기록되어 있는 점과, 『유가론기』 내에 무려 11인이나 되는 신라 승려가 인용되고 있다는 점에 의거하여 저자인 '둔륜' 또한 신라인이라고 추정하였다. 이후 1933년에 발견된 『금장』본 『유가론기』의 제목 아래에 "해동흥륜사사문도륜집찬海東興輪寺沙門道倫集撰"이라는 구절이 포함되어 있음이 알려져 '도륜'이 경주 흥륜사 출신 사문임이 밝혀졌다.[28]

둘째는 『유가론기』 찬자의 이름이 둔륜인가 아니면 도륜인가라는 문제이다. 『유가론기』에는 저자명이 둔륜으로 되어 있지만 이 둔륜이 원래 도륜이라는 지적은 꾸준히 제기되어 왔다. 도키와 다이조는 천태승 사이초(最澄, 767~822)가 『법화수구法華秀句』에서 '도륜'이라고 언급하고 있음을 언급하면서 도륜이 옳은 것일 가능성을 제기했다.[29] 유키 레이몬(結城令聞) 또한 도키와의 입장에 동의하면서, 기존에 일본 내에서 '둔륜'이라고 기재하면서도 그 음가(トンリン) 그대로 읽지 않고 '도륜'의 음가(トリン)로 읽어온 관행을 지적한 후, 도키와가 제시한 근거 이외에 추가적인 근거를 제시하여 '둔륜'이 아니라 '도륜'이 정당함을 주장하였다.[30] 즉, 『동역전등록東域伝灯錄』에 열거된 둔륜의 장소 목록 가운데 약사사장사본藥師寺藏寫本, 『대정장』본, 『불교전서佛敎全書』본을 비교하여 이 가운데 가장 고

---

28 『금장』본 『유가론기』에 대한 보고는 塚本善隆, 「仏敎史料としての金刻大藏経: 特に北宋釋敎目錄と唐遼の法相宗關係章疏に就いて」, 『東方學報』 6, 1936a, pp.26~100에 상술되어 있다.
29 常盤大定, 앞의 책, 1973(1933), pp.504~505. 여기에서 도키와는 또한 『法相宗法門目錄』이라는 저서의 앞부분에는 둔륜이라고 기재되어 있으면서도 뒷부분에서는 "遁倫辞事也, 可云道倫"이라고 기재되어 있음을 언급하고 있다.
30 結城令聞, 「瑜伽論記の著者名に對する疑義」, 『宗敎研究』 新8-5, 宗敎研究會, 1931, pp.58~62

본이자 선본인 약사사장사본에서 일관되게 '도륜'이라고 함을 지적하고 있다. 이후 1933년에 『금장』이 발견된 후 즈카모토 젠류(塚本善隆)는 1936년 2월에 발표한 논문에서 『금장』에서 발견된 법상종계 장소 가운데 『유가론기』(20권)에 "해동흥륜사사문도륜집찬海東興輪寺沙門道倫集撰"이라는 구절이 있음을 지적하였다.[31] 따라서 『유가론기』의 저자가 신라의 흥륜사 사문이라는 점과 함께, 당시 '도륜'으로 불리고 있다는 것이 확인되었다.

하지만 이후에도 여전히 '둔륜'을 선호하는 학자들이 있었다. 예를 들어, 가토 세이신(加藤精神)은 1959년 논문에서 승려의 이름에 자주 사용되는 '도' 자를 '둔' 자로 오사하는 것은 어렵지만 드문 용례인 '둔' 자를 '도' 자로 보는 것은 부자연스럽지 않은 오류라고 하면서 둔륜설을 지지하였다.[32] 또한 『유가론기』 판본 중 가장 고본古本인 『금장』본에는 도륜이라는 명칭이 기재되어 있지만 이보다 200년가량 앞서 있는 주잔(仲算)의 『법상종현성의략문답』에는 둔륜이라는 명칭이 등장하고,[33] 8~9세기의 저술인 사이초의 『법화수구』에는 도륜이라는 명칭을 사용하고 있다. 이러한 사항들을 모두 고려할 때 둔륜인가 도륜인가는 아직 완전히 해결된 것으로 볼 수 없는 문제로 여겨진다.

셋째는 둔륜의 사상적 계보의 문제이다. 『금장』본 『유가론기』의 제1권 말미의 간기에 "석해동흥륜사사문륜사昔海東興輪寺沙門倫師 기이론술어 전旣以論述於前 원자당초여자은사기법사爰自唐初與慈恩寺基法師 사자상계 師資相繼[옛날 해동의 흥륜사 사문 도륜 법사는 앞서 (『유가론기』를) 논술하였고, 이에

---

31 塚本善隆, 앞의 논문, 1936a, pp.26~100
32 加藤精神, 『瑜伽論記』解題, 『國譯一切経』論疏部 9, 東京: 大東出版社, 1959, p.3. 한편, 후카우라 세이분 또한 둔륜설을 지지하고 있다.(深浦正文, 『唯識學研究』 上, 京都: 永田文昌堂, 1954, p.265)
33 楊白衣, 앞의 논문, 1984, p.292

당초부터 자은사의 기 법사와 더불어 사자상계한다.]"라는 구절이 있어 일반적으로 자은기와 둔륜이 사자師資의 관계를 가진다고 해석되어 왔다.[34] 이러한 설명은 『유가론기』가 기본적으로 『약찬』을 근간으로 하고 있고, 이를 상당 부분 그대로 인용하고 있다는 점과도 상통하는 듯이 보인다. 하지만 고익진은 이 '사자상계師資相繼'의 문구를 자은기와 둔륜의 사자 관계를 의미하는 것이라기보다는, 둔륜의 『유가론기』가 자은기의 『약찬』과 함께 '사자상전師資相傳'되고 있었다는 뜻으로 해석하여, 오히려 둔륜과 원측이 사상적으로 연결될 가능성을 제시한다.[35] 실제로 『유가론기』 전체로 보았을 때에는 자은기보다는 신라 논사 혜경의 설이 더 많이 인용되어 있고,[36] 자은기의 설과 일치되지 않는 부분이 지적되고 있는 것[37]으로 볼 때 둔륜이 반드시 자은기와 사자의 관계에 있다고 현재 결론지을 수는 없을 것으로 보인다.

이 시기에는 『유가론기』 저자의 행적을 밝히는 문제와 아울러 이 저술의 찬술 연대에 대한 논의도 진행되었다. 에다 토시오는 『유가론기』에는 법상학자 혜소慧沼의 『성유식론요의등成唯識論了義燈』이 전혀 인용되어 있지 않은 것에 근거하여 『성유식론요의등』이 찬술된 714년 이전의 저술로 보았고, 다른 한편으로 690년대부터 700년경에 활동한 인물들은 인용

---

[34] 예를 들어, 후카우라는 이 간기를 바탕으로 둔륜이 자은기의 계보를 이은 資임을 추정할 수 있다고 주장한다.(深浦正文, 앞의 책, 1954, p.265)
[35] 고익진, 앞의 논문, 1986, pp.160~162
[36] 가츠마타의 조사에 의하면 기사는 950회, 경사는 1269회 인용된다.(勝又俊敎, 앞의 논문, 1938, p.124)
[37] 후카우라는 『유가론기』가 『약찬』과 함께 유가 연구의 지침으로서 중요한 주소이지만 왕왕 정통에 어긋남이 있다고 한다. 深浦正文, 앞의 책, 1954, p.264; 고익진, 앞의 논문, 1986, pp.161~162 참조.

되어 있으므로 714년 이전 20년간 정도에 찬술된 것으로 추정하였다.[38] 그리고 이를 바탕으로 『유가론기』 저자의 생몰 연대도 650년부터 60년 혹은 70년간으로 보았다. 가츠마타는 『유가론기』 제1권 말미의 간기인 "차의임법사기且依琳法師記 종불멸후從佛滅後 지금대주장안오년을사지세至今大周長安五年乙巳之歲 이경일천칠백오년已經一千七百五年"이라는 기록에 근거하여 『유가론기』의 찬술 연대를 더욱 세밀히 분석하였다.[39] 그 결과 그는 "大周長安五年"을 705년으로 산출하고 『유가론기』의 찬술 연대를 705년부터 수년 동안일 것으로 보았다.

『금장』본이 발견된 후 스카모토는 1936년 8월에 『금장』본의 발견과 간행에 대한 논문[40]을 발표하는데, 여기서 그는 『금장』본 『유가론기』의 판본에 대해 논의하고 있다. 앞서 논의했듯이,[41] 스카모토는 『금장』본 『유가론기』의 이욱의 서문 내용을 바탕으로 일본의 『대정장』본과 『속장경』본의 저본이 바로 의천이 고려로 가져온 오류가 많은 초본이고, 따라서 일본의 판본은 현재 중국의 『금장』본과 분권의 방법 및 글자에서 차이가 나는 것이라고 하였다. 하지만 이에 대해 박인석은 비록 "금장본의 간기에 의천이 초본을 구해갔다는 기록이 있고 의천의 『신편제종교장총록』(대정장 55, 1176b13)에도 '[瑜伽論]疏二十四卷遁倫述'이라고 하므로, 의천이 『유가론기』를 고려로 가져왔다는 점은 분명해 보이지만, 이 문헌이 실제로 교장敎藏으로 간행되었는지 여부 및 현재 일본에 전해지는 『유가론기』가 고려본에서 유래한 것인지에 대해서는 좀 더 면밀한 확인이 필요하다."

---

38 江田俊雄, 앞의 논문, 1934, p.98
39 勝又俊敎, 앞의 논문, 1938, pp.123~125
40 塚本善隆, 앞의 논문, 1936b
41 앞의 각주 14 참조.

고 보고 있다.⁴²

신라 출신 논사들의 확정

『유가론기』의 초기 연구에는 『유가론기』에 인용되는 논사들 가운데 신라 논사들을 확정하고자 한 연구들이 포함되어 있다. 에다 토시오는 『유가론기』에 인용되는 논사들 중 적어도 11인은 신라 승이라고 보았다.⁴³ 즉, 신라의 국명과 함께 언급된 신라원효사新羅元曉師, 신라현법사新羅玄法師,⁴⁴ 신라흥법사新羅興法師,⁴⁵ 신라인법사新羅因法師,⁴⁶ 신라국법사新羅國法師,⁴⁷ 신라방법사新羅昉法師⁴⁸의 6인⁴⁹과, 국명이 명시되지는 않았지만 신라 승이 명백한 원측과 순경, 그리고 신라 승으로 추정되는 경흥, 달達,

---

42 박인석, 앞의 논문, 2015, p.265
43 江田俊雄, 앞의 논문, 1934, p.90
44 에다는 玄法師를 思玄이라고 보았지만(江田俊雄, 앞의 논문, 1934, p.97) 아래에 논하듯이 가츠마타는 현법사를 僧玄으로 본다.(勝又俊敎, 앞의 논문, 1938, p.132)
45 에다는 신라 유식승 憬興(7세기 말경)으로 보고 있다.(江田俊雄, 앞의 논문, 1934, p.96)
46 에다는 『의천록』에 『法華經綱要略釋』과 『百法論綱要略釋』을 지은 智因과 『俱舍論鈔』를 지은 雲因이 나오고, 『東域傳燈目錄』에 의하면 당대의 승려로 『해심밀경소』를 지은 슈因이 나오고, 『무량수경소』를 지은 '因法師'도 나온다는 것을 기술한다. 이 중 에다는 '신라인법사'가 지인 또는 영인일 가능성에 중점을 두고 있지만 확정할 수는 없다고 한다.(江田俊雄, 앞의 논문, 1934, pp.97~98)
47 에다는 신라국법사는 추정이 어렵다고 한다.(江田俊雄, 앞의 논문, 1934, p.98)
48 현장의 역장에 참여한 신라 승 神昉(7세기경)으로서 저서로는 『成唯識論要集』(10권), 『成唯識論記』(1권), 『種性差別集』(3권)이 있다.(江田俊雄, 앞의 논문, 1934, p.96)
49 후에 가츠마타는 新羅證法師와 新羅晶法師를 추가하여 신라의 국명이 표시된 논사를 8인 제시한다.(勝又俊敎, 앞의 논문, 1938)

범範이고, 그 외에 현응玄應과 곽郭도 신라 논사일 가능성을 언급하고 있다.[50]

이 11인의 논사들 가운데 경사, 달사, 범사를 신라인으로 추정할 수 있는 이유에 대해 에다는 다음과 같이 논한다.[51] 경사(또는 경사의 저술인 『보궐補闕』)는 『유가론기』 전반에 걸쳐 자은기, 태, 측의 설과 함께 가장 많이 인용되고 있는데, 경사를 『의천록』에 나오는 『유가론소瑜伽論疏』(20권[52]) 및 『유가론문적瑜伽論文迹』(1권)의 저자 혜경惠景이라고 본다.[53] 또한 에다는 경법사(혹은 혜경 법사)의 저술로 『섭대승론소攝大乘論疏』(□권; 『동역전등목록東域傳燈目錄』), 『섭대승론의장攝大乘論義章』(3권; 『나라조현재일체경소목록奈良朝現在一切經疏目錄』), 『사분비구작석계본소四分比丘作釋戒本疏』(1권; 『동역전등목록』) 등이 전해 오고 있음을 밝힌다. 경법사는 자은기의 『약찬』에도 자주 인용되고 있기 때문에 자은기에게도 상당한 학문적 영향을 미친 것을 알 수 있지만, 이와 같은 학문적 권위와 지위에도 불구하고 그의 행적이 중국의 승전 어디에도 남아 있지 않다는 사실이 바로 그가 신라인임을 보여 주는 증거라는 것이다.

---

50 江田俊雄, 앞의 논문, 1934, p.90. 그리고 에다는 郭法師를 현장 문하의 神郭이 아닐까 추측하고 있다.(江田俊雄, 앞의 논문, 1934, p.96)
51 江田俊雄, 앞의 논문, 1934, pp.91~93
52 일본 『法相宗章疏』에 의하면 경법사의 『유가론소』는 36권으로 되어 있다. 江田俊雄, 앞의 논문, 1934, p.91, p.94 각주 22 참조.
53 江田俊雄, 앞의 논문, 1934, p.91. 초기에 도키와 다이조는 경사를 順璟으로 추측하였으나[常盤大定, 앞의 책, 1973(1933), p.505], 에다는 '경璟'의 글자도 다르고, 『유가론기』에 별도로 순경이 거론되고 있으며, 제경록에서도 논사의 저술이 별개로 제시되어 있다는 점을 들어 순경일 가능성은 희박한 것으로 본다. 에다는 경사를 혜경으로 적고 있는 우이 하쿠주(宇井伯壽, 앞의 책, 1924, pp.78·292)에 동의하고 있는데, 현장 역 『대비바사론』 제1권에 혜경은 서명사 사문으로서 증의를 맡은 것으로 기록되어 있다.(江田俊雄, 앞의 논문, 1934, p.94 각주 20)

에다는 일본 『동역전등목록』에 두 명의 달사, 즉 『유가론요간瑜伽論料簡』(1권)을 저술한 행달行達과 『파사론소婆沙論疏』(16권)를 저술한 정달淨達이 나옴을 지적한다. 주석에 "요간料簡"이라는 명칭을 붙이는 것은 당시 신라 승에 흔히 통용되는 방식이었다는 사실에 바탕을 두고 에다는 달사를 신라 승 행달로 추정하고 있다.[54]

에다는 범사範師를 현범玄範으로 추정한다. 『의천록』에 현범의 저술이 항상 신라 승들의 저술 사이에 기재되어 있고, 일본 나라시대와 헤이안시대의 유식 관련 저술 가운데에서도 신라 승을 인용하는 가운데 '범範'이 나오는 점을 근거로 범사를 신라 승으로 추정한다. 범사의 『유가론』 주석은 알려져 있지 않지만, 『의천록』에는 『성유식론소成唯識論疏』(20권)를 저술한 것으로 기록되어 있다.[55]

가츠마타는 에다에 이어 『유가론기』에 등장하는 신라 논사에 대한 연구를 더욱 심화시켰다. 앞서 에다가 신라의 국명이 명시된 논사를 6인 제시한 것에 비하여, 가츠마타는 신라증법사新羅證法師와 신라효법사新羅晶法師를 추가로 발견하여 8인을 제시하고 다음과 같이 설명한다.[56] 첫째, 원효사(4회 인용)는 명백히 신라 원효를 가리키며, 둘째, 현법사는 『유가론기』에서 16회 인용되는 가운데 2회는 승현사僧玄師로 언급되므로 현장 문하의 논사로 추정되는 승현임을 알 수 있다. 셋째, 인법사(1회 인용)에 대해서는 에다와 마찬가지로 『동역전등목록』에 기록된 『해심밀경소』의 저자 영인, 『의천록』에 나오는 『백법륜강요략석』(1권)의 저자 지인, 그리고 『구사론초』(2권)의 저자 운인을 거론하지만 누구를 가리키는 것인지

---

54 江田俊雄, 앞의 논문, 1934, p.92
55 江田俊雄, 앞의 논문, 1934, pp.92~93
56 勝又俊敎, 앞의 논문, 1938, pp.132~133

는 확정할 수 없다고 한다. 넷째, 증법사(1회 인용)는 원측의 문인이자 692년에 효소왕에게 천문도天文圖를 전달한 도증道證(7세기경)으로 본다. 그리고 다섯째, 효법사(1회 인용)는 『동역전등목록』에 『해인삼매론海印三昧論』(1권)의 저자로 기록된 명효明晶로 추측한다. 여섯째, 2회 인용되고 있는 국법사에 대해 알 수 있는 자료는 남아 있지 않다. 일곱째, 방법사(3회 인용)는 현장의 역장에서 활동한 증의대덕證義大德 12인 가운데 한 사람으로서 법해사法海寺 사문인 신방神昉으로 추정하고 있다. 신방은 자은기, 보광普光(645?~664), 가상嘉尙(7세기경)과 함께 현장 문하의 사영四英으로 알려져 있으며, 『성유식론요집成唯識論要集』(10권) 등 유식 관계 소를 저술하였을 뿐 아니라 삼계교三階敎에 심취하여 현장이 『지장십륜경地藏十輪經』을 역출할 때 참여하고 『지장십륜경소地藏十輪經疏』(3권)를 지었다고 한다. 여덟째, 흥법사(2회 인용)는 많은 저술을 남긴 유식학승 경흥璟興(7세기 말경)으로 추정한다.

에다가 신라인으로 추정한 경사, 달사, 범사에 대해 가츠마타는 다음과 같이 논한다.[57] 경사는 무려 1269회나 인용되고 있기 때문에 자은기와 함께 『유가론기』에 가장 큰 영향을 미치고 있는 논사로 본다. 경사의 『소』와 『보궐』이 『유가론기』에 인용되어 있음에 근거하여 이 경사가 장소목록에 『유가론소』와 『유가론보궐』의 저자로 기록되어 있는 혜경이라고 추정하고,[58] 이 혜경을 다시 현장 역장에서 『대비바사론大毘婆沙論』 번역의 증의를 맡은 서명사 혜경을 가리키는 것으로 보아, 결론적으로 경사

---

57 勝又俊敎, 앞의 논문, 1938, pp.130~132
58 한편 『법상종법문목록』에 『유가론소』(35권)의 저자로 弘景이라는 이름이 나오는데, 이는 다른 목록에는 전해지지 않으므로 가츠마타는 경사가 혜경을 가리키는 것이라고 본다.(勝又俊敎, 앞의 논문, 1938, pp.130~131)

는 서명사에 주석한 신라인이었다고 추정한다. 하지만 앞서 에다가 경사의 저술에 『유가론소』와 『보궐』 이외에 『섭대승론소』(□권), 『섭대승론의장』(3권), 『사분비구작석계본소』(1권) 등을 포함시킨 것과는 달리, 가츠마타는 『섭대승론소』의 저자로 나오는 경법사는 『유가론소』의 저자인 혜경과는 동명이인이라고 주장한다. 즉, 경법사가 저술한 『섭대승론소』는 『동역전등목록』에 '천친고론天親古論'(진제 역 『섭론』)이라고 명시되어 있으므로, 그 저자는 바로 정숭靖嵩(537~614)의 제자이자 『섭론』 등의 학자로 유명한, 『속고승전』 「도기전」(道基, 577~637)의 부기附記에 보섬寶暹(생몰년 미상)과 함께 나오는 혜경을 가리키는 것이지 『유가론기』의 경사는 아니라고 보는 것이다. 아울러 일본의 『제종장소록諸宗章疏錄』에 『섭대승론장攝大乘論章』(3권)의 저자로 나오는 경법사도 서명사의 혜경은 아닐 것으로 추정한다. 결론적으로 가츠마타는 경사, 즉 혜경은 자은기에 앞서 『유가론』 주석을 저술한 초기 『유가론』 연구의 제일인자로서, 자은기의 『약찬』에 영향을 주고 『유가론기』에도 절대적으로 영향을 준 논사로 보았다.

달사(97회 인용)에 대하여 가츠마타는 에다가 제시한 『유가론요간』(1권)의 저자 행달과 『파사론소』(16권)의 저자 정달 외에 『유가론소瑜伽論疏』(10권)를 지은 혜달惠達을 추가로 제시한다. 그리고 『유가론기』에서 달사의 설이 제20권에서 제24권까지, 즉 『유가론』 74권에서 100권에 해당하는 주석 부분에만 97회나 인용된다는 것에 근거하여, 달사가 『파사론소』의 저자인 정달은 아니고, 또한 1권의 『유가론요간』을 지은 행달이라기보다는, 10권의 『유가론소』를 지은 혜달일 가능성에 무게를 둔다.[59] 그러나 에다가 달사를 신라 승으로 추정한 것과는 달리 가츠마타는 이것 이외에

---

59 勝又俊教, 앞의 논문, 1938, pp.133~134

혜달에 대한 기록을 전혀 찾을 수 없다는 이유로 달사가 신라 승일 가능성에 대해서는 언급하지 않는다.

범사(4회 인용)는 『성유식론소』(20권), 『섭대승론소』(7권), 『잡집론소』(14권), 『변중변론소』(3권), 『해심밀경소』(10권) 등을 저술하고 당대의 유식육가 唯識六家의 한 계통에 속하는 현범玄範으로 추정된다. 에다가 현범을 신라승으로 추정하는 것과는 달리, 가츠마타는 단지 현범의 본향이나 경력이 전혀 알려져 있지 않다고 한다.[60]

이후 유키 레이몬은 가츠마타가 혜경과 동명이인의 저술이라고 본 『섭대승론소』(□권)를 에다와 마찬가지로 경사의 저술로 보았다.[61] 유키는

---

[60] 이 외에 가츠마타는 『약찬』에 인용되고 『유가론기』에 재인용된 논사들인 靈雋師, 泰師, 備師에 대해서도 논의하고(勝又俊敎, 앞의 논문, 1938, pp.129~130), 그 밖에 구명이 나타나지 않는 다수의 논사들에 대해 논의한다. 영준사는 『유가론』 역장에서 필수를 맡은 영준을 가리키는데, 『약찬』에 靈雋師 혹은 俊師가 5회 인용되어 있고, 『유가론기』가 『약찬』을 그대로 인용하면서 영준의 설을 그대로 4회 수용하고 있고 그 외에 2회를 추가적으로 인용한다. 雋師와 俊師는 동일인임이 알려져 있고, 『동역전등목록』에 의하면 저술에 『잡집론소』(16권)가 있다. 『유가론기』에서 경사, 기사에 이어 많이 인용되고 있는 태사(627회)는 『유가론』 역장에서 증의를 맡은 神泰(7세기경)로서, 그는 俱舍의 3大德 중 한 사람으로 유명하다. 『구사론소』(20권)를 저술하였다. 자은기의 『약찬』에 '泰師'로 2회, '太師'로서 19회 정도 인용되었는데 이 부분이 그대로 『유가론기』에 인용되어 있다. 『약찬』과 『유가론기』의 비교에 의해서 泰師와 太師가 동일인임이 알려져 있다.[常盤大定, 앞의 책, 1973(1933), p.499; 勝又俊敎, 앞의 논문, 1938, p.129] 신태의 저술로는 『유가론소』(10권), 『瑜伽論劫波羅義章』(1권), 『섭대승론소』(10권), 『현양론소』(□권) 등 다수가 있다. 비사 혹은 文備(187회 인용)는 증의대덕 중 한 사람으로 현장의 『유가론』 역장에 참여한 인물로 『약찬』에는 10회 인용되어 있다. 『유가론소』(13권)를 포함하여 다수의 저술이 있고, 三性說에 관하여 九門解를 한 것이 유명하다.(『유가론기』 제19권하, 『大正藏』 42, p.759ab)

[61] 結城令聞, 『唯識學典籍志』, 東京: 東京大學 東洋文化硏究所, 1963, pp.212~213; 박인석, 「『유가론기(瑜伽論記)』에 나타난 혜경(惠景)의 사상경향 분석: 「五識

수·당대의 경사 또는 혜경에 대한 기록을 조사하여, 보섬과 함께『섭론』의 학장이었던 혜경,『현장법사행장玄奘法師行狀』에서 19세의 현장이 618년에 한천漢川에서 만났다고 전해지는 경법사, 그리고 마찬가지로『현장법사행장』에서 수양제隨煬帝가 동도東都에 사도량四道場을 건립하여 초빙했다고 한 경법사를 모두 동일인으로 보고 이 인물이『유가론기』의 경사라고 보았다. 하지만 이 혜경이 현장의 역경장에서『대비바사론』의 증의를 맡은 서명사 혜경인지에 대해서는 확실한 결론을 내고 있지는 않다. 유키는 기본적으로『유가론기』의 경사를 현장과 동시대인인 섭론종 계통 학자로 보고 있는 것이다.

『유가론기』의 사상적 입장에 대한 연구

『유가론기』의 초기 연구 기간 동안『유가론기』의 교리 분석을 바탕으로 한 논사들의 사상적 입장에 대한 연구는 상대적으로 많지 않았다. 저자 및 판본에 관한 문제, 또는 인용된 논사들의 국적 및 행적의 파악 문제 등 기본적 사항들을 규명하는 것이 더 주된 과제였기 때문이다. 하지만 이 시기에도『유가론기』에 가장 많이 인용된 경사의 사상을 자은기와 연계하여 고찰한 두 연구가 있다.

도키와 다이조는『약찬』제13권에 나오는 진여소연연종자眞如所緣緣種子의 해석이 문비와 경법사의 입장을 계승하는 것임을 밝혔다.[62] 즉,『약

身相應地」와「意地」의 주석을 중심으로」,『불교학연구』39, 불교학연구회, 2014, pp.185~186 참조. 박인석은 유키의 주장을 받아들인다면 경사는 현장의 스승뻘이 될 것이라고 지적한다.(박인석, 앞의 논문, 2014, p.186)

62 常盤大定, 앞의 책, 1973(1933), pp.496~510

찬』에는 문비와 경법사가 승군勝軍 논사(6세기경)의 신훈설新熏說, 호월護月 논사(6세기경)의 본유설本有說, 호법護法 논사(6세기경)의 본유설을 전했다고 기술되어 있는데, 이 중에서 특히 경법사는 호법의 뜻을 참작하여 진여를 소연所緣으로 한다는 것에 대해 사연四緣(즉, 인연因緣, 소연연所緣緣, 등무간연等無間緣, 증상연增上緣)을 구족具足한다고 함으로써 본유설에서 말하는 본유종자本有種子 이외에 신훈설에서 말하는 신훈종자新熏種子 또한 필요함을 역설했다는 것이 함축되어 있다. 이러한 경법사의 설명과 연결되는 방식으로, 자은기는 이어서 유식의 정통설인 본유신훈합생설本有新熏合生說의 정당성을 신태의 설과 연결시켜 기술하고 있다. 한편, 『유가론기』의 해당 주석 부분에서는 경사의 사연설四緣說[63]이 확인되고 있기 때문에, 도키와는 경사의 호법에 대한 해석이 유식의 본유신훈합생설의 형성에 근본적 기조로 작용하고 있음을 논증하고 있다.

유키 레이몬은 무표색無表色의 이론에 있어서 경사가 자은기에게 미친 사상적 영향을 밝혔다.[64] 유키는 자은기의 『대승법원의림장大乘法苑義林章』을 바탕으로 무표색을 율의무표律儀無表, 불율의무표不律儀無表, 그리고 처중무표處中無表로 나누어 논하는데, 이 중 율의무표인 별해탈율의別解脫律儀, 정려율의靜慮律儀, 무루율의無漏律儀 가운데 별해탈율의의 일부의 항목[65]과 불율의무표의 항목에서 경법사가 자은기의 학설에 영향을

---

63 사연은 本有無漏種子가 인연, 解脫分이 증상연, 世第一法이 등무간연, 眞如가 소연연으로 설명되고 있다.
64 結城令聞, 「相宗無表色史論」, 『常盤大定博士還曆記念仏教論叢』, 京都: 弘文堂書房, 1933, pp. 563~625
65 별해탈율의 가운데에는 出家五衆의 五緣捨, 近事律儀의 三緣捨, 近住律儀의 三緣捨, 菩薩戒가 있는데, 이 중 유키가 다루고 있는 항목은 출가오중의 오연사와 보살계이다.

미치고 있음을 밝히고 있다.

이 외에 『유가론기』의 사상에 대한 직접적 연구는 아니지만, 『유가론기』에 인용된 논사들의 사상적 입장을 참고로 하는 연구로 우이 하쿠주의 「阿賴耶識存在の論證」[66]가 있다. 이 논문에서 우이는 『유가론』의 알라야식의 존재에 대한 여덟 가지 증명을 논하면서 이 부분에 해당하는 『약찬』과 『유가론기』의 해석을 제시하고, 이것을 『성유식론』의 열 가지 증명과 비교한다. 그리고 이를 통해 알라야식이 윤회의 주체로 요청된 것을 논증하고 있다.

한편, 1959년에 중국학자 탕용통(湯用彤) 또한 『유가론기』에 대한 기초적 성격의 논문을 발표하였다.[67] 즉, 금릉각경처본 『유가론기』를 자료로 하여 이 중 34군데를 발췌하여 현장 당시의 범문 장서 상황, 당시 논사들의 범문에 대한 지식, 신라 논사들의 정황, 핵심적 교리 문제 등 중국불교사와 관련이 있는 사항들을 논의하고 있다.

이상과 같이 1930년대 이래 1960년경까지의 『유가론기』에 대한 연구는 『유가론기』의 판본 및 성립 과정, 저자 및 인용되고 있는 논사들의 국적 및 행적의 파악, 『유가론기』에 나타나는 논사들의 인용 횟수 등 주로 기초적 연구의 성격을 지니고 있으며 일본 학자들을 중심으로 이루어졌다고 할 수 있다. 그 이후 1960년대와 1970년대의 『유가론기』에 대한 연구는 무슨 이유에서인지 거의 전무하다. 하지만, 다음 장에서 논의되듯이, 1980년대 이후에는 기존의 연구 성과를 바탕으로 내용면에서 보다

---

66 宇井伯壽, 「阿賴耶識存在の論證」, 『瑜伽論研究』, 東京: 岩波書店, 1958(1990), pp.172~178
67 湯用彤, 「讀『瑜伽師地論』札記」, 『湯用彤集』, 北京: 中國社會科學出版社, 1959; 박인석, 앞의 논문, 2015, p.265 참조.

세부적인 주제에 중심을 두는 연구들이 등장한다.

III. 『유가론기』 연구의 심화 및 확대

1980년대 이후의 『유가론기』에 대한 다양화된 연구 현황은 크게 세 가지 측면으로 나누어 논의될 수 있다. 첫째, 『유가론기』 자체에 대한 연구, 둘째, 『유가론기』에 등장하는 논사들에 관한 연구, 셋째, 『유가론기』와 간접적 연계성을 가지는 연구가 그것이다.

『유가론기』에 대한 재고찰

1980년대 이래의 『유가론기』에 대한 연구는 일단 초기의 『유가론기』에 관한 연구사를 정리하여 재고찰하는 성격을 가진다. 그리고 이러한 기존 연구사의 종합적 고찰을 바탕으로 하여 세부 주제에 대해 다루고 있는 논문들이 많다. 그 대표적인 예로, 요시다 도코(吉田道興)의 논문은 앞서 에다(1934)와 가츠마타(1938)의 『유가론기』 연구 성과를 이어서 이들이 다루지 않았던 사료와 문제점들을 추가로 제시하는 한편, 가츠마타가 정영 혜원淨影慧遠(523~592)과 우두 법융牛頭法融(594~657)으로 추정한, 『유가론기』의 원법사遠法師와 융법사融法師에 대해 더 자세히 고찰하고 있다.[68] 즉, 가츠마타가 『유가론기』에 대비적으로 인용되어 있는 원법사와 융법사를 각각 점오설漸悟說과 돈오설頓悟說을 주장한다고 설정한 뒤 정영 혜

---

[68] 吉田道興, 「瑜伽行者の止觀について: 特に遠法師と融法師との斷結をめぐって」, 『印度學仏敎學研究』, 日本印度學仏敎學會, 1980, pp.301~304

원과 우두 법융일 가능성을 제시한 것[69]에 대하여, 요시다는 구체적인 전거를 바탕으로 고찰하여 『유가론기』의 해당 구절을 혜원이나 법융의 주장으로 확실히 단정할 수는 없다고 하였다. 경법사에 대해서는 『나라조현재일체경소목록』에 경법사의 저술로 『사분율소四分律疏』(6권)가 나오고 『혜경사장惠景師章』이 기록되어 있음을 추가로 지적하는 한편, 『석각사료신편石刻史料新編』의 『보각총편宝刻叢編』 제7권에 '당서명사주혜경법사탑명唐西明寺主惠景法師塔銘'이라고 혜경의 이름이 나와 있음을 지적한다. 또한 이외에 순경, 현법사玄法師, 종사宗師, 원측에 대해서도 앞서의 연구를 보충하여 추가적인 사료 기록을 제시하고 있다.

대만학자 양바이이(楊白衣)는 「新羅の學僧道(遁)倫の『瑜伽師地論記』の硏究」[70](1984)에서 기존의 『유가론기』 전반에 대한 연구를 간략히 소개한 후, 『유가론기』의 네 가지 판본, 즉 『대정장』본, 『속장경』본, 『금장』본, 금릉각경처본 분권의 동이를 일목요연하게 비교하고, 이어서 구체적으로 원측의 사상에 관계되는 부분을 예시로 들어 판본들의 동이를 소개한다. 그리고 이를 바탕으로 『대정장』본 및 『속장경』본과 비교하여 『금장』본은 비록 결장이 있지만 가장 오류가 적은 판본임을 논증하고 있다. 앞서 즈카모토(1936)가 『금장』본 『유가론기』의 서문 분석을 바탕으로 하여, 『대정장』본 및 『속장경』본이 분권의 방식 및 글자에서 『금장』본과 차이가 나는 것은 이 두 판본이 의천이 고려로 가져온 오류가 많은 초본을 저본으로 했기 때문이라고 주장하여 『대정장』본과 『속장경』본의 한계를 지적하였었다. 양바이이의 논문에서는 원측의 설을 구체적 예증으로 들어 이 부분을 네 가지 판본에서 모두 비교함으로써 보다 구체적인 논증을 시도

---

69 勝又俊敎, 앞의 논문, 1938, pp.137~138
70 楊白衣, 앞의 논문, 1984

하고 있다고 볼 수 있다.

80년대에 『유가론기』는 마침내 한국 학계의 주목을 받기 시작하였다. 『유가론기』와 둔륜의 존재는 그 이전에도 한국 학계에서 이미 인식되고 있었지만,[71] 『유가론기』가 직접적 주제로 다루어진 연구는 고익진의 1986년 논문인 「새로 確認된 新羅僧 遁倫의 著述과 그 性格」이 최초이다.[72] 이 논문에서 고익진은 당시 새로 발견된 둔륜 찬의 『보살계본기菩薩戒本記』(1권)와 『보살계갈마기菩薩戒羯磨記』(1권)를 고찰하여, 이 두 저술이 『유가론』의 보살지菩薩地 계품戒品에 대한 『유가론기』의 주석 부분을 추출한 뒤 『유가론』 본문과 회편한 것임을 밝히고 있다. 그리고 이 과정에서 저자 둔륜의 이름, 행적, 사승관계, 저술에 대한 기존의 연구들을 비판적으로 검토하고 있다.[73]

고익진의 논문이 비록 『유가론기』의 특정 부분을 직접적인 주제로 다룬 한국 최초의 논문이지만 『유가론기』 전체의 전반적 면모를 다룬 것은 아니었다. 『유가론기』에 대한 본격적 검토는 이만의 「道倫의 瑜伽師地論記에 관한 資料的인 性格과 그 唯識思想」(1993)에 나타난다.[74] 이 논문에

---

71 예를 들어, 민영규, 앞의 논문, 1959와 申賢淑, 「新羅唯識學の典籍章疏」, 『新羅佛敎硏究』, 東京: 山喜房佛書林, 1973 등이 있다.

72 고익진, 앞의 논문, 1986

73 앞서 논의했듯이, 고익진은 둔륜이 자은기와 사승관계에 있다는 후카우라 세이분의 설에 대해 의구심을 표한다. 즉, 『유가론기』 제1권 말미의 간기에 나오는 '師資相繼'라는 구절을 단지 둔륜의 『유가론기』가 자은기의 『약찬』과 함께 師資相傳되고 있었다는 뜻으로 본다. 그리고 이와 관련하여 고익진은 후카우라 자신 또한 둔륜이 '왕왕 정통에 어긋남이 있음'을 거론함을 지적한다.(고익진, 앞의 논문, 1986, pp.160~162) 그리고 『유가론』 계품에 한정하여 고찰할 때 둔륜의 학풍이 자은기보다는 원측이나 혜경을 따르고 있다고 본다.(pp.175~176)

74 이만, 「道倫의 瑜伽師地論記에 관한 資料的인 性格과 그 唯識思想」, 『신라문화제학술발표회논문집』, 동국대학교 신라문화연구소, 1993

서 이만은 둔륜의 약력 및 『유가론기』의 자료적 성격과 문제점을 초기 연구들을 바탕으로 하여 정리 소개하고, 다른 한편으로는 식識과 관련된 개념들을 다루는 둔륜의 주석을 발췌하여 그 사상적 일면을 다루기도 하고, 『유가론기』의 판본 간의 대조 교열의 필요성을 지적하기도 한다. 즉, 『유가론기』 전반에 관한 기존의 연구 성과를 정리하는 한편, 그 문제점들을 지적하고 있다.

같은 해에 최종남 역시 『유가론기』의 기존의 연구를 비판적으로 고찰하면서, 다른 한편으로는 『유가론』 성문지聲問地 부분에 해당하는 『유가론기』의 주석의 판본들을 비교하여 교정본을 제시하는 논문을 발표하였다.[75] 즉, 성문지 부분에 해당하는 『유가론기』 주석 가운데 『대정장』본과 『송장유진』 판본을 대조하여 두 판본의 상이한 부분을 찾아내고, 이 부분을 다시 산스크리트 사본과 대조하여 새로운 교정본을 작성하였다. 이러한 작업은 기존의 판본에 대한 한계점을 인식하고 새로운 교정본이 필요하다는 자각하에 이루어졌다고 할 수 있다.

2003년 대만학자 궈리쥐안(郭麗娟)은 앞서 언급한 양바이이의 연구(1984)를 기반으로 하여 『유가론기』의 주석이 본문에서 잘못 배치된 부분을 발견하여 보고하였다.[76] 즉, 『대정장』본의 『유가론기』를 『유가론』과 대조하여 『유가론』의 해당 부분이 아닌 곳에 『유가론기』의 주석이 배치된 곳을 세 군데 제시하고 있다. 그는 이러한 오류가 생긴 이유를 『대정장』본의 저본인 고려대장경본의 배열 오류에 의한 것으로 추정하고 있다.

---

75 최종남, 「瑜伽論記가 수록된 판본 대조 연구」, 대한전통불교연구원 제11회 국제학술회의 발표 논문, 1993. 이 발표 논문은 후에 『密敎學報』 6, 위덕대학교 밀교문화연구원, 2004, pp.67~104에 실렸다.

76 郭麗娟, 「遁倫 瑜伽論記 三處 '交錯注釋' 文略探」, 『中華佛學研究』 7, 中華佛學研究所, 2003, pp.77~88; 박인석, 앞의 논문, 2015, p.265 참조.

김영태는 「新羅 遁倫의 解深密經記會本」(2004)⁷⁷에서 『해심밀경』에 대한 『대정장』본 『유가론기』의 주석 부분을 별본화하고, 이를 『유가론』 본문과 회편하여 『해심밀경기회본』을 작성 발표하였다. 『해심밀경』은 「서품」을 제외하고 나머지 일곱 품이 『유가론』 「섭결택분」 보살지 가운데 인용되어 있는데, 이 논문에서는 1917년에 금릉각경처에서 『유가론기』의 해당 부분을 발췌하여 발간한 『해심밀경주』의 문제점을 지적하면서 새로운 교정본을 제시하고 있는 것이다. 이 논문은 둔륜이나 『유가론기』 자체에 초점을 맞춘 연구라기보다는, 원측의 『해심밀경소』와 함께 또 하나의 『해심밀경』 주석서를 『유가론기』를 이용하여 제시한 것이라 하겠다.

박인석의 2015년 논문 「『유가론기瑜伽論記』의 연구 현황과 과제」는 기존의 『유가론기』에 대한 연구사를 체계적으로 정리하고 앞으로의 과제를 제안하고 있다.⁷⁸ 박인석은 『유가론기』에 대한 그 당시까지의 연구 성과를 '1930년대 전후'와 '1980년대 전후에서 현재까지'라는 두 시기로 나누어 정리하고, 기존의 연구 가운데 특히 『유가론기』의 판본에 대한 성과를 세부적으로 검토하여 문제점을 지적하고 나아가 앞으로의 연구 과제를 논의한다. 또한 『유가론기』에 대한 연구는 1934(1933)년 『금장』이 발견되면서 일본에서 본격적으로 진행되었고, 1980년대 이후에는 일본, 중국, 한국에서 확대되어 전개되었지만 현재 『유가론기』의 신라 출신 논사들에 대한 연구는 답보 상태임을 지적하였다. 그리고, 『유가론기』에 등장하는 다양한 유식학자들에 대한 상세한 연구의 필요성과 이 유식학자들의 학설에 대한 체계적이고 종합적 연구가 필요함을 제안하고 있다.

---

77 김영태, 「新羅 遁倫의 解深密經記 會本」, 『불교문화연구』 5, 동국대학교 불교사회문화연구원, 2004, pp.115~140
78 박인석, 앞의 논문, 2015

하야시 카나(林香奈)의 2015년 논문 「道倫(遁倫)集撰『瑜伽論記』について: 基撰『瑜伽師地論略纂』との關係から」[도륜(둔륜) 집찬 『유가론기』에 대하여: 기 찬 『유가사지론약찬』과의 관계로부터]는 『유가론기』가 『약찬』을 그대로 답습한다는 기존의 관점[79]과 달리 『약찬』과 다른 『유가론기』의 독자적 특징을 고찰하고 있다.[80] 하야시는 『유가론』 제1권에 대한 『약찬』과 『유가론기』의 주석을 비교함으로써, 비록 해당 부분의 『유가론기』에 『약찬』의 상당 부분이 그대로 인용된 것은 사실이지만, 세부적으로 보았을 때에는 둔륜이 『약찬』을 단순히 직접 인용한 것이 아니라 나름의 독자성을 보이는 부분을 찾을 수 있다고 한다. 하야시가 제시하는 『약찬』과 구별되는 『유가론기』의 특징은 다음의 세 가지이다. 첫째, 『유가론기』에는 『약찬』의 설명 순서를 변경하는 곳이 가끔 있고, 둘째, 『약찬』에서는 그다지 언급하지 않는 섭론학파의 설에 대한 관심을 나타내는 부분이 있고,[81] 셋째, 『약찬』에 비해 『대비바사론』을 자주 언급한다는 것이다.[82] 『약찬』과의 상

---

79 앞서 논의했듯이 가츠마타는 『유가론기』가 『약찬』을 그대로 답습하고 있다고 평가한 바가 있다.(勝又俊敎, 앞의 논문, 1938, pp.128~129)
80 水谷(林)香奈, 앞의 논문, 2015
81 예를 들어, 17지 가운데 두 번째인 意地에 대한 주석에서 의지의 '意', 즉 제6의식에서 제8알라야식까지 설명하는 가운데 『약찬』에 없는 九識說에 대한 제 논사들의 상위한 설들을 언급하고, 기의 『대승법원의림장』까지 인용하여 이에 대한 회통을 제시하고 있다고 한다. 이러한 구식설에의 관심을 고려하여, 하야시는 둔륜이 전부터 섭론학파의 사상이나 진제 역에 친숙했을 가능성을 언급한다.[水谷(林)香奈, 앞의 논문, 2015, pp.188~189]
82 하야시는 『약찬』에서는 『대비바사론』이 8회 정도밖에 언급되어 있지 않지만, 『유가론기』에서는 70회 이상이 언급되고 있음을 지적하고, 따라서 둔륜이 『대비바사론』에 조예가 깊은 것으로 본다. 예를 들어, 꿈의 體에 대해 기는 『성유식론』에 기초하여 네 가지 설을 제시하는데, 둔륜은 『대비바사론』에 기초하여 여섯 가지 설을 제시하고 『성유식론』은 언급하지 않는다고 한다.[水谷(林)香奈, 앞의 논문, 2015, p.188]

이성에 주목하는 하야시의 연구는 기존 연구에 대한 비판적 시각을 반영하는 한편, 『유가론기』에 대한 연구가 보다 심화되었음을 보여 주는 것이라고 할 수 있다.

둔륜, 경사 및 현법사에 관한 연구

이 시기에는 『유가론기』에 인용되는 개별적 논사들에 대한 구체적 연구 또한 증가하였다. 개별 논사들에 대한 연구는 특히 한국불교학계에서 두드러지게 나타난다. 『유가론기』의 저자 둔륜을 위시하여 경사, 현사 등 신라 출신 논사들의 사상적 성향을 『유가론기』의 특정 부분이나 특정 주제에 한정하여 고찰을 진행한 연구들이 등장하였다.

최원식의 논문 「신라 遁倫의 瑜伽戒 인식」[83]은 『유가론』 보살지의 계품에 대한 『유가론기』의 주석 부분을 분석하여 둔륜의 유가계에 대한 인식을 고찰한 논문이다. 최원식은 계품의 주석 부분에 인용된 경론과 논사들의 인용 횟수를 조사하고, 이 경향이 대체로 『유가론』 전체에 걸쳐 나타나는 인용 경향과 부합한다고 한다.[84] 즉, 계품에 대한 주석 부분에서도 『유가론』 전체의 경향과 마찬가지로, 기의 『약찬』에 주로 의지하고 경사, 측사, 태사의 설로 보충하고 있음을 밝힌다. 하지만 동시에 둔륜이 기의 설을 무조건 받아들인 것은 아니고, 기나 원측의 견해를 따르지 않고 독자적으로 주석한 경우도 있다는 것[85]과, '구론舊論', 즉 『유가론』 보살지의 현장 이전 이역본인 『보살지지경菩薩地持經』 또한 적지 않게 인용하

---

83 최원식, 「신라 遁倫의 瑜伽戒 인식」, 『가산학보』 6, 가산불교문화연구원, 1997
84 최원식, 앞의 논문, 1997, p.79
85 최원식, 앞의 논문, 1997, p.80

고 있고,[86] 자주 소승 성문계와 대승 보살계를 대비시키고 있음[87] 또한 지적한다.

박인석의 2012년 논문 「道倫의 唯識 五種姓說의 이해와 특징」[88]은 『유가론기』를 바탕으로 둔륜의 오종성설에 대한 입장을 고찰한 논문이다. 박인석에 따르면 둔륜은 『유가론』의 입장에 입각하여 오성각별설五性各別說을 따르고 있는 한편, 모든 중생이 대승의 종성種姓을 훈습熏習하여 성취하고 있다는 '기신론사起信論師'들의 주장 또한 받아들이고 있음을 지적한다. 즉, 둔륜은 『유가론』과 『기신론』의 주장을 각각 가사의훈습可思議熏習과 불사의훈습不思議熏習이라는 상이한 법문에 의거한다고 보아 이 두 관점을 서로 회통하고 있으며, 이러한 둔륜의 태도가 원효의 해석, 즉 『섭대승론』과 『기신론』을 각각 가사의훈可思議熏과 불가사의훈不可思議熏으로 보고 화해하려는 설명과 상통하는 점이 있음을 지적하고 있다.[89]

서정인의 2013년 논문 「道倫 勝義諦 五相門에 관한 考察: 원측의 『解深密經疏』와 비교를 통해서」[90]는 『유가론』에 포함된 『해심밀경』의 첫 품인 「승의제상품勝義諦相品」에 대한 『유가론기』의 주석 부분이 원측의 『해심밀경소』의 주석과 유사한 점이 있음을 논의한다. 그리고 이 부분의 주석에서 둔륜이 보리류지 역의 『심밀해탈경深密解脫經』과 진제 역의 『해절경解節經』 또한 인용하고 있음을 지적한다. 이 논문은 『유가론기』 가운데

---

86 최원식, 앞의 논문, 1997, p.79
87 최원식, 앞의 논문, 1997, p.85
88 박인석, 「道倫의 唯識 五種姓說의 이해와 특징」, 『철학사상』 45, 서울대학교 철학사상연구소, 2012
89 박인석, 위의 논문, 2012, pp.46~47
90 서정인, 「道倫 勝義諦 五相門에 관한 考察: 원측의 『解深密經疏』와 비교를 통해서」, 『동아시아불교문화』 15, 동아시아불교문화학회, 2013

특히 『해심밀경』에 대한 주석 부분에 주목하여 분석을 시도하였다.

박인석은 2014년에 「『유가론기瑜伽論記』에 나타난 혜경惠景의 사상경향 분석: 「五識身相應地」와 「意地」의 주석을 중심으로」[91]에서 『유가론기』에서 가장 많이 인용되고 있는 혜경에 대해 기존 연구 성과를 검토하고 혜경의 사상적 경향을 분석하였다. 혜경에 대한 기존의 연구 성과를 검토하는 가운데 『섭대승론소』를 지은 섭론파의 혜경이 『유가론기』의 경사라고 보는 유키 레이몬(1963)의 견해에 대하여 의구심을 표시하고, 유키의 주장을 받아들인다면 경사는 현장의 동시대인이기는 하지만 현장의 스승뻘이 되는 사람이라고 지적한다.[92] 즉, 섭론파의 혜경은 현장이 619년 21세 때 촉의 성도에서 『섭대승론』을 배운 인물인 보섬과 『속고승전』에 나란히 기록되어 있기 때문에 혜경도 보섬과 마찬가지로 현장의 스승뻘의 나이가 되어야 한다고 하고, 정작 유키가 진제 역의 『섭론』의 주석서를 쓴 혜경과 『유가론소』 및 『보궐』을 쓴 경사가 동일 인물이라는 것에 대해서는 그다지 분명한 논거를 통해 주장하는 것으로 보이지 않는다고 한다. 또한 그는 경사가 신라 출신이라는 확정적 증거가 확보된 것은 아니지만, 원측, 순경 등과 나란히 거론되었다는 점에서 신라인으로 추정될 수 있다는 결론을 내린다. 그 외에 『유가론』의 17지 가운데 처음 두 지인 오식신상응지와 의지의 『유가론기』 주석 부분의 분석을 통해 혜경이 원측과 마찬가지로 구역과 신역 유식을 모두 섭렵한 논사임을 논증한다.[93]

---

91 박인석, 앞의 논문, 2014
92 박인석, 앞의 논문, 2014, p.186
93 예를 들어, 『구사론』에 대한 혜경의 인용문 가운데, '경법사'의 인용문에서의 『구사론』은 진제가 번역한 구역 『俱舍釋論』과 그에 대한 진제의 『疏』인 한편, 『보궐』의 인용문에서의 『구사론』은 현장 역의 신역 『구사론』으로 나타난다.(박인석, 앞의 논문,

백진순은 2017년 논문에서 『유가론기』에서 신라 국명이 명시된 8인의 논사 중 인용 횟수가 가장 많은 현법사玄法師에 대해 고찰한다.[94] 이 논문에서 백진순은 현사에 대한 기존의 연구를 검토 보완하는 한편, 현법사의 『유가론기』에서의 사상적 위치를 논사들의 인용 패턴을 분석하여 추적하고 있다. 앞서 가츠마타(1938)가 『대정장』본 『유가론기』를 분석하여 현사의 인용 횟수를 16회로 보았음에 대해, 백진순은 『대정장』본 외에 『한국불교전서』본과 금릉각경처본을 추가로 비교 검토하여 19회로 정정한다. 그리고 현사에게 『오종성의五種性義』(1권)의 저서가 있었음을 밝힌다. 또한 『유가론기』에서 주로 인용되는 7인 유식 논사들의 인용 패턴을 분석하여 『유가론기』 전반에 있어서는 기사, 경사, 태사가 주축이 되어 인용되고 있으며, 그 외에 일정 구간별로 그들의 해석을 보완 또는 수정하는 학자군으로 비사, 측사, 현사, 달사가 배치되어 있음을 주장한다.[95] 또한 「섭결택분」의 보살지 부분에서 '본성상本性相'과 '영상상影像相'에 대한 경, 태, 비, 현의 주석을 비교함으로써 현사의 사상적 면모를 분석하고, 이를 바탕으로 현사가 당대 일류 『유가론』 연구자들 가운데 한 사람이었

2014, pp.202~203)

94 백진순, 「『유가론기瑜伽論記』에 나타난 신라현법사新羅玄法師에 대한 연구: 「섭결택분」의 성문지·보살지를 중심으로」, 『불교학연구』 52, 불교학연구회, 2017

95 백진순은 『대정장』본 『유가론기』의 판본으로 보았을 때 제8권 이후부터는 일정 구간별로 특정 인용 패턴이 나타나고 있음을 밝힌다. 「본지분」 보살지에서 「섭결택분」 사소성혜지까지의 주석(제8권에서 제17권)에서는 測師를 264회 집중적으로 인용하고, 「섭결택분」의 성문지의 주석 부분(제18권 중반에서 제19권 중반)에서는 玄師를 집중적으로 13회 인용하고 있다. 그리고 「섭결택분」 보살지의 주석 부분(제19권 중반에서 제21권까지)에서는 備師를 78회 집중적으로 인용하고, 「섭이문분」과 「섭사분」의 주석 부분(제22권에서 제24권)에서는 達師를 95회 인용하고 있다.(백진순, 앞의 논문, 2017, pp.124~125)

고 특히『성유식론』등 신역경론에 의한 유식설에 상당히 정통한 학자였다고 결론 내린다.

이상과 같이 1980년대 이후에는『유가론기』에 등장하는 개별적 논사들에 대한 관심이 증가하였고, 특히 신라 논사들에 대한 연구가 한국 학계를 중심으로 하여 전개되어 왔음을 알 수 있다.

『유가론기』 관련 연구

『유가론기』자체나『유가론기』에 등장하는 논사들에 대한 연구와 함께,『유가론기』를 참고자료로 활용하거나『유가론기』와 이론적으로 연계성을 가지는 다양한 연구들도 80년대 이후에 증가하는 추세를 보이고 있다. 특히『약찬』과 더불어『유가론기』는『유가론』에 대한 유일한 현존 주석이므로,『유가론』의 연구 영역에 있어서도 중요한 자료로서 자주 활용되고 있다. 몇 가지 예를 들면 다음과 같은 연구들이 있다.

미노와 겐료(蓑輪顯量)는 천태승 사이초와 법상승 도쿠이츠(德一, 8~9세기) 간의 논쟁 가운데 하나인 진여소연연종자眞如所緣緣種子와 법이무루종자法爾無漏種子의 논쟁에 관한 논문[96]에서『유가론기』에 인용된 여러 논사들의 견해를 분석하여 당시의 논쟁적 상황을 고찰한다. 그는 진여소연연종자의 개념이 최초로 등장하는 문헌이『유가론』이고 이 논서의 번역 당시 이 개념에 대해 논란이 일어났음에 주목하여『유가론기』와『약찬』을 자료로 하여 이 개념에 대한 논사들의 견해를 살펴보고 있다.

---

96 蓑輪顯量,「眞如所緣緣種子と法爾無漏種子」,『仏教學』30, 仏教思想學會, 1991, pp.47~51

후루사카 코이치(古坂紘一)는 1996년 논문[97]에서『유가론기』를 활용하여『유가론』보살지의 마지막 장인 제4지차제유가처발정등보리심품第四持次第瑜伽處發正等菩提心品이 현장 이전의 인도 유식가에 의해 첨가되었을 가능성을『유가론기』에 근거하여 논의한다.『유가론기』에는 현장 이전 구역에는 보살지의 이 마지막 품이 없다는 구절이 있다. 또한 실제로 이 부분의 범본도 존재하지 않는다. 후루사카는 무성無性(450~530년경, *Asvabhāva) 또는 안혜安慧(7세기경, Sthramati) 등 어느 인도 유식가가『대승장엄경론大乘莊嚴經論』의 입장에서 이 부분을 보충하였을 가능성을 제시한다.

김치온은 유가유식학파의 아뢰야식의 존재에 대한 논증을 다루는 논문인「阿賴耶識의 存在에 대한 因明論理的 논증과 그 所在에 관한 고찰」(2001)[98]에서『유가론기』를 활용하고 있다. 이 논문에서 김치온은『유가론』의 아뢰야식 존재의 여덟 가지 증거(팔종상八種相)[99]를 해석함에 있어서『유가론기』에 인용된 신태, 문비, 기 등 당대 유식학자들의 설을 비교하고, 이 이론에 대한 이들 논사들의 입장이 서로 상이함을 밝힌다.

이만의 2009년 논문「『유가사지론瑜伽師地論』을 통해 본 신라新羅 주석가註釋家들의 사유思惟: 일본日本 증하增賀의『유가론문답瑜伽論問答』을 중심으로」[100]는 일본 천태종 승려 조가增賀(917~1003)의『유가론문답瑜伽論問

---

97 古坂紘一,「『瑜伽師地論菩薩地』の最終章をめぐって」,『大阪敎育大學紀要.Ⅰ, 人文科學』44-2, 大阪敎育大學, 1996, pp.117~129
98 김치온,「阿賴耶識의 存在에 대한 因明論理的 논증과 그 所在에 관한 고찰」,『보조사상』15, 보조사상연구원, 2001, p.171
99 『유가론』에서 제시하고 있는 아뢰야식 존재 증명의 여덟 가지 상은 첫째, 依止執受, 둘째, 最初生起, 셋째, 有明了性, 넷째, 有種子性, 다섯째, 業用差別, 여섯째, 身受差別, 일곱째, 處無心定, 여덟째, 命終時識이다.(『大正藏』30, 579a)
100 이만,「『유가사지론瑜伽師地論』을 통해 본 신라新羅 주석가註釋家들의 사유思惟: 일본日本 증하增賀의『유가론문답瑜伽論問答』을 중심으로」,『한국불교학』55,

答』(7권)에『유가론기』를 위시하여 원측, 경흥 등『유가론』주석가들의 일실된 설들이 인용되고 있음에 주목하여 이 설들을 항목별로 정리 소개한 논문이다. 이를 통해 이만은 둔륜과 자은기가 16승행勝行의 이론에 대해 상이한 견해를 지니고 있었음을 지적하는 한편, 이외에 특정 유식 이론에 대한 원측과 경흥의 해석들을 소개하고 있다.

타다 오사무(多田修)는 2013년 논문「『瑜伽論記』における護法說に關する一考察」(『유가론기』에 있어서의 호법설에 관한 일고찰)에서,『유가론기』에 당 초기 논사들의 설뿐만 아니라 인도 논사 호법의 설도 종종 인용되어 있음에 주목하여『유가론기』의 호법설의 인용문을 추출하여 정리하고 있다.[101]『유가론기』에 인용된 호법설은, 그것을 통해 호법의 논서, 특히『성유식론』에 대응하는 설이 확인될 뿐만 아니라, 현존하는 호법의 논서에 보이지 않는 설 또한 포함하고 있으므로 당에 전해지는 호법설의 복원에 중요한 자료이다. 또한『유가론기』에는 의정義淨(635~713)이 710년에 역출한 호법의 논서인『성유식보생론成唯識寶生論』과『관소연론석觀所緣論釋』은 인용되어 있지 않으므로 현재 8세기 초반으로 추정되고 있는『유가론기』의 성립 연대에 대한 더 확실한 실마리를 제공함을 언급한다.

추인호는 2014년 논문에서『유가론』「섭결택분」의 알라야식의 존재에 대한 여덟 가지 증명 가운데 첫 번째인 의지집수증依止執受證에 대한 해석을『유가론기』를 중심으로 고찰하고 있다.[102] 그 결과 해당 부분에서『유가론기』가『약찬』의 해석을 적극 수용하고 있고, 동시에 태사와 비사

한국불교학회, 2009
101 多田修,「『瑜伽論記』における護法說に關する一考察」,『印度學佛敎學硏究』62-1, 日本印度學仏敎學會, 2013
102 추인호, 앞의 논문, 2014

의 견해를 소개하고 있으며, 논증식을 적극 활용하며, 『성유식론』과 『성유식론술기』를 근거로 하는 부분이 많다는 특징을 제시한다. 한편으로는 『유가론기』가 『약찬』을 단지 답습한 것이 아니고 『약찬』과 미묘한 차이점을 보이고 있음을 지적한다.[103]

백진순의 논문 「해인사백지묵서사경海印寺白紙墨書寫經 유식唯識 논의 분석: 중유中有와 속선근續善根에 대한 유식제가唯識諸家의 해석을 중심으로」[104]는 해인사 비로자나상의 복장 유물 중 하나로 2005년에 발견된 묵서 가운데 『유가론』의 17지 중 오식신상응지 및 의지와 관련된 전반부를 『약찬』 및 『유가론기』와 대조하여 해독한 것이다. 백진순은 이 부분의 13가지 유식에 관한 주제 가운데 혜경, 규기, 문비 등 유식제가들의 해석에 의거한 '중유'와 '속선근'에 대한 분석을 통해 다음과 같은 결론을 도출한다. 즉, 이 사본의 저자가 현재 일실된 혜경과 문비의 『유가론』 주석서를 직접 접했고, 이들 『유가론』 주석가들에 필적하는 식견을 가졌으며, 그 활동 연대는 8세기 초까지 거슬러 올라가고, 특히 혜경의 학설을 존중한 논사였을 것이라고 추정한다.

---

103 예를 들어, 여덟 가지 증명 가운데 제5상에 대한 주석에서 『약찬』이 현장의 논증식을 제시하고 있는 데 비해, 『유가론기』에서는 현장의 논증식에 이어 이를 비판한 원효의 견해 또한 소개한다는 것을 지적한다.(추인호, 앞의 논문, 2014, pp.323~324)

104 백진순, 「해인사백지묵서사경海印寺白紙墨書寫經 유식唯識 논의 분석: 중유中有와 속선근續善根에 대한 유식제가唯識諸家의 해석을 중심으로」, 『한국사상사학』, 한국사상사학회, 2014

『유가론기』, 보다 넓은 불교학 이해를 위한 통로

　『유가론기』에 대한 근대적 연구는 1930년대에 시작되어 도중에 단절을 겪었지만, 80년대 이래 다시금 학자들의 관심을 받아 다양화된 연구들이 등장하고 있다. 『유가론기』의 초기 연구 단계에 이미 이 문헌의 분석을 통해 고대 동아시아, 특히 신라 승려 학자들의 사상적 특징을 복원해 낼 수 있으리라는 기대가 있었지만, 아직까지 『유가론기』에 대한 연구는 초보적 단계에 머무르고 있는 실정이다. 초기의 연구는 『유가론기』의 서지적 기초 사항이나 형식상의 분석에 중심이 있었고, 80년대 이후의 연구는 보다 세부적 교학 이론 및 주제에 대하여 심화된 경향을 보여 주었지만 『유가론기』 전체의 사상적 전모나 저자의 입장 등 핵심적인 부분에 대해서는 거의 접근하지 못하고 있는 상태이다.

　『유가론기』에 대한 연구가 아직 초보 수준에 머무르고 있는 상황에서, 가장 큰 문제점으로 볼 수 있는 것은 다음의 두 가지라고 생각된다. 첫째로 『유가론기』 이해에 있어서 가장 기본적 요건이라고 할 수 있는 판본의 정본화가 아직 이루어지지 않았다는 점이다. 앞서 논의한 것과 같이 『유가론기』는 판본상의 상위와 결락으로 인해 여러 판본을 대조 정리하여 오자와 탈자를 바로 잡는 정본화 작업의 선행이 요구된다. 현재 가장 선본으로 알려져 있는 『금장』본의 경우도 결락된 장이 있으므로 다른 판본의 참고가 필수적이다. 둘째로 당시 유식가들의 논쟁 이슈들에 대한 이론적 선행 연구가 충분하지 않다는 점을 들 수 있다. 『유가론기』는 유식이론을 백과사전적으로 다루고 있는 『유가론』 100권 전체에 대한 주석서이면서, 한편으로는 『유가론』의 다양한 유식 이론들에 관한 당시의 사상적 논쟁을 상세히 다루고 있기 때문에 양적으로나 교리적으로 방대하고 복잡한 문헌이다. 따라서 『유가론기』에 대한 이해는 단순한 번역만으로 얻어질 수 있는 것이 아니라 당시의 이론적 논쟁점들에 대한 연구가 함께 진행되어야 하는 과제이다. 이와 같은 심도 있는 연구 작업이 가능하기 위해서는 해당 분야 전문가들의 협업을 바탕으로 하는 『유가론기』에 대한 장기간의 역주 작업이 필요한 것으로 보인다.

『유가론기』는 동아시아 불교 전통 내에서 이루어진 『유가론』 주석이지만 여기에 포함된 당시의 다양한 이론적 논쟁들에 대한 이해는 『유가론』 자체에 대한 기존의 이해를 더욱 심화시킬 수 있다. 이런 점에서, 『유가론기』에 대한 연구는 일실되어 잊힌 신라 논사 및 동아시아 논사들의 『유가론』에 대한 견해를 복구하는 데에 그치는 것이 아니라, 나아가 『유가론』 자체에 대한 더 깊은 이해로 이어질 수 있고, 마침내는 불교학에 대한 더 넓은 이해로 이어지는 통로가 될 수 있을 것으로 기대된다.

| 참고문헌 |

박인석, 「유가론기瑜伽論記의 연구 현황과 과제」, 『한국사상사학』 50, 한국사상사학회, 2015.
백진순, 「『유가론기瑜伽論記』에 나타난 신라현법사新羅玄法師에 대한 연구: 「섭결택분」의 성문지·보살지를 중심으로」, 『불교학연구』 52, 불교학연구회, 2017.
이만, 「道倫의 瑜伽師地論記에 관한 資料的인 性格과 그 唯識思想」, 『신라문화제학술발표회논문집』, 동국대학교 신라문화연구소, 1993.

勝又俊敎, 「瑜伽論記に關する二三の問題」, 『仏敎硏究』 2-4, 大東出版社, 1938.
加藤精神, 「『瑜伽師地論』解題」, 『國譯一切経』 瑜伽部1, 東京: 大東出版社, 1930.
橘川智昭, 「新羅唯識の硏究狀況について」, 韓國留學生印度學仏敎學硏究會, 『韓國仏敎學SEMINAR』 8, 東京: 山喜房仏書林, 2000.
江田俊雄, 「新羅の遁倫と倫記 所引の唐代諸家」, 『宗敎硏究』 新11-3, 宗敎硏究會, 1934.
結城令聞, 「瑜伽論記の著者名に對する疑義」, 『宗敎硏究』 新8-5, 宗敎硏究會, 1931.
塚本善隆, 「仏敎史料としての金刻大藏経: 特に北宋釋敎目錄と唐遼の法相宗關係章疏に就いて」, 『東方學報』 6, 東方文化學院京都硏究所, 1936a.
塚本善隆, 「金刻大藏經の發見とその刊行」, 『日華佛敎硏究會年報』 1, 日華佛敎硏究會, 1936b.

텍스트

삼국유사 三國遺事

• 박광연

I. 『삼국유사』의 위상

　『삼국유사』와 『삼국사기』/ 근대 학문과 『삼국유사』/ 세계 속의 『삼국유사』

II. 고려시대 『삼국유사』의 찬술

　찬자/ 찬술 시기/ 『삼국유사』 찬술의 의도

III. 조선시대 『삼국유사』의 간행과 유통

　간행 시기와 조선 초기 판본/ 중종임신본/ 『삼국유사』 간본의 인용

IV. 『삼국유사』의 체제와 해석

　「왕력」·「기이」·「흥법」·「탑상」·「의해」·「신주」·「감통」·「피은」·「효선」/ 『삼국유사』 체제에 대한 해석

■ 한국 고대 불교문화의 보고 『삼국유사』

I.『삼국유사』의 위상

『삼국유사』와 『삼국사기』

『삼국유사三國遺事』는 고려 후기에 편찬된 삼국三國에 대한 서사敍事(이야기)를 담은 문헌으로, 『삼국사기三國史記』와 더불어 한국의 고대 및 고려시대의 역사·문화 연구에 많이 활용되고 있다. 한국에서 『삼국유사』를 모르는 사람은 거의 없지만, 『삼국유사』를 정확하게 아는 사람 또한 드물다. 왜냐하면 『삼국유사』의 찬자, 찬술 시기 및 장소, 찬술 목적, 간행 시기 등이 명확하지 않고, 『삼국유사』에 실린 이야기들의 성격에 대한 견해도 다양하기 때문이다.

근대 학문이 본격적으로 시작된 이후의 『삼국유사』 연구는 그 목록만 몇 차례 정리될 정도로[1] 그 양이 방대하다. 역사학, 불교학, 국문학, 비교문학, 민속학, 미술사학, 불교고고학 등 여러 학문 분과에서 다루고 있는데, 모든 분야의 『삼국유사』 연구를 섭렵하는 것은 무리이기에, 이 글에서는 『삼국유사』를 사서史書로 보는 연구 성과를 토대로 『삼국유사』를 소개하고자 한다.[2]

---

[1] 김상현 편, 「『삼국유사』 관계 논저 목록」, 『한국사연구』 38, 한국사연구회, 1982, pp.163~170; 강인구, 「삼국유사 관계 논저 목록」, 『삼국유사의 종합적 검토』, 성남: 한국정신문화연구원, 1987; 불교사학연구소 편, 『삼국유사연구논저목록』, 서울: 중앙승가대학, 1992; 불교사학연구소 편, 『(증보)삼국유사연구논저목록』, 서울: 중앙승가대학, 1995
[2] 역사학자 가운데 『삼국유사』를 사서로 인정하지 않는 연구자도 있다. 이강래는 「기

일반적으로 『삼국유사』는 『삼국사기』를 '보완'하는 사서로서의 위상을 지니고 있다. 1145년(인종 23) 국왕의 명으로 김부식金富軾 등 11명의 편사관이 편찬한 『삼국사기』에 빠져 있는, 한국 고대사의 많은 공백들을 『삼국유사』를 통해 메꿀 수 있다. 예를 들어, 기전체 사서인 『삼국사기』의 본기는 「고구려본기」, 「백제본기」, 「신라본기」로 구성되어 삼국의 역사만을 다루고 있다. 반면 『삼국유사』 「기이紀異」 편에서는 고조선-위만조선-마한 등 초기 국가의 계승 관계를 밝히고 있고, 가야, 발해에 대해서도 언급하고 있다. 고조선의 정치적 지도자인 단군왕검이라는 존재가 『삼국유사』에 처음 등장하고, 『삼국사기』에는 전혀 나오지 않는 가난한 여성들의 삶과 신앙생활도 알 수 있다. 사료의 가뭄에 허덕이는 한국고대사 연구에서 『삼국유사』는 단비 같은 존재이다.

근대 학문과 『삼국유사』

몇몇 논문들에서는 『삼국유사』를 『삼국사기』를 보완하는 사서가 아니라 『삼국사기』를 '능가'하는 사서로 보기도 한다.[3] 『삼국유사』가 『삼국사

이」 편이 민족사의 주요 왕조 체계와 영웅을 서술한 것으로 보지 않고, 불교적 신이가 전개된 시간과 공간을 배경으로 제시한 것으로 보았다. 그는 불교적 신이는 역사적 사실이 아니며, 『삼국유사』 찬자도 신이를 역사적 사실로 수용하지 않았다고 보았다.(이강래, 「『삼국유사』의 사서적 성격」, 『한국고대사연구』 40, 한국고대사학회, 2005 참조.)

[3] 김영태, 「삼국유사의 체제와 그 성격」, 『동국대학교논문집』 13, 동국대학교, 1974, p.11; 고익진, 「삼국유사 찬술고」, 『한국사연구』 38, 한국사연구회, 1982, p.143. 그래서 『삼국사기』의 가치를 무시하고 지나치게 『삼국유사』에 집착하는 경향을 비판하기도 하였다.(이기백, 「『삼국유사』 왕력편의 검토」, 『역사학보』 107, 역사학회, 1985, p.1)

기』를 능가하는 사서라는 평가는 20세기 전반 최남선崔南善(1890~1957)을 비롯한 근대 지식인들에게서 비롯되었다. 『삼국유사』의 위상에 대한 객관적 평가를 위해서는 이들이 『삼국유사』에 관심을 가지게 된 배경에 대한 이해가 필요하다.

첫째, 조선 후기의 고대사 연구가 영향을 미쳤다. 17~18세기 유학을 익힌 조선의 지식인들은 『삼국유사』를 사람들을 현혹시키는 괴담怪談집으로 취급하며 비판하면서도,[4] 고대사의 주체적 복원에 적극 활용하였다.[5] 안정복安鼎福(1721~1791)의 경우가 대표적이다.

안정복은 스승 이익李瀷(1681~1763)의 영향을 받아 중국 중심의 세계관에서 벗어나 우리의 역사를 고대사부터 주체적으로 구성하려 하였고 사실의 고증에 열중하였다.[6] 그는 『동사강목東史綱目』에서 『삼국유사』를 '이류異流의 괴설怪說'이고 '승들에 의해 전해진(爲僧釋所傳)' 것이라고 하면서도, 동국의 문헌이 사라진 상황에서 그래도 보존되었음이 다행이라고 하였다.[7]

『동사강목』 본문에서는 『삼국유사』를 다른 사서들과 거의 동등하게 다루고 있다. 다른 문헌에 없는 내용을 『삼국유사』를 통해 소개하거나 보충하기도 하고, 『삼국유사』와 다른 문헌의 내용이 다를 경우 어느 쪽이 맞는지 모르겠다고 판단을 유보하기도 하고, 때로는 『삼국유사』가 옳다고

---

4 김승호, 「聖談 혹은 怪談, 그 인식적 간극-古記 소재 신화에 대한 지식인의 반응을 중심으로」, 『어문연구』 81, 어문연구학회, 2014, pp.61~65
5 오경후, 「조선후기 삼국유사 인식과 그 가치」, 『불교학보』 8, 동국대학교 불교문화연구원, 2017, p.258
6 김경태, 「이익과 안정복의 東國正統論 재검토」, 『한국사학보』 70, 고려사학회, 2018, pp.136~137
7 『동사강목』 범례, 採據書目, 동국서적

도 하였다.[8] 물론 『삼국유사』가 본사本史, 정사正史와 다르므로 취하지 않는다고도 하였다.[9]

이러한 안정복의 학문 태도 및 『삼국유사』를 다루는 방식은 후대의 지식인들에게 많은 영향을 미쳤는데, 그의 영향을 받은 대표적인 학자가 신채호라고 한다.[10]

둘째, 20세기 초 일본인에 의한 『삼국유사』 연구가 있다. 1900년에 쓰보이 쿠메조우(坪井九馬三, 1859~1936)가 『사학잡지史學雜誌』(제11편 9호)에 「삼국유사 해제」를 실었고, 1904년 동경제국대학 문과대학에서 사지총서史誌叢書의 일환으로 활자본 『삼국유사』를 간행하였다. 그 해에 『대일본속장경』에도 『삼국유사』가 수록되었다.[11] 이를 바탕으로 조선사편수회의 일인 학자들은 『삼국유사』를 연구하였고, 『삼국유사』 비판론, 단군 부정론을 전개하였다. 당시 일본의 대표적인 동양사학자였던 시라토리 구라키치(白鳥庫吉, 1865~1942)는 『삼국유사』에 인용된 고기와 『위서』가 허구이기 때문에 단군신화도 승려에 의한 조작물이고 단군은 고구려의 선조로만 인정된다고 주장하였다.

이에 맞서 신채호, 정도빈, 황의돈, 이능화, 최남선 등 많은 조선의 지

---

8 『동사강목』 부록 상권 상, 考異, 알영·고구려시조
9 박광연, 「史書로서의 『삼국유사』와 『古記』 연구의 흐름」, 『진단학보』 130, 진단학회, 2018
10 표정옥, 「최남선의 『삼국유사해제』에 나타난 기억의 문화적 욕망과 신화의 정치적 전략 연구」, 『비교한국학』 21-3, 국제비교한국학회, 2013, p.385; 김수자, 「20세기 신채호의 18세기 안정복에 대한 역사인식-안정복의 『동사강목』을 중심으로」, 『동방학』 3, 한서대학교 동양고전연구소, 2015, pp.258~263
11 고운기, 「덕천가德川家 장서목록에 나타난 『삼국유사』 전승의 연구」, 『동방학지』 142, 연세대학교 국학연구원, 2008, p.272. 최남선이 『啓明』에 실은 원문은 東京大본(1904)과 京都大본(1926)을 저본으로 하였다.

식인들이 민족적 대결 의식에서 『삼국유사』에 주목하였다. 이들은 『삼국유사』를 통해 단군의 사상적 원류를 확고하게 하고자 하였다. 이능화는 『삼국유사』에 근거하여 단군이 국조이고 고조선의 개국시조이며 평양성의 왕이었다고 주장하였다. 최남선은 1927년 「삼국유사해제」와 함께 『삼국유사』 전문을 『계명啓明』이라는 잡지에 실었다.[12] 그는 『삼국유사』 '고조선' 조를 새롭게 해석하여 단군 부정론을 조목조목 비판하며 독창적인 단군론을 전개하였다.[13] 신채호가 『삼국유사』에 주목하면서도 사서로서의 가치는 높게 인정하지 않은 반면, 최남선은 『삼국유사』를 "조선 상대를 혼자 담당하는 문헌", "조선고대사의 최고 원천"이라고 극찬하였다. 해방 이후 『삼국유사』에 대한 평가는 최남선 등 근대 지식인의 인식에 의지하는 바가 컸다.

세계 속의 『삼국유사』

한국 고대의 역사·문화를 담은 『삼국유사』는 1946년 고려문화사의 번역,[14] 1956년 이병도의 번역[15]을 위시하여 여러 차례 번역본이 출판되었다. 『삼국유사』는 국내에서뿐만 아니라 일찍부터 한국사·한국 문학을 연구하는 해외의 학자들도 관심을 기울여, 1970년대에 이미 일본어, 영

---

12 이 글은 이후 최남선, 『新訂 三國遺事』, 경성: 三中堂, 1943 등에 수록되었다. 본고에서는 『육당최남선전집』 8, 서울: 현암사, 1973 수록본을 활용하였다.
13 표정옥, 앞의 논문, 2013, pp.389~390; 유영옥, 「1920년대 『삼국유사』에 대한 인식-단재와 육당을 중심으로」, 『동양한문학연구』 9, 동양한문학회, 2009, pp.191~196 참조.
14 史書衍譯會 譯, 『三國遺事』, 서울: 高麗文化社, 1946
15 이병도 역, 『역주삼국유사』, 서울: 동국문화사, 1956

어, 러시아어[16]로 번역되었다.[17]

일어	林英樹, 『三国遺事』, 三一書房, 1975.
	金思燁, 『完譯三国遺事』, 六興出版, 1976.
영어	Iryŏn. Ha Tae-Hung · Grafton K. Mintz trans., *SAMGUK YUSA: Legends and History of the Three Kingdoms of Ancient Korea*, Seoul: Yonsei Uni. Press, 1972.

특히 일본에서는 미시나 쇼유에이(三品彰英) 등에 의해 시작된 『삼국유사』 고증 작업이 20여 년 동안 이어져 『三國遺事考證』 上(1975)~『三國遺事考證』 下之三(1995)으로 총 5권이 발간되었다.[18] 21세기에 들어서는 보다 다양한 언어로 『삼국유사』가 번역되었는데, 발간 연도순으로 정리하면 다음과 같다.

| 독일어 | Kim Young-Ja·Rainer Zimmer trans., *Samguk yusa: Legenden & Wundergeschichten aus den Drei Koenigreichen Koreas*, Schenefeld, 2005. |
| 영어 | Kim Dal-Yong trans., *Overlooked Historical Records of the* |

---

16 최인나, 「러시아에서의 한국고전문학」, 『한국학논집』 35, 계명대학교 한국학연구소, 2007, p.268에 의하면 세계문화도서관 시리즈, 극동의 고전산문 중에 G.E. 라치꼬브의 번역(1975)이 있다고 한다.

17 정나영, 「『三國遺事』 영어 번역본의 문제점 분석」, 『한국문화연구』 33, 이화여자대학교 한국문화연구원, 2017, p.103

18 三品彰英·村上四男, 『三國遺事考證』 上~『三國遺事考證』 下之三, 東京: 塙書房, 1975~1995

	Three Korean Kingdoms, Seoul: Jimoondang, 2006.
중국어	權錫煥・陳蒲淸 注譯, 『三國遺事』, 岳麓書社, 2009.
체코어	Miriam Löwensteinová·Marek Zemánek trans., *Samguk jusa: Nepominutelné události Tří království*. Nakladatelství Lidové Noviny, 2012.
베트남어	Tran Thi Bich Phuong 역, 2015.

II. 고려시대 『삼국유사』의 찬술

찬자

『삼국유사』를 찬술할 때 일연一然(1206~1289)이 주도적인 역할을 하였다는 사실에는 이견異見이 없다. 하지만 찬술에 참여한 범주라든지 무극無極(1251~1322)의 역할 정도에 대해서는 견해가 일치하지 않는다. 『삼국유사』의 찬자 논란은 다음의 몇 가지 사실들이 빌미가 되었다.

첫째, 『삼국유사』의 찬자가 일연이라는 직접적인 근거는 『삼국유사』에 적힌 "국존조계종가지산하인각사주지원경충조대선사일연찬國尊曹溪宗迦智山下麟角寺住持圓鏡冲照大禪師一然撰"이라는 문구뿐이다. 그런데 현존하는 『삼국유사』의 모든 판본에 이 찬자명이 권5 첫머리에만 적혀 있다. 전체 5권의 『삼국유사』 가운데 왜 권1~권4에는 찬자가 명기되어 있지 않은가를 둘러싸고 다양한 의견이 있다. 권5만 일연이 찬했다는 의견도 있고, 원래 모든 권에 찬자명이 있었지만 초재初梓 혹은 중간重刊 과정에 빠뜨렸고 다행히 권5에만 남았다는 의견도 있다.

둘째, 『삼국유사』 권3 「탑상」 편의 전후소장사리前後所藏舍利 조와 권4 「의해」 편 관동풍악발연수석기關東楓岳鉢淵藪石記 조에 '무극기無極記(무극이 기록하다)'가 부기되어 있다. 이 때문인지 조선시대에 편찬된 『신증동국여지승람新增東國輿地勝覽』에서는 '편찬자를 알 수 없다'고 하였고, 『증보문헌비고增補文獻備考』에서는 '일연과 무극을 동일인'으로 보았다.

무극은 일연의 뒤를 이어 가지산문을 이끈 보감 국사寶鑑國師 혼구混丘이다. 그는 일연 생존 시에는 일연의 문도가 아니었지만, 일연 입적 후 인각사를 중심으로 추모 사업을 주도하면서 일연의 행장과 음기를 작성하였다. 그가 무극이라는 호를 사용한 것은 1304~1306년 무렵부터라고 추정되고 있다. 이 때문에 『삼국유사』를 일연과 무극이 나눠서 저술했다는 견해, 간행 후에 제자 무극이 추가·보완하면서 일연의 원문과 구별하기 위해 자신의 이름을 밝혔다는 견해 등이 있다.

셋째, 일연의 행적을 담고 있는 「인각사보각국존비麟角寺普覺國尊碑」(이하 「일연비」)에 일연이 찬술한 8종 77권의 목록이 명시되어 있는데, 여기에 『삼국유사』가 없다.[19] 이에 대해 「일연비」를 조성할 당시에 『삼국유사』가 존재했지만 「일연비」를 쓴 민지閔漬(1248~1326)가 입장 차이로 누락시켰다는 견해, 「일연비」 건립 당시에 『삼국유사』가 존재하지 않았다는 견해, 『삼국유사』가 있었다 하더라도 문도들이 『삼국유사』를 일연의 대표 업적이라고 인식하지 않았다는 견해 등이 있다.

이러한 해석의 차이로 『삼국유사』의 찬자에 대해서도 서로 다른 입장을 견지하고 있다. 주장들을 종합하면 일연 단독 찬술설과 공동 찬술설로 나뉜다. 전자는 『삼국유사』를 일연이 혼자 찬술하였고, '전후소장사리'

---

19 「麟角寺普覺國尊碑」. 비문 내용은 정병삼, 「일연선사비의 복원과 고려 승려 비문의 문도 구성」, 『한국사연구』 133, 한국사연구회, 2006 참조.

조와 '관동풍악발연수' 조의 일부만 무극이 뒤에 추가하였다는 것이다.[20] 후자의 경우는 일연과 그의 문도들이 공동으로 찬술하였다고 보기도 하고, 각 편마다 찬자가 다르다고 보기도 한다.[21] 인흥사(仁興社)에서 『역대연표(歷代年表)』를 간행할 때 일연의 문도들이 동원되었고 『삼국유사』는 이 연표를 토대로 찬술되었으므로, 『삼국유사』 찬술에도 문도들이 참여하였다고 본 견해도 있다.[22]

찬술 시기

책마다, 혹은 사전마다 『삼국유사』의 찬술 연도가 다르다. 1281년, 1289년, 1310년 등 서로 다른 연도를 임의대로 인용하고 있다. 이 가운데 일연 찬술설을 뒷받침하는 1281년설과 1289년설에 대해 살펴보면 다음과 같다.

먼저 온라인에서 쉽게 검색할 수 있는 사전들에서는 대부분 『삼국유사』의 찬술 연도를 1281년이라고 명기하고 있다. 두산백과에서는 "편찬 연대는 미상이나, 1281~1283년(충렬왕 7~9) 사이로 보는 것이 통설이다."라고 하였고, 한국민족대백과사전에서는 "1281년(충렬왕 7)경 편찬, 1310년대 간행"이라고 하였다. 국어국문학자료사전에서도 "1281년 전후", 향토문화전자대전에서는 "1281년"이라고 하였다.

---

20 김상현, 「『삼국유사』의 편찬과 간행에 대한 연구 현황」, 『불교연구』 26, 동국대학교 불교문화연구원, 2007, pp.9~33
21 하정룡, 「삼국유사의 편찬과 간행에 대한 연구」, 고려대학교 박사학위논문, 2002, p.82
22 채상식, 「지원 15년(1278) 인흥사간 역대연표와 삼국유사」, 『고려사의 제문제』, 서울: 삼영사, 1986, pp.685~702

이 1281년설을 처음 제기한 이는 최남선이다. 그는 일연이 인각사에 가기 전, 국존國尊이 되기 전, 즉 운문사雲門寺에 주석하고 있던 1277~1281년에 『삼국유사』를 찬술하였다고 보고, 운문사에 있었던 마지막 해인 1281년이 『삼국유사』 저술의 하한이라고 하였다. 『삼국유사』 '가섭불연좌석' 조에 적혀 있는 "석존으로부터 지금 지원 18년 신사에 이르기까지 2230년이다."라는 표현이 일연 당시의 수기手記라고 본 것이다.[23] 채상식도 『역대연표』와의 관련성을 고려하여, 1278~1281년 사이에 운문사에서 『삼국유사』를 찬술하였다고 보았다.

다음으로 일연 만년인 1289년에 『삼국유사』를 탈고하였다는 견해도 있다. 일연은 1283년(충렬왕 9) 3월에 국존에 임명되었고, 1284년에 인각사를 하산소로 삼았다. 그러므로 『삼국유사』 권5에 나오는 직함대로 '국존'이면서 '인각사 주지'였던 시기는 1285~1289년이기 때문에, 1289년을 하한으로 보는 것이다. 한편 직함에 보각普覺이라는 시호가 빠져 있는데, 제자가 스승 시호를 뺀 직함을 썼다고 보기 어려우므로 일연이 입적하기 전에 탈고하였을 것으로 보기도 한다.

이와 달리 일연 사후에 찬술되었다는 견해들도 있다. 이는 『삼국유사』가 일연 단독 찬술이 아니라는 입장과 연결되는 것으로, 일연이 집필을 시작하였으나 책의 형태를 갖추지 못했다가 일연 사후에 무극 등이 보완하여 책으로 편찬하였다고 보는 것이다.

---

[23] 최남선, 「삼국유사해제」, 『육당최남선전집』 8, 서울: 현암사, 1973, p.36

『삼국유사』 찬술의 의도

『삼국유사』의 주 찬자가 일연이라고 보고, 승려인 일연이 왜 『삼국유사』를 찬술하였는가에 대한 다양한 해석이 이루어졌는데, 첫째, 자국사에 대한 관심이 고조된 시대 상황, 둘째, 『삼국사기』로 대표되는 유교적 합리주의 사관에의 비판, 셋째, 불교문화의 강조 등이 『삼국유사』 찬술의 구체적인 목적으로 거론되고 있다. 자세히 설명하면, 다음과 같다.

첫째, 1270년 개경 환도 이후 고려의 지식인들은 원元 중심의 새로운 국제 질서에 적응해야 했다. 이러한 상황에서 고려인들은 자의적으로 타의적으로 자국의 역사에 관심을 갖게 되었다. 고려 왕실은 원 황실과 혼인 관계를 맺고, 원과 천자-제후 관계임을 인정하면서 왕조의 정체성을 확립할 필요가 있었다. 이에 당대사當代史에 대한 역사 서술과 인식이 활발하게 일어났다.

역사서와 역사 기록문을 보내라는 원의 요구도 자국사에 대한 관심을 고조시켰다. 1278년(충렬왕 4) 원의 중서성에서 고려의 역대 사적事跡 및 원에 귀부한 날짜, 사신 명단, 국왕의 친조親朝 연월年月 등을 기록하여 바치도록 요구하였고, 이에 직사관直史館 오양우에게 국사를 편찬하도록 명하였다. 1307년에는 충선왕의 요청으로 고려의 선대 실록 185책을 원에 보냈고, 1308년에는 정가신鄭可臣의 『천추금경록千秋金鏡錄』과 민지의 『세대편년절요世代編年節要』를 원에 바쳤다.[24]

이처럼 몽골 침략 전후인 13세기 후반부터 고조된 자국 역사에 대한 관심 속에서 『삼국유사』는 고려의 역사가 고조선 단군에서 시작하였고,

---

24 박종기, 「원 간섭기 역사학의 새 경향-當代史 연구」, 『한국중세사연구』 31, 한국중세사학회, 2011, pp.396~402

고조선·위만조선-마한-삼국-고려로 이어진다는 강한 자의식을 표방하였다. 이는 『제왕운기』에 나타난 이승휴李承休(1224~1300)의 역사 인식이나 "단군으로부터 지금까지 3600년이 되었다."고 한 백문보白文寶(1303~1374)의 역사 인식과 맥락을 같이한다. 이는 고려 후기의 지식인들이 단군을 역사 공동체 시조로 인식하기 시작하였음을 의미한다. 『삼국유사』의 고조선·단군 인식은 유교 문화를 표방한 조선 초 지식인들에게도 이어졌다.[25]

둘째, 고기, 향전 등을 전거로 하여 '비합리적', '신이적' 이야기들을 『삼국유사』에 다수 수록한 것은 기존 사서인 『삼국사기』에 대한 비판 의식 때문이라고 한다. 이러한 해석들은 정말 『삼국유사』 찬자에게 『삼국사기』에 대한 비판 의식이 있었는지, 후대인들의 평가[26]일 뿐인지 더 따져볼 필요가 있다고 생각한다. 다만 일제강점기 때 『삼국사기』가 '사대주의'의 굴레에 갇혀 있다는 평가를 받게 되면서 사서로서의 가치를 일시 상실하자, 상대적으로 『삼국유사』가 높은 평가를 받게 되었다.[27] 해방 이후에도 『삼국사기』에서는 유교 합리주의적 사고방식에 의해 고대의 전승을 많이 삭제해 버린 반면, 『삼국유사』의 찬자는 유교의 도덕적 합리주의사관 및 중국 중심의 사관에 비판적 입장을 지녔기 때문에 신화, 전설, 불교 설화 등 풍부한 고대적 전승을 보존하였다는 평가를 받았다.[28]

---

25 도현철, 「조선초기 단군 인식과 『삼국유사』 간행」, 『동방학지』 162, 연세대학교 국학연구원, 2013, p.40
26 김철준, 「몽고복속기의 사학의 성격과 삼국유사」, 『한국학논집』 4, 계명대학교 한국학연구원, 1980, p.771 등.
27 다만 신채호는 『삼국유사』를 『삼국사기』의 대안으로 생각하지는 않았다.(유영옥, 앞의 논문, 2009, pp.183·209)
28 이기백, 「삼국유사의 사학사적 가치」, 이우성·강만길 편, 『한국의 역사인식』 상, 서

셋째, 『삼국유사』의 이야기들은 신라 중심, 불교 중심이다. 불교의 발전과 국가의 융성을 등치시키고 있고, 불교를 중심으로 고려의 문화 전통을 파악하고 있으며, 불교의 영험을 강조하고 있다. 여기에는 당시 몽골의 압제하에서 고려인들의 신앙심을 북돋아 기층 사회의 역량을 모으고, 나아가 불교문화와 유적의 형성 과정을 통해 문화 역량을 확인하려는 의도가 있었다고 한다.[29]

Ⅲ. 조선시대 『삼국유사』의 간행과 유통

간행 시기와 조선 초기 판본

『삼국유사』의 간행 장소는 운문사, 인흥사, 인각사 등 다양한 추정지가 있지만, 현존 기록에 의거하여 『삼국유사』가 경주에서만 간행되었다고 보기도 한다. 『삼국유사』가 처음 간행된 시기에 대해서도 여러 견해가 있는데, 크게 셋으로 구분할 수 있다.

첫째, 일연이 직접 간행했다는 견해(최남선, 권상로, 황패강 등)이다. 일연이 1289년에 입적한 뒤 국가에서 '보각'이라는 시호를 내려 같은 해에 세운 부도에는 '보각국사정조지탑', 1295년에 세운 비석에는 '보각국존비명'이 새겨져 있다. 그런데 『삼국유사』 찬자명에는 '보각'이 없기 때문에 일연 입적 전에 간행했다고 보는 것이다. 초간은 일연이 하였고, 후에 무극

울: 창작과비평사, 1976, pp.123~125
29 정병삼, 「신라불교사상사와 『삼국유사』 의해편」, 『불교학연구』 16, 불교학연구회, 2007, p.24

이 추가하여 다시 간행하였다고 본다.

둘째, 무극이 처음으로 간행하였다는 견해[다카하시 도루(高橋亨), 김상현, 유탁일 등]이다. 일연이 만년에 탈고하여 미간행 상태로 전해지다가 입적한 뒤 제자 무극이 간행하였다는 것이다. 일연 생전에 간행할 여유가 없어서 제자 무극이 처음 간행하였는데, 그 시기는 무극이라는 호를 사용한 1308~1322년 사이, 좁혀서 1310년대로 추정하였다.[30] 일연이 권자본, 절첩본 형식으로 만든 원고를 제자 무극이 정고본定稿本으로 만들어 1차 간행하였다고도 한다.[31]

셋째, 조선 초기에 간행하였다는 견해(천혜봉, 하정룡 등)이다. 현존 판본들 가운데 빠른 시기의 것이 조선 초기 간행본들이고, 여기에 그 이전에 간행된 책을 활용한 흔적이 없다는 점이 근거이다. 때문에 『삼국유사』를 '조선시대에 간행된 불교역사서'라고 보기도 한다.[32] 최근 새롭게 공개된 파른본도 조선 초기본이다.

구체적으로 태조 3년(1394) 4월 혹은 그 이후에 심효생(1349~1398)이 당시 안렴사로 재직하면서 경주부사인 진의귀陳義貴와 함께 『삼국사기』를 간행하면서 『삼국유사』도 함께 간행하였고, 이 판본이 중종본의 저본이 되었다는 견해가 있다. 그러나 이때 이들이 삼국사三國史 고간본古刊本을 구해 간행하였다고 하였을 뿐, 『삼국유사』의 간행에 대해서는 언급이 없으므로 동시에 간행했는지의 여부는 확정지을 수 없다고도 한다.

---

30 김상현, 「『삼국유사』의 간행과 유통」, 『한국사연구』 38, 한국사연구회, 1982; 「『삼국유사』의 서지학적 고찰」, 『삼국유사의 종합적 검토』, 성남: 한국정신문화연구원, 1987, p.42

31 유탁일, 「『삼국유사』의 문헌변화 양상과 변인: 그 병리학적 분석」, 영남대학교 민족문화연구소 엮음, 『삼국유사연구』 상, 경산: 영남대학교출판부, 1984

32 도현철, 앞의 논문, 2013, p.30

『삼국유사』 판본에 대한 선행 연구들을 종합하여 현존하는 조선 초기 목판본의 현황을 아래에 표로 정리하였다.[33] 전해진 과정이 다소 복잡하여 판본명이 여러 개인 경우도 있는데, 자세한 설명은 선행 연구들을 참조 바란다. 조선 초기 간행본 가운데 완질은 없다. 다만 종합하면, 전체 형태를 확인할 수 있다.[34]

〈표 1〉 현존하는 『삼국유사』 조선 초기 목판본

판본명	남아 있는 권	잔존 경위	소장처	비고
학산본鶴山本 = 송은본松隱本 = 곽영대본 郭英大本	권3, 권4, 권5	[원본] 국어학자 권덕규權悳奎 → 이인영李仁榮(학산) → 이병직李秉直(송은) → 곽영대	곽영대 소장	2면만 공개 국보 제306호
	권3, 권4, 권5	[학산필사본鶴山筆寫本]	고려대학교도서관	
석남본 石南本	왕력, 권1	[원본] 대구 이씨 → 송석하宋錫夏(석남) → 전형필全鎣弼(간송澗松)	?	6·25 때 분실
	왕력, 권1	[석남필사본石南筆寫本]		손진태 필사
니산본 泥山本	왕력, 권1	[원본]	개인 소장	미공개
	권2	[원본] 니산泥山 남씨南氏	성암고서박물관	전체 49장 (17~20 4장 낙장)
범어사본 梵魚寺本	권4, 권5 (1책)	[원본]	범어사 오성월 스님 기증	
파른본	왕력, 권1, 권2	[원본]	연세대학교박물관 손보기 기증	전체 52장. 고조선 조 (환인桓因이 환국桓國 으로 되어 있음)
조종업본 趙鍾業本	권2	[복사본] 원본은 도난	?	도난 전의 복사본 영인함

---

33 남권희, 「『삼국유사』 제판본의 서지적 분석」, 『한국고대사연구』 79, 한국고대사학회, 2015, p.219 및 각종 『삼국유사』 판본 관련 논문들 참조.

34 현존하는 『삼국유사』 조선 초기 간행본들을 권별로 정리하면 아래 표와 같다.

권 수	판 본
권1	파른본, 석남본, 니산본(미공개)
권2	파른본, 니산본, 조종업본
권3	학산본
권4	학산본, 범어사본
권5	학산본, 범어사본

중종임신본

최근 조선 초기 간행본에 대한 연구가 활성화되기 이전에 『삼국유사』 연구는 기본적으로 중종임신본中宗壬申本을 활용하였다. 중종임신본은 이계복李繼福이 쓴 발문에 의하면 '황명정덕임신계동皇明正德壬申季冬'에 간행되었다. 이계복은 1510년(중종 5) 9월 17일 경주부윤으로 부임했다가 1513년 3월 25일 상호군上護軍이 되어 경주를 떠났으므로 '임신계동壬申季冬'은 명 정덕正德 연간(1506~1521)인 임신년(1512)을 말한다. 때문에 이 발문이 있는 판본은 정덕본, 중종임신본, 임신본 등으로 부른다.

중종임신본의 발문에 의하면, 경주부에서 간행한 『삼국사기』와 『삼국유사』가 있었는데, 오랜 세월이 지나 글자가 닳아 흐려져서 1행에 4, 5자 정도만 알아볼 수 있었다고 한다. 이에 여러 곳에 완본을 수소문하여 얻었고, 이를 몇 고을에 나눠서 판각하여 인출하였다. 현존하는 중종임신본과 조선 초기본을 비교한 연구에 의하면, 중종임신본은 조선 초기의 판각보다 글자가 두꺼워지거나 각 장마다 서체가 달라진 부분도 있고 글자 획의 굵기에서 차이가 많으며 부드럽지 않고 각이 거칠다고 한다. 구판舊版을 사용하면서 부분적으로는 새롭게 개각改刻하여 추가하였고, 또 여러 곳에서 나누어 번각하였기에 판면 크기가 일정하지 않다고 한다.[35]

현존하는 중종임신본의 판본은 다음의 〈표 2〉와 같다.

---

[35] 유탁일, 앞의 논문, 1984, p.263

〈표 2〉 현존하는 『삼국유사』 중종임신본

	판본명	잔존 경위	현소장처	비고
16세기 인출본	순암본順菴本	안정복(순암) → 이마니시 류今西龍	일본 덴리대학교	완질
	만송본晚松本	김완섭金完燮(만송) → 고려대학교	고려대학교 도서관	완질
	규장각본	황의돈黃義敦 → 통문관通文館	서울대학교 규장각	완질(민족문화추진회 영인)
	조선광문회본 朝鮮光文會本	최남선崔南善 → 고려대학교	고려대학교 아세아문화연구소	권3, 권4, 권5
후쇄본	(일본)도쿠가와본德川本	가토 키요마사加藤淸正 → 도쿠가와가德川家 비장祕藏	호사문고 蓬左文庫	
	(일본)간다본神田本	우케다 히데가浮田秀家 → 마나세 마사요시曲直瀨正琳(요안원 장양安院藏) → 간다 타카히라神田孝平 소장	?	
	(일본)와타나베본渡邊本(유점사본楡岾寺本)	금강산 유점사 → 와타나베 아키라渡邊彰		권3, 권4, 권5(1책)
	화산본花山本	화산花山 권계창權繼昌	화봉문고	권2, 권3
필사본	경주고사본	오사카 간타로大坂金太郎가 1927년 경주에서 발견		1669년경 필사 영본零本 1책
	니산필사본 泥山筆寫本	니산본과 같이 발견		왕력, 권1, 권2 영본零本 1책

이처럼 『삼국유사』는 판본이 다양하기 때문에 『삼국유사』 정본을 마련하기 위한 교감 작업이 계속 진행되고 있다. 『삼국유사』 교감본들은 앞으로 『삼국유사』 연구 및 번역의 출발점이 될 것이다. 아래는 지금까지 발간된 교감본들이다.

최남선, 『新訂三國遺事』, 京城: 三中堂, 1943.
하정룡, 『(교감역주)삼국유사: 원본의 복원을 위한 삼국유사전』, 서울: 시공사, 2003.
류부현, 『삼국유사의 교감학적 연구』, 서울: 한국학술정보, 2007.

최광식·박대재,『(點校)三國遺事』, 서울: 고려대학교출판부, 2009.
연세대학교박물관,『파른본 삼국유사 교감』, 서울: 연세대학교박물
관, 2016.

『삼국유사』 간본의 인용

『삼국유사』가 다른 문헌에 처음 등장하는 것은 고려 말이다. 1361년 (공민왕 10) 「경주사수호장행안서慶州司首戶長行案序」에서 경주를 소개하면서 『삼국유사』의 박혁거세 탄생 이야기로 시작하고 있다. 고려 말에 경주에서 『삼국유사』가 유통되었음을 알 수 있다.[36] 다만 이때의 『삼국유사』가 어떤 형태였는지는, 앞에서 살펴본 바와 같이, 미지수다. 조선시대 들어 『삼국유사』 간본이 유통되면서 지식인들의 독서 목록에 『삼국유사』도 포함되었을 것이다.

조선 전기에는 실록, 지리지 등 주로 관찬 사서에서 『삼국유사』의 인용 사례를 확인할 수 있다. 먼저 실록에서 『삼국유사』를 인용한 사례는 네 곳으로, 지명, 풍속, 단군, 불교에 대한 내용이다. 『세종실록』 지리지에서 제주목을 설명하면서 『삼국유사』의 '탁라'를 언급하였다.[37] 또 경주의 풍속에 대해서도 『삼국유사』에 의거하여 설명하고 있다. 단종 즉위년(1452) 황해도 지역에 전염병이 창궐하자, 당시 원로대신이었던 이선제(1390~1453)는 그 원인이 단군을 평양으로 옮겨 동명왕과 함께 제사지내

---

36 김상현, 앞의 논문, 1987, pp.36~42. 「慶州司首戶長行案序」의 수록 내용을 현존 『삼국유사』'신라 시조 혁거세왕赫居世王' 조와 비교해 보면, "알 하나가 하늘에서 땅으로 내려왔다." "일월이 청명하였기 때문에 이름을 혁거세라 하였다."는 구절이 현존 『삼국유사』에는 보이지 않는다.
37 『세종실록』 권151, 지리지, 전라도 제주목

게 하였기 때문이라고 주장하면서 『삼국유사』 소재 고기古記의 내용을 상세히 인용하고 있다.[38] 『삼국유사』는 조선 초기에 『제왕운기』와 함께 단군조선의 인식을 보급하는 데 크게 기여하였다.[39] 중종 11년(1516)에는 한산 군수 손세옹이 불교가 복 되게 한 것이 없어서 축수재·기신재를 없앴으니 소격소도 없애자는 상소를 올렸는데, 『삼국유사』에 나오는 삼국의 불교 수용에 대해 인용하고 있다.[40] 사례가 많지 않지만 조선 전기에 지명·지리 고증, 풍속, 단군, 불교 이해에 『삼국유사』를 활용하고 있다는 점이 의미 있다. 이들은 오늘날의 『삼국유사』 연구에서도 주요하게 다루고 있는 주제들이다.

『신증동국여지승람』에서는 『삼국유사』에 대해 "『삼국유사』에만 수록돼 있으니 믿을 만한 것이 못 된다."[41]라고 하여 『삼국유사』를 믿을 수 있는 사서로는 인정하지 않았지만, "삼한의 설을 변증辨證한 것은 증거가 매우 밝아, 동방의 지리를 기록하고자 하는 사람은, 진실로 참고로 보는 것이 옳다."[42]라고 하여 『삼국유사』가 지리 고증에 뛰어남을 인정하고 있다.

조선 후기에는 개인 저술에서 『삼국유사』의 인용 사례를 확인할 수 있다. 조선 후기 유학 지식인들은 『삼국유사』를 사실史實 고증에도 활용하였고, 단군에 대한 내용을 여전히 주요하게 다루었다. 남구만의 『약천집

---

38 『단종실록』 권1, 단종 즉위년 6월 28일 기축
39 정구복, 『韓國中世史學史』, 서울: 集文堂, 1999; 도현철, 앞의 논문, 2013, p.44
40 『중종실록』 권27, 중종 11년 12월 10일 병진. "三國史所謂 順道肇麗·難陀闢濟·阿道基羅者 此也"라고 되었는데, 順道肇麗·難陀闢濟·阿道基羅가 『삼국유사』 권3, 「흥법」 편의 항목이므로, 『삼국유사』를 『삼국사』로 잘못 쓴 듯하다. 그리고 이 글을 쓴 사람을 '造史者'라고 하여, 史로 인식하고 있다.
41 『신증동국여지승람』 권23, 慶尙道 迎日縣
42 『신증동국여지승람』 권6, 京畿

藥泉集』(1723),⁴³ 이긍익李肯翊(1736~1806)의『연려실기술별집』,⁴⁴ 윤기尹愭 (1741~1826)의『무명자집』⁴⁵ 등에서 단군신화를 언급하고 있고, 그 밖에 이 익李瀷(1681~1763)의『성호사설』,⁴⁶ 이덕무李德懋(1741~1793)의『청장관전서』,⁴⁷ 이규경李圭景(1788~1863)의『오주연문장전산고』⁴⁸ 등에서『삼국유사』의 다양한 이야기를 소개하고 있다.

  18세기를 전후한 이 시기에『삼국유사』는 다른 방면에서도 활용되었다. 즉 양란 이후의 불교계에서는 법통 인식을 표방하면서 불교 전통에 관한 자료를 집성하였다.⁴⁹ 1635년『금산사사적』, 1636년『화엄사사적』과『대둔사사적』을 필두로 사지寺誌의 편찬도 유행하였는데, 조선 후기의 불국사, 직지사, 운문사, 통도사 등의 사지에서 고대 및 고려시대의 불교에 대한 부분은『삼국유사』를 기초로 하여 찬술하였다. 이를 통해 사찰의 위상을 높이고자 하였다. 때로는『삼국유사』를『삼국사기』등 다른 자료와 혼용하여 개작하기도 하고, 때로는『삼국유사』의 기록에 부회하여 위작하기도 하였다.⁵⁰

  안정복 등의 유학자들은『삼국유사』를 인용하였지만 불교 관련 내용은

---

43 『약천집』권29, 雜著, 東史辨證
44 『연려실기술별집』권19, 歷代典故, 檀君朝鮮
45 『무명자집』시고 제6책, 詩, 詠東史其三
46 『성호사설』권17, 人事門, 弩中煬帝
47 『청장관전서』권54, 盎葉記一
48 『오주연문장전산고』人事篇 1, 人事類 2, 氏姓
49 김용태,『조선후기 불교사 연구』, 서울: 신구문화사, 2010, pp.365~375
50 오경후,『사지와 승전으로 본 조선후기 불교사학사』, 서울: 문현, 2018, pp.15 · 64~65 · 78~85. 특히『금산사사적』,『화엄사사적』,『대둔사사적』등을 편찬한 해안은『삼국유사』를 조선 후기 암울한 불교계의 자아의식을 확인하고 조선 불교의 주체적인 독자성을 정립하는 데 절대적으로 필요한 사서로 인식하고서『삼국유사』에 기초를 두고 조선불교사를 복원하려고 하였다고 한다.

전혀 언급하지 않았던 반면, 사찰에서는 『삼국유사』의 불교 관련 기록들을 아무런 실증 없이 그대로 차용하여 사찰의 역사를 서술하였다.

Ⅳ. 『삼국유사』의 체제와 해석

『삼국유사』는 전체 5권 9편으로 구성되어 있다. 제1권에는 「왕력」과 「기이」, 제2권에는 「기이」, 제3권에는 「흥법」과 「탑상」, 제4권에는 「의해」, 제5권에는 「신주」, 「감통」, 「피은」, 「효선」 편이 수록되어 있다. 총 9편 가운데 「왕력」·「기이」는 일반 역사, 「흥법」 이하 7편은 불교 역사로 구분되는데, 양자의 관계를 어떻게 보는가에 따라 『삼국유사』에 대한 이해가 다르다.

「왕력」·「기이」

왕력王曆은 일종의 연표이다. 「왕력」 편은 삼국시대는 본문을 4단으로 구분하여 신라, 고려(고구려), 백제, 가락국(가야)을 각기 배당하고 건국 연대가 빠른 것에서부터 순서대로 배정하였다. 통일신라시대는 1단으로 하고, 발해를 위한 단은 만들지 않았다. 후삼국 시대는 3단, 즉 후고려, 후백제, 신라로 구성하였다. 이렇게 「왕력」은 국가를 중심으로 기본 틀을 짜고, 한 단을 이루는 국가의 기사는 국왕을 중심으로 배열하였다. 단순한 역曆이 아니라 구체적인 역사적 사실을 적어 놓고 있다.

국왕과 직접 관계되는 기사가 「왕력」 편의 절대적 비중을 차지하고 있는데, 특히 신라 왕조가 자세하다. 제1 혁거세, 제2 남해차차웅 식으로 대수와 왕명을 적고, 즉위한 해, 치세 연수, 때론 왕릉 위치를 적고 있다.

연호는 신라 연호만 있고, 고구려·백제 연호는 없다. 왕의 부父·모母·비妃, 모와 비의 아버지 성과 이름도 썼는데, 신라는 충실한 반면, 고구려·백제는 소략하다. 특히 신라의 시대 구분을 명기하고 있는 점이 특이한데, 제22 지증마립간에서 '이상은 상고上古, 이하는 중고中古'라고 하였고, 제28 진덕여왕에서 '이상은 중고·성골, 이하는 하고下古·진골'이라고 하였다.

「왕력」은 독특한 구성, 현존 간본의 권·편 표시의 착오,[51] 분량 등의 이유로 「기이」 이하의 제편諸編과 동시에 편찬된 것인가, 아니면 제편이 나온 이후에 부가된 것인가 하는 의문을 야기하였다. 또 「왕력」이 별도의 한 편이 아니라 부록이라고 생각하는 경향도 있었다. 하지만 「왕력」 편은 국가 중심, 국왕 중심으로 우리나라 고대사의 체계화를 시도했다는 점에서 「기이」 편과 궤를 같이하고, 「왕력」이 1편이 되어야 『삼국유사』의 9편 체제가 갖추어진다는 점에서 『삼국유사』를 처음 찬술할 때부터 의도된 구성이었다고 보는 것이 일반적이다. 나아가 『삼국유사』 찬자는 최치원의 『제왕연대력』, 『삼국사기』 등 여러 자료를 참조해서 연표를 작성하였기 때문에 사료적 가치가 높다고 평가하기도 한다.[52]

「기이紀異」 편은 일반 사화史話를 담고 있고, 분량이 『삼국유사』 전체의 절반을 차지한다.[53] '기이'의 의미에 대해서는 논자들마다 차이가 있지만,

---

51 중종임신본 『삼국유사』 권1에는 三國遺事王曆第一·紀異卷第一, 권2에는 三國遺事卷第二가 수록되어 있다. 「왕력」 편에 권차 표시가 없고, 「기이」 편이 卷第一로 시작된다.
52 이기백, 「『삼국유사』 왕력편의 검토」, 『역사학보』 107, 역사학회, 1985; 김상현, 「삼국유사 왕력편 검토」, 『동양학』 15, 단국대학교 동양학연구소, 1985
53 이기백, 「삼국유사 기이편의 고찰」, 『신라문화』 1, 동국대학교 신라문화연구소, 1984, pp.13~25

이異는 대체로 '신이神異'로 이해하고 있다. 「기이」 편 첫머리에 실린 서문에서 "삼국의 시조가 모두 신이한 데서 나왔다는 것이 무엇이 괴이하겠는가?"라고 주장한 뒤, 고기古記를 인용하여 고조선의 단군을 소개하고, 북부여, 동부여, 고구려, 백제, 신라 등 각국 시조들의 신이한 출생담을 담고 있다. 「기이」 편은 신이한 일이라면 무조건 모아놓은 것이 아니라 고대사의 체계에 합치하는 신이사만을 수록하고 있다.

「기이」 편은 「왕력」과 마찬가지로 국가 중심의 체계로 고조선(단군조선)부터 신라 말기 후삼국에 이르기까지의 국가사를 엮었다. 고조선의 지도자를 천손인 단군으로 비정함으로써 자국사에 대한 자주적인 입장을 표방하였고, 고조선의 계승국을 지리상으로는 위만조선, 통치자로는 마한으로 비정하였다. 기자조선은 염두에 두지 않고 있는데, 이는 후대의 유교 사가들과 크게 차이 난다. 한반도에서 하나의 독립된 정치세력을 이루었던 국가 또는 집단들을 총망라하여 소개하고 있지만, 삼국 건국 이후의 기사는 맨 끝 네 조항(남부여전백제, 무왕, 후백제견훤, 가락국기)을 빼고는 전부 신라 역대 제왕들만 다루고 있다. 후고구려는 한 조항도 싣지 않았다. 이처럼 「기이」 편은 신이한 일들을 국가의 체계, 국왕의 체계하에 서술하고 있다.

「흥법」·「탑상」·「의해」·「신주」·「감통」·「피은」·「효선」

「왕력」과 「기이」가 일반 사화라면, 「흥법興法」 이하 7편은 불교 관련 이야기들이다. 「흥법」 편은 삼국의 불교 수용과 연관이 있는 승려들을 다루고 불교의 수용과 정착에 공헌한 대표적 활동가 10인을 선정한 흥륜사 금당십성으로 마무리했다. 「탑상塔像」 편에서는 불상과 불탑, 불전과 장엄구 등 유형 문화유산에 중점을 두어 불교문화의 조성과 그 연기를 밝히고 있다. 「의해義解」편은 고승들의 전기를 통해 교리의 이해와 홍포 활동을 서술하였고, 「신주神呪」편은 밀교 고승 3인의 이야기다. 「감통感通」편은 불교 신앙의 영험, 「피은避隱」편은 은둔한 수행자, 「효선孝善」편은 불교적으로 해석한 효의 실천자들을 모아놓았다. 다양하고 체계적인 구성으로 『삼국유사』는 이전의 불교 사서들에 비해 불교사의 영역을 크게 확대시켰다고 평가받기도 한다.

그런데 『삼국유사』 찬자는 불교 관련 이야기들도 국가와 관련된 것들 위주로 선택하였다. 고조선부터 삼국 시기까지 여러 국가의 신이사와 신라 통일 이후 역대 왕들의 신이사를 기록한 권1·2의 일반 역사의 전개는, 삼국의 불교 흥기와 호국과 관련된 불사, 고승들의 국내외적 활동, 불교의 신통·감응·효선을 기록한 권3·4·5의 불교문화사와 연계되어 있다.

「흥법」편은 일연이 『삼국유사』를 찬술한 의도를 나타내기 위해 구성한 항목이라고 한다. 고구려(순도조려順道肇麗)·백제(난타벽제難陀闢濟)·신라(아도기라阿道基羅·원종흥법염촉멸신圓宗興法厭髑滅身) 삼국의 불교 수용에 관한 이야기와 수용 이후 국가의 불교 정책에 관한 이야기(법왕금살法王禁殺·보장봉로보덕이암寶藏奉老普德移庵)를 다루고 있다. 이는 삼국의 역사를 삼국의 불교와 관련하여 재조명하려 한 것이다. 불교를 믿고 진흥시키면 국가가 융성하고, 불교를 억압하면 국가가 멸망한다는 찬자의 생각을 담고 있다.[54]

흥법과 중고기를 불가분의 관계하에 서술하고 있는 것도 이 때문이라고 한다. 삼국에 불교가 수용되고 정치, 사회 전반에 걸쳐 일어난 변화에

---

54 이기백, 「삼국유사의 흥법편의 취지」, 『진단학보』 89, 진단학회, 2000, pp.1~2; 김복순, 『삼국유사』 「흥법」편과 중고기의 설정」, 『경주사학』 19, 경주사학회, 2000 참조.

더 큰 의미를 두어서 중고기를 설정했다는 것이다. 신라가 삼국을 통일하여 발전할 수 있었던 요인을 불교의 흥륭에서 찾았다.

『삼국유사』 체제에 대한 해석

해방 이후 『삼국유사』의 사서史書로서의 성격에 대한 논의는 불교학과 역사학에서의 이해의 결이 많이 달랐다. 『삼국유사』의 체제, 특히 「왕력」·「기이」 편과 「흥법」 이하 편의 관계에 대한 입장은 『삼국유사』 전체의 성격을 보는 관점을 드러내고 있다.

우선 김영태(1974)는 「기이」 편을 「흥법」 편 이하의 본론에 앞서는 '서설'로 이해하고 있다. 즉 불교를 알기 위해 시대적 배경을 설명한 것이라고 보았다. 그는 『삼국유사』의 주主가 불교이고 종從이 국고國故라고 하여, 『삼국유사』에서 불교만을 강조하였다. 육당의 『삼국유사』 평가를 인정하면서, 한 걸음 더 나아갔다. "육당은 『삼국유사』를 하나의 정제한 체제하에 구족하게 찬술된 완서가 아닌 것처럼 보았으나 반드시 그렇지만도 않은 것 같다."고 하면서, 『삼국유사』를 찬자의 찬술 의도가 뚜렷하고, 정제된 완형의 체제를 지닌, 현존 유일의 한국 고대 불교사서라고 평가하였다.[55]

고익진(1982)은 『삼국유사』는 『삼국사기』의 기전체 체제를 기본으로 하여 「왕력」(표), 「기이」(본기), 「탑상」(잡지) 편을 만들고, 열전의 내용을 여러 고승전의 과목科目에 의해 증광한 체계적인 사서라고 보았다. 그도 최남선의 『삼국유사』 평가를 비판하였는데, 최남선은 『삼국유사』를 단순한 일

---

55 김영태, 앞의 논문, 1974, p.12

사유문軼事遺聞의 찬집이라고 보았지만 완전한 사서라고 해야 한다고 주장하였다. 그는 『삼국유사』에서 서술하고자 한 역사는 신라 중심의 삼국의 불교에 관한 것이라고 하였고, 단군신화, 주몽설화 등도 언급하였지만 신성 관념에 불교적 색채가 더해진 것이 역사적 사실임을 인식시키고자 한 것이었음을 강조하였다.[56]

이처럼 불교학자들은 『삼국유사』가 '완벽한 체제를 갖춘 불교사서'로서의 위상을 갖추었음을 강조하였다. 반면 역사학의 초기 연구에서는 『삼국유사』가 사서임은 인정하였지만, 『삼국사기』와의 비교 속에서 성격을 규명하였고, 어떠한 시대인식 속에서 『삼국유사』가 등장하였는가를 밝히는 데 주력하여 『삼국유사』를 체계적이지 못하다고 보았다.

이기백(1973)은 『삼국유사』는 사찬서로서, 찬자가 자유로이 주제를 선택하고 관심이 가는 사화들을 수집하여 적절히 분류·편집하였다고 보았다. 『삼국유사』의 핵심 주제는 '신이神異(역사적 신이+불교적 신이)'이고, 찬자의 유교 사관에 대한 비판 의식, '민족적 자주의식'이 중요하다고 보았다.[57] 김철준(1973)도 『삼국유사』가 체계적인 서술이 아니라고 보았지만, 『삼국사기』의 획일적 유교사관을 비판하고 단군·불교를 재인식함으로써 '자기 전통'을 강조하였다는 점은 높이 평가하였다.[58] 이처럼 20세기 학계에서 『삼국유사』는 '완벽한 체제를 갖춘 불교사서' vs '자유로운 주제 선택으로 체계적이지 못한 사서'라는 엇갈리는 평가 속에서 연구되어 왔다.

---

56 고익진, 앞의 논문, 1982, p.143
57 이기백, 「삼국유사의 사학사적 의의」, 『진단학보』 36, 1973, pp.162~164
58 김철준, 「고려중기의 문화의식과 사학의 성격」, 『한국사연구』 9, 한국사연구회, 1973

한국 고대 불교문화의 보고『삼국유사』

『삼국유사』는 한국 고대의 역사·문화·신앙을 간직한 소중한 문헌이다. 불교문화 연구의 보고로서의『삼국유사』의 위상은 여전히 유효할 것이고,『삼국유사』를 활용한 한국 고대 불교사 연구는 계속될 것이다. 그렇지만 "한국 고대문화를 연구하는 데 있어『삼국유사』의 비중은 더욱 커졌지만, 거기에 상응하는 사료 비판은 충분히 이루어졌다고 할 수 있는가?"라는『삼국유사』가 지니는 사료적 한계성에 대한 지적도 외면할 수 없다.[59]

『삼국유사』찬자는 고기古記, 금석문, 고문서, 국내외 사서史書, 고승전, 문집 등에서 자료를 광범위하게 수집하고, 자신이 직접 보고 듣고 발굴해 낸 향전鄕傳의 수많은 설화와 전설들도 수록하고 있다.『삼국사기』를 염두에 두고서『삼국사기』에 실리지 않은 이야기들 위주로『삼국유사』에 담았는데, 이 가운데 많은 분량을 차지하고 있는 고기나 향전 등에서 인용한 이야기들은 신이神異적 성격이 강하다. 때문에『삼국유사』찬자의 역사관을 신이사관神異史觀이라고도 한다. '신이적 이야기' 속에 내포된 '역사적 사실'을 어떻게 추출해 낼 것인가에 대한 모색이 필요하다. 그 구체적인 방법 및 방향에 대해 몇 가지 생각해 보았다.

우선『삼국사기』는 유교,『삼국유사』는 불교라는 대립적 구도에서 벗어나 당대인의 다원적 사유 구조를 읽어 낼 필요가 있다. 고기 등에 실린 신이적·영험적 이야기들은 당대인들의 사유 구조를 반영한다. 시조의 신성성을 강조하고자 했던 정치가의 의도, 불국토를 강조하고자 했던

---

59 남동신,「『삼국유사』의 사서로서의 특성」,『불교학연구』16, 불교학연구회, 2007, p.47

출가승의 의도, 게다가 전승의 주역이었던 서민들의 인식까지 모두 반영되어 있다. 『삼국유사』의 신이담·영험담은 유교, 불교에 가리어졌던 신라·고려 시대 사람들의 다원적 사유 구조의 표출이라고 생각한다.

『삼국유사』에 인용된 전거들의 형성 과정에 일어났을 변형에 대한 고찰이 필요하다. 『삼국유사』에 인용된 각종 전거들은 적어도 사건 발생-창작-전승-이야기 채집-기록의 과정을 거쳐 형성되었다. 사건 이후 단계의 과정이 어느 시기에 이루어졌는지 알 수 없고, 창작 과정이나 전승 과정에서 사건이 어떻게 변형되었는지 알 수 없지만, 이야기의 속성상 변형이 없었을 리 없다. 지금까지는 그 변형을 애써 외면하거나 아니면 최대한 변형된 부분을 걷어 냄으로써 원형의 사건을 찾으려고 노력해 왔던 것 같다. 최근 사건을 '역사적 사실'로 간주하는 데에 대한 반성으로 『삼국유사』가 기록되던 단계, 즉 고려시대의 인식이나 상황이 이야기에 반영되었음을 살펴야 한다는 문제의식이 제기되었고, 이러한 방향의 연구들이 늘어나고 있다.

앞으로는 여기서 한 걸음 더 나아가 이야기의 기록 단계만이 아니라, 창작, 전승, 채집 단계의 변형에 대한 고찰이 이루어져야 하지 않을까 한다. 이야기가 어떠한 과정을 거쳐 왜 만들어졌는가에 대한 탐색을 통해 알게 되는 역사가 있을 것이다. 문제는 무엇을 통해 탐색하는가이다. 탐색의 근거가 되는 사료가 너무나 부족하지만, 다행히 동아시아의 고대 사회에서 불교는 보편 사유로서 작동했다. 보편적이면서도 시·공간에 따라 다르게 기능했다. 시·공간의 차이를 정확히 인지하고서 비교해 본다면, 즉 중국·일본의 불교문화·인식의 형성 과정과의 비교사적 방법을 통해 이야기의 변형 과정을 추론해 낼 수 있으리라 생각한다.

| 참고문헌 |

김두진, 『삼국유사의 사학사적 연구』, 서울: 일조각, 2014.
정구복 외, 『삼국유사의 종합적 검토』, 성남: 한국정신문화연구원, 1987.

고익진, 「삼국유사 찬술고」, 『한국사연구』 38, 한국사연구회, 1982.
김상현, 「『삼국유사』의 편찬과 간행에 대한 연구 현황」, 『불교연구』 26, 동국대학교 불교문화연구원, 2007.
김영태, 「삼국유사의 체제와 그 성격」, 『동국대학교논문집』 13, 동국대학교, 1974, p.11.
남권희, 「『삼국유사』 제판본의 서지적 분석」, 『한국고대사연구』 79, 한국고대사학회, 2015.
남동신, 「『삼국유사』의 사서로서의 특성」, 『불교학연구』 16, 불교학연구회, 2007.
도현철, 「조선초기 단군 인식과 『삼국유사』 간행」, 『동방학지』 162, 연세대학교 국학연구원, 2013.
박광연, 「史書로서의 『삼국유사』와 『古記』 연구의 흐름」, 『진단학보』 130, 진단학회, 2018.
유탁일, 「『삼국유사』의 문헌변화 양상과 변인: 그 병리학적 분석」, 영남대학교 민족문화연구소 편, 『삼국유사연구』 상, 경산: 영남대학교출판부, 1984.
이기백, 「삼국유사의 사학사적 가치」, 이우성·강만길 편, 『한국의 역사인식』 상, 서울: 창작과비평사, 1976.
정병삼, 「신라불교사상사와 『삼국유사』 의해편」, 『불교학연구』 16, 불교학연구회, 2007.

채상식, 「지원 15년(1278) 인흥사간 역대연표와 삼국유사」, 변태섭 편, 『고려사의 제문제』, 서울 : 삼영사, 1986.
표정옥, 「최남선의 『삼국유사해제』에 나타난 기억의 문화적 욕망과 신화의 정치적 전략 연구」, 『비교한국학』 21-3, 국제비교한국학회, 2013.

콘텍스트

과문 科文

• 김천학

I. 과문의 개념과 다양화

　과문의 개념 및 범위/ 인도불교 문헌의 분과/ 중국 남북조 불교의 과문

II. 과문의 정형화 과정과 새로운 경전 주석 개념들

　과문의 정형화 과정/ 수·당 시대 이후 현담/ 경전 주석 개념들/ 일본불교 과문의 신형태

III. 신라·고려 불교의 다양한 과문 형태

　원효의 '종요' 문헌/ 의상 『일승법계도』의 자주 형태/ 표원 『화엄경문의요결문답』의 장 형식/ 광본의 요약 제관의 『천태사교의』

IV. 조선시대 과문의 전문화

　조선 후기 과문 문헌의 출현/ 설암 추붕의 『선원제전집도서과평』/ 도봉 유문의 『법성게과주』

　■ 과문, 전통과 현대를 잇다

I. 과문의 개념과 다양화

과문의 개념 및 범위

인도에서 불교의 경전에 대한 주석서는 삼장 가운데 논장에 속하며 중국에서 '논論'이라는 명칭으로 한역되었다. 예를 들어 『십주비바사론』·『십지경론』·『반야등론』·『유가사지론』·『성유식론』 등이다. 한편, 중국에서는 한역된 경과 논을 해석할 때 『주법화경』·『법화경소』·『화엄경수소연의초』·『수현기』처럼 주로 주注, 소疏, 초鈔, 기記 등으로 표현하였다.

인도불교와 달리 중국에서는 서역의 경전이 한역되고, 이들 경전을 이해하기 위하여 해석 방법이 구상되면서 경전 해석의 구조화가 모색된다. 이러한 경전 해석 방법 가운데 하나가 '과문科文'이다. 과문은 간단한 것부터 복잡한 것으로 변화되면서 나중에는 치밀한 구조를 이루게 되며 어떤 것들은 단편 저술로 간행되기도 한다. 과문은 처음에는 경론의 문장을 해석하기 위한 주석법으로 활용되지만, 후에는 경론의 주석서를 이해하기 위한 방법으로도 적용된다. 이러한 과문의 개념은 다음과 같은 글에 잘 나타나 있다.

> 과문이란 경론을 구조적으로 분석하여 시각적으로 표시한 것이다. 경론의 해석을 위하여 경론의 구조를 장절章節로 분석, 트리 구조로 도식화한 것이라 간단히 정의할 수 있지만, 그 형식을 하나로 통일하여 정의하

기 어려울 정도로 다양한 형태를 보인다. 과문은 한문 문화권에서 불교의 주석 전통 발달에 따라 오래 전부터 내려온 독특한 문헌 장르로서, 동아시아 불교의 학술 전통을 대변한다고 할 수 있다.[1]

그렇다면 동아시아 학술 전통을 대변하는 과문科文이란 문자가 의미하는 것은 무엇일까. 우선 '과科'가 의미하는 바를 먼저 생각할 필요가 있다. '과'에는 사전적으로 조목, 품목, 강목 등의 의미가 담겨져 있다. 현재 우리는 대학의 학과처럼 하나의 카테고리를 나타내는 의미로 '과科'를 사용하고 있어, 어느 정도 그 뜻이 유지되고 있음을 알 수 있다. 여기서는 '과문'의 '과'를 해석하는 원元의 화엄학승 보서普瑞의 설명을 빌려와 구체적으로 설명해 보고자 한다.

우선 의미를 통해 보면, 첫째는 한정을 짓는 의미이다. 둘째는 비슷한 부류를 한데 모으는 의미이다. 셋째는 끊어서 부분의 시비를 정하는 의미이다. 넷째는 열고 통하게 하는 의미이다. 다섯째는 요약하여 모으는 의미이다. 여섯째는 순서를 매기는 의미이다.[2]

과문은 문헌분석시스템이라고도 불린다.[3] 보서의 과문 이해는 이를 방불케 한다. 이 시스템을 부르는 몇 가지 기본적인 용어가 있다. 우선, 과문은 경전을 구분하는 것으로부터 시작되는 만큼 과경科經이라는 용어가

---

1 조은수·서정형, 「불교주석전통과 과문의 발달」, 『불교학연구』 41, 불교학연구회, 2014. pp.1~25
2 『華嚴懸談會玄記』 卷1(『卍續藏』 8, 91c)
3 조은수·서정형, 앞의 논문, 2014, pp.1~25

사용되었다. 과경의 대표적인 것은 서분·정종분·유통분으로 나누는 3분 과경이지만, 600권『반야경』을 4처 16회 설로 본다든지,『화엄경』을 7처 8회, 7처 9회로 보는 것 등도 과경에 해당한다. 물론 경의 문장을 작은 단위로 나누는 경우도 해당한다. 길장은『법화의소法華義疏』에서 과경분제科經分齊라는 항목을 설정한다. 그리고 구체적으로 설명할 때는 "경을 구분하는 장章과 단락이 같지 않음을 밝히겠다."고 한다. 즉 경을 구획하는 방법이 과경이다.

과단科段은 과경科經과 같은 의미로 사용된다. 다만, 과경이 경전에 한정되는 데 반해, 과단은 지의智顗의『마하지관摩訶止觀』에서 "장을 열어 단을 나눈다.(開章科段)"라고 하듯이 경전에 국한되지는 않는다. 경전 혹은 그 외 분과해서 나눈 문장 등을 해석하는 것이 과석科釋이다. 경문을 해석하는 경우에는 먼저 과판을 한 후에 과석을 하게 된다.[4]

경문을 판단하는 과판科判에는 두 가지 의미가 있다. 혜원이『열반경의기』에서 "3분으로 경을 과판한다."[5]라고 할 때처럼 과경, 과문의 다른 명칭일 경우가 하나 있다. 또 하나는 송대에 오면서 나타나는 현상으로 교판적 가치 우열도 함께 판단하는 경우이다. 예를 들어 송의 지원智圓은『유마경약소수유기維摩經略疏垂裕記』에서 이전의 과문에 대해서 가치판단을 한다.[6]

위에서『마하지관』을 예로 든 가운데 '과단'이라는 용어가 나왔다. 과단은 법운의『법화경의기』나 보량寶亮의『열반경집해』등에서 보이듯이 경

---

4 『金剛般若經疏』, "解經文中 先科判後解釋 依無著菩薩科釋此經"(『大正藏』85, 146b)
5 『涅槃經義記』, "諸人多以三分科判此經"(『大正藏』37, 614c)
6 "二今家科判二 初述意開章二 初述意二 初對古斥非二"(『大正藏』38, 716b)

전체를 크게는 3단, 5단, 10단 등으로 나누는 방식과 경전의 문구를 나누는 묶음을 아울러 일컫는다. 이상으로 과문과 관련된 중요한 용어를 검토하였다.

인도불교 문헌의 분과

인도불교의 주석 전통에는 경과 논에 대한 주석인 브하시야(bhāsya, 소疏), 단어나 구절의 의미에 대해 자세하게 해설하는 형태의 주석인 비야키야(vyākhyā), 또는 티카(ṭīkā) 등이 있지만,[7] 중국에서와 같이 복잡한 주석 형태는 보이지 않는다. 현재로서 과문에 해당하는 주석 형태의 대표적인 것은 세친世親의 『십지경론十地經論』일 것이다.

세친의 『십지경론』은 독립 경전인 『십지경』에 대한 주석서이다. 이 가운데 독특한 주석 방식은 경문을 8분으로 해석하는 것이다. 8분은 차례대로 서분序分, 삼매분三昧分, 가분加分, 기분起分, 본분本分, 청분請分, 설분說分, 교량승분校量勝分이다. 이 과문 방식은 초지에서 10지에 이르는 『십지경론』 내용 가운데 초지에만 해당한다. 초지에만 해당되기 때문에 과경科經이라고는 할 수 없으나 과문에는 해당될 수 있다. 『십지경론』에서는 마지막 제10지를 해석할 때 다시 한 번 8분의 과문을 적용하는데, 각각 방편작만족지분方便作滿足地分, 득삼매만족분得三昧滿足分, 득수위분得受位分, 입대진분入大盡分, 지석명분地釋名分, 신통력무상유상분神通力無上有上分, 지영상분地影像分, 지이익분地利益分으로 명명하여 설명한다.

초지의 8분에 대해서 부연 설명하면, 경문의 "여시아문如是我聞"부터

---

[7] 조은수, 「불교의 경전 주해 전통과 그 방법론적 특징」, 『철학사상』 26, 서울대학교 철학사상연구소, 2007, pp.12~13

"금강장보살이 상수가 되었다."라는 문단까지가 서분이다. "이때 금강장보살마하살이 부처님의 위신력을 받아서 보살대승광명삼매에 들어갔다."라는 짧은 문구가 삼매분이다. 다음 금강장보살이 삼매에 들어가 부처님의 가피를 입는 부분이 가분이다. 이어 "모든 부처가 금강장보살의 이마를 어루만지자, 이때 금강장보살이 삼매로부터 일어났다."라는 짧은 문장이 기분이다. 이어 십지보살들의 불가사의한 지혜가 깃들어 있는 교설의 내용과 삼세에 교설하고 있다는 십의의 명칭을 거론하는 것이 본분이다. 본분은 우리가 생각하는 본론이 아니며 굳이 말하자면 본론의 총론에 해당한다.

다음은 해탈월보살이 게송으로 금강장보살에게 교설을 청하는 장면이 나오는데, 여기서부터 청분이다. 청분에 대해서는 법상의 『십지론의소』에서 해탈월의 3청, 대중청, 제불가청諸佛加請으로 구분하는데, 화엄종의 지엄과 법장의 해석으로 계승된다. 이후 초지에 대해서 설명하는 설분이 이어지며, 10대원이 설해지는 교량승분이 설해지는데, 여기가 초지 내용의 중심 부분이며 본론에 해당한다. 이렇게 해서 초지가 끝난다.

『십지경론』에서는 8분의 분과에 머물지 않고, 예를 들어 "이 설분 가운데 어떤 것들을 교설하는가. 그것을 분별하면 세 가지가 있다. 첫째는 머묾, 둘째는 명칭을 해석함, 셋째는 안주함이다. 머묾 가운데 네 가지가 있다." 등등으로 전개하는 것처럼 과문을 통해 상위와 하위 과단을 형성하고 있다. 이러한 경향은 마지막 제10지에서 다시 한 번 8분의 과문을 적용할 때도 마찬가지이다. 이러한 점으로 미루어 보았을 때 인도에서의 주석 전통에서도 과문을 통해 주석하지만, 경 전체를 과경하는 방법을 동원하지는 않는다는 것을 알 수 있다.

중국 남북조 불교의 과문

일반적으로 중국의 과문은 도안道安(312~385)이 경전을 서분·정종분·유통분으로 3분하는 것으로부터 시작되었다고 알려져 있다. 물론 이 설은 의심스럽지만, 적어도 법운法雲(467~529)의 『법화의기法華義記』에서는 3분설이 명확히 확인되며, 이후 3분법은 경을 분과하는 기본적인 방법으로 정착한다. 그런데, 길장吉藏의 『법화의소法華義疏』에 따르면 경전을 분과하는 데 3분법만이 통용된 것은 아니었다. 하서河西는 『열반경』을 5문으로 나누어 『열반소涅槃疏』를 지었으며, 구마라집의 제자인 도융道融은 새로 법화를 강의하면서 9철轍을 만들었다고 한다.[8] 9철은 9장 내지는 9단을 의미한다. 여기서 5문이 무엇을 말하는지는 알 수 없는데, 같은 길장의 『법화의소』에서는 하서 도랑이 『법화경』도 5문으로 분과했다고 설명한다.

하서 도랑은 이 『법화경』을 5문으로 열었다. 5문이라 함은 첫째, '여시아문'부터 「서품」까지가 서序이니, 『법화경』이 틀림없이 전해지는 모습이다. 둘째, 「방편품」부터 「법사품」까지는 『법화경』의 체가 둘이 없는 교법임을 밝혔다. 셋째, 「견보탑품」부터 「수량품」까지는 『법화경』의 상주하는 법신의 불과를 밝혔다. 넷째, 「분별공덕품」부터 「촉루품」까지는 『법화경』을 수행함으로써 생겨나는 공덕을 밝혔다. 다섯째, 「약사본사품」부터 경의 끝까지는 『법화경』을 유통하는 규범을 밝혔다.[9]

---

8 吉藏, 『法華義疏』(『大正藏』 34, 452b)
9 吉藏, 『法華義疏』(『大正藏』 34, 452c)

이러한 설명으로 보았을 때 서분, 정종분, 유통분 가운데 정종분을 다시 3분으로 나눈 형태의 5문임을 추정할 수 있을 뿐, 더 이상의 정보는 얻을 수 없다.

한편, 9철에 대해서는 길장은 도융이 나누었다고 하지만, 지의는 같은 구마라집의 제자인 승예(僧叡)에게 돌린다. 누가 옳은지는 알 수 없다. 현재 담연의 『법화문구기』 등에서는 승예의 것으로서 9철을 다음과 같이 소개한다.

1. 중생과 성인이 서로 두드리는 장(昏聖相扣轍)
2. 교설을 섭렵하여 진리로 돌아가는 장(涉教歸真轍)
3. 부류를 일으켜서 숨고 밝히는 장(興類潛彰轍)
4. 궁리를 서술하여 옛것에 통하게 하는 장(述窮通昔轍)
5. 원인을 밝히고 깨달음에 나아가게 하는 장(彰因進悟轍)
6. 실천을 찬양하는 장(讚揚行李轍)
7. 근본과 자취가 생겨남이 없는 장(本迹無生轍)
8. 원인을 들어 결과를 증명하는 장(舉因徵果轍)
9. 멀리 구제함을 칭송하고 드높이는 장(稱揚遠濟轍)

이렇게 『법화경』을 9장으로 나누어 각각에 이름을 붙였으며, 각각에 대해서 간략한 설명을 붙인다. 예를 들어, 1은 「서품」이고, 이하 정종분 가운데 2는 상근인을 위한 것이고, 3은 중근인을 위한 것이며, 4는 4대 제자들이 잘 이해한 내용이다. 5는 하근인을 위한 내용이고, 6은 「법사품」이다. 7은 「견보탑품」인데, "다보가 근본이고, 석가가 자취가 된다. 그러나 이 둘은 불가사의한 하나인 것이다."라는 등의 설명이다.

5문이나 9철이나 특별히 정형적인 명칭은 아니었던 것 같다. 즉 서분과 유통분의 사이에 있는 정종분을 나누어 자유롭게 자신이 이해한 대로 과문의 명칭을 붙인 것을 알 수 있다. 그런데, 경전을 5문으로 구분하면서도 5문의 명칭이 정형화된 경우도 있다. 그것이 지론종에서 경전을 5문으로 분류하는 방법이다. 그들은 5문론자로 불릴 정도로 경전을 분류하는 방식에 특정한 경향성이 있었다. 5문은 순서대로 불성문, 중생문, 수도문, 제제문諸諦門, 융문이다. 5문론자들은 『십지경론』을 이 5문으로 분류한 다음에 각 문 가운데 다시 하위의 과문을 나누어 주석을 전개하여 120법문이라고까지 불릴 정도로 세세하게 분과를 진행하였다.[10] 작자미상의 『융즉상무상론融卽相無相論』이나 『대정신수대장경』 권85에 수록되어 있는 법상法上의 『십지론의소』 등이 5문으로 경전을 주석하는 대표적 문헌이다.[11] 다만, 법상의 제자인 혜원에게는 이러한 5문의 흔적이 보이지 않는 것으로 보아 5문은 얼마 가지 않아 중국에서 단절된 것으로 생각된다.

지론종 5문의 해석법과 관련해서 주목해야 할 것은 장章 형식의 등장이다. 장 형식은 『성실론』과 같은 품 중심의 논서를 주석 혹은 강의하기 위해 등장한 형식으로 보이는데, 한층 더 나아가 혜원의 『대승의장』처럼 백과사전식 장 형식의 저술도 보인다.[12] 『속고승전』에 따르면 북지에서 『대승의장』의 찬술이 이루어지는데, 특히 지론종을 비판적으로 계승한 지엄이 활동할 당시 『화엄경』을 장 형식으로 주석하는 방식이 존재했던 것

---

10 荒牧典俊, 「北朝後半期佛敎思想史序說」, 『北朝隋唐中國佛敎思想史』, 京都: 法藏館, 2000, pp.18~32
11 荒牧典俊, 앞의 논문, 2000, pp.18~32
12 荒牧典俊, 앞의 논문, 2000, pp.39~50

으로 추정된다. 지엄은 그러한 장 형식의 주석법을 계승하여『화엄오십 요문답』,『화엄경공목장』을 저술하였다. 또한 의상이 지엄 문하에서 처음 으로 지었던 저술 역시『대승장』10권[13]이었다. 당시에 '의장義章'이 접미 사처럼 많은 저술의 제목에 붙어 있었던 것으로도 이러한 장 형식의 경 향성을 추정할 수 있는데, 지론종에서 시작된 장 형식의 영향임을 알 수 있을 것이다.

중국의 과문에 대해서는 앞에서 3분, 5문, 9철 등을 서술했는데, 위 진남북조시대에서부터 시작된 경전의 주석법은 그 외에도 8단, 10단, 2 문 5단, 2문 7단, 2문 10단 등으로 다양화되었으며, 단독 저술로는 법운 (467~529)의『법화의기』단계에서부터 과문이 매우 세분화되는 경향을 볼 수 있다.[14]

『속고승전』「법운전」에는 그가 작환법사作幻法師로 불릴 정도로『법화 경』을 매우 잘 강설했다고 하는데,『법화경』의 주석서인『법화의기』의 현 담玄談은 대의와 광석으로 나뉜다. 대의에는 경전의 교판적 위치와 경의 제목에 대한 간략한 해석이 있고, 광석에서는 경의 제목을 풀이한다. 그 리고 나서 경의 3분에 대해서 구체적으로 설명한다. 현담에 자세한 과문 분별은 아직 보이지 않지만, 경종經宗의 개념을 술어화했으며, 다음에 간 략히 보이듯이 대조적 형식으로 분과를 시도한 것이 법운『법화의기』의 특색이다.[15]

---

13 균여 지음, 최연식 옮김,『일승법계도원통기』, 서울: 동국대학교출판부, 2010, p.32
14 靑木孝彰,「經典解釋法における科文の成立について」,『天台學報』15, 大正大學 天台學會, 1972, pp.113~115
15 橫超慧日,「釋經史考」,『支那佛敎史學』1-1, 京都/東京: 支那佛敎史學會, 1937, pp.86~88

	현담玄談		
서序		통서역명증신서通序亦名證信序	- 개위오開爲五
		별서역명개발서別序亦名開發序	- 개위오開爲五
정종正宗		정개삼현일이명인의正開三顯一以明因義	- 유사단有四段
		개근현원이명과의開近顯遠以明果義	- 유사단有四段
유통流通		화타유통化他流通	- 유삼단有三段
		자행유통自行流通	- 유삼단有三段

서분의 명칭은 경의 3분과 관련이 있다. 이 가운데 증신서와 개발서의 분류는 법운이 최초이다. 본론에 해당하는 개삼현일開三顯一(셋을 열어 하나를 드러냄)과 개근현원開近顯遠(가까운 것을 열어 먼 것을 드러냄)이라는 정종의 요점은 경의 종요를 중시하던 풍을 계승한 것이면서,[16] 이후 『법화경』을 해석하는 주요 개념으로 정착한다. 유통의 명칭은 경전의 특유한 부촉의 설을 다른 사람을 교화하는 것과 스스로의 행위를 구분하여 나눈 것이다.

현담에 대한 중요한 예는 이미 『열반경집해』에 보인다. 『열반경집해』는 『열반경』 주석 가운데 가장 오래된 것으로, 양 무제의 칙명(509년)으로 보량寶亮(444~509)이 완성했다고 전해지는데,[17] 『열반경집해』 권1에 보이는 아래와 같은 8과 분별은 수·당대에 성행한 현담 분과의 선구를 이룬다는 점에서 중요하다.

---

16 橫超慧日, 앞의 논문, 1937, p.88
17 하유진, 『大般涅槃經集解 如來性品 역주』, 서울: 씨아이알, 2013, pp.24~28에 편찬자에 대한 논란이 자세히 실려 있다.

석명제일釋名第一. 변체제이辨體第二. 서본유제삼敍本有第三. 담절명제사談絶名第四. 석대자제오釋大字第五. 해경자제육解經字第六. 핵교의제칠覈敎意第七. 판과단제팔判科段第八.

이와 같은 과경의 분위기는 당시 남쪽의 건강建康에서 일반적으로 다투어 학습하는 방법이었고, 드디어는 북방의 담란曇鸞이 그 폐해를 탄식할 정도로 성행하였다.[18] 역으로 말하자면 다투어 학습하는 분과의 방법을 통해 공통의 형식이 형성되었으며, 그 가운데도 현담은 이후 주석 형식으로 정형화된다.

II. 과문의 정형화 과정과 새로운 경전 주석 개념들

과문의 정형화 과정

앞에서 설명했듯이 중국불교에서의 과문은 한역 경전 주석사의 흐름 속에서 탄생하였다. 그리고 위진남북조시대에 경전 주석의 방법으로 과문 형식이 발달하고 세분화되었다. 하지만, 경전 주석사의 관점에서는 과문만이 돌출하여 발달하는 것은 아니다. 경전이 한역되면서 초기 중국불교에 나타나는 경전 주석의 형태에 대해서는 이미 언급한 오초 에니치(橫超慧日, 1906~1995)의 「석경사고釋經史考」에 자세하게 나와 있다.[19] 여기서는 오초 에니치의 논문을 참조하면서 수·당 시대의 과문이 정형화되

---

18 橫超慧日, 앞의 논문, 1937, p.89
19 橫超慧日, 앞의 논문, 1937, pp.75~110

어 가는 모습을 고찰하고자 한다.

중국에서는 경전이 번역되면서 동시에 경전에 대한 해석이 시작되었다. 그것이 송宋의 찬녕贊寧이 『대송승사략大宋僧史略』 권1 가운데서 주경注經과 승강僧講과 조소과경造疏科經의 항목을 설정한 이유이다.

찬녕에 따르면 주경은 경전 문구에 대해서 해설을 하는 것이며, 주자행朱子行이 『도행경道行經』을 강설한 것이 시작이다. 이와는 달리 길장의 『법화현론法華玄論』 권1에서는 『명승전』을 인용하여 강경의 처음은 축법호竺法護에 있다고 했다. 지의智顗의 『법화문구法華文句』 권8에도 마찬가지로 기술되어 있다. 길장과 지의가 서술한 것은 『법화경』 강설의 기원을 의미할 것이다.

조소과경은 도안으로부터 시작된다고 한다. 양梁 승우僧祐의 『출삼장기집出三藏記集』에서는 종래에는 강설할 때 다만 대의를 서술하고, 나머지는 전독轉讀[20]했을 뿐이었지만, 도안道安이 『반야경』 등의 경전을 주석함에 문장의 의미를 탐구하고, 구문을 비교하여 경전의 처음과 끝의 뜻을 밝혔다고 한다.[21] 『출삼장기집』의 의도는 도안에 이르러 경전의 진의가 이해되기 시작했음을 말하려는 것이지만, 이러한 기술로써 경전이 번역되면 대의大意를 서술하고 나서 강설했음을 알 수 있다.

경전이 번역되면 번역자 내지는 번역에 참가했던 사람들이 그 경전에 대해 가장 많이 이해하였을 것이고, 그들은 경전의 내용을 알리기 위해

---

20 경전을 전부 독송하는 것을 전독이라고 하였다. 竹村牧男・大竹晋校註, 『金剛仙論』下(新國譯大藏經⑭ 釋經論部 11下), 東京: 大藏出版, 2004, p.398 참조. 『고승전』 권13(『大正藏』 50, 415b)에서도 "중국에서는 경전에 운율을 넣어 노래하는 것을 전독轉讀이라고 한다."고 했다. 이로써 전독은 경전을 단순히 전부 읽는 것이 아니라 운율을 넣어서 읽는 독송을 말한다는 것을 알 수 있다.
21 『出三藏記集』 卷15, 「道安法師傳」(『大正藏』 55, 108a)

경서經序를 제작하였다. 이 경서는 강경의 시원적인 형태이며, 경서 역시 역경과 동시에 있었음도 인정해야 할 것이다. 앞에서 말했듯이 축법호가 강경의 처음으로 칭송된 것도 역경과 동시에 강경이 시작되었다는 방증이 된다. 이후 축자적인 해석이 나왔을 것이다.

현존하는 경전 주소 가운데 가장 오래된 것은 진씨陳氏의 『주음지입경注陰持入經』이다. 이어서 오래된 것이 도안의 『주인본욕생경注人本欲生經』이다. 이 두 문헌의 공통점은 경문을 주해하기 전에 경서가 있으며, 경문을 해석할 때 아직 과단科段을 세우지 않고 주注라고 칭하는 것에 있다. 여기서 주목할 것은 경서이다. 이 경서는 『출삼장기집』에 다수 실려 있으며, 단독으로 서술된 경의 총론적 내용으로써 후에 중시되는 현담의 기원이 된다.[22]

경서의 내용에서 주목할 만한 용어가 종요宗要이다. 동진 말기의 학계에는 경전의 종요와 교판적 지위를 밝히려는 기운이 팽배했고, 그 증거의 하나가 혜관慧觀의 『법화종요서法華宗要序』이다. 『열반경집해』에서도 승종僧宗이 종요라는 말을 사용하는데, 종요라는 개념은 동진 말기에 경전의 범람으로 인해 경전의 교리 내용을 조직적·통일적으로 이해하려는 시도에서 시작되었다. 수나라 혜원(523~592)의 『대승의장』이나 길장(549~623)의 『법화현론』 등의 저술에서도 사용되지만, 특히 지의(538~597)의 저술에서 현담의 내용 중 하나로 정형화된다.[23] 지의는 『법화현의』를 석명釋名, 변체辨體, 명종明宗, 논용論用, 판교判敎라는 오중현의五重玄義로 구성하였다. 이 가운데 세 번째 '명종'이 경전의 종요를 서술하는 부분이다. 『법화현론』이나 『법화현의』는 경전의 현담 부분이 독립된 형태이다.

---

22 橫超慧日, 앞의 논문, 1937, pp.78~80
23 橫超慧日, 앞의 논문, 1937, p.80

현담이 독립되고, 종요 등이 언급되는 것은 경전 주석사의 관점에서는 과경科經이 정형화되어 가는 과정에 속한다. 이 단계를 오초 에니치는 소석疏釋시대라고 부른다. 경전 자구의 설명이 중심이고 과경이 없는 것이 주경注經이고, 과단을 도입한 주석 형태가 소疏이다. 도생의 『법화의소』는 과문이 등장하는 최초의 『법화경』 주석이다. 도생은 『법화경』의 각 품을 다음과 같이 인因 · 과果 · 인人으로 구분한다.[24]

    명삼인위일인明三因爲一因 —— 초십삼품初十三品
    변삼과위일과辨三果爲一果 —— 차팔품次八品
    균삼인위일인均三人爲一人 —— 종육품終六品

그리고, 『법화의소』에는 인 · 과 · 인에 기준해서 『법화경』을 3단으로 나누고 각 품을 자세히 분과하고 분절하여 장행과 게송을 나누어 주석하는 등 이후의 경전 해석이 갖춘 모든 형식이 거의 완전히 구비되어 있다. 그러나 3분의 석경 양식은 양의 삼대 법사로 불리는 법운法雲의 『법화의기』에서 비로소 나타난다. 법운의 『법화의기』는 도생의 시대부터 시작했던 현담玄談과 과경科經 가운데 과경科經의 극치에 이르렀다고 평가된다.[25]

---

24 하유진, 「『대반열반경집해』에 나타난 『열반경』의 과문에 대하여」, 『불교학연구』 41, 불교학연구회, 2014, p.84
25 橫超慧日, 앞의 논문, 1937, pp.86~87

수·당 시대 이후 현담

수·당 시대는 정치적으로는 남북이 대립, 종교적으로는 남북의 학풍이 통일되는 시대이며, 경전 주석사상에서는 현담의 시대라고 명명된다. 오초 에니치는 특히 수대의 길장과 지의에 중심을 두고 석경의 방법을 다음과 같이 다섯 가지로 요약한다.[26]

① 현담의 독립: 별행서別行序, 주경서注經序보다 더 나아가 소문疏文과 병행하면서 내용과 분량이 증대되었다. 분량이 방대하여 독립적으로 별행되는 경우도 왕왕 나타난다. 길장의 유의·현론, 지의의 현의 등이 독립적인 예이다. 지의의 『법화현의』가 석문인 『법화문구』와 같은 분량이었던 것만으로도 이 시대에 현담이 얼마나 중시되었는지 알 수 있다.

② 현담의 분과: 종래의 현담은 세세한 분과로 구성되지 못했는데, 현담이 길어지면서 분과로 분단할 필요가 생겼다. 정영사 혜원도 『온실경의기溫室經義記』 등에서 6요六要의 간단한 분류법을 사용하지만,[27]

---

26 橫超慧日, 앞의 논문, 1937, pp.99~100
27 6요는 『溫室經義記』에 다음과 같이 되어 있다. "이 경을 처음 펼칠 때 반드시 여섯 가지 요점을 파악해야 한다. 첫째는 교설의 대소를 아는 것이다. 교설에는 두 가지 藏이 있는데 자세한 것은 보통 분별하는 것과 같다. 이 경은 대승보살장에 수렴된다. 둘째는 교설의 局과 漸과 頓을 알아야 한다. 소승 교설은 국이고, 대승법 가운데 소승으로부터 들어가는 것은 점이고, 소승에 의지하지 않고 들어가는 것은 돈이다. 이 경은 점이다. 셋째, 교설에 삼장의 구별이 있다는 것을 알아야 한다. 이 경은 수다라장이다. 넷째, 경의 종취를 알아야 한다. 이 경은 복덕과 보시행을 종으로 삼는다. 다섯째는 경의 명칭을 알아야 한다. 잘 알 수 있듯이 경의 명칭은 같지 않다. 지금 이 경은 인과 법을 명칭으로 삼았다. 부처는 인이다. 승려를 목욕시키는 것을 설한 경전

길장과 지의에 이르러 격식이 마련된다. 원래 현담은 경전 제목에 대한 서문이 기원이고 경전의 종요를 해석하는 것이 과제였다. 이것이 발전하여 석명釋名, 명종明宗, 교판敎判 등의 항목이 부가되고, 교리 내용에 대한 여러 항목 외에 경체經體, 경용經用 등에 대한 해명이 중대한 과제가 되었다.

③ 석의釋義의 방법: 길장은 『이제의』에서 의명석依名釋, 인연석因緣釋, 현도석顯道釋, 무방석無方釋의 사종석의를 제창하였고, 지의는 『법화문구』에서 인연, 약교約敎, 본적本迹, 관심觀心의 사종석을 역설하였다.[28]

④ 3단의 과판이 가장 세련된 방법으로 정착한다.

⑤ 제가의 해석 비판: 경전을 해석할 때 한 설을 인용하고 경전을 통해 증거로 삼는 것(經證)은 현담이 전개됨에 따라 빈번해지고 하나 하나의 문제에 대해서 제가의 해석을 비판하였다.

이와 같은 현담의 형식을 가장 잘 대표하는 것이 ③석의의 방법에서 예를 들었던 지의의 저술일 것이다. 지의의 저술 가운데 독립적인 현담이라고 할 수 있는 것은 앞에서 언급했듯이 『법화현의』이다. 간노 히로시

이니, 이것이 법이다. 여섯째는 교설한 사람을 알아야 한다. 교설에는 다섯 종류가 있다. 첫째는 부처님의 교설이다. 둘째는 성현 제자들의 교설이다. 셋째는 여러 천왕들의 교설이다. 넷째는 신선 등의 교설이다. 다섯째는 변화설이다. 이 경전은 부처님의 교설이다."(『大正藏』39, 512c)

28 오초 에니치는 전통의 인식을 서술하고 있으나, 석의는 고정적이지는 않은 것 같다. 길장의 사종석의는 저술에 따라 명칭이 다르다. 예를 들어, 『법화현론』에서는 依名釋, 相資釋, 顯道釋, 無方釋이며, 『삼론현의』에서는 依名釋, 就理敎釋, 就互相釋, 無方釋으로 되어 있다. 지의의 경우도 『인왕반야경소』에서는 約敎, 本迹, 觀心釋으로 분류하기도 하며, 『법화현의』에서는 10중으로 분류한다.

(菅野博史) 역주『법화현의』의 해설에 의해서『법화현의』의 과문의 특징을 정리하면 다음과 같다.[29]

『법화현의』는 앞에 언급한 오중현의(석명, 변체, 명종, 논용, 판교)의 해석을 통해서『법화경』사상을 해명하는 것이 과제이다. 지의는 이 오중현의가 모든 경전을 해석하는 보편적인 해석 방법이라고 단언한다. 오중현의는 크게 통通과 별別의 해석 방법으로 구분하면서, 실제로는 별석別釋에 역점을 두고 있다. 일반적으로 오중현의라고 하여 석명釋名부터 판교判敎까지 다섯 가지 명칭을 거론하는 것은 별석에 해당한다.

예를 들어, 첫째의 석명은『법화경』의 경제석經題釋으로 중국의 경소에서 중요시되었던 해석 방법이다. 석명 가운데 특히 '묘妙'를 해석하는 데 있어서는 통석과 별석으로 나눈다. 통석에서는 상대묘, 절대묘가 설해지고, 별석에서는 적문迹門의 10묘, 본문本門의 10묘가 설해진다. 이와 같이 석명에서만 분과가 세분되는 경향성은 전 10권 가운데 석명이 8권 분량을 차지하는 것으로도 충분히 설명될 것이다.

한편, 지엄의『화엄경』주석서인『수현기』는 이후 화엄종 주석 방식의 전형이 된다. 지엄은『수현기』에서 현담의 방식뿐 아니라, 각 품의 주석 방식을 새롭게 정형화한다. 지엄은 권1에서『화엄경』이 중국에 들어와 번역된 과정을 간략히 소개한다. 이후 다음과 같이 5문으로 분별한다.

첫째, 탄성임기덕량유치歎聖臨機德量由致. 즉 석가모니가 근기에 큰 덕으로 대응하는 인연을 찬탄한다.

둘째, 명장섭분제明藏攝分齊. 즉 경전이 포괄하는 영역을 밝힌다.

---

29 菅野博史 譯注,『法華玄義』上, 東京: 第三文明史, 2004, pp.8~26

셋째, 변교하소전종취급능전교체辨敎下所詮宗趣及能詮敎體. 즉 교설이 설해지는 뜻인 종취와 능히 설하는 바인 교체를 분별한다.

넷째, 석경제목釋經題目. 즉 경전의 제목을 해석한다.

다섯째, 분문해석分文解釋. 즉 문을 나누어 해석한다.

위의 다섯 가지 분류가 현담의 내용이다. 여기서 알 수 있는 것은 현담의 목차 안에 분문 해석이 들어가 있다는 것이다. 지의의 『법화문구』는 분문 해석에 해당하고, 『법화현의』는 현담에 해당한다. 따라서 현담 안에 경문의 해석 부분은 없었다. 한편 동시대인인 길장의 저술도 지의와 마찬가지로 『법화의소法華義疏』는 분문 해석에 해당하고, 『법화현론法華玄論』은 현담에 해당하는데, 여기서는 현의를 여섯 가지로 해석하고 있으며 그 가운데 마지막 여섯 번째가 문장을 따라 의미를 해석함(隨文釋義)이다. 다만 수문석의는 『법화의소』부터 시작된다는 점에서 지엄과는 다르다. 지엄은 본문에서는 수문해석으로 명칭을 바꾸는데, 다음과 같은 과문으로 구성된다.

    5. 수문해석隨文解釋

    5.1 총료간교분제總料簡敎分齊

    5.1.1 대사현정對邪顯正

    5.1.2 약소전의約所詮義

    5.2 별석문분제別釋文分齊

    5.2.1 거팔종교擧八種敎

    5.2.2 약삼교상約三敎相

    5.2.3 수문석隨文釋

지엄은 넷째, 경의 제목을 해석할 때, 실제로는 첫 품인 「세간정안품」의 명칭도 포함해서 풀이한다.

이후 지엄의 제자 법장이 저술한 『탐현기探玄記』에서 화엄종의 경전 주석 방법의 정형화가 완성된다. 법장은 화엄의 원만수인 10을 적용하여 현담을 총 10문으로 나눈다. 지엄의 다섯 가지 명칭과 비교하면 다음과 같다.

지엄 『수현기』	법장 『탐현기』
1. 탄성림기덕량유치歎聖臨機德量由致	1. 명교기소유明教起所由
2. 명장섭분제明藏攝分齊	2. 약장부명소섭約藏部明所攝
3. 변교하소전종취급능전교체辨教下所詮宗趣及能詮教體	3. 현입교차별顯立教差別
4. 석경제목釋經題目	4. 간교소피기簡教所被機
5. 분문해석分文解釋	5. 변능전교체辨能詮教體
	6. 명소전종취明所詮宗趣
	7. 구석경제목具釋經題目
	8. 명부류전역明部類傳譯
	9. 변문의분제辨文義分齊
	10. 수문해석隨文解釋

『수현기』와 『탐현기』의 명칭의 대칭은 1-1, 2-2, 3-3·5·6, 4-7, 5-9·10 같아서, 완전히 새로운 것은 '4. 간교소피기簡教所被機', 즉 『화엄경』의 대상을 설명하는 것과 '8. 명부류전역明部類傳譯', 즉 『화엄경』의 종류와 역경사를 간략하게 설명하는 두 가지이다. 이로써 『화엄경』을 원만수로써 주석할 수 있었던 것이다. 10수를 강조하는 것은 이후 징관澄觀도 마찬가지이다.

또 한 가지 지엄의 『수현기』에서 볼 수 있는 두드러진 특징은 각 품을 해석할 때 특별한 품 외에는 4문으로 분별하고, 4문의 명칭도 정형화되었다는 점이다. 4문의 명칭은 변명, 내의來意, 명종취, 석문으로 각각 품의 명칭을 해석하고, 품이 나온 이유를 밝히며, 품의 종취를 분명히 한 후에 품의 문장을 해석하는 과문 형태이다.

한편, 징관 이후 경전 주석의 특징은 경전 주석을 다시 주석하는 이른바 복주復註가 나온다는 것이다. 징관 자신이『화엄경수소연의초華嚴經隨疏演義鈔』를 저술하여 자신이 저술한『화엄경소』의 문장을 일일이 다시 설명을 하였다. 이와 같은 경전 주석 방식은 종밀宗密이『원각경』주석서를 풀이하고 또 풀이하면서 정점을 이룬다. 징관과 종밀은 자신의 저술을 거듭 주석하는 경우이다.

다른 한편, 선대의 저술을 복주하는 경우로는 법장의『기신론소』에 대한 주석을 들 수 있다. 법장의『기신론소』는 후에 종밀이 요약을 하여 유통시키는데, 종밀의 제자 전오傳奧는『수소기隨疏記』를 남긴다. 전오의『수소기』를 표면적으로 보면 법장의『기신론소』의 문장을 따라 기記를 남긴다고 이해할 수 있지만, 실상은 법장의『기신론소』가 아니라 종밀의『기신론소』의 문장을 따라 복주를 저술한 셈이다. 여기에 징관의 화엄을 계승한 송대의 장수 자선長水子璿은 종밀의『기신론소』를 기본으로 하고, 전오의 저술을 취사 선택한『기신론필삭기起信論筆削記』를 저술함으로써 계보는 더욱 복잡한 형태를 띠게 되었다. 이렇게 복주를 저술할 경우에는 그 과문의 형태가 더 복잡해지기 마련이다. 경론의 주석서가 지닌 과문을 그대로 수용하면서 거기에 다시 과문을 더하기 때문이다. 이러한 복잡한 양상은 최근에 간행된『불교 과문집』에 수록된 167개의 과문科文을 보면 잘 알 수 있다.[30]

---

30 조은수 외,『불교 과문집』, 서울: 씨아이알, 2018, pp.33~382

송대의 경향성 중 또 하나는 종파적 주석이 나타난다는 것이다. 당시 선종을 포함한 종파들은 사자상승을 존중하면서, 조사의 저술을 주석하거나 조사에 의지하여 종파적 해석에 치중하는 경향성을 보인다. 그 한 예로 『능엄경』에 대한 주석을 들 수 있다. 『능엄경』은 중국과 한국에서 가장 많이 유통된 경전 가운데 하나로 천태종, 화엄종, 선종에서 많은 주석이 찬술되었으며, 청대까지 68종의 주석서가 유통되었다.[31] 이 경우 각 종파의 뜻대로 경전을 주석함에 따라 과문이 달라지는 것은 예상할 수 있는데, 선종에서도 『계환해』와 『정맥소』로 나뉘듯이 각각의 주석 태도를 충분히 발휘하고 있다.[32]

경전 주석 개념들

과문은 주석을 통해 만들어졌다는 점에서 경전 해석사상의 용어이다. 그리고 과문을 하면서 어떤 사항을 두세 부류, 또는 그 이상으로 나누는 과단 역시 주석 용어이다. 이와 같은 용어는 과문의 기본 개념을 벗어나지 않지만, 구체적 과문의 필요성으로 인해 만들어진 새로운 용어 및 개념들에 대해서 이해할 필요가 있다. 지금까지 중국의 과문 및 현담을 설명하기 위해 언급했던, 제목을 해석하는 '석경제목', 문장을 해석하는 '수문해석'도 과문의 구체화 또는 조직화를 위해 생겨난 어구이다.

한편, 본문을 해석할 때는 약설·광설, 총석·별석 등의 용어도 자주 사용된다. 이를 다시 세분화할 때 쓰이는 表標·석釋·결結 등도 흔히 나

---

[31] 주성옥(명법), 「『능엄경』 주소를 통해 본 과문의 특징-『계환해』와 『정맥소』를 중심으로」, 『불교학연구』 41, 불교학연구회, 2014, pp.57~80
[32] 주성옥, 앞의 논문, 2014, pp.69~75

오는 말들이다. 여기에서는 그 가운데 몇 가지 중요하다고 생각되는 용어 및 개념들에 대해서 특필하고자 한다. 특히, 경전 문구를 해석하면서 나타나는 '인因과 과果', '경체經體와 경용經用', 보살의 실천에 대한 '자분自分과 승진분勝進分'의 구분, 현담이 분과되면서 나타나는 '소전종취所詮宗趣와 능전교체能詮敎體'에 대해서 차례대로 간략히 설명한다.

먼저 인과 과이다. 도생의 『법화의소』는 과문이 등장하는 최초의 『법화경』 주석서이다. 도생이 『법화경』을 인因, 과果, 인人으로 구분하는 것은 앞에서 고찰하였다. 이어 법운이 『법화경』 정종분을 인·과로 구분하여 설명하는 것도 앞에서 도식을 통해 고찰하였다. 이와 같은 법운의 설명 방식에 대해서 간노 히로시는 법운이 인과론의 시점에서 삼인삼과三因三果로부터 일인일과一因一果라는 도식으로 정리하였다고 평가하였다.[33] 인과를 기준으로 한 법운의 『법화경』 이해는 길장으로 계승되며, 나아가 당시 중국에서 대승경전을 이해하는 데 중요시되는데,[34] 지론종의 광통 법사가 『화엄경』의 종취를 인과이실因果理實(원인과 결과가 진실된 도리임)로 삼았고, 지의가 『인왕경』은 인과를 종으로 삼는다고 한 것 등의 해석이 그 예일 것이다.

다음은 경체經體와 경용經用에 대해서 설명한다. 경의 체와 용을 나누어 설명하는 예는 지의와 길장의 문헌에 자주 보인다. 특히 길장은 이 용어를 자주 활용한다. 그렇다면 경체와 경용은 구체적으로 어떤 뜻일까? 지의와 길장이 사용한 예문을 몇 가지 사례로 들면서 그 의미를 파악해 보고자 한다.

---

33 간노 히로시, 「광택사 법운의 법화경관」, 『남북조 시대의 불교사상』, 서울: 민족사, 2014, p.126
34 하유진, 앞의 논문, 2014, p.86

지의는 『금광명경문구金光明經文句』에서 경체, 경종, 경용을 사용한다. 우선, 경체와 경종이 다름을 알 수 있다. 지의에 따르면, "『금광명경』은 모든 세존이 지키는 뭇 경전의 왕이다."라는 문구가 경체를 나타낸다. "장엄보살莊嚴菩薩의 깊고 묘한 공덕으로 항상 모든 천의 공경을 받게 되고, 천왕의 마음에 환희를 생기게 하며, 세상을 보호하는 이들의 찬탄을 받는다."는 것이 경종이다. "이 경전이 능히 제 천궁 등을 비춘다."는 것이 경용이다. 우선 경용은 경전의 작용이니 이해하기 어려울 것이 없다. 문제는 경체와 경종이다. 경체는 지의의 해석으로 보았을 때 경전 자체의 위상이다. 경종은 경전의 내용을 통해 추구하는 목표들이다. 따라서 경종은 여러 가지가 될 수 있지만, 경체는 하나일 뿐이다.

한편 길장은 『인왕경소』에서 현의를 서술할 때 경체, 경종, 경용, 경상經相(교판을 말함)이라는 항목을 설정한다. 길장에 따르면 경체는 오인십지五忍十地이다. 오인은 복伏, 신信, 순順, 무생無生, 적멸인寂滅忍을 가리키며, 적멸인이 십지 및 불지이다. 이를 통해 길장은 실천적 계위를 경체로 삼았음을 알 수 있다.[35] 길장은 경을 강독하려면 그 전에 경의 '큰 취지'를 반드시 알아야 한다고 전제함으로써 경종의 의미를 강조한다. '큰 취지'가 바로 종이다. 예를 들어 『인왕경』은 태어남이 없는 정관正觀을 종으로 한다고 설명한다. 그러면서 길장은 종과 체는 어떻게 다른지 자문자답한다.

답한다. 모든 법은 본래 적멸하여 종과 체의 구분이 없다. 지금은 조건을 따라서 그 구분을 현시하고자 한다. 무명상無名相 가운데 가명상假名相은 설하려 하는 대목이 다른 것이다. 만약 통하는 문으로 나아간다면 종

---

35 이 설은 지의의 『仁王經疏』(『大正藏』 33, 254c)에서 비판을 받는다.

宗 역시 체體이고 체 역시 종이다. 지금은 별문에 근거하여, 수레는 종宗에 비유하고 수레 안의 공간은 체體에 비유하였다. 종은 그물줄 및 옷깃(중요한 뜻)과 같고, 체는 가죽털 및 그물눈과 같다. 가죽옷을 털 때에는 옷깃을 쥐어야 하고, 그물을 들어 올릴 때에는 그물줄(벼리)을 끌어야 가죽옷과 그물의 체인 가죽털과 그물눈이 저절로 펼쳐진다.³⁶ 종과 체의 차이는 그 뜻이 이와 같다.³⁷

길장의 해명을 통하여 알 수 있는 것은 체와 종을 구별하지 않을 때에는 한 가지이지만, 굳이 구별을 할 필요가 있을 때에는 종이 핵심 요지가 되고, 체는 핵심 요지의 구체적 모습이 된다는 것이다.

다음은 자분과 승진분이다. 자분自分과 승진분勝進分은 특히 법장이 자주 사용하는 구분이다. 이 구분은 『승만경』이나 『십지경론』 등에서 부처의 위신력을 주석하는 과정에서 대구對句로 등장하였다. 처음에는 이 대구가 자분과 타분으로 사용된 지론종의 주석 개념이었다. 간략히 설명을 부가하면, 자분은 자기가 감당할 수 있는 행위 등을 말하며, 타분은 자기로서는 감당하지 못하여 부처의 위신력을 통해 행위가 이루어짐으로써 뛰어난 곳으로 나아가는, 즉 승진勝進하는 것을 의미하였다. 이렇게 하여 타분은 승진분이 된다.³⁸

---

36 가죽옷과 그물의 비유는 『南齊書』 「高逸傳」에 나온다.
37 吉藏, 『仁王經疏』, "答 諸法本來寂滅 何宗何體 今欲爲緣顯示 於無名相中假名相 說分爲異也 若就通門宗亦是體體亦是宗 今約別門 輪輞喩宗 內空喩體 宗如網領 體如毛目 意云 振裘持領 擧網提綱 裘網之體 毛目自張 宗體之異其義如是"(『大正藏』 33, 315b)
38 古泉圓順, 「『自分行』「他分行」」, 『日本佛敎學會年報』 51号-菩薩觀-, 日本佛敎學會, 1985, pp.327~350

이후 이 용어는 자분·승진분으로 정착되는데, 『탐현기』에서는 일곱 가지 형태로 자분과 승진분을 설명한다.[39]

첫째, 한 행위에 근거하여 초심(生)과 익숙함(熟)으로 구분한다.
둘째, 두 행위에 근거하여 보시행 이후에 계행을 수행하는 것 등이다.
셋째, 자리·이타에 근거하여 구분한다.
넷째, 행과 위에 나아가, (행위가 자분이고) 위계를 얻는 것이 승진이다.
다섯째, 논증과 증득으로 나눈다.
여섯째, 두 위계에 근거한다. 앞의 위계가 성취된 것이 자분, 뒤의 위로 나아가는 것이 승진이다.
일곱째, 인과에 나아가서, 원인이 성취되는 것이 자분이고, 결과에 들어가는 것이 승진이다.

이와 같이 지론종에서 시작된 자분, 타분이라는 용어는 처음에는 위신력과 관련된 보살의 실천 개념이었지만 시간이 지나면서, 『탐현기』의 분류에서 알 수 있듯이, 이후에는 반드시 위신력과 관련되지는 않아서 개념이 변화하였음을 알 수 있다.

다음에는 종취와 교체에 대해서 설명한다. 종취宗趣는 소전所詮이고, 교체教體는 능전能詮이라는 문구는 지엄에서부터 정착된다. 우선 종취라는 개념은 소전종취를 설명하는 가운데 저절로 드러난다.

---

39 吾妻重二·井上克人·丹治昭義, 「『大乘起信論義記硏究』(二)」, 『東西學術硏究所紀要』, 關西大學, 2000, p.5에서 자세히 설명한다. 여기서는 자분은 인도 경전이나 중국 고전에서는 확인되지 않는 중국불교의 조어라고 한다. 『探玄記』(『大正藏』 35. 133b)

총괄적으로는 인과연기의 도리가 진실함을 종취라고 한다. 별도로 해석하면 네 가지가 있다. 첫째는 교의를 상대시킬 때, 교는 종이고 의는 취이다. 둘째는 경지는 종이고, 행위는 취이다. 셋째는 사법은 종이고, 이법은 취이다. 넷째는 원인은 종이고 결과는 취이다.[40]

이와 같은 뜻으로 경전에서 설해지는 뜻이 종과 취로 나뉜다. 한편, 법장은 이러한 지엄의 종취론을 계승하는데, 법장에 따르면 "말이 나타내는 바가 종이고, 그 종이 돌아가는 바가 취이다."[41]라고 해서 지엄이 각 예를 통하여 설명한 종취를 정리하고 있다. 그러면서 『화엄경』의 종취를 달리하는 많은 설들을 소개한다. 여기에서는 그 구체적인 설들에 대한 설명을 생략하지만 종취는 사람마다 해석이 다를 수 있다는 것만을 확인하고자 한다.

능전교체에 대해서는 지엄이 다섯 가지로 설명하는데, 음성과 문장 등을 중심축으로 하여 그것들이 실제 음성인지, 음성과 비슷한지, 유식인지 등을 다루는 논의이다. 지엄에 따르면 화엄의 교체는 진여로 된 음성이며 일체법이 바로 진여이다.[42] 법장은 지엄의 오종교체로부터 교판적으로 얕은 데서 심오한 데로 나아가는 10종 교판을 세웠고, 그 가운데 소전종취와 능전교체는 화엄가들에게 현담의 과문을 구성하는 정형구가 되었다.

---

40 『搜玄記』卷1(『大正藏』35, 14c)
41 『探玄記』卷1, "第六宗趣者 語之所表曰宗 宗之所歸曰趣"(『大正藏』35, 120a)
42 박보람, 「불교란 무엇인가-초기화엄교학의 교체설을 중심으로」, 『불교학리뷰』9, 금강대학교 불교문화연구소, 2011, pp.186~218

일본불교 과문의 신형태

일본에는 나라시대부터 많은 경론 및 주석서가 전래된다. 당시 중국에서는 경론을 현담과 수문해석을 통해 주석하는 형태가 정형화되고 있었는데, 일본은 이러한 중국불교의 과문 형태를 수용한다. 한편 일본의 특이한 주석 형태가 헤이안시대로부터 나타나는데, 한 문헌을 장별로 주석을 가하는 사기私記의 형태가 그것이다. 예를 들어『종자의사기』,『종성의사기』,『십현의사기』등이 그런 부류에 속하는 논서들이다. 이 논서들은 법장의『화엄오교장』의 10문 가운데 각 장을 별도로 수문해석하여 주석한 것이다. 물론 이렇게 별도로 장을 주석한 것만이 사기는 아니다. 사기는 중국에서부터 시작되어 일반적으로 나타나는 주석의 명칭인데, 일본의 헤이안시대인 10세기에 특히 집중적으로 나타난다.

그런데, 가장 일본적인 특징은 특히, 에도시대 이후 관주冠註, 관도冠導 등의 용어가 붙은 주석 문헌이 양산되었다는 데 있다. 이 주석 방식에서는 과문을 통한 주석서의 형태를 전승하기도 한다. 예를 들어『관도방훈천태사교의冠導傍訓天台四教儀』를 보면 옆의 사진과 같이『천태사교의』본문은 과문으로 연결하고, 네모 칸의 위에는 주를 달아 놓는 방식으로 되어 있다. 이와 같은 형식은 일본불교 문헌에서만 매우 흔하게 볼 수 있다. 또한『관과대승기신론冠科大乘起信論』처럼『기신론』본문에 과문을 연결시켜서 단독으로 간행하는 경우도 왕왕 있다.[43]

일본에서는 조선시대 서산대사 휴정의『선가귀감』이 여러 번 간행되는데,[44] 오가와 씨가 소장하고 있는『선가귀감』의 판본을 보면 위의『관도방

---

43 이러한 형식의 문헌은 중국에서도 볼 수 있지만 일본에서 특히 왕성하게 발간되었다.
44 오가와 히로카즈,「일본에서의『선가귀감』간행과 그 영향」,『한국사상사학』53, 한

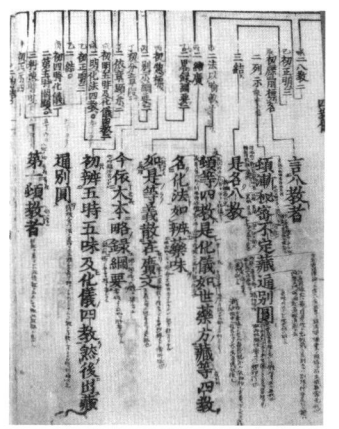

『관도방훈천태사교의』　　　　　『천태사교의』

훈천태사교의』에서처럼 『선가귀감』의 내용을 네모 칸으로 둘러싸고 그 바깥에 주석이 있다.

나아가 앞의 『천태사교의』에서처럼 단독 문헌명만 있는 경우에도 과문을 삽입하여 간행한 예도 많다. 이처럼 과문이 붙은 문헌이 유통된다는 것은 과문을 통하여 그 경론의 본문을 읽었다는 증거일 것이다. 실제로 일본에는 『화엄경』 사본 경문의 행간에 백서白書로 『탐현기』의 과문을 써넣어 공부한 매우 중요한 사례가 발견되기도 한다.[45]

　　국사상사학회, 2016, pp.49~80
45　신희정(우석), 「東大寺·正倉院 소장의 節略本 新羅華嚴寫經 연구」, 동국대학교 대학원 불교학과 박사학위논문, 2016, pp.37~44

Ⅲ. 신라 · 고려 불교의 다양한 과문 형태

원효의 '종요' 문헌

신라시대 불교는 수 · 당의 현담이 정형화된 시대의 과문 패턴을 수용하지만, 변형된 형태를 보여 주는 저술들이 보인다. 예를 들어 원효의 『광명각품소』 단간을 보면, 지엄의 과문 형태에서 영향을 받은 흔적이 보이지만,[46] 그 과문 형태는 앞에서 언급한 지엄의 4문을 답습하지도 않았으며, 과단은 대칭적이어서 지엄의 논서에서는 볼 수 없는 형태를 띤다.

이하 신라와 고려의 몇몇 저술 가운데 새로운 형태를 구성하는 주석 형태에 대해서 부연하고자 한다. 첫째는 원효의 '종요' 문헌이고, 둘째는 표원의 장 형식 문헌이며, 셋째는 의상의 자주 형태이며, 넷째는 광본의 요약 형태로서의 『천태사교의』이다. 이하 각각에 대해서 간략히 검토한다.

원효는 동아시아의 저술가 가운데 가장 많은 종류의 저작을 남긴 것으로 유명하다. 그런데, 원효의 저술 가운데 특이한 것은 '종요'의 형태가 비교적 많다는 것이다. '종요'는 현담 가운데 일부분을 차지하며 경종, 종취의 형태로 나타난다. '종요'라는 명칭이 붙은 저술 가운데 가장 초기의 기록은 중국 혜관의 『법화종요서』이다. 이후 '종요'라는 명칭이 붙은 저술은 태현의 『보살계본종요』가 유일하며, 그 외 현재 남아 있는 저술은 전부 원효의 저술이다.

원효가 저술한 '종요' 가운데 현재 남아 있는 것으로는 『열반종요』, 『미륵상생경종요』, 『법화종요』, 『무량수경종요』, 『대혜도경종요』가 있으며, 그

---

46 김천학, 「원효 「광명각품소」의 해석상의 특징: 동아시아 화엄사상의 관점에서」, 『이화사학연구』 51, 이화여자대학교 이화사학연구소, 2015, pp.12~14

외에도 『화엄종요』, 『능가경종요』, 『기신론종요』, 『성유식론종요』, 『광백론종요廣百論宗要』, 『보성론종요寶性論宗要』, 『장진론종요掌珍論宗要』의 명칭이 전해진다.[47] 원효의 종요는 과문을 통해 봤을 때, 지의와 길장의 현의, 유의와 같은 종류로서 독립된 현담이다. 또한 소疏나 기記보다는 정형적이 되기 쉽다.[48] 현재 남아 있는 종요의 과문을 비교하면 다음과 같다.

	『무량수경종요』	『법화종요』	『대혜도경종요』	『열반종요』	『미륵상생경종요』
1	초술교지대의 初述敎之大意	초술대의 初述大意	초술대의 初述大意	일자약술대의 一者略述大意	초술대의 初述大意
2	차간경지종치 次簡經之宗致	차변경종 次辨經宗	차현경종 次顯經宗	이자광개분별 二者廣開分別	차변종치 次辨宗致
3	삼자거인분별 三者擧人分別	삼명전용 三明詮用	삼석제명 三釋題名	초설인연 初說因緣	삼이장시비 三二藏是非
4	사자취문해석 四者就文解釋	사석제명 四釋題名	사명연기 四明緣起	차명교종 次明教宗	사삼경동이 四三經同異
5		오현교섭 五顯教攝	오자판교 五者判教	삼출경체 三出經體	오생신처소 五生身處所
6		육소문의 六消文義	육자소문 六者消文	사변교적 四辨教迹	육출세시절 六出世時節
7				칠이세유무 七二世有無	
8				팔삼회증감 八三會增減	
9				구발심구근 九發心久近	
10				십증과전후 十證果前後	

원효의 종요 문헌은 각각 4문, 6문, 10문으로 구성되어 있는데, 본문에 대한 해석이 종요의 과문에 들어가 있는 경우가 세 문헌(『무량수경종요』, 『법화종요』, 『대혜도경종요』)이고, 나머지 두 문헌에는 없다. 그러나 실제로 본

---

47 福士慈稔, 『新羅元曉研究』, 東京: 大東出版社, 2004, pp.162~166
48 조은수, 앞의 논문, 2007, pp.15~16

문이 해석된 경우는 없다. 이러한 점으로 보아 지의나 길장의 현의에 해당하는 것이 원효의 종요이며, 종요는 현담의 다른 이름임을 알 수 있다. 일본의 천태종에서는 종요집宗要集의 형태가 유행한다. 이에 대해서 지의의 『법화현의』에 '종요'라는 말이 나온다는 데 그 근거를 두는 연구가 있지만,[49] 실은 일본 천태종의 종요집은 원효의 『법화종요』 등의 종요류에 영향을 받았을 가능성을 염두에 두고 고찰할 필요가 있을 것이다.

의상 『일승법계도』의 자주 형태

의상의 『일승법계도』는 아주 짧은 문헌이다. 내용은 7언 30구 게송과 게송에 대한 해석으로 구성되어 있다. 즉, 이른바 「법성게」와 그것에 대해서 "장차 문장을 해석하려고 한다. 두 문으로 분별하였다. 첫째는 도인의 뜻을 총론적으로 해석하는 것이다. 둘째는 도인의 양상을 별도로 해석하는 것이다."[50]라고 해석하는 부분으로 구성된다. 이것은 의상 스스로 자기가 만든 「법성게」 7언 30구를 해석한다는 의미가 된다. 이 경우는 축자적 해석이 될 수밖에 없지만, 주석 방법은 과문을 통해 전개된다. 경전 주석사에서 볼 때 의상의 『일승법계도』는 자신이 저술한 것을 스스로 주석(自註)하는 징관이나 종밀 저술의 선구를 이루는 문헌으로 평가할 수 있을 것이다.

다만, 『일승법계도』는 한 저술 안에 「법성게」와 「법성게」에 대한 주석이 있는 형태이고, 징관 등의 저술은 한 문헌을 저술하고 나서 그 저술을 축차적으로 주석하는 또 다른 저술이 있는 형태이다. 이러한 경우 내용을

---

49 藤平寬田, 「天台宗最古の『宗要集』の成立形態」, 『天台學報』 36, 大正大学 天台學會, 1994, pp.96~103
50 "將欲釋文 二門分別 一總釋印意 二別解印相"(『大正藏』 45, 711a)

일목요연하게 알기 위해서는 합부할 필요성이 있고, 그런 이유로 회본會本이 탄생하게 된다.『일승법계도』의 주석을 모아 놓은『법계도기총수록』은 이러한 회본 형태에 해당한다.

표원『화엄경문의요결문답』의 장 형식

신라 표원의『화엄경문의요결문답華嚴經文義要決問答』은 신라 최초의 화엄학 개론서이다. 표원은『화엄경』사상과 화엄교학 및 지론 사상을 결합하여『화엄경』문장에 내포된 뜻을 이해하였으며, 이것을 전 4권에 걸쳐 18과입科入으로 나누어 설명하였다. 여기서의 과입은 표원만이 사용한 독특한 과문 용어인데 과목 정도의 의미로 생각된다. 과입이라는 용어 외에『화엄경문의요결문답』에서는 구성상 두 가지 특징을 들 수 있다. 첫째는 과목에 혜원의『대승의장』이나 지엄의『공목장』처럼 '~의義'라는 명칭을 붙인 장 형식의 저술이라는 점이다. 우선, 18과목을 권수와 명칭 순으로 보면 아래와 같다.

권수	과입科入
권1(5과입)	칠처구회의七處九會義
	설경시의說經時義
	설경불의說經佛義
	육상의六相義
	십전유의十錢喩義
권2(6과입)	연기의緣起義
	탐현의探玄義
	보법의普法義
	발보리심의發菩提心義
	실제의實際義
	여여의如如義

권수	과입科入
권3(2과입)	법계의法界義
	일승의一乘義
권4(5과입)	분교의分敎義
	십주의十住義
	십행의十行義
	십회향의十廻向義
	십지의十地義

위 18과목의 명칭을 보면, 권1에서 권4「분교의」까지의 과목 명칭은 『화엄경』과 화엄교학의 핵심 문제가 논해졌으며, 권4「십주의」부터「십지의」까지 네 과목만 경전의 품목을 따라 설정된 명칭이다. 따라서 통일된 구조를 찾기는 어렵지만, 전체적으로는 경전~교학~경전으로의 구성을 찾을 수 있다.

또 한 가지 본 문헌의 특징은 각 과입에 대해서 석명, 출체, 문답 분별 혹은 문답이라는 3문으로 통일적 구성을 하여 설명한다는 점이다. 이와 같은 구성은『화엄경』의 전품을 4문으로 분별하는 지엄과 법장의 영향을 받은 것으로 생각되며, 4문 가운데 석문을 뺀 형태가 3문 분별이지만, 석명, 출체, 문답 분별이라는 표원의 구성은 독자적이다.

이와 같은 3문 분별은 당의 경수사鏡水寺 서복栖復의『법화경현찬요집法華經玄贊要集』에서도 한 번 볼 수 있는 구성이다. 서복은 표원보다 150여 년 이후의 인물이기 때문에,『화엄경문의요결문답』에서 18과입에 통일적으로 18번 사용되는 3문 분별의 과문은 표원의『화엄경문의요결문답』만의 특징으로 볼 수 있다.

광본의 요약 제관의 『천태사교의』

『천태사교의』는 고려 초기에 활동한 제관諦觀의 저술이다. 제관 스스로 밝히듯이 본 문헌은 광본『사교의』를 살펴 그 가운데 오시팔교를 발췌한 것이다. 한 저술에 대한 복주는 징관이나 종밀이 자신의 저술에 대한 복주를 쓰면서 그랬듯이 오히려 원저보다 더 길어지는 경우가 많다. 법장의『화엄일승교의분제장』에 대한 송대 주석서들도 원저보다 길다. 고려시대 균여의 경우도 마찬가지로 법장의 저술을 주석하면서 원저보다 많은 분량을 쓰게 되었다. 이와 같이 복주는 원 저술을 보충한다는 의미에서 쓰게 되므로 원저보다 분량이 많아지는 경우가 종종 있다.

반면에『천태사교의』는 12권의『사교의』를 단 한 권에 요약하였다. 구성도 아주 간단하다. 즉 오시五時와 화의사교化儀四敎, 화법사교化法四敎의 내용으로 구성되어 있고, 이 가운데 실천적 수행에 대해서는 화법사교 아래 과문인 방편수(25방편), 정수(십승관법)로 구성되어 있다.[51] 『천태사교의』는 내용도 짧고 과문도 간단하다는 점에서 복주로서는 드문 예에 속한다. 이러한 점에서 『천태사교의』는 광본의 요약본이라는 특수한 형태를 지닌 현담 문헌으로 평가할 수 있을 것이다.

그런데 이『천태사교의』가 유통되자마자 송의 종의從義에 의한『사교의집해四敎儀集解』, 원의 몽윤蒙潤에 의한『사교의집주四敎儀集註』라는 주석서가 만들어진다. 특히 몽윤의 저술이 일본으로 전래되어서는『천태사교의』에 대한 주석 붐을 일으켜서, 현재 일본에서 유통되는『천태사교의』의 주석 및 복주는 100종에 이른다.

---

51 고려사문 제관 지음, 최기표 옮김,『천태사교의』, 서울: 동국대학교출판부, 2011, pp.7~18

Ⅳ. 조선시대 과문의 전문화

조선 후기 과문 문헌의 출현

조선시대 후기는 화엄의 시대[52]로 명명될 정도로 선종 일변도의 불교에서 교학 및 강학이 함께 중시되는 시대로 변화한다. 이때의 두드러진 저술 형태는 사기私記일 것이다. 이러한 사기는 상당수에 이르는데,[53] 그 가운데 저술명으로써 과문임을 알 수 있는 문헌을 발췌하면 다음과 같다.[54]

주석 대상	주석자	주석명
『선원제전집도서禪源諸詮集都序』	상봉 정원 (1627~1709)	『선원제전집도서분과禪源諸詮集都序分科』 2권
	설암 추붕 (1651~1706)	『선원제전집도서과평禪源諸詮集都序科評』 2권
	회암 정혜 (1685~1741)	『선원집도서착병禪源集都序着柄』 2권
『화엄경華嚴經』	모운 진언 (1622~1703)	『화엄품목문목관절도華嚴品目問目貫節圖』
	상봉 정원	『화엄일과華嚴逸科』
	월저 도안 (1638~1715)	『화엄경음석華嚴經音釋』
	회암 정혜	『화엄경소은과華嚴經疏隱科』
	설파 상언 (1707~1770)	『화엄청량소은과華嚴淸凉疏隱科』
	묵암 최눌 (1717~1790)	『화엄품목과도華嚴品目科圖』 1권
	연담 유일 (1720~1799)	『대교유망기大敎遺忘記』 『현담사기玄談私記』
	인악 의첨 (1746~1796)	『화엄십지품사기華嚴十地品私記: 잡화기雜貨記』 16권 『화엄사기華嚴私記』

---

52 김용태, 『조선후기 불교사연구-임제법통과 교학전통』, 성남: 신구문화사, 2010, p.264
53 구체적 목록은 김용태, 앞의 책, pp.250~251; 李宣和(禪岩), 『조선후기 華嚴 私記의 연구와 「往復序」 회편 역주』, 동국대학교 한국불교융합학과 박사학위논문, 2017, pp.45~63
54 김용태, 앞의 책, 2010, pp.250~251의 일람 참조.

주석 대상	주석자	주석명
『법집별행록절요병입사기法集別行錄節要幷入私記』	상봉 정원	『절요과문節要科文』
『치문경훈緇門警訓』	백암 성총 (1631~1700)	『치문경훈주緇門警訓註』 3권
『수선결사문修禪結社文』	백파 긍선 (1767~1852)	『수선결사문과석修禪結社文科釋』 1권
「법성게法性偈」	도봉 유문 (?~?)	『법성게과주法性偈科註』
「태고암가太古庵歌」	백파 긍선	『태고암가과석太古庵歌科釋』

이와 같이 사기류의 문헌 가운데 과문이 상당수를 차지하는 경향성을 보았을 때, 조선시대 후기의 연구 경향 가운데 과문의 수학은 중요한 일과였다고 추측할 수 있을 것이며, 전문성을 띤다고 해석할 수 있을 것이다. 이 가운데 두 가지만 선택하여 그 특징을 고찰한다.

설암 추붕의 『선원제전집도서과평』

설암 추붕雪巖秋鵬(1651~1706)은 백암 성총과 동시대에 활약한 인물이다. 『선원제전집도서과평禪源諸詮集都序科評』은 규봉 종밀의 『선원제전집도서』에 과목을 붙이고 필요한 몇 곳에 논평을 추가하여 회편 간행한 문헌이다.[55] 『선원제전집도서』와 『법집별행록절요병입사기法集別行錄節要幷入私記』는 일찍부터 강원에서 읽혔으며, 추붕보다 앞선 것으로는 상봉 정원(1627~1709)의 『선원제전집도서분과禪源諸詮集都序分科』 2권이 있고, 추붕보다 뒤의 것으로는 회암 정혜(1685~1741)의 『선원집도서착병禪源集都序着柄』(『선원집도서과기禪源集都序科記』라고도 한다) 2권을 들 수 있을 것이다. 『선원제전집도서』에는 배휴裵休의 서가 있다. 추붕은 배휴의 서에 대해서

---
55 설암 추붕 지음, 이정희 옮김, 『선원제전집도서과평』, 서울: 동국대학교출판부, 2018, p.5.

도 3문으로 나누어 설명하고, 『선원제전집도서』에 대해서 크게 2문으로 나눈 뒤, 뒤의 본문을 해석할 때, 3문으로 분과하여 전개한다. 추붕의 『선원제전집도서과평』을 통해서는 그가 전체 내용을 선교일치와 실천행으로 파악함을 알 수 있다. 추붕의 과문은 선행의 중국 정원과 유사하지만, 정원이 선종 상호간의 비난을 화회하려는 목적이 강하다면, 추붕은 여기서 더 나아가 실천으로 귀결한다는 점이 다르며, 추붕의 교학 이해와도 상통한다.[56] 이와 같은 추붕의 과문을 통하여 조선시대 후기 강학은 중국 선종의 답습이 아니라, 독자적 이해를 통해 과문 내용을 구성한 것으로 평가할 수 있을 것이다.

도봉 유문의 『법성게과주』

조선 후기의 사기는 중국 화엄 혹은 중국 선종 문헌이 중심이 되어 저술되지만, 그 가운데는 다음과 같이 신라 의상, 고려 지눌, 조선 지안의 저술을 주석한 사례도 있다.

주석 대상	주석자	주석명
『간화결의론看話決疑論』	벽암 각성 (1575~1660)	『간화결의看話決疑』
『법집별행록절요병입사기』	상봉 정원	『절요과문』
	설암 추붕	『법집별행록절요사기法集別錄節要私記』
	회암 정혜	『별행록사기화족別行錄私記畵足』(『법집별행록절요사기해法集別錄節要私記解』) 1권
	함월 해원 (1691~1770)	『법집별행록사기증정法集別錄私記登正』
	연담 유일	『절요사기節要私記』 1권

---

56 이정희 옮김, 앞의 책, pp.15~17

주석 대상	주석자	주석명
『선문염송禪門拈頌』	연담 유일	『염송착병拈頌着柄』
	인악 의첨	『선문염송기禪門拈頌記』
	백파 긍선	『선문염송사기禪門拈頌私記』
『수선결사문』	백파 긍선	『수선결사문과석』 1권
「법성게」	도봉 유문 (?~?)	『법성게과주』
『오종강요』	환성 지안 (1664~1706)	『선문오종강요禪門五宗綱要』
	백파 긍선	『오종강요사기五宗綱要私記』
「태고암가」	백파 긍선	『태고암가과석』

그 가운데 신라 의상의 「법성게」를 과문을 통하여 주석한 사례가 도봉 유문의 『법성게과주』이다. 의상의 「법성게」는 영조 시대에 이미 오늘날과 같이 독송되고 있었으며, 독송만으로도 공덕이 한량없다고 믿어져 불교 의식 속에 깊이 자리하고 있었다.57 도봉 유문의 『법성게과주』는 이러한 시대 배경하에서 저술되었다.

『법성게과주』는 영파 성규影波聖奎의 증정證正과 연담 유일의 논변論辨이 부가되어 유통된다는 점에서, 그 당시 의상의 「법성게」에 대해서 특별한 관심을 보였다는 것을 알 수 있을 것이다. 예를 들어 연담 유일은 다음과 같이 말한다.

> 이 법성게는 나 또한 일찍이 보았으나 범연하게 간과하였기 때문에 지금 비록 [유문의] 뛰어난 해석을 보았으나 쉽게 이해가 되지 않는다. …… 이 법성게를 고금에 해석하고 풀이한 자가 없었으나 지금 뛰어난 방법으로 분과를 나누어 자세하게 해석하였으니 간경하는 안목을 갖추

---

57 全海住, 『義湘華嚴思想史研究』, 서울: 民族社, 1992, pp.217~223

지 않고서 할 수 있는 일이겠는가?[58]

비록 연담 유일이 예전에는 그냥 지나친 「법성게」였지만, 유문을 계기로 「법성게」에 관심을 보인 정황을 충분히 읽을 수 있다. 이와 같이 앞에서 언급한 목록상의 과문이나 실례로 든 두 문헌을 통해 조선시대 후기 강학 과문의 전문화를 충분히 말할 수 있을 것이다.

---

[58] 박수진(법우), 「도봉유문 『법성게과주』의 화엄사상 연구」, 동국대학교 불교학과 석사학위논문, 2014, pp.11~12

과문, 전통과 현대를 잇다

과문은 현대의 연구자들이 자주 사용하는 문헌 분석 방법이다. 과문이 발생한 것은 불교의 경전을 주석하는 논장이 만들어지면서부터이다. 인도불교 문헌에서 대표적인 예를 들면 세친의 『십지경론』일 것이다. 그러나 『십지경론』은 경전 전체를 염두에 두고 과문하지는 않았다. 경전 전체를 나누는 이른바 과문의 시초는 도안의 3분 과경이라고 한다. 3분은 서분·정종분·유통분이다. 실제로 도안이 경을 3분했는지는 명확하지 않지만, 후에 이 3분 과경은 다른 과경 방법을 제치고 주류 자리를 차지한다.

중국에서는 서역의 경전이 한역되면서 한역된 경전을 이해하기 위한 해석 방법이 구상되었고, 그 결과 경전 내용 전체가 구조화되었다. 그러한 구조화가 바로 과문이다. 과문은 간단한 과경에서부터 장절의 트리 구조로 복잡하게 하부구조를 형성하는 것까지 다양하게 진행되었다. 한편, 경전뿐 아니라 주석서에 대한 복주가 만들어지면서 과문은 더욱 더 복잡한 형태를 띠는데, 이러한 것들을 포함하여 과문은 동아시아에서 불교 문헌을 해석하는 방법을 상징한다고 할 수 있을 것이다.

중국불교에서 과문을 상세하게 표시하기 시작한 것은 남북조시대부터이며 그 전형적인 예는 법운의 『법화의기』에서 볼 수 있다. 특히, 『법화의기』의 현담에서는 경의 종요 등에 대해서 술어화하는 경향이 보였다. 현담이 과문화되면서 과문 형식도 정형화되어 갔다. 현담은 경서의 확대판이라고 할 수 있는데, 경전의 중요한 내용, 경전의 판별 등을 통해 경전을 읽기 전에 핵심적인 사전 지식을 제공하는 부분이다.

현담은 비대해지면서 독립적으로 유통되기도 하였다. 그것이 지의의

『법화현의』, 길장의 『법화현론』이다. 이후 현담이 경전 안으로 들어오면서 경전에서 차지하는 비중이 적어졌지만, 여전히 핵심적인 사전 지식을 전하기에는 충분한 내용 및 의미가 담겼다. 그 대표적인 예가 지엄의 『수현기』와 법장의 『탐현기』 현담일 것이다. 이들 논서에서는 현담을 5문으로 혹은 10문으로 나누어, 경전의 명칭을 해석하는 경제석, 종요를 밝히는 명종, 경전의 교판상의 위치, 경전의 대상 등을 밝히는데, 이러한 구성은 이후 정형화된다.

우리나라의 신라와 나라시대의 일본은 이렇게 형성된 경전 주석 형태를 수용하였다. 일본에서는 헤이안시대에 사기라는 독특한 주석 형태가 유행했는데, 과문이라는 관점에서 더 독특한 것은 에도시대 이후 관도, 관주라는 새로운 주석 형태가 널리 퍼졌다는 것이다. 관도 또는 관주에서 주석 대상인 본문에 과문을 표시하는 경우도 있다. 또 단독 문헌의 경우에도 실은 과문을 표시하여 간행하는 경우도 왕왕 있다.

한편, 우리나라의 경우 신라시대의 원효는 지엄 시대의 주석풍을 수용한 것으로 생각되지만, 그것을 답습하는 데 그치지 않고 대칭적인 구조로 과문하여 독특한 풍을 만들었다. 더욱 중요한 것은 원효가 종요 문헌을 가장 많이 저술했다는 점이다. 이 종요는 4문에서 10문으로 이루어진 과문 형태의 문헌으로 후에 일본 천태종의 종요집에 영향을 미친 것으로 생각된다.

의상의 『화엄일승법계도』는 자주 형태의 선구를 이루었으며, 이후 신라와 고려에서 많은 주석서가 간행되었다. 이것을 일목요연하게 회본의 형태로 구성한 것이 『법계도기총수록』이다.

표원의 『화엄경문의요결문답』은 신라 최초의 화엄학 개론서이다. 표원은 이 책을 장 형식으로 구성하고, 과입이라는 용어를 만들고, 3문 분별이라는 정형화된 형식으로 『화엄경』을 해석한다.

고려시대 제관의 『천태사교의』는 천태 지의의 광본 『사교의』를 요약한 주석 형태의 논서로 과문이 간략하여 전체적 내용 흐름을 파악하기 어렵지 않다. 『천태사교의』는 송에서 주석서가 만들어지고, 일본에서는 100종의 주석서가 만들어지는 등 크게 인기를 끌었다.

조선시대에는 후기의 화엄의 시대에 들어와 교학이 중시되면서 과문 문헌이 양산되며, 과문의 전문화 경향이 일어난다. 이러한 조선시대 후기의 학습 전통은 봉선사에서 월운 노사에 의해 현대적으로 계승·전승되고 있다. 또한 2011년부터 2014년까지 한국연구재단의 토대연구지원사업에 의해 서울대학교 조은수 교수팀이 이끄는 '불교 전통 과문의 시각화를 통한 문헌 구조 연구지원 시스템의 구축과 활용'이라는 연구 과제가 시행되기도 하였다. 이러한 흐름을 통하여 우리는 과문으로 전통과 현대가 이어짐을 목격할 수 있다.

| 참고문헌 |

조은수 외, 『불교 과문집』, 서울: 씨아이알, 2018.

박보람, 「불교란 무엇인가-초기화엄교학의 교체설을 중심으로」, 『불교학리뷰』 9, 금강대학교 불교문화연구소, 2011.

조은수, 「불교의 경전 주해 전통과 그 방법론적 특징」, 『철학사상』 26, 서울대학교 철학사상연구소, 2007.

조은수·서정형, 「불교주석전통과 과문의 발달」, 『불교학연구』 41, 불교학연구회, 2014.

주성옥(명법), 「『능엄경』 주소를 통해 본 과문의 특징-『계환해』와 『정맥소』를 중심으로」, 『불교학연구』 41, 불교학연구회, 2014.

간노 히로시, 「광택사 법운의 법화경관」, 금강대학교 불교문화연구소 외 공편, 『남북조 시대의 불교사상』, 서울: 민족사, 2014.

하유진, 「『대반열반경집해大般涅槃經集解』에 나타난 『열반경』의 과문科文에 대하여」, 『불교학연구』 41, 불교학연구회, 2014.

青木孝彰, 「經典解釋法における科文の成立について」, 『天台學報』 15, 大正大学天台學會, 1972.

橫超慧日, 「釋經史考」, 『支那佛敎史學』 1-1, 京都/東京: 支那佛敎史學會, 1937.

菅野博史 譯注, 『法華玄義』 上, 東京: 第三文明史, 2004.

콘텍스트

선교 禪教

• 김호귀

I. 교학과 선종의 근원

경전의 출현/ 교학의 발전과 선종의 출현/ 교상판석과 선종의 선리

II. 선교관의 출현과 전개

중국 선종과 불립문자/『선원제전집도서』를 통한 회통의 선교관/ 선교의 융합과 회통

III. 선교의 차별과 융합

나말여초의 선교차별/ 고려시대 선교융합의 전개/ 조선시대 선교의 교섭

IV. 선교관의 변천과 지향

선과 교의 긴장 – 선교차별/ 휴정의 선교관 – 종교입선/ 선과 교의 통로 – 선교융합

■ 선시불심 교시불어

I. 교학과 선종의 근원

경전의 출현

불교 발생 시기에 관해서는 여러 가지 설이 있지만 일반적으로 기원전 6, 5세기로 간주한다. 그리고 불교의 성립 시점에 대해서도 붓다의 출생, 붓다의 깨달음, 붓다의 첫 설법, 교단의 형성 등 다양한 견해가 가능하다. 이들 불교 발생 시기와 성립 시점에 대한 하나의 근거로 제시되는 것이 불교의 경전經典이다.

경전은 경經이 책자의 형태로 엮어진 것을 지칭한다. 일반적인 의미에서 경은 불교의 발생 이전부터 있었다. 불교 이전의 바라문교 내지 자이나교, 나아가서 인도철학의 거의 모든 학파에서 수트라(sūtra, 음역어는 소달람素怛纜)라는 말을 사용했다. 이것이 불교에 채용되었는데 처음에 경은 산문으로 이루어진 간단한 경우만 가리켰다. 그래서 붓다의 교법을 설법 형식과 내용에 따라 구분교九分敎 내지 십이분교十二分敎로 분류할 때는 경도 그러한 분류 가운데 하나에 속한다.[1]

이러한 경은 붓다의 수많은 설법을 기록하고 있다는 점에서 광협에 따라 분류할 필요가 생겨났다. 좁은 의미로 경은 간단한 산문으로 이루어진 중요한 말씀을 모은 전적을 가리킨다. 소위 오부사아함五部四阿含으로 불리는 초기 불전을 비롯하여 삼장三藏의 개념 가운데서는 경전을 집

---

1 미즈노 고겐 지음, 이미령 옮김, 『경전의 성립과 전개』, 서울: 시공사, 1996, p.20

대성한 경장經藏이 이에 포함된다. 그리고 넓은 의미로는 삼장을 가리킨다. 나아가 불전佛典 전체를 의미하기도 하는데, 소위 일체경, 대장경, 팔만사천법문 등이 그것이다.

불교에서 경의 출현과 그 전승 방법은 붓다 당시부터 구전이었는데, 경을 암송하는 이 전통은 불전 편집회의에서 합송合誦을 통하여 결집結集되면서부터 본격적으로 출현하였다.

인도불교의 경우 결집이 수차례에 걸쳐 이루어졌다. 그 최초는 붓다의 입멸 직후에 왕사성 교외 칠엽굴七葉窟에서 행해진 오백결집五百結集으로서 경과 율을 결집한 것이었다. 둘째는 불멸 이후 100여 년이 지나 비사리성毘舍離城에서 이루어진 칠백결집七百結集으로서 계율에 관한 십사十事의 비법非法 논쟁을 계기로 시행되었다. 셋째는 불멸 이후 200여 년이 지난 후에 1000명의 아라한이 화씨성華氏城에 모여서 이루어졌는데 당시에 발생한 이단의 교설을 배제하고 분별상좌부分別上座部의 입장에서 교리를 정비하고 논사論事를 편찬하였다. 이것이 실론으로 전해져 남방의 제국에서 팔리어 성전의 기원이 되었다.[2] 넷째는 설일체유부說一切有部에서 전승된 결집으로서 2세기 무렵 가니색가왕迦膩色迦王 시대에 서북 인도의 가습미라迦濕彌羅에서 500명의 아라한이 삼장의 성전을 모은 것이다.

이렇게 형성된 경전은 기원 전후로 중국으로 전승된 이후 약 1000년에 걸쳐 지속적으로 한역되었다. 한역의 역사는 중국에서 새롭게 편집된 경전에 해당하는 『사십이장경』을 비롯한 5세기 이전을 고역古譯, 5세기부터 8세기 중반까지를 구역舊譯, 8세기 중반 이후부터 10세기까지를 신역新譯으로 구분한다.

---

2 이 영향으로 인하여 이후 실론과 미얀마 및 태국 등 남방 지역에서는 다시 3회에 걸친 결집이 이루어졌다.

교학의 발전과 선종의 출현

불교 경전이 한역되기 시작한 시대에는 생소한 용어와 개념 등으로 인하여 불교의 교의敎義를 올바르게 이해하는 데에 어려움이 있었다. 이러한 문제를 해소하려는 시도 가운데 하나가 격의불교格義佛敎였다. 격의불교는 불교의 교의와 유사한 노장老莊의 학설을 통해서 불교를 이해하려는 태도인데, 불교와 노장은 근본적으로 사고방식이 다르기 때문에 두 사상을 비교하거나 유추하는 것으로는 불교를 제대로 이해할 수 없었다. 한역이 시작된 이후 200여 년이 지난 도안道安의 시대 역시 상황은 마찬가지였다.

이에 도안은 당시에 이미 번역되어 있던 경전을 수집하고 정리하여 『종리중경목록綜理衆經目錄』을 작성하였는데, 이후 양梁의 승우僧祐는 이를 보완해서 『출삼장기집出三藏記集』을 편찬하였다. 또한 도안은 직접 번역 업무에 참여하였고, 『방광반야경放光般若經』을 비롯하여 몇몇 경전을 강의하였으며, 여러 경전에 서문을 보강하였고, 22부에 이르는 경전에 주석을 붙였으며, 격의불교의 풍조에 반발하여 공空에 대하여 일체제법본성공적一切諸法本性空寂으로 풀이하였다. 나아가 경전을 이해하는 방식으로서 서분序分, 정종분正宗分, 유통분流通分의 삼분과를 주창하였다.[3]

이와 같은 도안의 공헌은 구마라집鳩摩羅什을 비롯한 수많은 역경가의 번역이 교학적인 체계를 이루는 바탕이 되었다. 36권 및 40권『열반경』에 대한 연구가 성행하여 제齊 및 양梁의 시대에는 강남에서 보량寶亮 및 지장智藏 등에 의하여 열반학파가 형성되었고, 기타 성실학파도 번영하였

---

3 K.S. 케네스첸 지음, 박해당 옮김, 『중국불교』 상, 서울: 민족사, 1991, pp.108~114

다. 5세기를 전후하여 여산 혜원廬山慧遠은 정토염불을 주창하였고, 인도로 구법 여행을 하는 고승들이 출현하였다. 남북조시대에 남조에서는 귀족 사회를 중심으로 법사法社가 조직되었고, 북조에서는 불교가 일반 민중에게까지 보급되어 불교 신앙 단체인 의읍義邑이 형성되었으며, 화엄학의 지론종地論宗이 발전하였다. 그러나 북위 태무제 및 북주 무제의 법난에 의하여 교학불교가 타격을 받기도 하였다.

　수隋 시대에는 국가 불교의 성격이 강화되면서 국가의 후원도 성행하여 교학불교에서는 천태종天台宗과 삼론종三論宗의 출현과 전개, 그리고 말법사상末法思想에 근거한 삼계교三階教의 발흥도 나타났다. 당唐 시대에는 국가 불교의 성격이 강화되면서 교학불교에서는 화엄종華嚴宗 및 율종律宗을 중심으로 번성하였지만, 법난法難을 거치면서 교학불교는 쇠퇴하고 선종禪宗, 정토종淨土宗, 밀종密宗 등 실천을 중시하는 불교가 번영하였다.

　이들 교학의 점차적인 발전과 더불어 한편으로 심법心法을 중시하는 선종이 출현하였다. 중국의 선종은 6세기 초 보리달마의 도래를 그 연원으로 삼는다. 이후 200여 년에 걸쳐 선종은 점차 발전하였다. 8세기 초에는 선종에서 신수를 비롯한 다수의 국사를 배출하였는데, 그것을 계기로 동산법문東山法門을 위시한 선종이 황실과 귀족층에 보급되면서 명실상부하게 상당한 세력을 지닌 종파로 등장하였다. 번성한 선종은 자파 내에서 북종과 남종의 정통 논쟁을 비롯하여, 안사安史의 난 이후에는 홍주종洪州宗과 하택종荷澤宗의 주도권 논쟁, 그리고 무종의 법난 이후 교학의 현저한 쇠퇴 및 당 말기와 오대시대의 세력 확장 등을 거쳐 소위 선종오가禪宗五家로 분립하였다. 이러한 과정에서 교학과 선종 간에는 상호 비판 내지 융합하는 모습도 나타났다.

교상판석과 선종의 선리

불법의 교의에 대한 일체의 판단 기준을 경론에 근거하여 교상판석敎相判釋을 전개시켰던 교학의 경우에 경론의 권위는 말할 나위도 없다.[4] 이 교상판석의 출현은 불교의 경전이라고 해도 상호 모순되고 상반되는 교설이 출현했던 것과 무관하지 않다.

그 이유로서 첫째는 방대한 불법이 전개되어 있지만 교설의 대상인 청중의 경우에 근기의 차이에 따른 지혜의 우열로 인하여 응병여약應病與藥의 가르침이 효과적이었기 때문이다. 둘째는 동일한 가르침에 대해서도 청중은 이해의 차이에 따라 각각 다르게 수용 분별하기 때문이었다. 때문에 『유마경』에서는 부처님이 동일한 말씀으로 설법하였지만 중생은 각각의 부류에 따라서 다르게 이해한다고 말하였다. 소위 일음교교판一音敎敎判이 그것이다.

남삼북칠南三北七[5]이라 불리던 시대에 천태 지의天台智顗는 제가諸家의 교상판석을 종합하여 독자적인 오시팔교판五時八敎判을 주창하였다. 이

---

4 중국불교의 특징 가운데 하나가 敎相判釋이다. 이것은 南北朝시대를 거쳐서 隋와 唐初에 이르기까지 소위 중국화된 불교가 형성되어 가던 과정에서 제종에 공통적으로 나타나는 것으로 경전의 가치체계를 정한 것이었다. 천태종에서는 『법화경』, 화엄종에서는 『화엄경』, 법상종에서는 『해심밀경』 등에 근거하여 그것을 기준으로 삼아서 일체의 경전에 단계를 매기고 가치체계를 만들었는데, 천태종의 五時八敎와 화엄종의 五敎十宗이 그것이다.

5 南三北七은 『法華玄義』에서 남북조시대에 강남의 三家 및 강북의 七家에 대한 교판을 일컫던 말이다. 南三은 ① 岌法師의 三時敎, ② 宗愛法師의 四時敎, ③ 僧柔·慧次·慧觀의 五時敎이다. 北七은 ① 北地師의 五時敎, ② 菩提流支의 二敎 곧 半字敎·滿字敎, ③ 光統律師의 四宗敎, ④ 五宗敎, ⑤ 六宗敎, ⑥ 유상대승·무상대승의 二敎, ⑦ 一音敎 곧 一佛乘이다. 南三은 부처님의 설법 차례에 따른 교상판석이고, 北七은 교리의 얕고 깊은 데에 따른 교상판석이다.

런 까닭에 소승인에게는 반자교半字敎를 설했고, 대승인에게는 만자교滿字敎를 설하게 되었다는 반만이교半滿二敎의 교판도 등장하였다. 또한 근기의 차별에 따른 돈점이교漸頓二敎가 출현하여 그것을 바탕으로 점차 삼시교三時敎 내지 오시교五時敎가 출현하였다. 일찍이 용수가 『대지도론』에서 말한 세계실단世界悉檀, 각각위인실단各各爲人悉檀, 대치실단對治悉檀, 제일의실단第一義悉檀이 바로 그것이었다.[6]

그러나 심법을 강조해 왔던 선종의 경우에 특별한 소의경전을 의지하지 않는다는 점에서 교학과는 다른 입장을 취한다. 곧 불립문자不立文字 교외별전敎外別傳을 기치로 내세우는 까닭에 특정 교의 내지 주장에 국한되지 않는다. 이것은 한편으로 일체의 경론을 말미암으면서 그 경론에 대한 집착과 도그마로부터 초월한다는 것을 보여 준다. 때문에 달마가 말한 자교오종藉敎悟宗[7]의 모습은 이후 선종에서 전형적인 교학관 내지 경전관으로 전승되어 왔다.

이에 선종은 불립문자에 근거한 불리문자不離文字, 교외별전에 근거한 교내별전敎內別傳으로서 정법안장을 강조하여 불조의 혜명에 대한 계승을 성취해 왔다. 가령 『능가경』에서 말한 불설일자不說一字라든가,[8] 『능엄경』에서 말하는 지월指月의 가르침이 그것이었다.[9] 이것은 교학은 물론이고, 선종에서도 항상 경론에 근거하면서도 그것을 수단 내지 방편으로 간주하여 분별하지 말고 집착하지 말라는 가르침으로 사용해 왔다.

한편 불법의 교의에 대하여 교와 선에서 믿음에 대한 입장에 근거하

---

6 『大智度論』 卷1(『大正藏』 25, 59b)
7 『小室六門』 「二種入」(『大正藏』 48, 369c)
8 『楞伽阿跋多羅寶經』 卷3(『大正藏』 16, 498c)
9 『大佛頂如來密因修證了義諸菩薩萬行首楞嚴經』 卷2(『大正藏』 19, 111a)

여 고려시대 『진심직설』에서는 교와 선을 교문敎門과 조문祖門으로 대비하고, 각각의 경우 믿음에 대한 견해를 비교하여 설명하기도 하였다.[10] 이것은 믿음에 근거한 점수와 돈오의 수증론의 차이를 비교한 것이기도 하면서, 더불어 교문과 조문의 차별 내지 특징에 대하여 언급한 것이다. 나아가 학파의 주장에 따른 교학의 특성과 한자문화권에서 형성되고 전개된 선종의 특성에 대한 비교이기도 하다.

이들 선교에서 제시하고 있는 교의敎義에 해당하는 선리禪理와 교리敎理를 당대 말기에 종밀이 선교일치의 사상으로 시도한[11] 이후, 그것이 더욱더 공고해져 송대 이후로는 전반적으로 선교일치 내지 나아가서 선교융합의 모습으로까지 전개되었다.

II. 선교관의 출현과 전개

중국 선종과 불립문자

중국 선의 연원을 6세기 초에 중국에 도래한 보리달마로부터 간주하는 것은 선종사에서 주지의 사실이다. 그로부터 2세기 후에 해당하는 8세기 초부터는 달마의 선법을 누가 계승했는가 하는 점에 대한 종파 의식의 결과로 전등사서傳燈史書가 출현하였다. 선종의 전등사에서 최초의

---

10 『眞心直說』(『普照全書』, 서울: 보조사상연구원, 1989, pp.48~49)
11 종밀은 『禪源諸詮集都序』뿐만 아니라 『圓覺經』에도 깊은 관심을 두었는데, 그 이유 가운데 하나는 교선일치의 측면에서 찾아볼 수가 있다. 곧 『원각경』의 내용을 돈오 사상과 관련이 깊은 경전으로 이해하였기 때문이다.(石井修道, 「南宗禪の頓悟思想の展開」, 『백련불교논집』 3, 성철사상연구원, 1993, p.361)

문헌으로 평가되고 있는 『전법보기傳法寶紀』에서는 불설일자不說一字에 근거하여 종통宗通(siddhānta-naya, 궁극적 완성의 존재 방식)이라는 의미를 강조한 『능가경』을 중시함으로써 그것을 선종의 종지로서 불립문자 교외별전의 의미로 활용하고 있다.[12]

나아가 교학불교에서 이미 교상판석이 성행하고 있었던 것에 상대하여 경전의 문자와는 별도의 선상판석禪相判釋에 해당하는 교외별전을 강조하는 것이기도 하였다. 이 경우에 교외별전은 정법안장正法眼藏이야말로 교학과는 다른 전승 방식이라는 의미뿐만 아니라 문자에 근거하는 교판과는 근본적으로 다른 심법의 전승이라는 의미를 강조한 것이기도 하다. 이 점에서 선종은 선의 종단 내지 교단이라는 의미 이외에 선의 종지, 이를테면 선의 궁극적인 핵심이라는 의미로도 활용되었다.

『속고승전』에서 기록하고 있는 남천축일승종南天竺一乘宗 내지 무득정관위종無得正觀爲宗[13]이라는 말은 반야공관般若空觀에 근거한 달마 종지가 정통임을 드러낸 용어이다. 그러나 여기서는 『능가경』나아가서 『유마경』과 같은 경전에 바탕하고 있다는 점을 보여 준다. 오히려 불립문자라는 표현이야말로 문자에 의존하는 교학불교의 초극이라는 점을 반영해 주고 있다. 역설적으로 불립문자는 반드시 경전의 이해에 근거해야 한다는 점을 전제로 한다. 달마의 가르침으로 전승되고 있는 「이종입」에서 "이입이란 경전의 가르침에 의거하여 종지를 깨닫는 것을 말한다."[14]는 말은 중국 선의 연원에서부터 교학불교에 대한 선종의 입장을 보여 준 것이었다. 그리고 불립문자 교외별전을 주장한 선종의 이면에는 깨달음의 체험

---

12 『傳法寶紀』(『大正藏』85, 1291a).
13 『續高僧傳』卷25(『大正藏』50, 666b).
14 『小室六門』「二種入」(『大正藏』48, 369a).

을 강조하는 선의 수행 방식이 존재한다는 점도 아울러 반영되어 있다.

이와 같은 전통은 시대가 내려가면서 더욱더 체계화되어 송대 중기에는 선의 종지가 '불립문자不立文字 교외별전敎外別傳 직지인심直指人心 견성성불見性成佛'이라는 언구로 표현되었다.[15] 이 경우에 교학과 차별되는 불립문자 교외별전의 특징은 역설적으로 교학에 바탕을 두면서 아울러 그 초월의 필요성을 강조한 것이었다.

『선원제전집도서』를 통한 회통의 선교관

중국불교사에서 선과 교학을 아우른 인물 가운데 규봉 종밀圭峰宗密(780~841)은 중국 화엄종의 제5대 종사이면서 중국 선종의 하택종 제5대 조사로서 선과 교학에 두루 정통하여 선과 교의 관계를 선교일치로 회통하려는 입장을 보여 주었다. 종밀은 자심을 터득함으로써 제교諸敎를 변별하는 것으로서 선종禪宗 곧 심종心宗에 마음을 두었고, 또 제교를 변별함으로써 수행법을 이해하는 것으로서 교의敎義에 정성을 기울였다. 따라서 『선원제전집도서』를 통해서 선에 대한 설명을 모으고 각각에 경론을 관련시키면서 당시 선종과 교학의 양측에서 상호 비판하는 입장을 지양하여 가치체계를 설정하였다.[16]

종밀의 선교회통의 이론은 두 가지이다. 하나는 하택종으로 선문의 정통을 전제한 가운데 선종 내부의 제종을 회통하는 것이다. 다른 하나는

---

15 『祖庭事苑』 卷5(『卍新續藏』 64, 65a)
16 禪敎의 含意에 두 가지 層次가 있다. 첫째, 선은 禪定·禪學이고, 교는 불교경론·교리이다. 둘째, 선은 禪宗이고, 교는 講述 및 불교의 경론을 奉行하는 사람과 선종 이외의 종파이다. 실제로 이 둘은 항상 혼동되어 있으면서 하나로 제기되어 있다.

선종과 화엄종을 최고의 불법으로 받든 가운데 선과 교를 회통하는 것이다.[17] 후자의 경우에 당시 강설자는 점의漸義에 치우쳐 주창하였고 선자는 돈종頓宗에 치우쳐 전파한 것이 그에 해당한다. 전자는 남종과 북종의 선자들, 그리고 하택종과 홍주종 사이에서 찾아볼 수 있다. 종밀은 『선원제전집도서』를 통해서 일차적으로 선종과 교학의 회통을 겨냥하였고, 이후에 『선문사자승습도禪門師資承襲圖』를 통해서는 선종 내에서 각파의 가치체계를 형성하여 일종의 선상판석禪相判釋을 확립하였다.[18]

종밀은 『선원제전집도서』에서 화엄종의 오교판인 소승교小乘敎·대승시교大乘始敎·대승종교大乘終敎·대승돈교大乘頓敎·대승원교大乘圓敎를 다음과 같이 대비시켰다.

(1) 밀의의성설상교密意依性說相敎
　　① 인천인과교人天因果敎
　　② 단혹멸고교斷惑滅苦敎 ──────── 소승교小乘敎
　　③ 장식파경교將識破境敎 ──────── 대승시교大乘始敎 가운데
　　　　　　　　　　　　　　　　　　　 상시교相始敎
(2) 밀의파상현성교密意破相顯性敎 ──── 대승시교大乘始敎 가운데
　　　　　　　　　　　　　　　　　　　 공시교空始敎
(3) 현시진심즉성교顯示眞心卽性敎 ──── 대승의 종교終敎·돈교頓敎·원교圓敎

17　楊曾文, 『唐五代禪宗史』, 北京: 中國社會科學出版社, 1999, pp.413~418
18　선종에서는 『楞伽師資記』·『傳法寶紀』를 비롯하여 『祖堂集』·『寶林傳』·『景德傳燈錄』 등 수많은 燈史類가 있지만 8세기부터 9세기 초에 걸쳐 각종과 각파의 상황을 역사적으로 기록한 문헌은 거의 없고 『禪源諸詮集都序』 및 『禪門師資承襲圖』가 대표적인 문헌이다.

종밀은 화엄의 오교판에 입각하면서 교의 삼종 체계를 내세웠지만, 실제로는 교상판석 그 자체를 만들려는 것이 아니라 선의 삼종三宗 가치체계를 만들려는 것이 목적이었다. 곧 남종·북종·우두종·홍주종·하택종 등에 대하여 선의 각종 교의를 정리하고 하나의 기준에 근거하여 선의 각종各宗 및 각파各派의 가르침이 차지하는 위상을 정립하고자 하였다. 이를 위해 필요한 것이 교학에 대한 삼교의 체계였다.

교의 삼종三種 가치체계에 근거한 선 삼종三宗의 우열을 내세워 종밀은 ① 장식파경교와 식망수심종息妄修心宗(북종), ② 밀의파상현성교와 민절무기종泯絕無寄宗(우두종), ③ 현시진심즉성교와 직현심성종直顯心性宗(홍주종·하택종)을 배대하였다.[19] 그러나 종밀은 궁극적으로 선과 교가 서로 불법을 보완하는 입장으로 화회和會해야 하는 이유에 대하여 반드시 경론의 권權과 실實을 알아야 바야흐로 제선諸禪의 시是와 비非를 변별할 수 있고, 또한 모름지기 선심의 성性과 상相을 알아야 바야흐로 경론의 이理와 사事를 이해할 수 있다고 하여 열 가지로 언급하였다.[20] 이러한 점에서 종밀이야말로 중국불교의 역사에서 본격적으로 선과 교의 회통을 주장한 최초의 인물이었다.

선교의 융합과 회통

선종에는 판교判敎에 관한 전문적인 저술이 없다. 다만 선승의 저술 혹은 어록 가운데서 선종의 특색을 언급한 것이 있는데 그것이 판교의 성격을 지닌다. 중국불교에서 선교관禪敎觀은 선교의 회통과 선교의 융

---

19 『禪源諸詮集都序』卷上之二(『大正藏』48, 402b)
20 『禪源諸詮集都序』卷上之一(『大正藏』48, 400b)

합이라는 두 가지 측면으로 전개되었다.

　선교융합禪敎融合의 측면에서 보면 종밀의 말처럼 제종의 근본은 곧 석가모니로서 경은 부처님의 말씀(語)이고 선은 부처님의 마음(意)이므로 제불의 마음과 입은 결코 어긋나지 않는다는 것을 전제로 삼아서, 제조사가 상승相乘한 근본은 부처님이 친히 부촉한 것이고, 보살이 논을 지은 까닭도 오직 불경을 홍포하기 위한 것이었다. 초조 마하가섭摩訶迦葉으로부터 제4조 우파국다優婆鞠多에 이르기까지 널리 정법안장을 홍포한 경우 모두 삼장을 겸비하였고, 제5조 제다가提多迦 이후에 승단의 분쟁으로 인하여 율律의 가르침이 별도로 유행하였으며,[21] 계빈국罽賓國 시대 왕의 법난으로 인하여 경과 논이 분화되었다. 이후에 마명馬鳴과 용수龍樹는 모두 조사로서 수천만의 게송으로 논을 짓고 경을 해석함으로써 풍속을 살펴 중생을 교화함에 선과 교라는 일정한 궤칙이 따로 없었다. 그리고 강설하는 자가 선을 비방하거나 선을 하는 자가 강설을 헐뜯은 적도 없었다.

　이에 보리달마는 천축에서 정법안장을 계승하여 몸소 중화에 도래하여 달이 손가락에 있지 않고 법은 곧 자신의 마음임을 알려 주고자 하였다. 단지 심법으로 종지를 드러내어 사상事相에 대한 집착을 타파하려는 까닭에 이심전심과 불립문자라는 말을 내세운 것이지 결코 문자의 설명을 벗어나 해탈을 설한 것은 아니었다. 때문에 교수법에 통달한 자는 항상 『금강경』과 『능가경』을 찬탄하여 그것을 자심의 요체라고 말했다.

　그러나 당시에 선자와 강설자는 서로 그 근원을 몰라 수심修心을 위주

21　이전까지는 부처님의 말씀은 보편적으로 경전으로 간주하였다. 그러다가 승단의 분쟁 및 미라굴왕의 법난으로 인하여 경전(本)으로부터 율장의 개념으로 세분되고 (末) 선맥이 단절된 것을 가리킨다.[『付法藏因緣傳』卷6(『大正藏』50, 321c)]

로 하는 선자는 경론을 별종으로 간주하고, 경전의 강의를 주로 하는 강설자는 선문을 별법으로 간주하였다. 때문에 선자는 인과因果 및 수증修證에 대한 말을 들으면 경론의 무리에 속하는 것으로 치부하여 그 수증이 곧 선문의 본분사임을 모르고, 강설자는 즉심시불卽心是佛에 대한 말을 들으면 독불장군의 무리에 속하는 것으로 보고 그 수증이 곧 경론의 본의인 줄을 모르고서 선사가 강설하는 것을 힐난하였다. 따라서 권실權實의 경론을 가지고 심천深淺에 따른 선의 종지에 배대할 줄 알아서 교학으로 마음을 비추어 보고 또 마음으로 교학을 이해할 수 있지 않으면 안 되는 상황이었다.

한편 교학의 측면에서 선법을 무시하고 깔보는 교선 차별의 입장도 있었다.[22] 달마대사가 교학자들로부터 6회에 걸쳐서 독약의 위협을 받았다는 것이 그 일례이다.[23] 또한 달마의 선법을 제대로 이해하지 못하여 소승선법으로 규정하기도 하였다.[24] 그러나 공식적으로는 남북조시대부터 형성된 중국불교 교판의 경우에 당나라 시대 화엄의 교판에서 선종을 돈교頓敎로 간주하여 화엄의 원교圓敎보다 하위의 개념으로 분류했던 모습도 엿보인다.[25]

다음으로 선교회통의 측면에서 보면 선과 교를 대등하게 논의하려는 입장도 있었다. 당대 말기에는 남종의 선종이 광범위하게 전파되고 있었을 뿐만 아니라 선종과 교파 그리고 선종의 내부에서도 적지 않은 분파 내지 논쟁이 발생한 상태였다. 배휴裵休는 "여래는 세상에 출현하여 근기

---

22 念常,『佛祖歷代通載』卷9(『大正藏』49, 549a)
23 契嵩,『傳法正宗記』卷5(『大正藏』51, 744a)
24 志磐,『佛祖統紀』卷21(『大正藏』49, 242a)
25 澄觀,『大方廣佛華嚴經疏』卷2(『大正藏』35, 512b~c)

에 따라 가르침을 내세웠고, 보살은 때때로 세상에 와서 병에 따라 약 처방을 주었다."²⁶고 말한다. 때문에 불보살은 일대시교에 대해서는 심천에 따라 삼문으로 나누었고, 동일한 진정심眞淨心에 대해서는 성상性相의 법으로 나누어 펼쳤다.

일찍이 마명 대사馬鳴大士와 용수 대사龍樹大士는 모두 부처님의 설법을 널리 펴서 공종空宗과 성종性宗으로 종지를 달리하였고, 대통 신수大通神秀와 대감 혜능大鑑慧能은 함께 달마의 심법을 전하여 돈과 점으로 전승 방식을 달리하였으며, 하택 신회荷澤神會는 지견을 직지하였고, 강서의 마조 도일馬祖道一은 일체가 모두 진리임을 말하였으며, 천태 지의天台智顗는 삼관三觀에 의거하였고, 우두 법융牛頭法融은 공관空觀의 입장에서 일법도 없음을 말하였다.

기타 공과 유로 서로 타파하고 진과 망으로 서로 섭수하면서 반박反駁 및 부정否定 내지 인정認定 및 수순隨順하면서 은밀하게 가르치는가 하면 드러내어 설하기도 하였다. 이와 같은 형세는 불교 자체의 존재와 발전에 영향을 끼치는 것이었다.

당 말기 이후 중국불교는 대체로 천자·제후·귀족 등의 지배층을 배경으로 하는 학파나 종파적인 분립으로부터 관료·농민·서민에 기초를 둔 종합적인 방향으로 흘러갔다. 이를 추진하는 역할을 한 것은 넓은 의미에서 선종이지만,『화엄경』의 교설과 화엄교학도 종합불교 사상의 형성에 큰 역할을 담당하였다.²⁷ 또한 당대 말기 및 오대에 선종의 역사에서 선교가 융합 및 회통으로 교섭하는 양상은 법안 문익法眼文益의 화선일치

---

26 『禪源諸詮集都序』「序文」(『大正藏』48, 398b)
27 기무라 키요타카 지음, 김천학·김경남 옮김,『화엄경을 읽는다』, 서울: 불교시대사, 2002, p.55

華禪一致, 천태 덕소天台德韶의 태선일치台禪一致, 영명 연수永明延壽의 선교일치禪敎一致로부터 선정일치禪淨一致로 변화하는 경향으로 나타났다.

일본불교의 경우에는 먼저 신불神佛의 문제를 신불융합神佛融合으로 극복한 이후에 다양한 불법의 전승이 정착되어 갔다. 특히 가마쿠라시대에는 13세기부터 선종을 비롯한 정토淨土와 현밀顯密이 본격적으로 유입되었고, 13세기 후반에는 천태법화종天台法華宗까지 자립하기 시작하였지만,[28] 남북조 무로마치시대부터 전국시대에 걸쳐서 전통적인 현밀을 대신하여 둔세문遁世門 계통의 정토·선·법화의 종파가 불교계의 주류를 이루었다. 남북조에서 무로마치시대에 교세를 확장한 것은 법화종法華宗이었고, 이를 이어서 정토진종淨土眞宗이 세력을 확장하였다. 선종은 가마쿠라시대 후반부터 영향력을 키웠는데, 남북조시대에 들어가서는 점차 약화되었다. 율종律宗도 일시적으로 교세를 확장하였지만 오래 유지하지 못하였다. 이후로 선종 내부에서는 조동종曹洞宗의 경우 종통복고운동宗統復古運動의 문제까지 대두되었고,[29] 나아가 선과 정토 사이에서는 선정융합론禪淨融合論 및 선정일치禪淨一致의 수행이 유행하였다.

---

28 미노와 겐료 지음, 김천학 옮김, 『일본불교사』, 서울: 동국대학교출판부, 2017, p.102
29 한보광, 『일본선의 역사』, 성남: 여래장, 2001, p.258

III. 선교의 차별과 융합

나말여초의 선교차별

한국 선법의 시작은 8세기 중반에 입당하여 중국 선종 제4조 대의 도신大醫道信에게서 구법 및 수행했던 법랑法朗으로부터 비롯된다.30 이후로 9세기 중반부터 10세기 중반에 걸쳐 소위 구산선문九山禪門이 형성되면서 각각 나름대로 몇 가지 특징의 선풍을 전개하였다. 그 가운데 선법의 측면에서 교학과 차별되는 입장으로 선법의 우월성을 주장한 점도 나타났다. 특히 선법의 전래 시기인 8세기 중반부터 구산선문이 형성된 10세기 중반까지 소위 나말여초의 200여 년에 걸친 한국 선법의 태동 시기에 현저했다.

그 가운데서도 성주산문의 개산조로 간주되는 무염 국사無染國師의「무설토론無舌土論」, 사굴산문 범일 국사梵日國師가 주장한 '진귀조사설眞歸祖師說', 가지산문의 도의 국사道義國師가 지원 승통智遠僧統과 문답한 내용 등은 주목된다. 이들은 모두 선과 교의 차별을 논하고 있다는 점에서 공통된 특색을 보여 주는데, 중국의 선종과는 차별되는 모습을 지닌다.

7세기 무렵에 신라불교의 교학은 소위 오교五敎로 대표되는데, 크게 발전하고 연구도 활발하게 진행되었다. 그러나 당시 선법은 아직 기초적인 인식이 부족하여 신라에서 크게 빛을 보지 못하고, 신행에 의하여 전승된 선법에 대하여 귀족 계층에서만 기초적인 이해가 엿보일 뿐이었

---

30 崔致遠,「智證大師寂照塔碑」(朝鮮總督府 編,『朝鮮金石總覽』卷上, 성남: 아세아문화사, 1976, pp.90~91); 김호귀,「최초기 한국선법의 전래와 그 성격」,『한국선학』 20, 한국선학회, 2008, pp.119~160

다.³¹

이런 모습에 대하여 가지산문 제3조 보조 체징普照體澄은 당시의 교학불교에 대하여 말법시대에는 상법像法이 분분하여 진종眞宗에 부합하지 못하고 서로 편견을 지녀서 물속에서 달을 찾으려 하고, 새끼줄로 바람을 묶어 두려는 것과 같아서 지극한 도리에 도달하지 못한다고 평가하였다.³²

그러나 당시에 선법을 전승하기 위해 애썼던 몇몇 구법승들은 당시 교학불교와는 다른 측면에서 선법을 홍통하고 전승하기 위해 노력하였다. 그것은 선법이 교학불교와는 근본적으로 다르다는 차별화된 전략을 보여 주는 것이었다. 그러한 노력은 당시에 화엄학을 비롯한 교학자들 가운데 새로운 불교교학과 문물을 접촉하고 추구하려는 입당 구법승들의 열망으로 나타났다.³³ 이들 가운데 선과 교학의 차이점을 의도적으로 부각시키려는 사람들이 등장하였는데, 그것은 아직까지 접해 보지 못했던 새로운 불법 곧 선법을 전승한다는 자긍심의 발로이기도 하였다. 그들은 그 목적을 성취하기 위해 교의적인 장치를 고안하였다. 그 일환으로 등장한 것이 곧 당시 유행하던 화엄교학과 조사선법을 비교하는 것이었다. 우선 도의와 관련된 내용에서 몰종적沒蹤跡한 선법의 경우를 찾아볼 수가 있다.³⁴

---

31 「丹城斷俗寺信行禪師碑文」(이지관, 『역주역대고승비문』 신라편, 서울: 가산문고, 1993, p.55)
32 金潁, 「長興寶林寺普照禪師彰聖塔碑」(朝鮮總督府 編, 『朝鮮金石總覽』 卷上, 성남: 아세아문화사, 1976, p.60)
33 때문에 구산문의 형성 시기에 입당 유학한 승려들은 국내에서 이미 화엄학을 공부한 사람들이 그 대다수를 구성하고 있었다.(김방룡, 「신라 諸山門의 선사상」, 『한국선학』 2, 한국선학회, 2002, pp.118~129)
34 天頙, 『禪門寶藏錄』 卷中(『韓國佛敎全書』 6, 478c~479a)

조사선법의 몰종적한 내용은 간접적으로는 서당 지장西堂智藏과 백장 회해百丈懷海의 영향을 받은 것이었지만, 직접적으로는 입당 유학승들에 의하여 초기 선법의 전래로부터 비롯된 것으로 신라 선의 특징이 되었다.[35] 선법의 수입 시기에 드러난 이와 같은 신라 선의 특징을 선교의 관계에서 보면 구산선문을 비롯한 다양한 산문을 통하여 점차 선법이 뿌리내리면서 선법이 교학보다 우월하다는 관념을 주장할 수 있게 되었다.

바로 이런 시기의 선과 교의 관계에 대하여 이후 고려 중기에 진정 천책眞淨天頙은 다양한 문헌을 수집하여 『선문보장록』이라는 책을 통하여 선법의 위상을 노골적으로 제시하는 선교차별을 보여 주었다. 그 가운데 우선 '진귀조사설'[36]은 선교차별이면서, 동시에 선법 가운데서도 조사선법의 우월성을 강조한 대표적인 주장이다. 『선문보장록』에는 『해동칠대록』의 기록이라 하여 범일梵日[37]이 진성왕에게 답하여 선과 교의 뜻을 판별해 주었다는 내용이 기록되어 있다.

한편 무염 국사는 「무설토론」을 통하여 직접적으로 선교의 차별을 설명하고 있다.[38] 여기에서 교학은 혀가 있다는 뜻에서 설법을 의미하는 유설로, 선법은 침묵이라는 뜻에서 혀가 없다는 무설로 대비되고 있다. 유설은 49년 동안 설법해 온 부처님의 가르침에 비유되고, 무설은 상대적으로 말을 아끼는 것으로 보리달마의 침묵에 비유된다.

유설의 경우 중생의 근기에 따라 방편을 시설하는 응기문應機門, 언설

---

35 靜·筠, 『祖堂集』 卷17·20(『高麗大藏經』 45); 天頙의 『禪門寶藏錄』에 수록된 道義와 智遠僧統의 문답, 無染의 「無舌土論」, 梵日의 禪敎敎判 등에 이와 같은 선교차별의 주장이 나타나 있다.
36 天頙, 『禪門寶藏錄』(『韓國佛敎全書』 6, 474a)
37 靜·筠, 『祖堂集』 卷17(『高麗大藏經』 45, 339a~c)
38 天頙, 『禪門寶藏錄』 卷上(『韓國佛敎全書』 6, 473b~474a)

을 통하여 가르침을 베푸는 언설문言說門, 청정과 더러움을 분별하는 정예문淨穢門으로 표현되었다. 그리고 무설은 부처님의 정법안장을 충실하게 계승한다는 점에서 정전문正傳門, 언설을 초월하여 이심전심하는 무설문無說門, 청정과 더러움의 분별조차 초월한 부정불예문不淨不穢門으로 표현되었다.

또한 무염 국사의 질문에 답변한 법성 선사의 설명에도 선과 교의 차별 의식이 농후하게 드러나 있다.[39] 여기에서 제시된 내용은 어디까지나 선과 교의 차이에 관한 것이다. 용상에 앉아 있는 왕은 신하들에게 명령을 내리는 것으로 정사에 임한다. 그러나 국사를 담당하는 모든 관리들은 각자 맡은 임무를 완수하기 위하여 온갖 방법을 동원한다. 신하들이 교학에 비유된다면 왕은 선에 비유된 것이다. 또한 성주 화상은 『능가경』을 공부하다가 그것이 조사의 종지가 아님을 알고 입당하여 조사선법을 전수받기도 하였다.[40]

이들은 모두 교학을 공부하고 난 이후 궁극적인 선법을 통하여 수행할 때 비로소 깨침을 추구할 수 있다는 것을 노골적으로 드러내는 내용들을 담고 있다. 심지어 선법 내부에서조차 자상한 설명을 가하는 방식, 소위 교학적인 여래선법보다도 단도직입적인 조사선법의 우위를 강조하는 주장이 제기되었다.

---

39 天頙, 『禪門寶藏錄』 卷上(『韓國佛敎全書』 6, 474a)
40 天頙, 『禪門寶藏錄』 卷上(『韓國佛敎全書』 6, 474a)

고려시대 선교융합의 전개

이와 같은 상황은 12세기 및 13세기 고려 중기에도 마찬가지였다. 선의 입장에서는 문자의 가르침을 무시하였고, 교의 입장에서는 문자에만 집착하여 선의 가르침을 경시하였다. 이에 보조 지눌普照知訥은 문자에 집착하여 경전을 열람한다면 대장경을 모두 읽더라도 헛수고라는 말로써 교가의 잘못을 지적하고, 언제나 눕지 않고 참선하더라도 마음을 관찰하지 않으면 헛수고라는 말로써 선가의 잘못을 지적하였다.[41]

그리고 지눌은 선과 교를 회통할 수 있는 방법을 추구한 끝에 "부처가 입으로 설한 것은 곧 교가 되었고 조사가 마음으로 전승한 것은 곧 선이 되었다. 불조의 마음과 입은 결코 어긋나지 않는데 어찌 근원을 궁구하지 않고서 각각 배운 것을 통하여 함부로 논쟁을 일으켜서 세월을 헛되게 보내는가."[42]라고 선교불이禪敎不二를 주장하였다. 이처럼 지눌은 당시의 선과 교가 각각의 소견으로만 서로 배척하는 모습을 통탄하고 그 회통을 위한 이론적 가능성을 제시하는 데 노력을 기울였다. 그러나 이것이 선과 교에 대한 회통의 완수는 아니었다.

진각 혜심眞覺慧諶은 한국 선에서 본격적인 어록의 시대를 열었던 사람으로서 그 어록에는 다양한 경전의 인용이 들어 있다. 그렇지만 인용된 경전을 근거로만 활용하여 철저하게 간화선看話禪의 안목으로 다듬어서 화두로 활용하고 있다는 점에서 선교일치와는 거리가 멀다. 오히려 혜심은 귀를 통해서 듣는 바다와 같이 호한한 경전 내용과 수미산과 같은 방대한 가르침을 공부할지라도 직접적으로 깨침에는 아무런 도움이

---

41 김방룡, 『보조지눌의 사상과 영향』, 서울: 보고사, 2006, pp.23~24
42 知訥, 「華嚴論節要序」,(『韓國佛敎全書』 4, 768a)

안 된다고 말한다.⁴³

　이와 같이 선과 교에 대한 상대적인 비교는 신라 사회에 이미 군건하게 토대를 구축하고 있던 교학을 바탕으로 새롭게 수입된 선법의 우수성과 특성을 드러냄으로써 상대적으로 교법을 능가하는 가르침을 뿌리 내리려는 노력의 일환으로 등장한 것이었다. 때문에 의도적이고 도식적인 비교를 위하여 교학을 상징하는 혀의 유무有無 및 군신君臣의 위상을 통하여 선과 교의 차이점을 논한 것이다. 이는 곧 일개의 종파적인 색깔보다는 선종의 전체적인 사상의 발전과 그 특징에 주안점을 둔 모습이었다. 이것은 물론 고려시대를 통하여 선종禪宗과 화엄종華嚴宗과 유가종瑜伽宗 사이의 주도권 다툼이라는 모습으로 비쳐지기도 하지만 궁극적으로는 다양한 선법의 전개보다는 수행의 측면에서 선종에 대한 인식을 전개시키고자 한 노력의 결과였다.

　그러나 고려시대 선교융합의 전승은 선주교종禪主敎從에 근거한 것이었다. 기존의 임제선법臨濟禪法의 전승뿐만 아니라 새롭게 원나라를 통하여 수입된 임제종지臨濟宗旨가 크게 부각되었다. 나아가 임제선법은 석가모니로부터 전승된 정법안장에 대한 정통으로서 달마 선법의 정전正傳이라는 우월의식을 갖게 되었다. 이를 바탕으로 이 시기에 크게 활약하였던 백운 및 태고 등을 통하여 임제선법에 의거한 선주교종의 입장이 전개됨으로써 선교차별적 전통이 지속되었다.

　백운 경한白雲景閑(1299~1374)의 선풍은 임제선을 수용하면서도 무심과 무념을 강조하여 무심선無心禪이라 불렸다. 무심선은 당대唐代 조주 종심 趙州從諗(778~897)의 선풍에 연원을 두고 이후 송대宋代에 형성된 무자화

43　慧諶, 『眞覺國師語錄』(『韓國佛敎全書』 6, 13b)

두無字話頭를 비롯하여 기타 부모미생전본래면목父母未生前本來面目과 만법귀일일귀하처萬法歸——歸何處의 화두를 강조하면서 무심으로 참구하는 수행을 강조하였다. 백운은 태고 보우太古普愚의 추천으로 공민왕의 부름을 받고 사양하였지만, 다시 나옹 혜근懶翁惠勤의 천거로 공민왕의 부름에 부응하였다.

그 당시는 국내외 정세가 혼란스러웠는데 불교 종단 내부에서도 신돈辛旽을 중심으로 한 화엄종과 태고를 중심으로 한 선종의 힘겨루기가 진행되다가 나옹과 백운의 등장으로 선종이 우위를 점령하였다.[44] 이처럼 백운은 임제정종臨濟正宗 계승 방식을 긍정하면서도 조사선에 대한 새로운 수용 방식을 제시하였을 뿐만 아니라 간화선을 근본적인 조사선의 입장으로 회귀시켰다.[45] 백운은 바로 이런 점에서 교학을 수용하고 그것을 바탕으로 하면서 교학은 선법의 기초적인 토대라는 입장에서 통합적인 조계선의 기틀을 마련하였다고 할 수 있다.

태고 보우(1301~1382)는 원융부圓融府의 수장이 되어 당시까지의 구산선문을 조계종이라는 하나의 종으로 통합하려는 노력을 기울였으나 미완의 결과로 끝나 버렸다. 보우가 내보인 경전의 이해는 선과의 대립 관계이거나 또는 일여라는 입장이 아니다. 오직 교는 중하 근기를 위한 방편이며, 나아가서는 미묘한 심지를 터득하기 위한 하나의 전 단계였다.

---

44 이것은 당시 권력과 교학을 상징하던 신돈의 입장과 대비되는 것으로서, 선의 본래성으로 돌아가 당시 조사선의 가풍을 이어온 간화선의 의미를 크게 진작시켰다는 점에 주의를 기울일 필요가 있다.

45 근본적인 조사선은 당대에 오가 종파가 형성되기 이전의 순수한 선심의 발양을 말하는 것으로 일체가 그대로 수행이요 깨침이며 진리라는 즉심에 근거한 불심을 일컫는다. 이것이 때로는 平常心으로 등장하기도 하고, 無事禪으로 나타나기도 하며, 公案으로 등장하는가 하면, 기타의 機關으로 나타나기도 하였다.

교학에 대한 이해가 깊었음에도 불구하고 경전을 방편으로 간주하는 사교입선捨敎入禪의 입장이었다.[46] 이와 같은 그의 태도는 화엄을 비롯한 갖가지 경전에 의거하여 선풍을 진작시키는 모습으로 구현되었다.[47]

이것은 곧 화엄선華嚴禪을 조사선祖師禪의 입장에서 수용한 것으로 화엄삼매華嚴三昧를 일종의 공안公案이라는 차원에서 원용하고 있음을 보여 준다. 이로써 태고는 교학을 선법의 보조적인 입장으로 간주하여 충분히 그것을 활용하고 또한 교화의 수단으로 널리 활용할 수가 있었다.

조선시대 선교의 교섭

고려 중기에 지눌 및 혜심에게서 보이는 선교융합은 선주교종의 입장에서 주장된 융화로서 온전한 모습은 아니었다. 그러나 조선시대에는 선교의 관계가 다양한 모습으로 나타났다. 환암 혼수幻庵混脩(1320~1392)는 선교 양종의 대덕들이 대거 참여했던 공부선功夫選에 응시하였다.[48] 혼수는 교학에 의거하면서도 분별삼구에 대해서는 철저하게 부정함으로써 교학의 언설삼구를 초월하여 자신의 자성삼구에 계합할 것을 강조하였다.

임제선법은 이미 고려 초기에 부분적으로 수입되고 있었지만 법맥의 관점에서 분명한 전래를 보인 것은 고려 후기부터였다.[49] 이것은 국내와 국외라는 대립으로 나타났다. 즉 국내에서 뿌리를 내려온 화엄종과 원나라에서 임제선법의 전래로 부각된 선종 사이의 주도권에 대한 의식이 변

---

46 대한불교조계종교육원, 『조계종사-고중세편』, 서울: 조계종출판사, 2004, pp.246~247

47 普愚, 『太古和尙語錄』卷上(『韓國佛敎全書』6, 683c)

48 慧勤, 『懶翁和尙語錄』(『韓國佛敎全書』6, 722a)

49 『圓應國師碑』(許興植 編著, 『韓國金石全文』, 성남: 아세아문화사, 1984, p.661)

조遍照라는 신돈 대사와 태고太古라는 보우 대사의 갈등으로 노출되었다.[50]

조선 초기에 벽송 지엄碧松智嚴(1464~1534)은 『화엄경』을 통하여 교학을 다졌고, 『대혜어록』, 『고봉원묘선사어록』, 『선원제전집도서』, 『법집별행록절요병입사기』 등을 통해서는 선교를 다졌다. 『대혜보각선사서』와 『선요』 등을 통하여 선법을 터득하였으며, 『통록촬요』를 간행하면서 그 발문을 붙였다.[51] 교학에 밝았던 지엄은 당시에 초학자들에게 불법에 대한 올바른 이해를 심어주기 위하여 기본적인 개념을 비롯하여 자신의 견해를 곁들여 짤막하게 『훈몽요초訓蒙要鈔』라는 불교 강요서를 저술하였다. 특히 유식唯識에 관한 기본적인 개념을 비롯하여 불교의 우주관 및 십이연기十二緣起, 나아가서 교상판석에 대한 기초적인 설명을 가하였다.[52]

그러나 조선 중기 청허 휴정淸虛休靜(1502~1604)은 40대 중반에 저술한 『선가귀감』에서 기존의 선교차별에 대한 내용들을 바탕으로 하였지만, 결국 선 우위의 입장으로 회통하려는 선교융합禪敎融合의 모습을 보여 주었다. 이와 같은 선교융합의 태도는 이후 바뀌어 만년에 저술한 『선교석』과 『선교결』에서는 표면적으로 선주교종禪主敎從의 융합적인 입장을 고수

---

50 궁극적으로는 그 주도권이 정치적인 세력 관계에 따라 결국 선종으로 기울어진 것이 고려 말기의 불교 현실이었다. 이것은 정치적인 입장의 세력 균형이라는 긍정적인 측면도 있었지만 불교가 국가권력에 아부하여 흥망성쇠를 함께했던 부정적인 측면도 동시에 지니고 있었다.
51 이 『通錄撮要』는 석가모니로부터 중국, 신라, 고려에 이르는 조사들을 기록한 전등사서의 성격을 갖추고 있다. 특히 그 마지막으로 거론되는 나옹 혜근에 대해서는 말법시대에 불교의 정법안장을 부흥시킬 인물로 석가모니의 후신으로까지 칭송하고, 그 법계를 중요시하고 있는데, 이는 또 다른 측면에서 법계상의 문제를 제기하는 계기가 되기도 한다.
52 김호귀, 『인물 한국선종사』, 파주: 한국학술정보, 2010, pp.210~248

했던 이전 시기와는 달리 선교차별의 입장을 옹호하였다.

선주교종의 입장에서 전개된 선교융합의 태도는 선과 교를 아울러 제시하면서도 어디까지나 선법을 우위에 두고 그 차이를 강조하는 것이다. 청허 휴정의 저술에는 당시의 모든 불교를 교학과 선의 입장에서 통합하는 입장이 엿보인다. 그 가운데 하나는 곧 선과 교에 대한 관점으로 나타났는데, 선과 교는 우열의 차이가 아니라는 것이다.

이것은 일찍이 당나라 시대 규봉 종밀의 "경은 부처님의 말씀이고 선은 부처님의 마음이다. 그러므로 모든 부처님의 말씀과 마음은 반드시 상호간에 어긋나는 것이 아니다."[53]라는 말에 근거하여 "선은 부처님의 마음이고 교는 부처님의 말씀이다."[54]라고 하여 선교의 일치에 동조하면서도 선을 중시하는 입장에서 교학을 평가하여 "무언으로 무언에 이르는 것은 선이고, 유언으로 무언에 이르는 것은 교이다. 내지 마음은 선법이고, 언설은 교법이다. 법은 비록 일미이지만 견해는 곧 천지만큼 현격하다."[55]고 선과 교의 갈래를 판별하였다.

또한 선과 교의 깊고 옅음을 피력하여 교문에서는 오직 일심법一心法을 전하고 선문에서는 오직 견성법見性法을 전한다는 것이다. 교리의 경우는 불변不變과 수연隨緣과 돈오頓悟와 점수漸修로서 선·후가 있지만 선법의 경우는 찰나에 불변과 수연과 성·상과 체·용이 들어 있어서 원래 동시이기 때문에 명안종사明眼宗師라면 법에 의거하고 언설을 초월하여 직지일념으로 견성성불할 뿐이므로 교의를 초월해야 한다는 것이었다. 결국 휴정은 선과 교는 부처님으로부터 비롯되었다는 점에서는 동일할

---

53 宗密, 『禪源諸詮集都序』 卷上之一(『大正藏』 48, 400b).
54 清虛休靜, 『禪家龜鑑』(『韓國佛敎全書』 7, 634b).
55 清虛休靜, 『禪家龜鑑』(『韓國佛敎全書』 7, 635b).

지라도 선문과 교문을 통해 공부하는 사람의 수준과 그 행위 및 자취에는 분명히 차별이 있다고 인정하였다.

이처럼 휴정은 선 우위의 선교차별의 입장을 취하면서도 선교일치라는 방향으로 교학과 선법의 융통을 도모하였다. 그러나 그것마저도 궁극적으로는 선주교종의 또 다른 포석이었다. 이와 같은 전통은 해동에 선법이 전래된 이후로 선법을 주장하는 사람들의 보편적인 입장이기도 하였다.

『선교석禪敎釋』은 선과 교의 차별을 17가지 주제에 의거하여 설명하는데, 간혹 주제에 대한 문답 형식을 취하여 구체적인 해설을 가하면서[56] 선교차별의 전승을 수용하고 있다. 그 내용은 교외별전과 불립문자의 사상적인 배경에 대하여 설명하면서 선이 교학과 차별되는 점을 부각시키는 것이다. 구체적으로는 선문의 최초구最初句, 말후구末後句, 정법안장正法眼藏의 전승, 조사선과 여래선의 차별, 교학과 선의 차별, 불설일자不說一字의 도리, 원교와 돈교보다 선문이 우월하다는 주장, 선문에서 보리달마가『능가경』을 전수한 인연, 사교입선捨敎入禪의 도리, 경전을 연찬하는 교학자의 굴복 등에 대한 것들이다.

『선교결』은 청허의 나이 70대 후반에 저술된 것으로서 선과 교의 차별을 비교하여 설명하는 점에서는『선교석』과 같은 입장이지만, 선과 교 각각에 대하여 올바른 이해를 전제로 하고 있다는 점에서 다르다. 그 결과 선의 종지를 잘못 이해하여 돈점문頓漸門을 정맥正脈이라 간주하고 원돈문圓頓門을 종승宗乘으로 간주하는 자세를 질책하면서 교외별전의 바른 도리를 터득해야 한다고 설명한다.[57]

---

56 淸虛休靜,『禪敎釋』(『韓國佛敎全書』7, 654b~656b)
57 淸虛休靜,『禪敎訣』(『韓國佛敎全書』7, 657b~658a)

교학의 원돈문圓頓門의 경우에는 이로理路, 의로意路, 심로心路, 어로語路를 통하여 견見·문聞·신信·해解하는 것을 귀중하게 간주하지만, 선의 경절문徑截門의 경우에는 몰이로沒理路, 몰의로沒意路, 몰심로沒心路, 몰어로沒語路의 경지에서 번뇌의 칠통을 타파하는 것마저도 귀중하게 간주하지 않는다는 점을 들어 그 차별을 설명한다. 이러한 점은 일찍이 휴정이 『선가귀감』을 통해서 주장했던 선교일치도 명목상으로는 선주교종의 융합이지만 실제로는 선교차별의 다른 표현이었음을 보여 주고 있다.

한편 보우普雨의 저술에는 선교일치 사상이 드러나 있다. 말하자면 얼음은 원래 물이고 물은 원래 얼음이므로 얼음과 물은 동체습성인 것처럼 불법에는 여러 갈래가 있지만 모두가 한 스승의 가르침이고 일불승一佛乘이라고 말한다. 따라서 교는 곧 선이고 선은 곧 교이므로 교를 알고자 한다면 진정으로 선교가 둘이 아님을 깨달아야 한다는 것이다.[58]

부휴 선수浮休善修(1543~1615)는 선주교종의 입장을 계승하였다. 선수는 무자화두를 통한 선지를 강조하면서도 그 수행과 사상은 항상 교학을 바탕으로 하였다. 선수가 교학적인 바탕에 근거한 선사상을 강조한 것은 그 스승이었던 영관처럼 교와 선의 어디에도 치우치지 않는 선교일치의 입장에 있었기 때문이었다. 따라서 선수도 팔만대장경에 수록되어 있는 온갖 가르침을 두루 살펴보아도 찾아볼 수 없는 것이 있으니 그것은 향상일로向上一路의 향상문向上門이고, 삼세제불도 감히 설하지 못하는 것이 있으니 그것이야말로 격외선格外禪의 도리라고 하였다.

부휴는 이를 통해 널리 대장경을 열람하고 난 이후에 선법에 매진한 보편적인 납자의 공부 방식을 보여 주고 있다. 이미 교학을 공부하였으

---

[58] 김경집, 『역사로 읽는 한국불교』, 서울: 정우서적, 2008, p.219

면서도 감히 언설로 표현할 수 없고 마음의 작용으로도 어찌할 수 없는 바로 그것이 격외도리의 조사선법인데, 그것은 명칭으로도 모양으로도 그려 낼 수 없는 도리이기 때문에 반드시 직접 마음으로 깨우쳐 드러내지 않으면 안 된다는 것이다. 이것은 교학을 바탕으로 한 선법의 수행이었다.[59] 격외선의 도리를 터득하기 위해서는 먼저 교법에 대한 이해가 필수적이라는 것이다. 교와 선은 무엇이 우위라는 것을 강조하는 차별을 위한 구분이 아니라 명확한 안목을 구비하는 입장을 각각 교와 선의 측면에서 분류한 것이었다.

IV. 선교관의 변천과 지향

선과 교의 긴장-선교차별

선과 교의 개념은 중국에 선종이 출현하면서 본격적으로 제기되었다. 처음에는 상호 대립 관념으로부터 전개되었지만, 점차 자파의 특징을 주장하면서 상대를 비판하게 되었다. 이와 같은 현상이 당대에 크게 불거졌지만, 한편으로는 선과 교의 특수성을 인정하여 상생의 관계임을 자각하게 되었다. 한국불교에서는 8세기 선의 수입과 함께 선종 측에서 의도적으로 그 차별을 주장하였다. 고려시대에는 점차 선과 교에 대한 이해가 깊어지면서 선교융합을 시도하였다. 조선시대에는 선의 우월적인 입장에서 종교입선 내지 선주교종의 입장에서 선교일치가 주장되기도 하

---

[59] 김호귀, 앞의 책, 2010, p.316

였다.

선과 교학은 분리되어 전승될 수 없다. 그럼에도 불구하고 선과 교학의 분별은 각자 자파의 입장에서 그 특수성과 고유성을 강조하고 발전시키려는 과정에서 나타날 수 있는 지극히 자연스럽고 당연한 현상이기도 하였다. 때문에 선과 교학의 관계에서 선교차별이 강조되고 변용된 모습을 고찰하는 것은 이와 같은 모습이 크게 강조되었던 한국 선을 이해하는 하나의 중요한 관점이기도 하다.

한국 선법의 태동 시기에 해당하는 나말여초의 시기에는 구산문의 개창자들을 중심으로 노골적인 선교차별이 등장하였다. 범일의 '진귀조사설', 무염의 「무설토론」 및 범일과 진성왕의 선과 교에 대한 문답, 도의 선사와 지원 승통의 문답 등이 대표적이다. 이와 같은 모습들은 선법의 수입 시기에 나타난 것으로 수입 선법을 뿌리내리기 위해 취할 수밖에 없는 부득이한 입장이었다. 하지만 이와 같은 선교차별의 전통은 선법의 발전 시기에도 지속되어 선과 교에 대한 하나의 입장으로 굳어져 버렸다. 이후에 지눌은 선과 교의 회통을 시도하였지만 미완성에 그치고 말았으며, 혜심은 교학의 측면을 지해知解로 간주하고 의통선義通禪의 입장을 배격하였다.

그러나 선법의 전승 시기에 해당하는 조선시대에는 선교차별의 주장이 선주교종의 융합이라는 모습으로 변용되었다. 그 까닭은 선법이 토착화되고 발전된 상황에서는 더 이상 교학을 의식하거나 그것과 대결할 필요가 없었기 때문이었다.[60] 그 결과 선주교종의 입장은 선교차별을 하면

---

60 이러한 현상은 중국 남종과 북종의 정통 논쟁 과정에서도 볼 수 있다. 남종이 정통성을 확립한 이후에는 북종 세력의 쇠퇴로 말미암아 북종과 대결이 불필요했을 뿐만 아니라 남종이라는 용어의 사용조차도 무의미한 것이 되어 버렸다. 때문에 이후

서도 선교융합이라는 명분을 내세움으로써 교학에 근거한 선법의 우월성을 강조하는 방식으로 전개되었다. 대표적으로 고려 말기의 백운白雲은 이사구절백비離四句絶百非하는 정신으로 분별심을 떠난 직관의 방식을 강조함으로써 선의 종지를 통하여 삼승·십이분교 및 찰간대와 같은 교학의 입장을 초월하는 체험에 대하여 설법하였다. 태고 보우는 경전에 대하여 선과의 대립 관계 또는 일여가 아닌, 오직 교는 중하 근기를 위한 방편이며, 나아가서는 미묘한 심지를 터득하기 위한 하나의 전 단계로 간주하는 사교입선捨敎入禪의 입장이었다. 이와 같은 그의 태도는 화엄을 비롯한 갖가지 경전에 의거하여 선풍을 진작시키는 모습으로 구현되었다.

이러한 모습은 나옹의 삼구법문 이해를 통해서 환암 혼수가 보여 준, 교학을 선법 깨치기 위한 도구로써 활용했던 일례에 드러나 있고, 임제종지에 근간을 두고 교학을 판별했던 벽계 정심을 비롯하여 갖가지 교학을 바탕으로 선법의 우월성을 강조하였던 벽송 지엄의 전등 계보 의식의 팽배 등에도 나타나 있으며, 더욱이 조선 중기의 청허 휴정의 『선가귀감』에 이르러서는 선주교종의 견해가 농후하게 나타난다.

그러나 청허가 만년에 지은 『선교석』 및 『선교결』에서는 다시 이전의 철저한 사교입선의 선교차별 전통이 엿보인다. 반면에 항상 교학을 바탕으로 한 좌선의 수행으로 일관했던 부휴 선수의 선교겸수를 비롯하여, 선종오가의 교의를 집대성하여 선종의 종지를 내세웠던 환성 지안喚醒志安과 임제종지의 정통 의식으로 무장한 백파 긍선白坡亘璇의 선과 교학의 차별 의식은 어디까지나 선주교종에 입각한 주장으로 전개되었다.

부터는 전등사서의 출현에 있어서도 더 이상 북종을 의식할 명분 및 가치도 사라지고 말았다.

이와 같이 선과 교학에 대한 의도적인 차별성, 그리고 교학에 대한 선법의 우월 의식으로 점철된 선주교종의 모습은 선법의 수입 초기 및 정착 시기에뿐만 아니라 선법이 주류를 형성하여 전승된 이후에도 지속적인 특수성으로 나타났다. 그것은 불법의 정법안장에 대한 무한한 신뢰성을 바탕으로 해동에 선법의 정착과 전개 및 전승이라는 과업을 성취하기 위하여 선자들이 보여 준 노력의 일환이었다.

휴정의 선교관-종교입선

종래 지눌의 선교불이의 입장 및 천책의 선교차별 그리고 여말선초의 몇몇 조사들에게서 보이는 선법 우월의 선교관은 조선 중기에 청허 휴정으로 계승되면서 선교차별 내지 선주교종의 모습으로 변하였다.

휴정은 『선가귀감』에서 "세존의 삼처전심은 선지가 되었고, 평생의 설법은 교문이 되었다. 때문에 선은 부처님의 마음이고 교는 부처님의 말씀이라 말한다."[61]고 말하였다. 여기에서 휴정은 선과 교를 상호 보완적인 입장에서 설명하고 있다. 그러나 이와 같은 휴정의 선교불이의 입장은 같은 『선가귀감』 안에서도 "교문에서는 오직 일심법을 전하고, 선문에서는 오직 견성법을 전한다."[62]고 말하여 선교관에 변화가 나타나고 있음을 확인할 수가 있다. 곧 일심법과 견성법이라는 용어를 통해서 선과 교가 지니고 있는 성격을 드러내고 있다.

이와 관련하여 휴정은 "제불의 설법인 경전의 경우에는 먼저 제법을 분별하고 나중에 필경공을 설하였다. 그러나 조사가 내보인 삼구의 경우

---

61 清虛休靜, 『禪家龜鑑』(『韓國佛敎全書』7, 635b)
62 清虛休靜, 『禪家龜鑑』(『韓國佛敎全書』7, 636a)

에는 의지에서 자취를 제거하고 심원에서 이치를 드러냈다."[63]고 말하여 점차 선과 교의 입장에 대하여 의도적으로 그 관계를 드러내고 있다. 이것은 선과 교의 차별이라기보다는 단순히 선과 교의 입장 차이를 피력한 것으로서 지눌의 선교융합 입장을 계승한 것으로 보인다.

그러나 휴정은 점차 선주교종, 나아가 선교차별에 해당하는 견해를 제시하였다. 휴정에게서 보이는 선교관의 변화는 비교적 분명하다. 휴정의 이와 같은 변화적 수용은 단순한 융합 내지 차별이 아니라 불법의 특성에 따른 선교융합禪敎融合이고 종교입선從敎入禪의 차별임을 보여 주고 있다. 휴정은 생애의 전반기에는 선과 교에 대하여 선주교종禪主敎從의 융합적인 입장을 보였지만, 후반기에 들어서는 다소 변화되어 종교입선의 선교차별을 보여 주었다.

휴정의 경우에는 두 가지 측면에서 접근할 필요가 있다. 첫째는, 표면적으로 선교차별을 주장하지 않지만 기존의 선교차별을 바탕으로 선주교종의 융합적인 입장에서 선교를 회통하려 한다는 것이다. 이것은 그의 『선가귀감』에 잘 드러나 있다. 둘째는, 그가 만년에 저술한 『선교석』과 『선교결』에서는 선교차별의 입장을 옹호하고 적극적으로 강조하고 있다[64]는 것이다.

휴정의 저술 가운데 전반기에 속하는 『선가귀감』에서는 교와 선에 대하여 통합적인 입장을 취하고 있다. 선과 교는 우열의 차이가 없다는 것인데, 이것은 일찍이 당의 종밀이 언급[65]한 선교관에 근거하여 선교일치

63　圭峯宗密, 『大方廣圓覺修多羅了義經略疏註』 卷上之一(『大正藏』 39, 533a)
64　김호귀, 「조선중기 선교관의 변천과 특징 고찰」, 『동아시아불교문화』 30. 동아시아불교문화학회, 2017. 6
65　宗密, 『禪源諸詮集都序』 卷上之一(『大正藏』 48, 400b)

를 주장한 것이었다. 따라서 휴정도 "선은 부처님의 마음이고 교는 부처님의 말씀이다."[66]라는 입장을 수용하여 그 일치에 동조하면서도 어디까지나 선을 중시하는 입장에서 교학을 평가하였다.

그러면서 선과 교는 생태적으로 차별이 있음을 완곡하게 인정해야 할 것을 말하고 있다. 휴정의 경우에 선에 대해 상근기上根機를 지닌 지혜로운 자는 경전을 공부해야 한다는 말에 한정되지 않지만 중·하의 근기를 지닌 자는 선을 공부하기 전에 반드시 경전을 공부하는 과정을 거쳐야 한다는 입장을 보여 준다.[67]

결국 휴정은 선과 교는 부처님으로부터 비롯된 점에서는 동일할지라도 선문과 교문을 통해 공부하는 사람의 수준과 그 행위 및 자취에 한정해서 보자면 분명히 차별이 있다는 점을 인정하고 있다. 이 점은 청허가 만년에 저술한 『선교석』과 『선교결』에 잘 드러나 있다. 휴정은 나름대로 안목을 발휘하여 옛날 문헌을 인용하면서 17가지 주제에 의거하여 선과 교의 차별에 대하여 설명하며, 간혹 어떤 주제에 대해서는 문답의 형식을 취하여 구체적인 해설을 가하였다.[68] 여기에서 휴정은 교외별전과 불립문자의 사상적인 배경에 대하여 설명하면서 선이 교학보다 우월하다는 입장에서 그 차별되는 점을 부각시키고 있다.

이와 같은 선교차별은 선과 교를 각각 불심佛心과 불어佛語로 간주하는 것으로부터 나아가서 무언無言으로부터 무언無言의 경지에 이른다는 선과, 유언有言으로부터 무언無言의 경지에 도달한다[69]는 교의 종지를 더

---

66 淸虛休靜, 『禪家龜鑑』(『韓國佛敎全書』 7, 634b)
67 淸虛休靜, 『禪家龜鑑』(『韓國佛敎全書』 7, 636b)
68 淸虛休靜, 『禪敎釋』(『韓國佛敎全書』 7, 654b~656b)
69 淸虛休靜, 『禪敎訣』(『韓國佛敎全書』 7, 657b)

욱더 견지하고 있음을 보여 주고 있다.『선교결』을 통해서 휴정이 내보이고 있는 것은 결국 경절문의 활구를 통하여 남을 가르쳐서 깨우치게 하고 자신도 스스로 깨우쳐서 본분종사本分宗師의 안목을 구비하라는 요구였다. 이처럼 휴정의『선교석』과『선교결』은 선과 교의 차별이라는 형식을 빌려 선과 교를 논의하지만, 궁극적으로는 종교입선을 지향하고 있다.

결국 휴정은『선가귀감』을 통해서 부분적으로 선주교종의 융합을 보여 주었고,『선교석』과『선교결』을 통해서는 선교차별의 주장을 보여 주었다. 그렇지만 이들 저술의 이면에서는 선과 교의 차별에 대하여 종교입선의 입장으로 결착되어 있다는 점을 엿볼 수가 있다.

선과 교의 통로-선교융합

선과 교의 관계라는 측면에서 보면 중국 선 및 일본 선의 경우보다도 특히 한국불교에서 선종의 성격이 비교적 강하게 전개되어 왔다. 그래서 한국불교에서 선과 교의 관계는 항상 선을 중심으로 평가가 이루어져 왔다. 고려 중기 이후 선 중심의 선교융합이 주장되었는가 하면, 고려 후기에는 선을 우위에 둔 선교관이 팽배하였다.

이와 같은 전통은 조선의 전기 및 후기까지도 전반적으로 유지되었다. 그러나 조선 중기에는 그와 같은 선과 교의 관계에 변화된 모습이 나타나기도 하였다. 16세기 휴정의 선교융합 내지 선교차별의 모습은 단순한 선교융합 내지 선교차별이라기보다는 교학을 바탕으로 선에 들어간다는 종교입선從敎入禪의 모습으로 나타난다.

조선 중기에 출현했던 선교일치, 선교융합, 선교차별, 종교입선, 사교입선 등의 선교관에 대한 이러한 몇 가지 특징적인 모습은 선과 교의 이해에 대한 다양한 관점이 등장한 것에서 그 이유를 찾아볼 수가 있다. 좀 더 넓게 보면, 그러한 특징들조차도 불법의 체계를 전적으로 선종의 관점에서 평가한 것이었기 때문에 일정 부분 한계는 남아 있다. 그러면서도 선교관에 대한 이해는 한국불교의 특성을 이해하는 하나의 방법이기도 하다.

17세기의 『선교총판문』[70]에는 선과 교에 대한 관계가 엿보이는데, 『선원제전집도서』의 영향을 크게 받은 것으로 보인다. 내용을 요약하면 다음과 같다. 우선 선과 교가 출현하게 된 근본적인 근거로서 원상圓相(○)의 법신을 체공體空과 성사成事의 망妄의 측면, 그리고 불변不變과 수연隨緣의 진眞의 측면으로 분류한다. 이 가운데 진眞의 입장에 대하여 다시 불변不變에는 진여문으로서 법신의 단덕斷德을 배대하고, 수연의 생멸문에는 생멸문으로서 보신의 지덕智德과 화신의 은덕恩德을 배대한다. 나아가서 화신의 은덕을 방편으로 간주하여 교상相敎·공교空敎·종교終敎의 삼교를 나열하여 설명을 가하고 있다. 왜냐하면 불도는 위대하지만 중생의 근기가 하열한 까닭에 부득이 노사나의 몸을 감추고 열응신劣應身을 나타내어 일음으로 연설하여 권실과 심천의 문을 열어서 중생의 미혹함을 유인하였는데 그 방편으로 등장한 것이 삼교이기 때문이라고 한다.[71]

그리고 밀의의성설상교密意依性說相敎와 밀의파상현성교密意破相顯性敎를 각각 상교相敎와 공교空敎로 간주하고 이들은 방편이지 진실이 아니며 추麤하고 미묘하지 못한 까닭에 분별지해로서 점교에 속한다고 말하고, 셋째의 현시진심즉성교顯示眞心卽性敎에 대해서는 돈교에 속한다고 평가

---

70 『禪敎摠判門』은 저자 미상으로, 1607년(선조 40)에 仁壽宮에서 간행된 목판본이 『韓國佛敎全書』12, 853c~856a에 수록되어 있다.
71 『禪敎摠判門』(『韓國佛敎全書』12, 854b~855a)

하였다.

나아가서 다시 원상(○)에 대하여 일진一眞의 정심淨心을 성性과 상相의 개별법으로 전개하여 선을 식망수심종息妄修心宗·민절무기종泯絶無寄宗·직현심성종直顯心性宗의 삼종三宗으로 분류한다.[72] 이들 선의 삼종에 대한 명칭은 일찍이 종밀의 주장을 그대로 수용하였으며, 내용 역시 거의 마찬가지이다. 다만 식망수심종과 민절무기종은 각각 상종과 공종으로 간주하고, 그들의 종지宗旨와 이행문利行門은 각각 그 편의에 따라 소종所宗의 이치가 합치되지 못하는 까닭에 둘로 분류되었는데 이것이야말로 식識·해解·점漸이라고 평가하였다.

이처럼 『선교총판문』에서는 선과 교의 관계를 일원상의 법신을 통하여 설명한다. 여기에서는 불법이 교에서 선으로 전개되었다고 하여, 선과 교는 차별이 아닌 불법의 추이로 간주하고 있다. 곧 선과 교의 차별이 아닌 방편을 활용한 교화의 단계성을 보여 주고 있다.

일찍이 종밀이 『선원제전집도서』에서 선과 교가 화회和會해야 하는 열 가지 이유를 말하는 가운데 선과 교를 세분하여 각각을 배대시킨 것은 필연적으로 선의 경우에도 교학의 배제가 아니라 교학에 바탕을 둔 선이 되지 않으면 안 된다는 주장의 표출이었다. 이런 점에서 보면 『선교총판문』은 종밀의 선교관을 충실하게 계승한 점이 엿보인다. 때문에 가마다 시게오(鎌田茂雄)는 "종밀은 화엄의 오교판에 입각하면서 교의 삼종의 체계를 내세웠지만 실은 교상판석 그 자체를 만들려는 것이 목적이 아니라 선의 삼종의 가치체계를 만들려는 것이 그 목적이었다. 당시에 남종·북종·우두종·홍주종·하택종 등에 대하여 선의 각종 교의를 정리하고 하

---

[72] 『禪敎摠判門』(『韓國佛敎全書』12, 855b)

나의 기준에 근거하여 선의 각종 가르침의 가치체계를 만들려는 것이 종밀의 의도였다."[73]고 말하였다.

『선교총판문』에서는 종밀이 분류한 선과 교의 관계성을 거의 그대로 수용하고 있다. 다만 삼교와 삼종을 분류한 근거에 대하여 삼교는 화신의 방편에 배속시킨 반면에 삼종은 일진一眞의 청정심을 성법性法과 상법相法으로 펼쳤다는 점이 다르다.[74] 그리고 일원상의 법신에 대한 궁극처를 참구문의 선으로 회귀시키고 있는 것은 선이 교에 근거해야 한다고 하면서도 교가 선을 지향한다는 점을 나타냄으로써 휴정의 경우처럼 종교입선從敎入禪의 융합적인 경향을 보여 주고 있다고 생각된다.

이처럼 『선교총판문』에서는 선과 교의 근원적인 관계로부터 시작하여 각각의 상호 관계가 대립 내지 차별보다는 성격 내지 특성의 차이라는 관점이 제시되어 있다. '선과 교를 전체적인 입장에서 판별하는 관문'이라는 뜻의 제목에서 알 수 있듯이 선과 교를 총체적인 입장에서 논의하여 그 관계성이 보완적이고 차제적인 것임을 드러내 주고 있다.

---

73 鎌田茂雄, 『禪の語錄 9, 禪源諸詮集都序』 東京: 筑摩書房, 1981, pp.363~364
74 종밀은 直顯心性宗 가운데 홍주종과 하택종은 모두 相을 회통하여 性으로 귀일시킨다는 점에서 동일한 종지임을 피력하고 있다.[『禪源諸詮集都序』 卷上之二(『大正藏』 48, 403a)]

선시불심 교시불어

 선의 근원은 붓다로부터 가섭의 가슴을 통하여 이심전심의 방식으로 전승된 마음이었고, 교의 발생은 붓다로부터 아난의 입을 통하여 언어문자의 방식으로 전승된 말씀이었다. 이와 같은 선과 교의 관계 설정은 불교가 중국에 전승되면서 출현한 현상이다. 중국불교의 역사에서 경전이 한역되면서 그것을 이해하고 연구하는 방식으로 교상판석이 출현하였다. 이후 선종이 등장하면서 교학에 상대한 자파의 불립문자 교외별전의 종지를 강조하면서 선과 교는 서로 비교를 통하여 우월적인 주장을 제기하였다.
 이와 같은 선과 교의 상호 대립 내지 비교의 전통은 간혹 선교의 회통, 선교의 일치, 선교의 융합, 선교의 화회 등 다양한 입장으로 그 주장이 등장하기도 하였다. 그러나 당대 말기에 국가적인 법난으로 인하여 교학이 쇠퇴하면서 상대적으로 선종이 득세하였다. 그 결과 송대 이후부터는 불교가 선종 중심으로 전개되었지만 점차 선과 정토와 밀교와 교학 등이 융합되는 경향으로 흘러갔다.
 한국의 경우 나말에 선이 본격적으로 수입된 이후 나타난 교학에 상대한 선의 우월적인 의식이 고려 중기부터는 선교가 융합하는 모습으로 나타났다. 그러나 그것은 어디까지나 선을 중심으로 한 선주교종의 모습으로서 당시 불교의 종파 의식이 고스란히 반영되었다. 고려 후기부터는 선종이 더욱더 득세하면서 사교입선의 풍조가 두드러졌다. 이러한 전통이 조선시대에는 선교의 교섭에서 변화의 모습으로 나타났다.
 억불 정책의 영향으로 불교는 절대적인 세력을 상실하였고 그에 따라서 교학이 더욱더 쇠퇴하면서 불교는 선종 중심으로 전개되었다. 이런 상황에서 선교의 관계는 융합의 모습을 보였는가 하면 때로는 일치의 모습으로 등장하기도 하였다. 청허 휴정은 초기에 『선가귀감』을 통해서 선주교종의 입장에서 선과 교의 융합을 주장하였다. 그러면서도 만년에는 『선교석』과 『선교결』을 통해서 선을 우월적인 위상으로 간주하여 종교입선의 모습을 보여 주었다.

조선 중기에 보우 화상의 저술에는 선교일치의 사상이 드러나기도 하였고, 후기에 무경 자수無竟子秀(1644~1737)는 다시 선주교종의 입장에서 선교가 차별되는 모습을 대변시켜 보여 주었다. 이처럼 다양한 모습으로 전개된 선과 교의 교섭은 어디까지나 상호의 입장을 지나치게 의식한 가운데서 자파의 우월성을 강조하려는 의도적인 분별로부터 드러난 양상이었다. 때문에 선과 교는 각각 지니고 있는 차이와 특징을 논하면서도 그 가운데에는 항상 선과 교가 함께 언급되지 않으면 안 되는 모습을 드러낸다.

규봉 종밀은 선교의 상호 비판에 대하여 선과 교를 화회하려는 입장에서 선과 교를 대등한 관계에서 상응시켰다. 나아가서 선과 교는 불법이 전개되는 두 측면일 뿐이므로 서로 배척하는 관계가 아니라 수레의 두 바퀴처럼 상호 보완적인 관계이며 각각 특수한 상황에서 드러난 법法과 의義가 내포하고 있는 측면임을 보여 주었다.

중국불교에서 나타난 이와 같은 선과 교의 관계가 한국불교에서는 선법이 전래된 직후부터 몇 가지 특징적인 모습으로 드러났다. 선법이 전래된 나말여초에는 입당 구법 선사들을 중심으로 의도적인 선교차별의 모습을 드러냈다. 반면에 고려 중기에 보조 지눌은 선과 교의 융합 내지 일치를 도모하려고 노력하였다. 이후 고려 말기와 조선시대에는 선종의 득세와 더불어 선과 교의 관계는 선주교종 입장에서의 선교일치, 나아가서 교학을 바탕으로 하여 선으로 향한다는 종교입선을 주장하는 모습으로 전개되어 갔다.

그러나 선과 교의 융합 내지 회통의 노력도 등장하였다. 그것이 곧『선가귀감』에서는 선시불심禪是佛心 교시불어敎是佛語[75]로 제시되어 그 회통의 접점을 드러내었다. 비록 선과 교가 각각 가섭의 마음과 아난의 입으로부터 연유되었지만 그것은 부처님의 정법안장이 표출되고 전승되는 방식의 모습일 뿐이었다. 아난의 입을 통해서 드러난 붓다의 경전은 언설을 바탕으로 모든 사람들에게 전개되면서 더욱더 풍부하고 다양하게 전승되었다. 또한 가섭의 마음을 통해서 전승된 붓다의 정법안장은 경전의 가르침을 바탕으로 하면서 문자와 언설에 얽매이지 않고 심화되고 세련되게 전개되었다.

이후 17세기 저자 미상의『선교총판문』에서는 보완적이고 차제적인 선교 입장으로서 선교융합의 모습이 보이고 있다. 그리고 18세기 무경자수의「선교대변」에서는 선교차별 내지 선주교종의 모습이 나타난다. 이러한 추세는 임제종을 중심으로 한 선종의 대세 속에서 선과 교에 대한 기존의 입장을 계승하면서도 거기에 그치지 않고 일정 부분 선과 교에 대한 이해의 폭을 넓혀 감으로써 불법을 바르게 이해하고 나아가서 새로운 선교관을 정립하려는 노력을 보여 주고 있다.

결국 선과 교는 불법이 표출되고 전승되며 전개되는 과정에서 나타난 교화 방편의 차이에서 오는 모습으로서 상호 비방과 모순의 관계가 아니라 상호 존중과 보완의 관계로 승화하는 입장에서 유통된 불법의 두 측면이었다고 할 수 있다.

---

[75] 휴정이 말한 禪是佛心 敎是佛語는 종밀이『선원제전집도서』에서 말한 禪是佛心 經是佛語을 변용한 것이다.

| 참고문헌 |

김방룡, 『보조지눌의 사상과 영향』, 서울: 보고사, 2006.
김호귀, 『선과 교의 통로』, 파주: 한국학술정보, 2010.
김호귀, 『인물 한국선종사』, 파주: 한국학술정보, 2010.
미노와 겐료 지음, 김천학 옮김, 『일본불교사』, 서울: 동국대학교출판부, 2017.
미즈노 고겐 지음, 이미령 옮김, 『경전의 성립과 전개』, 서울: 시공사, 1996.
K.S. 케네스첸 지음, 박해당 옮김, 『중국불교』, 서울: 민족사, 1991.
한보광, 『일본선의 역사』, 성남: 여래장, 2001.

김호귀, 「조선중기 선교관의 변천과 특징 고찰」, 『동아시아불교문화』 30, 동아시아 불교문화학회, 2017.
김호귀, 「청허휴정의 선교관 및 수증관」, 『범한철학』 79, 범한철학회, 2015.
김호귀, 「한국선에서 선교차별의 전개와 그 변용」, 『한국선학』 36, 한국선학회, 2013.

楊曾文, 『唐五代禪宗史』, 北京: 中國社會科學出版社, 1999.

제2부
종교와 문화

권력과 종교

정교

윤회

문화와 의례

언해불서

청규

권력과 종교

정교 政教

· 조윤경

I. 인도와 중국의 정교 관계

　　인도의 전륜성왕, 아쇼카왕/ 북조의 '왕즉불'과 폐불/ 남조 교단과 양 무제

II. 고대국가와 불교의 만남

　　삼국의 불교 수용과 왕권/ 신라의 정치이념과 승관 제도/ 신라의 호국의례·법회

III. 고려시대 정교결합

　　숭불정책/ 국가의례/ 승군의 국가 수호/ 호국신앙과 고려대장경

IV. 조선시대 정교분리와 활용

　　성리학적 지배 질서와 '억불'/ 의승군의 활약과 불교의 사회적 위상

- 불교와 정치권력의 역동적 공생

I. 인도와 중국의 정교 관계

인도의 전륜성왕, 아쇼카왕

불교는 출세간적 진리를 강조하는 종교이지만 역사 속에서는 국가권력과 끊임없이 소통하면서 때로는 통치 이데올로기로 활용되기도 했다. 본래 초기 불교의 교단은 국정에 간섭하지 않았으며 정치권력과는 일정한 거리를 유지하고 있었다. 즉 초기 불교에서 세간의 왕권과 출세간의 교권은 서로의 독립성과 자율성을 인정하는 정교분리 관계로서, 교단은 세간적인 이해관계에 얽매이거나 정치권력을 추구하지 않는 대신, 왕권으로부터 정치와는 분리된 출세간의 영역을 보장받을 수 있었다.[1] 그러나 시간의 흐름에 따라 인도의 정치와 불교는 점점 상호 접점을 확대한다. 인도에서는 불교에 대한 왕권의 지원과 보호가 존재하면서도, 동시에 왕권과 교권 간의 긴장과 대립, 간섭과 통제, 제재와 박해 등 갈등적 양상도 출현하며 정교 관계는 점점 복잡하게 전개되었다.[2]

이러한 흐름 중 주목할 만한 시기는 '세속의 전륜성왕'으로 추앙받는 아쇼카왕의 치세 기간이다. 찬드라굽타가 세운 통일 왕국인 마우리아왕조의 제3대 왕인 아쇼카왕은 통일전쟁 과정에서 많은 희생을 치른 것에 대한 회한을 느껴 불교에 귀의하게 되었고, 강력한 왕권을 바탕으로 불

---

[1] 조준호, 「초기불교에 있어 국가권력(왕권)과 교권: 세간과 출세간에서의 정교분리를 중심으로」, 『인도연구』 14-2, 한국인도학회, 2009, p.206
[2] 조준호, 앞의 논문, 2009, p.231

교에 의한 전법 통치를 선언한다. 원래 인도에서 전승되어 오던 전륜성왕 개념은 하늘로부터 받은 윤보輪寶를 굴려 천하를 정복하는 왕으로서 그 위덕에 의해 히말라야에서 인도양까지의 모든 왕들이 복종한다는 내용이다. 불교도들은 전통적인 전륜성왕 개념을 '다르마'라는 이념과 결합시켰으며, 전 인도 지역을 통일한 아쇼카왕의 정치이념으로부터 불교 전륜성왕 이념의 틀을 완성하였다.[3]

아쇼카왕의 전법 통치가 불교 사상을 기반으로 한 것인지에 대해서는 학자들 간에 의견이 분분하다.[4] 하지만 아쇼카왕이 자신의 정책을 새긴 비문에서 "나는 '모든 사람'의 이익을 증진시키는 것을 오직 나의 의무라고 생각한다. …… 참으로 나에게는 '모든 사람'의 이익보다 더 중요한 일은 없다."[5]라고 언급한 것에 미루어 보면, 최소한 그가 사성계급을 따르기보다는 왕을 중심으로 하여 모든 백성들을 평등하게 포용하는 정치이념을 내세웠음을 알 수 있다. 그리고 이 점은 바로 불교적인 정치이념이라고 볼 수 있다. 물론 아쇼카왕이 평등의 이데올로기를 내세웠던 배경에 단지 순수하게 불교 사상을 정치의 장에 투영하려는 의도만 있었던 것은 아니다. 그는 평등을 지향하는 정치사상을 통해 바라문 계급의 지위를 상대적으로 약화시키려는 정치적 목적도 갖고 있었다.[6] 이를 종합

---

3 Pankaj N. Mohan, 「신라중고기의 전륜성왕 이념-인도 Asoka왕과 신라 진흥왕의 정치이념의 비교」, 서울대학교 석사학위논문, 1994, p.33; 이자랑, 「제정일치적 天降관념의 신라적 변용-인도 아쇼까왕과의 비교를 중심으로」, 『불교학연구』 32, 불교학연구회, 2012, p.373에서 재인용.
4 이수미, 「호국 · 호법」, 동국대학교 불교문화연구원 HK연구단 엮음, 『테마 한국불교』 5, 서울: 동국대학교출판부, 2017, p.204
5 츠카모토 게이쇼 지음, 호진 · 정수 옮김, 『아쇼까왕 비문』, 서울: 불교시대사, 2008, pp.106~107; 이자랑, 앞의 논문, 2012, pp.369~370에서 재인용.
6 이자랑, 앞의 논문, 2012, pp.371~372

해 보면, 아쇼카왕의 정치이념은 불교의 평등사상이라는 이념적 기반 위에 중앙집권적 정치체제 구축이라는 정치적 의도가 절묘하게 결합되어 나타난 결과물이라고 할 수 있다.[7]

아쇼카왕을 거쳐 정립된 불교의 전륜성왕 개념은 불교와 함께 중국으로 전해졌다. 이 개념은 중국에 불교와 결합된 강력한 통치자의 이미지를 강하게 남겼는데, 특히 중국의 여러 황제들에게 '불법을 실현시키는 전제군주'라는 통치 모델을 제공하였다. 또한 전륜성왕이라는 정교통합의 이데올로기는 중국에 국한되지 않고, 중국을 통해 불교가 전래된 한반도의 정치이념에 직접적인 영향을 주었다. 또한 아쇼카왕은 인도와 중국과 한반도를 관통하는 전륜성왕 이념의 시작점이자 여러 군주들이 실현하고자 하는 정치적 이상과 욕망의 상징이기도 했다. 요약하면, 인도로부터 중국과 한반도에 불교가 전래되면서 인도의 '아쇼카왕'은 종교적·도덕적인 전제군주의 이미지로 자리 잡았고, 정치와 종교의 통합에도 실질적으로 기여하였다.

북조의 '왕즉불'과 폐불

불교가 전래된 후, 중국의 통치자들은 아쇼카왕의 '전륜성왕' 이미지를 적극 수용하여 왕권 강화를 도모하였다. 물론 불교와 정치 간의 상생과 견제는 중국불교 전체를 아우르는 주제이지만, 여기에서는 한반도의 정교 관계에 더욱 직접적인 영향을 주었으며 그 역동성 측면에서도 두드러

---

[7] 이자랑에 따르면, 아쇼카왕이 불교의 평등사상을 기반으로 바라문의 지위를 상대적으로 격하시킨 것은 불교의 정치사상과 부합하는 점이다.(이자랑, 앞의 논문, 2012, p.381)

지는 초기 남북조의 정교 관계에 초점을 맞추고자 한다.

북조에서는 '왕이 곧 부처'라는 '왕즉불王卽佛' 관념이 등장하여 강력한 왕권의 근거를 제공하였다. 이는 소위 '국가 불교' 체제로서 북중국 전체를 통일한 북위北魏(386~534) 왕조에서 처음 등장하였다. 이 체제는 불교를 적극적으로 후원하고 명망 있는 승려들을 성인으로 높여 주는 한편, 불교를 이용하여 통치자의 권위를 높이고 불교 교단과 승려들을 국가기구 속으로 편제하여 관리하였다.[8] 한족이 외래 종교인 불교를 수용하는 데 있어 적지 않은 거부감이 있었던 것에 반해, 북방의 호족들은 외래문화에 대해 한족과 같은 이질감이 본래 없었을 뿐만 아니라, 불교에 대해 오히려 '같은 오랑캐의 종교'라는 유대감까지 표출할 정도였다. "불교는 외국 신이므로 천자가 받들 것이 못 되니 조趙나라 사람의 출가와 분향 예배는 금해야 한다."는 일각의 주장에 대하여, 왕도王度와 왕파王波는 오히려 "짐은 변방 출신이지만 중국에 군림하고 있으니 원래의 족보에 따르자면 오랑캐 신인 부처를 신봉해야 할 것이다."라고 답했다고 전해지는데, 이는 북방 호족들의 불교에 대한 태도를 잘 보여 주는 사례이다.[9]

'국가 불교' 체제하에서 정치권력이 불교를 통치에 이용했음은 물론이지만, 불교 역시 자기 강화의 수단으로 정치권력을 활용한 면모도 관찰된다. 일례로 북위의 태조太祖 도무제道武帝(재위 386~409)는 승려 법과法果를 존숭했다고 하는데, 법과는 "태조는 명민하며 도를 좋아하니 바로 현세의 여래로, 사문은 마땅히 예를 다해야 한다."[10]라고 칭송하였다. 또한

---

8 최연식,「동아시아의 불교와 정치」,『불교평론』58, 불교평론사, 2014, p.48
9 미찌바다 료오슈 지음, 계환 옮김,『중국불교사』, 서울: 우리출판사, 2007, p.62
10 塚本善隆,『魏書釋老志の研究』, 東京: 大東出版社, 1974, pp.153·155; 張雪松,「군주가 곧 현재의 여래(國主卽是當今如來)'의 숨은 뜻 해명」,『남북조 시대의 불교사상』, 서울: 민족사, 2014, p.69에서 재인용.

그는 "나는 천자에게 예배하는 것이 아니라 부처에게 예배하는 것일 뿐이다."[11]라고 말한 바 있다. 여기에서 법과가 황제를 '현세의 여래'로 높이고 출가자도 세속의 군주에게 예를 표할 것을 주장한 것은, 왕실의 지속적 후원을 이끌어 내는 동시에 유교, 도교 세력의 견제로부터 불교를 보호하기 위한 조치였다고 볼 수 있다.[12] 따라서 '왕즉불王卽佛' 관념은 북조의 정치와 불교 교단의 긴밀한 관계를 압축적으로 나타낼 뿐만 아니라, 나아가 양자 간의 호혜적 협력 관계를 담지하고 있기도 하다.

그러나 불교 교단의 세력이 이러한 정치권력과의 유착을 통해 크게 성장했음에도 불구하고, 다른 한편으로는 교단이 지속적으로 국가의 관리·통제하에 놓이는 형국이 되어 정치권력에 점점 예속되어 갔다. 불교 교단이 정치권력에 복속된 상황에서, 북위의 태무제太武帝(재위 423~452), 북주北周의 무제武帝(재위 423~452) 등에 의해 대규모 폐불 정책이 시행되자 북조 불교계가 받은 타격은 더욱 심각할 수밖에 없었다. 북조의 황제들이 폐불 정책을 단행하게 된 표면적인 이유는 유교 및 도교와의 대립과 갈등이었지만, 실질적으로는 황제들이 지나치게 많은 승려와 막대한 사찰의 재산이 국가의 통치기반을 잠식하는 것을 경계한 결과였다. 이 과정에서 국가는 대부분의 승려들을 환속시켜 국가의 역을 부담하게 하고, 사찰의 건물과 재산을 몰수하여 왕실과 국가 재정을 보충하였다.[13] 또한 북주의 무제가 폐불 정책을 시행하려고 하자 오직 정영사淨影寺 혜원慧遠(523~597) 혼자 나서서 무제에게 강력하게 이의를 제기했다. 죽음을 무릅쓰고 황제에게 맞서 불교를 지키고자 한 혜원의 용기는 분명 경

---

11 張雪松, 앞의 책, 2014, p.69
12 최연식, 앞의 논문, 2014, p.48
13 최연식, 앞의 논문, 2014, p.48

외할 만한 것이지만, 이 대목에서 북조의 불교 교단이 정치권력에 얼마나 무력했는지도 동시에 나타난다.

폐불 정책은 오래 지속되지는 않았는데 여기에는 폐불 정책 이후 국가 재정이 충실해진 뒤에 새로운 군주가 다시 불교를 통해 민심을 수습하고 통치 이데올로기를 확립하고자 하였던 배경이 깔려 있다. 이 시기 다시 국가의 후원을 받으며 성장한 불교계도 왕실에 대한 충성을 더욱 적극적으로 표현하였다.[14] 예를 들어, 북위에서는 승려들이 황제의 신장과 형태가 동일한 모습의 불상을 만들어 예배하였는데, 이는 군주의 동상을 세워야 비로소 군주로 모셔졌던 북위의 풍습과도 연관이 있다.[15] 나아가, 담요曇曜는 운강석굴雲崗石窟에 북위 역대 황제의 모습과 닮은 불상 다섯 구를 조영하였다. 또한 백성들 중 일부는 국가 대신 사찰에 세금을 내도록 한 제도인 승기호僧祇戶와, 죄수나 관노비를 사원에서 부리게 하는 제도인 불도호佛圖戶를 만들어 불교계의 재정적 기반을 마련하기도 하였다.[16]

요컨대 '왕즉불'로 대변되는 북조의 불교와 정치는 일시적으로 폐불 정책이라는 극단적인 갈등이 표출되기도 하였지만, 전반적으로 서로 간의 밀접한 관계하에 정교통합의 양상을 나타내었다. 주목할 만한 사실은, 정교 간의 밀접한 유착 구조로 인해 정치권력으로부터 교단의 자율성이 상당히 낮아졌다는 점이다. 그리고 이는 폐불 정책 시기를 통해 국가가 교단에 대한 우위를 각인시키는 과정을 거치며 국가 우위적 정교통합 구조로 이어졌다.

---

14 최연식, 앞의 논문, 2014, p.54
15 張雪松, 앞의 논문, 2014, pp.70~71
16 최연식, 앞의 논문, 2014, pp.48~49

상술한 대로, 북조의 불교는 왕실과 국가에 충성하는 대가로 왕실의 정치적·경제적 지원을 받아 중흥한 국가 불교였기에, 폐불 정책이 단행되자 불교계의 충격은 크지 않을 수 없었다. 이런 정황으로 볼 때 폐불 정책은 일종의 정치권력에 의한 종교 세력 '길들이기' 과정으로도 볼 수 있다. 따라서 북조의 불교는 정교통합적 국가 불교이되 권력관계상 국가 우위가 확연했으며, 국가에 의해 관리되고 지배되는 불교였다고 할 수 있다. 그리고 이러한 북조 불교의 국가 우위적 특징은 수·당 시대에까지 계승되어 국가에 의한 불교 통제 기조가 형성된다.

남조 교단과 양 무제

남조의 상황은 북조와 달리 불교 교단이 정치권력과 일정한 거리를 유지하고 있었다. 남조 교단을 대표하는 혜원慧遠(334~417)은 그의 스승 도안道安과 달리 정치 세력과의 연결을 기피하였고, 여산에서 평생 교단 운영에 전념하였다.[17] 또한 북조에서 승려들이 황제에게 예를 갖추었던 것과 달리, 혜원은 『사문불경왕자론沙門不敬王者論』을 지어 출가한 승려는 세속의 왕에게 예경할 필요가 없다고 단언하였다.

혜원 이후에도 남조 교단은 강력한 세력을 형성하였으며 정치권력으로부터 자율성을 유지하고 있었다. 특히 양대梁代 삼대법사三代法師 가운데 한 명이자 『열반경』의 권위자였던 지장智藏(458~522)과 양 무제의 일화는 당시 교단 세력이 왕권보다 아래에 있지 않았음을 여실히 보여 준다. 지장은 양 무제가 어좌에는 황제만 오를 수 있다는 규칙을 제정하려

---

17 최연식, 앞의 논문, 2014, p.52

고 하자, 바로 어좌에 올라 그를 꾸짖어[18] 고의로 제왕의 권위를 침범하였다.[19] 또한 양 무제가 백의승정白衣僧正을 겸하여 승려들을 통제하려고 시도하였으나, 이 또한 지장의 항의에 부딪혀 무산된다.[20] 이렇게 지장으로 대표되는 교단 세력은 왕권의 통제에서 완전히 벗어나 있었고, 양 무제는 "불법의 대해大海는 속인이 알 수 있는 바가 아니다."[21]라는 지장의 논리에 어쩔 수 없이 교권에서 한 발 뒤로 물러날 수밖에 없었다. 이러한 역사적 상황 속에서 양 무제는 우선 불교 의학義學 연구에 전념하여, 교단과의 대립을 피하는 동시에 자신의 이념적 기반을 다지고자 하였다.[22] 그리고 양 무제는 이를 바탕으로 후일 강력한 왕권을 확립하고 정교통합적 통치체제를 건립하게 된다.[23]

양 무제(재위 502~549) 소연蕭衍(464~549)은 천감天監 원년元年(502) 4월 8일 불탄일에 즉위하였으며, 천감 18년(519) 4월 8일 불탄일에 보살계를 받았는데,[24] 이러한 역사적 사실만으로도 양 무제의 통치가 불교와 밀접한 관계에 있었음을 알 수 있다. 그는 불교 신앙이 깊었고 계율을 철저하게 실천했을 뿐만 아니라, 반세기가량의 통치 기간 동안 역경, 주해 등

---

18 김성철, 「開善寺 智藏과 三論學의 성립」, 『한국불교학』 54, 한국불교학회, 2009, p.162.
19 顔尚文, 『中國中古佛敎史論』, 北京: 宗敎文化出版社, 2010, p.206.
20 김성철, 앞의 논문, 2009, p.164.
21 『續高僧傳』 卷5, "佛法大海 非俗人所知 帝覽之 不以介意."(『大正藏』 50, 466b)
22 양 무제가 백의승정을 겸하여 교단을 통제하는 것에 반대했던 지장조차 무제의 칙령으로 20명의 대덕을 거느리고 『義林』 80권을 편찬하는 데 적극 동참하였다.(顔尚文, 『梁武帝』, 臺北: 東大圖書公司, 1999, p.139)
23 양 무제 관련 서술은 조윤경, 「양 무제의 정교결합과 대승사상-『주해대품서』와 『출가인수보살계법』을 중심으로-」, 『선문화연구』 22, 한국불교선리연구원, 2017을 참조.
24 顔尚文, 앞의 책, 1999, p.56.

불교 연구를 주도하고 여러 사찰을 창건하는 등 적극적으로 불교 사업을 추진하였다. 이와 같은 불교 정책의 이면에는 양 무제의 개인적인 불교 신앙뿐 아니라, 불교적 성왕이 되고자 하는 그의 정치적 포부가 있었다. 실제로 그는 인도의 전륜성왕인 아쇼카왕을 통치 모델로 삼았는데,[25] 전륜성왕의 핵심 과제 중 하나가 정교통합이라고 할 수 있다.

양 무제는 인도의 아쇼카왕처럼 '전륜성왕'이 되기를 꿈꾸며 반세기에 가까운 집권 기간 동안 내내 교권을 포섭한 강력한 왕권 수립을 지향하였다. 그는 정교결합政敎結合을 위하여 우선 불교 의리義理에 대한 자신의 이해를 심화시키고 계율을 철저히 지켰으며, 보살계 수계를 통해 '보살계 제자菩薩戒弟子'임을 자칭하였고, 신하들은 그를 '황제보살皇帝菩薩'로 칭송하였다. 또한 양 무제는 출가승과 재가자를 막론하고 보살계를 받으라고 적극 권유하여 보살계의 대중화에 기여했다.[26] 특히 양 무제에게 보살계를 준 혜약慧約(452~535)은 보살계 제자가 4만 8000명이나 되었다고 전해진다.[27] 뿐만 아니라, 양 무제는 보살계의 여러 형식에도 큰 영향을 미쳤다. 예를 들면, 양 무제는 북위에서 5세기경에 제작되었을 것으로 추정되는 『범망경梵網經』을 보살계법에 대거 수용했다. 이는 『범망경』 계통의 보살계가 남조에 유행하게 된 결정적 계기가 되었다.[28] 또 양 무제는 불

---

25 천감 10년(511)에는 『阿育王經』의 번역이 있었고, 천감 15년(516) 칙명에 의해 편찬된 『經律異相』에서는 『阿育王經』을 여러 번 인용하고 있어, 양 무제가 『阿育王經』을 상당히 중시했음을 알 수 있다.(소현숙, 「梁 武帝의 佛敎政策」, 『한국고대사탐구』 2, 한국고대사탐구학회, 2009, p.135)
26 소현숙은 양 무제의 권유로 보살계를 받은 사람으로 신하인 강혁과 승정인 혜초 등을 꼽는다.(소현숙, 앞의 논문, 2009, p.142)
27 소현숙, 앞의 논문, 2009, p.142
28 夏德美는 양 무제의 『단주육문』에 『범망경』을 언급하지 않고 있는 점 등을 들어, 양 무제가 『범망경』에 주목했던 시기는 『출가인수보살계법』이 저술된 무렵인 517~519

교를 널리 전파하는 전륜성왕의 이미지를 강화하면서 다른 한편으로는 지속적으로 교단을 간섭하고 통제하여 왕권을 강화시켜 나갔다. '단주육斷酒肉'의 시행을 통해 육식을 금지하여 교단에 대한 정책적 개입을 시도한 것도 그 일환이었다.

이러한 과정에서, 남조에서 새롭게 대두한 대승사상은 정교를 결합시키려는 양 무제의 끊임없는 시도를 뒷받침할 수 있는 이념을 제공하였다. 때마침 그 당시 남조에서는 기존 교풍과 달리 대승의 정체성을 강조하고 대승불교의 사상을 전파하려는 움직임이 일어나고 있었는데, 바로 고구려 승랑이 북조에서 여러 불교 교리를 두루 흡수하여 독창적인 학풍으로 정립시킨 삼론종이다. 삼론종은 당시 유행하던 『성실론』을 소승의 논서라고 하며 배척하였고 『성실론』에 조예가 깊었던 남조 성실론사들의 이론을 비판하면서, 새로운 방식으로 '대승불교'의 근본 사상을 정의하였다.

이 시기 삼론종 교학의 '무의무득無依無得'이라는 획기적 전환은 궁극적으로 대승의 '평등平等'과 '무애無礙'를 지향하고 있었다. '평등'과 '무애'는 새로운 통치이념을 수립하고자 하는 양 무제의 의도에 부합했으며, 양 무제는 집권 초기부터 이러한 대승불교의 이념을 표방하였던 승랑의 삼론 사상을 적극 수용하여 자신의 정교결합 노선에 직접적으로 활용하였다. 구체적으로, '평등'은 기존 교단의 권위를 부정하고 재가 신도와 출가승을 본질적으로 평등한 존재로 인식하게 하여, 재가자인 양 무제가 전륜성왕의 새로운 질서를 구축할 수 있는 논리적 기반으로 작용하였다. '무애'는 '평등'의 '기존 질서 해체'에서 한발 더 나아가, '대승 보살은 일정한 틀에 얽매인 소승과 달리, 소승을 포섭하면서도 무애한 작용을 펼칠

년일 것이라 추정하였다.(夏德美, 「梁武帝変革佛敎戒律新探」, 『世界宗敎文化』, 世界宗敎硏究所, 2016. 3, p.42)

수 있다.'는 소위 '황제보살'의 통합적 권위를 창출하는 데 활용되었다. 이렇듯 양 무제는 남북조 시기 불교계에서 새롭게 떠오른 '대승'이라는 이념을 적극적으로 활용하였고, 이를 통해 기존의 불교 지형을 개편하고 정교를 결합시킬 수 있는 이론적 근간을 구축하였다.

한편 양 무제는 반세기에 가까운 집권 기간 동안 끊임없이 교권을 포섭한 강력한 왕권을 지향하고 정교결합을 시도하였지만, 이를 실현시키기 위한 구체적 정책 노선은 각 시기별로 달랐다. 이와 관련하여, 소현숙은 양 무제의 불교 정책 양상을 시기별로 세 단계로 구분한 바 있다. 제1기는 천감天監 연간(502~519)으로 양 무제가 교단을 자신 중심으로 재편하기 위해 의학義學 연구에 중점을 둔 시기이고, 제2기는 천감 말기부터 대통大通 원년(527) 동태사同泰寺 창건까지 대승의 보살계 수계를 통해 '황제보살'의 칭호를 얻어 교단 통제를 시도하는 시기이다. 제3기는 동태사 창건 이후부터 사망할 때(549)까지 외면적 봉불 행위를 통해 전륜성왕의 이미지를 본격적으로 진행하는 시기이다.[29]

북조와 달리 정교가 분리되어 있었고 교단의 자율성이 높았던 남조였지만, 양 무제 시기에 남조의 정치와 불교는 긴밀하게 결합되었다. 양 무제는 중국 역사에서 불교를 가장 대중화시킨 통치자로 평가받고 있으며, 그는 불법을 현실 세계에 구현시키는 전륜성왕으로서 세속의 권력은 물론 교단의 권력까지 통합하고자 하였다. 또한 그가 펼쳤던 여러 불교 정책들은 중국뿐만 아니라 고대 한국, 일본의 불교 정책에도 큰 영향을 미쳤다. 요컨대, 인도 아쇼카왕의 '전륜성왕' 이미지가 정치이념으로서 중국의 남북조 정권을 거쳐 한국, 일본 등 동아시아에 널리 수용되는 과정

---

29 소현숙, 앞의 논문, 2009, pp.125~128

에서 경유지 역할을 한 것이 바로 이 양 무제 시기이다. 이 과정에서 후일 한국과 일본 대중들의 사회문화에까지 심대한 영향을 미친 육식 금지 계율의 도입과 같은 다양한 종류의 사상 및 문화적 변용이 이루어지기도 했다.

Ⅱ. 고대국가와 불교의 만남

삼국의 불교 수용과 왕권

상술한 바와 같이 불교는 중국을 거쳐 삼국으로 전파되었다. 『삼국유사三國遺事』에 따르면 삼국의 불교 수용과 공인은 모두 왕실을 중심으로 이루어졌지만 처음부터 아쇼카왕이나 중국 남북조시대와 같이 강력한 정교결합 체제가 등장한 것은 아니었다. 이러한 점은 고구려와 백제의 불교 수용이 중앙집권 체제를 구축하는 시기에 이루어졌음에도 불구하고, 불교가 왕권 강화의 이데올로기로 직접 활용된 것은 아니었다는 사실에서 확인할 수 있다.[30]

고구려는 소수림왕(재위 371~384) 2년에 불교가 공식적으로 수용되었다. 소수림왕의 불교 수용 직전인 371년 10월에 고국원왕이 백제의 침략으로 목숨을 잃었는데, 그 8개월 후인 소수림왕 2년(372) 전진前秦의 부견符堅(재위 357~385)이 고구려의 국상國喪을 위로하기 위해 사신과 승려 순

---

30 박광연, 「왕즉불」, 동국대학교 불교문화연구원 HK연구단 엮음, 『테마 한국불교』 2, 서울: 동국대학교출판부, 2014, p.161

도順道를 파견해 불상과 경문을 보내며 불교가 고구려로 전래되었다.[31] 이어 374년에는 승려 아도阿道가 왔고, 이듬해인 375년에는 초문사와 이불란사를 창건하여 각각 순도와 아도를 머물게 하였는데,[32] 초문사와 이불란사는 고구려에 최초로 건립된 사원이 된다. 이러한 전래 배경에는 고구려의 국제정치적 고려가 내재해 있었다.[33] 즉 전진과 동진이 대치하고 있던 국제정세에서 고구려가 순도와 아도를 통해 불교를 수용했던 과정은, 북중국의 패자인 전진과의 관계를 다지는 측면과 이 과정에서 중국 내 정세를 파악하기 위한 경로 확보로서의 측면을 모두 가졌던 것이다.

고구려가 전진으로부터 불교를 수용한 것과 달리, 백제는 동진으로부터 불교를 받아들였다. 백제는 동진과 전진이 국운을 놓고 대결한 비수淝水 전투에서 동진이 대승하자, 침류왕枕流王(재위 384~385) 원년 7월에 동진에 사신을 보냈고, 이에 9월 동진에서 답례로 마라난타가 백제로 들어와 불교를 전파하였으며, 이듬해인 385년에는 한산漢山에 절을 창건하고 10인의 승려에게 도첩度牒을 주었다.

이렇듯 백제의 불교 수용은 고구려와 마찬가지로 국제정치적 역학 관계하에서 이루어졌다. 즉 백제는 동진과 외교 관계를 맺는 과정에서 결속을 다지는 차원으로 불교를 수용했던 것이다. 한편 백제의 불교 수용은 국제정치적 고려 외에도, 침류왕의 어머니인 아이阿爾 부인의 역할, 그리고 국내 정치적 목적과도 복합적으로 관련된다. 아이 부인은 불교 수용에 적극적이었다고 하는데 이는 아이 부인이 당시 중국에서 널리 알

---

31 조경철, 「고대 삼국의 불교와 정치」, 『백제문화』 51, 공주대학교 백제문화연구소, 2014, pp.35~36
32 아도는 동진 출신으로 추정된다.(조경철, 앞의 논문, 2014, p.36)
33 조경철, 앞의 논문, 2014, p.36

려졌던 불교의 영험함이 침류왕의 병세 호전에 도움이 될 것으로 믿었기 때문으로 해석되기도 한다.[34] 또한 초고계肖古系와 고이계古爾系로 왕위 계승이 윤번화되어 있던 백제의 이분된 정치질서를 정리하고자 이미 전전대 왕인 근초고왕부터 유교, 불교, 도교 등 새로운 이념체계에 관심이 많았는데, 이러한 관심이 마침내 침류왕 때 불교 수용으로 이어진 것으로 해석되기도 한다.[35]

이른 시기에 불교를 수용한 고구려와 백제와 달리, 신라에는 비교적 늦은 시기에 불교가 전래되었고, 불교가 공인된 것은 고구려보다 약 150년 늦은 법흥왕法興王(재위 514~540) 14년(527)이다. 신라의 불교 수용이 늦어진 가장 큰 이유는 같은 시기에 신라는 고구려, 백제와 달리 왕권이 약했기 때문이었다. 즉, 강력한 중앙집권 체제가 요원한 상황에서 당대 유행하는 이념이었던 불교를 들여와 새로운 사유체계를 건립할 필요성도 없었고, 급변하는 국제정세에 능동적으로 대처할 능력도 부족했기 때문이다.

그러나 법흥왕에 이르러 신라도 차츰 왕권이 강화되고 국가제도가 정비되며 불교 수용에 점차 나서게 된다. 법흥왕은 중앙집권적 정치체계를 갖추어 나가며 이차돈과 함께 흥륜사를 창건하는 등 의욕적으로 중앙집권화와 불교 수용을 동시에 달성하려 하였다. 그러나 신라에서는 고구려나 백제에서와 달리 당시 토착신앙을 중심으로 한 귀족들의 반발이 거세었고 끝내 흥륜사 건설이 중단되기에 이른다. 결국 이차돈의 순교와 흰 피·꽃비라는 신험한 경험의 목도, 그에 이은 법흥왕의 강력한 의지가 이러한 난국을 타개하고 불교 공인에 이르게 한다. 이렇듯 신라 왕실의

---

34 조경철, 앞의 논문, 2014, p.37
35 조경철, 앞의 논문, 2014, p.37

불교 수용은 국가체제의 정비를 모색하는 과정이자 토착 귀족 세력에 대한 왕권 강화의 과정이었다. 이후 법흥왕은 불교를 공인하고 '성법흥대왕 聖法興大王'의 칭호로 일컬어졌는데, 여기에서 법흥왕이 불교로부터 전륜성왕의 이미지와 정교통합의 정치이념을 적극적으로 끌어와 왕권 강화에 성공하였음을 유추할 수 있다.

신라의 정치이념과 승관 제도

신라 왕실은 불교를 수용하고 나서, 불교와 계속 밀접한 관계를 형성하였다. 특히, 정법으로 다스리는 전륜성왕의 이념은 신라의 왕권 강화에 기여하였다. 진흥왕眞興王(재위 540~576)은 아들들의 이름을 전륜성왕을 나타내는 동륜銅輪과 사륜舍輪 등으로 지을 정도로 전륜성왕설에 심취했다. 진평왕 대에 이르면 '신라 왕족이 석가족과 같은 진종眞種'이라는 진종설과 '왕즉불' 이데올로기가 확립되었다. 뿐만 아니라, 진평왕은 자신의 가족에게 석가 왕족의 이름을 썼는데, 자신은 석가모니의 아버지 이름인 백정을, 왕비는 석가모니 어머니의 이름인 마야부인을 사용하였고, 자신의 동생은 정반왕의 아우인 백반, 국반이라고 불렀다. 여기에서 보이듯 진평왕은 자신들의 혈통이 석가와 같은 전륜성왕을 탄생시킬 수 있는 특별한 가계라고 여겼다.[36] 이와 같이 신라 왕실이 자신들의 혈통을 석가족의 혈통과 같이 순수한 혈통이라고 내세워 특수한 신분을 과시하는 '진종설'은 사성제를 부정했던 초기 불교와는 전혀 다른 입장으로, 불교의 본의가 왜곡된 형태로 수용된 사례이다.

---

36 이자랑, 앞의 논문, 2012, pp.376~378

신라의 승관僧官 제도는 진흥왕이 고구려 승려 혜량惠亮을 국통으로 삼았던 것이 시작인데, 진흥왕 때 도유나랑都維那娘, 대도유나大都唯那, 대서성大書省 등 이미 승관의 체계를 갖추었던 것으로 보이며, 이들 승관들을 통괄하는 승정 기구는 정관政官이라 하였다.[37] 국통, 대통, 도유나 등의 승관 명칭은 남조의 승주, 승정 등과 달리 북제北齊의 승관 명칭과 대체로 일치하는 것이어서 신라의 승관 조직도 북제를 계승하였다는 견해가 있다.[38] 정관과 다른 승정 기구로는 대도서大都署가 있는데, 정관이 왕실의 사적 기관이었다면 대도서는 귀족이 왕실의 정교 유착을 견제하는 기능을 담당했다는 견해가 있다.

신라의 승관 제도는 불교 교단이 왕실의 관리하에 놓인 국가 불교로서의 모습을 보여 준다. 신라 중대의 왕실은 특정 사원을 집중적으로 후원하였는데, 사천왕사四天王寺, 봉성사奉聖寺, 감은사感恩寺, 봉덕사奉德寺, 봉은사奉恩寺, 영묘사靈妙寺, 영흥사永興寺 등 7개 사찰에 성전成典이 설치되어 호국을 기원하는 국가 사찰로 기능하였다.[39] 왕실은 이들 사원을 통해 불교를 효율적으로 통제할 수 있었다.[40] 하지만 신라 하대에 이르러 중앙정부의 통제가 약화되자 성전 사원의 기능은 축소되었고, 사원은 왕권으로부터 상대적 자율을 확보하며 독자적인 영역을 확장시켰다.

---

37 신동하,「고대의 불교와 국가」, 최병헌 외,『한국불교사 연구 입문』상, 파주: 지식산업사, 2013, p.226
38 신동하, 앞의 책, 2013, pp.227~228
39 윤기엽,「한국의 불교와 국가」,『한국·중국·일본의 불교와 국가』, 서울: 대한불교조계종 불교사회연구소, 2014, p.15
40 신동하, 앞의 책, 2013, pp.228~229

신라의 호국의례·법회

신라 왕실은 국가적 불교의례를 거행하였는데, 팔관회八關會와 백고좌회百高座會가 대표적이다. 백고좌회는 진흥왕 12년(551)에 처음 설행되었고, 진평왕眞平王 35년(613), 선덕여왕善德女王 5년(636)에도 시행되었는데, 진흥왕과 진평왕 때 백고좌회는 전쟁과 관련되고, 선덕여왕 때는 국왕의 병 치료가 목적이었다.[41] 백고좌회는 『인왕호국반야바라밀경仁王護國般若波羅蜜經』(이하 『인왕경』으로 약칭)을 강경하는 법회로, 『인왕경』 「호국품」에는 국가가 어떤 종류의 재난이나 외적의 침입에 의해 혼란에 빠질 때, 군주는 백 구의 불상·백 구의 보살상·백 구의 나한상을 모시고 백 명의 법사를 청하여 사자좌獅子座에서 『인왕경』을 강경講經해야 한다고 되어 있다.[42] 신라에서는 『인왕경』의 내용에 의거하여 정법의 수호와 국가의 안녕이 동일시되었으며 국가에 환난이 닥치면 세속적인 국가 수호를 위해 국찰인 황룡사에서 대규모의 백고좌회가 열렸다.[43]

진흥왕 12년 백고좌회가 처음 시작되었을 때, 팔관회도 함께 설행되었다. 팔관회는 인도 초기 불교 교단에서 매월 8·14·15·23·29·30일을 재일齋日로 삼아 재가 불자들이 승원에 가서 설법을 듣거나 명상을 하고, 팔관재계를 수지하였던 팔관재八關齋에 기원을 둔다.[44] 하지만 진흥왕 33년(572)에 열린 팔관회는 전쟁에서 목숨을 잃은 병사들의 명복을 기리기 위해 외사外寺에서 7일 동안 이어졌는데, 이를 통해 팔관회가 국가

---

41 윤기엽, 앞의 논문, 2014, p.11
42 이수미, 앞의 책, 2017, p.215
43 윤기엽, 앞의 논문, 2014, p.11
44 이자랑, 「제정일치」, 동국대학교 불교문화연구원 HK연구단 엮음, 『테마 한국불교』 1, 서울: 동국대학교출판부, 2013, p.167

의례의 성격을 띠고 있다는 점이 드러난다.⁴⁵ 신라의 백고좌회 기록은 10회 정도이고, 팔관회는 3회로서 고려의 백고좌회 기록에 비하면 매우 적지만,⁴⁶ 신라가 국가적 불교의례를 통해 민심을 통합하고 강력한 호국 의식을 고취시켜 중앙집권적 왕권 통치를 강화했음을 엿볼 수 있다.

Ⅲ. 고려시대 정교결합

숭불정책

고려시대 불교는 국교로서 중요한 위상을 지녔다. 고려의 태조太祖(재위 918~943)는 후삼국을 통일한 다음 새롭게 국가를 건립하면서, 고려의 안정과 번영에 불교가 중요한 역할을 할 수 있으리라 생각하였다. 또한 태조는 여러 숭불정책을 펼쳐 민심을 수습하였는데, 다양한 불교의례를 정책화하여 장려하였다. 그는 〈훈요십조訓要十條〉에서 국가의 대업이 부처의 가피加被에 의지하고 있다고 하면서, 연등회와 팔관회 등 불교 행사를 지속적으로 시행하도록 당부하였다.

고려 왕실은 태조의 숭불이념을 계승하여 불교에 대대로 귀의하였다. 고려의 왕과 귀족들이 대부분 진전사원眞殿寺院을 설치하여 불교식 제사를 거행했다. 특히 태조가 '보살계 제자'를 자처한 이래, 고려 왕들은 모두 이러한 관념을 받아들였으며 덕종부터 공민왕까지 고려의 역대 군주

---

45 윤기엽, 앞의 논문, 2014, pp.11~12
46 이수미, 앞의 책, 2017, p.217

들은 궁중에서 보살계를 수계하였다.⁴⁷ 이렇게 고려의 국왕들은 보살계를 수지하고 국가적 불교의례를 정기적으로 개최하고, 불사리를 공양함으로써, 불교를 믿는 국왕이 통치하는 고려에 부처의 가피가 있을 것이라는 믿음을 심어 주었다.

한편, 국왕들은 숭불정책을 통해 전륜성왕의 이미지를 통치에 활용하여, 중앙집권적 정치체제를 구축하고자 하였다. 숭불정책의 이면에는 단순히 불보살의 가피로 전란이나 재해를 막을 수 있기를 기원하는 것에 그치지 않고, 국왕 자신을 보살과 동일화하여 정치와 종교가 결합된 강력한 전제 군정을 세우려는 데 목적이 있었다. 앞서 다룬 남조의 양 무제가 '보살계 제자'를 자칭하여 신하들에게 '황제보살'로 칭송되었던 사례가 그 대표적인 예이다. 마찬가지로, 고려의 국왕들도 여러 불교의례를 직접 주관하는 등 불교 신앙의 구심점이 되어 민심을 규합하고 왕권을 강화하였다.

고려에서 불교의 위상을 잘 나타내 주는 것으로서 국사國師 및 왕사王師 제도가 있다. 국사와 왕사는 국왕의 스승이자 국가의 정신적 지도자로서, 명목상으로 국왕보다 상위에 있는 존재였으며, 일반적인 승려들과 달리 국왕에 대하여 자신을 '신臣 아무개'라고 부르지 않아도 되었다. 또한 왕사는 원칙적으로는 정치에 참여하지 않았지만, 국사와 달리 개경에 머물며 국왕과 관련된 불사에 관여하였다.⁴⁸ 이렇듯 고려 왕실이 국사와

---

47 남동신, 「나말려초 국왕과 불교의 관계」, 『역사와 현실』 56, 한국역사연구회, 2005, p.87. 한편, 덕종 이후 26명의 국왕 중 17명이 보살계를 수계하였으며, 『고려사』에는 총 66회의 수계 기록이 있다.(김형우, 「고려시대 국가적 불교행사에 대한 연구」, 동국대학교 박사학위논문, 1992, pp.148~149)
48 강호선, 「고려시대 국가의례로서의 불교의례 설행과 그 정치적 의미」, 『동국사학』 59, 동국역사문화연구소, 2015, pp.53~54

왕사를 두어 교단의 권위를 높였던 점은 불법이 정치권력보다 우월하다는 상징으로 기능하였고, 이는 자연스레 불교가 왕권을 견제할 수 있는 최소한의 근거가 되었다.[49]

한편으로 고려에서는 승과僧科 제도를 운영하여 이를 통과한 승려에게 승계와 승직을 수여하였다. 그 이전에도 승려의 도행道行을 시험하여 존호나 지위를 부여하는 일은 있었지만, 승과와 같이 승려를 관료에 준하는 방식으로 선발하는 시험은 없었다. 승과 제도는 승려가 지속적으로 증가하면서 국가가 공인한 승려를 통해 전국 승려를 통제하기 위한 수단이 됨과 동시에, 지배층 출신의 승려들이 국가로부터 그들의 지위를 인정받고자 하는 욕구를 반영하고 있다.[50] 승과의 방식은 담경談經이나 담선談禪과 같은 문답식으로 진행되었는데, 승과 과정 중의 답변은 시기에 따라 국가나 불교계에서 정설로 여기는 교학에 기초한 '모범답안'이 결정되어 있었던 것으로 보이고, 이는 당시 교리에 대한 합법성과 권위를 국가가 부여하고 있었음을 나타낸다.[51]

승과 등의 과정을 거쳐 구성된 고려의 승정僧政은 국가가 불교 교단과 승려들을 국가체제 속으로 편입시켜 관리한 제도로 국가에 의한 승계·승직 수여는 불교계의 자율성을 침해하였다. 국가적으로 인정받는 승려는 수도에서 활동하면서 문벌귀족과 교류하고 승계와 승직을 보유하는 자들에 한정되었다. 이를 통해 국가가 불교계를 중앙 중심으로 파악하고 통제하였으며 지방에 대해서는 크게 관섭하지 않았음을 알 수 있다.[52]

---

49 최병헌 외, 앞의 책, 2013, p.118
50 박윤진, 「고려시대 불교 정책의 성격」, 『동국사학』 59, 동국역사문화연구소, 2015, p.5
51 박윤진, 앞의 논문, 2015, pp.5~6
52 박윤진, 앞의 논문, 2015, p.28

국가의례

고려시대의 국가의례는 비록 오례五禮를 중심으로 정리되었지만, 『고려사』의 의례 관련 기사와 고려시대 문집에 전하는 각종 의식문과 표문表文 등에서 유교, 불교, 도교, 풍수 및 토속신앙이 모두 포함되어 국가의례가 구성되었다는 사실이 나타나고 이는 고려의 다양성과도 조응한다.[53]

고려시대 불교의례의 위상은 매우 높았으며, 국가가 각종 불교의례를 체계적으로 정비하여, 민심을 수습하고 왕실의 안정을 도모하였다. 특히 태조는 〈훈요십조〉에서 부처를 섬기고 연등 공양을 통해 복을 기원하는 연등회, 그리고 부처와 천령天靈·오악五嶽·명산名山·대천大川·용신龍神을 섬기는 팔관회를 반드시 설행할 것을 당부하였다. 고려라는 국가가 불교를 통해 수호되고 있다는 믿음은 후대에도 계승되었고, 태조가 당부했던 연등회와 팔관회는 국가 행사로 중시되었다.

국가적 불교의례 가운데 정기의례와 비정기적 의례가 있다. 정기적으로 설행된 불교의례는 신라에서 보이지 않는 고려 불교의례의 특징으로, 상원연등회上元燃燈會(매년 1월 혹은 2월), 제석천도량帝釋天道場(1월 또는 2월), 경행經行(3월), 태조의 휘신도량諱辰道場(매년 6월), 보살계 수계(6월), 우란분재盂蘭盆齋(7월), 중동팔관회仲冬八關會(10월과 11월), 장경도량藏經道場(봄·가을), 인왕백고좌회(9월 또는 10월)가 있다. 이 가운데 인왕도량은 2년 혹은 3년에 한 번 개최되고, 보살계 수계는 날짜는 정해져 있지만 설행 간격이 정해져 있지 않았다.[54] 그리고 정기의례인 상원연등회, 중동팔관회, 인왕도량, 장경도량, 보살계도량, 경행 등은 모두 궁궐 내 전각에서 설행되었

---

53 강호선, 앞의 논문, 2015, pp.41~42
54 강호선, 앞의 논문, 2015, pp.49~50

고 국왕이 의례를 주관하거나 받는 대상이었는데, 이와 같은 의례는 종교 행위에 '궁궐'이라는 공간의 정치적 권위가 더해져, 국왕의 정치적 권위를 보여 주고 확인하는 기능을 하였다.[55]

고려의 국가의례에서 특이한 점은 태조에 대한 신앙이 불교의례를 통해 구현되고 있다는 점이다. 불교를 통한 태조 신앙은 광종 대에 본격적으로 시작되었는데, 태조상이 봉은사 태조 진전에 봉안되면서 불교의례를 통해 표현되었다. 태조 신앙이 사찰에서 이루어지기는 했지만, 관련 의례인 상원연등회에서 조진배알祖眞拜謁과 6월 태조 휘신도량은 주불전이 아닌 태조를 위한 별도의 공간인 진전에서 국왕이 의례를 주관하였고, 태자를 비롯한 문무백관들이 참여하였다.[56] 상원연등회에서 태조의 진영을 숭배하는 조진배알 의식이 의례의 주요 부분을 이루고 있었다는 점은, 후삼국의 전란을 종식시키고 통일 왕조를 이룩했던 태조에 대한 신앙을 연등회에 포섭하여[57] 중앙 정치권력을 강화하고자 하는 의도로 해석된다.

팔관회는 고려 건국 이후 전통 신앙을 포용하면서 고려 국왕의 권위와 천자국으로서의 고려의 위상을 공표하는 의례로 성격이 변했는데, 팔관회 의례는 궁궐에 보관 중인 태조의 진영을 의봉루儀鳳樓로 옮겨 건 다음 왕이 태조의 영전에 진헌進獻하며 팔관회 개최를 유훈으로 남긴 태조를 기리는 데서 시작한다.[58] 상술한 국가의례들은 모두 매년 태조의 위업을 재확인하고 기억을 상기시킴으로써, 고려 왕실의 권위를 강화하고 사

---

55 강호선, 앞의 논문, 2015, pp.51~52
56 강호선, 앞의 논문, 2015, p.58
57 이자랑, 앞의 책, 2013, p.166
58 강호선, 앞의 논문, 2015, p.59

회를 통합시키는 역할을 한다.

고려의 팔관회나 백고좌회는 신라보다 그 규모가 확대되었으며 의례도 체계적으로 정비되어 고려 사회를 통합시키는 기능을 하였다. 신라 진평왕 때부터 설행된 백고좌회는 신라에서 정기적인 의례로 설행되었던 모습이 확인되지 않지만, 고려의 경우에는 국왕이 주관하는 대표적인 불교의례로서, 정기적으로 궁궐에서 설행되었고, 행사가 끝난 뒤에는 대규모의 반승飯僧 행사가 함께 열렸다.[59] 『인왕경』 관련 의례는 현종 대 이후 9월이나 10월에 궁궐에서 반승을 수반한 대규모 정기의례인 백고좌회와 특정 목적을 위해 수시로 개설된 인왕도량仁王道場으로 구분되었는데, 원 간섭기 이후에는 대규모 백고좌회는 개설되지 못했다.[60]

종합하면, 고려시대에는 국가와 왕실을 대표하는 국왕이 주관하거나 참여하는 불교의례가 빈번하게 설행되었는데, 이는 고려 이전과 이후에는 찾아볼 수 없는 고려만의 시대적 특징이다.[61] 고려에서 국가적 불교의례는 국왕을 정점으로 한 정교통합과 사회통합을 가시화시키는 역할을 담당했다.

승군의 국가 수호

고려시대 승군은 불교 사원을 위해 복무하는 사적인 성격과 국가의 사업과 국방에 동원되는 공적인 성격을 모두 가지고 있었다.[62] 승군의 기

---

59 강호선, 앞의 논문, 2015, p.45
60 강호선, 앞의 논문, 2015, p.46
61 강호선, 앞의 논문, 2015, p.68
62 김창현, 「고려시대 승병의 성격과 역할」, 『동국사학』 59, 동국역사문화연구소, 2015, p.77

원에 대해 거슬러 올라가자면, 일찍이 신라 말과 후삼국 전란기에 막강한 부를 소유했던 해인사가 난도亂徒들로부터 사원을 방어하기 위해 승군을 조직했던 기록이 보인다.⁶³ 고려의 승군은 후삼국 전란기부터 등장하여 고려시대 내내 지속되는데, 〈훈요십조〉에서 밝혔듯이 고려 태조가 불교 사원의 보호를 천명했기에 통일 후에도 승군을 포함한 사원 세력을 인정했다고 여겨진다. 진전사원을 제외한 다른 사원들은 국가가 병력을 파견하여 각종 시설과 재물을 일일이 보호해 줄 수 없었던 사회적 배경으로 인해, 사원이 자기 방어 수단으로서 승군을 보유할 수 있게 된 측면도 있을 것이다.

수원승도隨院僧徒는 계를 받고 불법을 수학하는 일반 승려들과 달리, 사원에 노동력을 제공하고 사원의 토지를 빌려서 경작하며 생활했다. 이들은 사원을 위해 활동하지만, 공공 노역과 군사로 징발되는 재가화상在家和尙과 동일한 존재로 파악되기도 한다. 그렇지만 재가화상은 남성인 반면 수원승도는 여성까지 포함하므로 그 범주가 보다 넓다.⁶⁴ 이들은 일반 승려들과 달리 가정을 이루고 토지인 항산恒産을 소유하였다. 고려왕조는 불교를 존중하여 수원승도를 동원하지 않으면 달성하기 어려운 거국적인 사업에만 한정하여 노동이나 군사에 동원했는데, 무인정권기에는 세력이 커진 군졸 대신 승도를 토목에 자주 동원했다가 대대적인 반격을 받기도 하였다.⁶⁵ 고려 말 부역체계가 무너지면서 수원승도들은 고려 초·중기와 달리 임금을 받고 고용되었지만, 비상상황에는 여전히 무

---

63 이홍직, 「나말의 전란과 치군」, 『사총』 12, 고려대학교 역사연구소, 1968
64 김창현, 앞의 논문, 2015, p.79
65 김창현, 앞의 논문, 2015, pp.86~87

임금으로 동원되었다.[66]

승군은 대개 수원승도로 구성되었는데, 승군의 고위급 지휘자 중에는 일반 승려들도 있었다. 이들은 평소에는 사원을 보호하였고 비상시에는 국가를 지키기 위해 전투에 참여하였다. 승군은 외적과의 전쟁에서 많은 공로를 세웠다. 현종 원년(1010) 12월 거란군이 쳐들어와 서경을 포위하였을 때는 법언法言이 이끄는 승군이 선봉에 서서 적군과 싸웠고,[67] 고종 4년(1217)에는 몽골군에 밀려 내려온 거란군에 맞서 양광도, 충청도의 병력과 승군이 힘을 합해 막았다.[68] 14년 뒤인 1231년에 몽골군이 침입하였을 때는 전시임에도 불구하고 고종이 친히 3만 명을 반승飯僧하였는데, 이는 전국에서 소집된 승군이 개경에 모이자 임금이 직접 음식을 대접하였던 것으로 보인다. 동시에 이는 고려의 대규모 반승이 종교적 의식을 넘어 유사시 승군으로 동원하기 위한 정치 작업이기도 했음을 의미한다.[69]

『고려사』에는 몽골군이 처인성處仁城을 공격하자 성 안에 있던 승려가 몽골군 장수인 살리타(撒禮塔)를 화살로 쏘아 죽였다는 기록이 있다. 그 승려는 김윤후로 이후 처인성에서 몽골군을 물리친 공로로 재상까지 올랐다.[70] 고려 말 홍건적이 침입하였을 때 승군은 전쟁에 참여하기도 하였으며, 왜구가 침략하였을 때도 승도들이 수시로 차출되어 전함을 제조하거나 전투에 나섰다. 이와 같은 고려시대 승군의 활약은 불교가 단순히

---

66 김창현, 앞의 논문, 2015, p.86
67 김창현, 앞의 논문, 2015, pp.104~105
68 김용태, 「한국불교사의 호국사례와 호국불교 인식」, 『대각사상』 17, 대각사상연구원, 2012, pp.54~55
69 김창현, 앞의 논문, 2015, p.107
70 박서연, 「승역·승군」, 동국대학교 불교문화연구원 HK연구단 엮음, 『테마 한국불교』 4, 서울: 동국대학교출판부, 2016, p.217

종교적 기능을 넘어 국가의 질서를 수호하는 역할까지도 담당하였음을 시사한다. 특히 승도들은 사원을 중심으로 조직화되어 있었으므로 평소에도 정치권력과 결탁이 용이하였을 것이다. 따라서 승군은 고려시대 정치권력의 지형을 이해하는 핵심적 요소라고 할 수 있다.

호국신앙과 고려대장경

고려시대에는 두 차례에 걸쳐 대장경이 조판되었는데, 11세기에 조판된 『초조대장경初雕大藏經』과 13세기에 조판된 『재조대장경再雕大藏經』이 그것이다. 『초조대장경』이 현종 대(1009~1031)에 거란의 침입을 물리치려는 염원을 담고 있었다면, 『재조대장경』은 몽골의 침입으로 부인사符仁寺 소장의 대장경판이 훼멸되자 고종 대(1213~1259)에 국난을 극복하려는 염원을 담아 재조再雕되었다.[71]

고려는 송의 관판 대장경인 『북송장北宋藏』이 간행되자 성종 8년(989)에 『북송장』 본장을 청래한 이후 단속적으로 속장을 수입하고, 거란의 대장경인 『요장遼藏』을 4회에 걸쳐 수입하였는데, 이것이 『초조대장경』과 『재조대장경』의 근간이 되었다.[72] 『초조대장경』은 국가의 관부에 속하지 않는 별도의 임시 기구를 통해 조성되었지만, 『재조대장경』의 조조는 대장도감大藏都監과 분사대장도감分司大藏都監이라는 조직으로 국가 관부를 통해 운영되었다. 무신 집권기의 대장도감은 상징적으로는 국왕을 정점

---

71 박용진, 「고려대장경의 정치·사회적 기능과 의의」, 『동국사학』 59, 동국역사문화연구소, 2015, p.163
72 박용진, 앞의 논문, 2015, p.164

으로 하면서, 실질적으로는 최우와 최항 등에 의해 주도되었다.[73] 이렇듯 국가의 주도로 제작되고 관리된 고려대장경은 불교 신앙과 호국 염원의 상징이었다. 한편, 이규보李奎報(1168~1241)의 『동국이상국집東國李相國集』의 '대장각판군신기고문大藏刻版君臣祈告文'에는 『재조대장경』의 조성이 불법치국의 이념에 기초하고 있음이 드러나는데, 대장경판의 보유는 불교국으로서의 자부심과 국력을 나타내는 것이기도 하다.[74]

대장경 관련 국가 불교의례의 설행을 통해서도 대장경의 정치적 기능이 잘 나타난다. 『고려사』에 대장경 관련 불교의례가 5종 43회 개설되었다고 수록되어 있는데, 춘추 2회의 대장경회大藏經會는 국왕이 주관하고 궁궐 내 회경전에서 설행된 정기 국가의례였다. 현종 대 『초조대장경』 조조와 함께 처음 개설되어 정종 대 정기 법회가 되었으며, 고려 후기 무신집권기에도 대표적인 국가의례로 설행되었다.[75] 대장경회에서는 대장경도량大藏經道場 음찬시音讚詩를 지었는데, 고종 대 몽골과의 전쟁 시기에 지어진 음찬시에서 "한 대장경이 온전히 백만 군을 이기니 사마외도(魔外)가 응당 엿볼 수 없네."라고 하면서 대장경의 공덕으로 국난을 극복하고 평안을 기원하는 염원을 표현하였다.[76] 대장경 의례는 사원경제와도 밀접한 관련이 있었을 것으로 보이며, 백성을 결집시키는 정치사회적 기능 또한 갖고 있었다. 즉, 고려대장경은 불법으로 국가를 수호하는 고려의 정치이념과, 국가의 위기 상황을 종교적 힘으로 극복하려는 호국신앙의 상징이었다고 할 수 있다.

---

73 박용진, 앞의 논문, 2015, pp.169~170
74 박용진, 앞의 논문, 2015, p.175
75 박용진, 앞의 논문, 2015, p.178
76 박용진, 앞의 논문, 2015, pp.181~182

Ⅳ. 조선시대 정교분리와 활용

성리학적 지배 질서와 '억불'

조선왕조는 성리학을 통치 이데올로기로 삼아 건국되었다. 따라서 고려시대 정치와 긴밀하게 결합되었던 불교는 다시 국가권력과 일정한 거리를 유지하게 되었다. 조선시대의 불교는 소위 '숭유억불崇儒抑佛'이라는 정책 기조 아래에서 고려와 비교하여 그 세력이 크게 약화되었던 것은 사실이지만, 그렇다고 불교가 기존의 통념처럼 정치사회적 지위를 완전히 소실한 것은 아니었다. 조선의 국왕들 가운데 대다수는 왕실의 안녕과 국가의 평안을 기원하며 왕권 강화에 도움이 되는 불교에 적대적이지만은 않았고, 때로는 불교 문제에 관해 왕실과 유학자, 신료 사이에서 중재 역할을 하기도 했다.[77] 따라서 조선시대 불교의 정치적 위상도 재고되어야 할 필요성이 있다.

조선시대에는 불교를 적극적으로 장려하기도 하고 강경하게 배척하기도 하는 등 그 구체적인 시기와 국왕에 따라 불교에 대한 정책도 극단적으로 변화했다. 그렇지만 거시적인 시각에서 평가하자면, 불교 세력은 정치권력에 비해 미약한 지위를 벗어나기는 힘들었고, 대체로 정치권력에 의해 그 운명이 좌우되었다고 할 수 있다.

태조는 개인적으로 불교를 신앙하여 무학 자초無學自超(1327~1405)를 왕사에 봉하고 궁궐에서 승려 200여 명을 반승飯僧하였다. 또한 즉위 초에 연복사演福寺 탑을 중창하고 문수회文殊會를 베풀었으며, 가야산 해인

---

[77] 김용태, 『조선후기 불교사 연구』, 서울: 신구문화사, 2010, p.93

사의 고탑을 중수하고 그 속에 대장경을 인쇄하여 안치하기도 하였다. 뿐만 아니라, 『태조실록』에 기록된 불교 행사만 인경印經 12회, 소재회消災會 14회, 불사법석佛事法席 35회, 반승 9회 등이 있다.[78]

그러나 태조와 달리 태종은 배불정책을 단행하여, 왕사 및 국사 제도를 없애고 도첩제를 엄격히 시행하였으며, 11종宗의 종단을 조계종・천태종・화엄종・자은종・중신종中神宗・총남종摠南宗・시흥종始興宗의 7종宗으로 축소시켜 버렸다. 세종도 억불정책을 강화하여, 7종을 선교 양종으로 폐합시켰고, 사찰 수를 줄여 사원의 토지와 노비를 국가의 재산으로 귀속시켰다. 다만 세종은 만년에 불교를 적극적으로 신앙하고 내불당內佛堂까지 세워, 조정의 각 관부官府와 유생儒生들의 반발이 매우 심했다는 기록이 있다.

조선의 '호불왕'이라 할 수 있는 세조에 이르러서는 그간의 억불정책의 기조에서 탈피하여 일련의 호불정책을 시행하였다. 구체적으로는 세조 7년(1461)에 간경도감刊經都監을 설치하여 약 37종의 한문 불전佛典과, 『법화경언해』・『금강경언해』・『반야심경언해』・『원각경언해』 등 9종의 언해諺解 불전을 간행하였다.[79] 뿐만 아니라, 여러 사찰을 중수重修하거나 보수補修하였고, 대규모 공사가 있을 때마다 공인된 승려 신분증명서인 '도첩'이 없는 승려들을 사역하고, 대신 이들에게 도첩을 대량으로 발급해 정식으로 승려가 되는 길을 열어 주기도 하였다.[80]

이처럼 세조 대에 불교가 잠시 부흥했지만, 성종이 즉위하자 이전보다 더욱 강경하게 불교를 배척하여 성종 23년(1492) 도첩의 발행을 정지시키

---

78 김영태, 『한국불교사』, 서울: 경서원, 1997, pp.242~243
79 김영태, 앞의 책, 1997, p.259
80 박서연, 앞의 논문, 2016, pp.219~220

고, 도첩이 없는 승려를 환속시켜 부역과 군정을 부여하였다. 성종이 이 토록 불교를 억압하는 정책을 펼쳤던 이면에는 승려의 수를 제한하여 군 병을 충당하려는 목적도 있었을 것이다. 이와 같은 억불정책의 기조 아 래 중종 2년(1507)에 승과僧科가 폐지되었고, 이는 선종과 교종 간의 종파 구분이 사라져 버리는 결과를 초래하게 된다.

의승군의 활약과 불교의 사회적 위상

임진왜란이 일어나자 그간의 '숭유억불' 정책에도 불구하고 승려들은 자발적으로 전쟁에 참여하여 국난에 빠진 국가를 수호하는 데 힘썼다. 임진왜란 당시 '의승군義僧軍'은 주요 전투에 참여하였을 뿐만 아니라, 산 성 축조, 군량 보급 등을 담당하였고 『조선왕조실록』과 같은 국가 기록물 및 문화유산 수호에도 앞장서는 등 다방면에서 큰 역할을 담당했다.[81] 이 처럼 국가적 위기 상황에 적극적으로 개입했던 의승군의 활약을 통해 불 교의 위상은 다시금 높아지게 되었다.

선조가 서산 휴정西山休靜(1520~1604)에게 국가의 위기를 구하는 데 앞 장서 줄 것을 부탁하자, 휴정은 "나라 안의 승려 가운데 늙고 병들어 나 설 수 없는 자들은 신이 이미 명하여 각자 머문 곳에서 수행하며 신령의 도움을 기원토록 하였습니다. 나머지는 신이 모두 소집해 오게 하여 종 군하게 할 것입니다. 신 등은 비록 역役을 지고 조세를 내는 인정人丁의 부류는 아니나, 이 나라에서 태어나 성상의 은혜와 훈육을 받고 있는데

---

[81] 김용태, 「조선 중기 의승군 전통에 대한 재고: 호국불교의 조선적 발현」, 『동국사학』 61, 동국역사문화연구소, 2016, p.97

어찌 죽음을 아끼겠습니까? 목숨을 바쳐 충심을 다하겠습니다."[82]라고 답하며, 불교의 국가 수호적 역할을 분명히 했다.

휴정의 제자인 사명 유정四溟惟政(1544~1610), 뇌묵 처영雷默處英 등은 임진왜란 중 의승장으로 활약하였다. 유정은 휴정을 대신해 실질적으로 의승군을 통솔했던 인물로, 관동 지역을 중심으로 팔백여 명의 의승을 모아 직접 전투에 참전하였다. 처영은 호남을 중심으로 천여 명의 의승군을 모았는데, 처영이 이끈 의승군은 행주대첩에서 권율을 도와 대승을 이끈 바 있다.

의승군은 도총섭이 전국의 의승군을 관장하고, 각 도에서 두 명의 총섭승摠攝僧이 해당 지역의 의승군을 통솔하는 조직체계를 갖추고 있었다. 도총섭과 총섭승은 모두 조정에서 임명하였으므로, 실질적으로는 국가의 관리·통제하에 놓여 있었다고 볼 수 있다.[83] 임진왜란 때의 의승군의 활동이 효용성을 인정받자, 조정에서는 전쟁 후에도 의승군을 준準관군화하여 유사시에 이용하려고 하였다. 한편, 국가의 위기 상황에서 활약했던 승군은 전쟁이 끝난 후 남·북한산성의 축성과 그 수비에도 동원되었다. 이처럼 의승군의 전통은 당초의 목적과는 달리 임진·정유 양난을 거치며 승역의 관행화로 고착되었고, 승려와 불교가 국가권력에 과도하게 종속되는 결과로 이어진다.

조선시대 의승군은 동아시아에서도 보기 드문 양상으로, 국난의 상황에서 나라를 구하기 위해 전쟁에 참여한 의승군의 활약은 한편으로는 불교에 대한 사회적 인식을 개선하는 데 상당히 기여하였다. 다른 한편으로는 승려들의 사망과 부상, 사찰 및 재산의 손실 등으로 인해 불교계가

---

82 『大東野乘』 36, 「再造藩邦志」 20; 김용태, 앞의 논문, 2016, p.98에서 재인용.
83 박서연, 앞의 논문, 2016, p.224

막대한 손실을 입었고, 수행 기풍이 퇴조하고 승려들이 환속하는 부작용도 낳았다.[84] 의승군의 호국 정신을 십분 활용하여 국가는 여러 차례 위기 상황에서 벗어났지만, 불교는 계율보다 호국과 충의忠義를 우위에 두는 바람에 결국 세속화를 초래하였으며, '정치권력에의 종속'이라는 부정적 유산을 남기게 되었다.

---

84 김용태, 앞의 논문, 2016, pp.101~102

불교와 정치권력의 역동적 공생

　인간의 사유와 현실은 서로 유기적으로 얽혀 있는 불가분의 관계이지만, 그와 동시에 둘 사이에는 항상 일정한 간극이 존재한다. 오히려 사유와 현실 사이에 좁거나 넓은 틈이 있기 때문에 서로 끊임없이 소통하며 역동적으로 변화할 수 있는 동력을 발생시킨다고도 할 수 있다. 해탈을 지향하는 종교인 불교가 현실에서 오히려 국가권력과 긴밀하게 유대하고, 때로는 통치 이데올로기로 활용되기도 했다는 역사적 사실은 이를 잘 반영하고 있다. 초기 불교에서 교단은 정치권력과 일정한 거리를 유지하고 있었으나, 마우리아왕조의 제3대 왕인 아쇼카왕이 불교에 의한 통치를 선언하면서 정치권력과 불교는 밀접한 관계를 형성하게 된다.

　불교가 전래된 후 중국의 통치자들이 아쇼카왕의 '전륜성왕' 형상을 적극 수용하여 왕권 강화를 도모하였던 점은, 당시 불교가 단지 종교적인 요구를 만족시키는 데 머물렀던 것이 아니라, 강력한 중앙집권 체제를 뒷받침하는 정교통합적 기제로 작용하였음을 단적으로 보여 준다. 특히 북조에서는 '왕즉불' 관념이 등장하여 강력한 왕권을 뒷받침했는데, 왕실은 교단을 지원하는 동시에 관리·통제하였고 교단은 황제를 부처로 숭상하면서 정치권력에 예속되어 갔다. 이러한 종속적 구조하에서, 북위의 태무제와 북주의 무제에 의해 대규모 폐불 정책이 단행되자 불교계가 받은 타격은 심각할 수밖에 없었다.

　한편, 남조의 상황은 본래 북조의 종속적 면모와는 많이 달랐는데, 혜원의 『사문불경왕자론』으로 대표되는 남조 교단은 정치권력과 일정한 거리를 유지하고 독자적인 세력을 형성하고 있었다. 그러나 양 무제는 반세기에 가까운 집권 기간 동안 끊임없이 정교결합을 시도하였다. 그는 아쇼카왕과 같은 '전륜성왕'이 되는 것을 목표로 삼아, 교권을 포섭한 강력한 왕권을 점차 수립해 나갔다. 이 과정에서, 양 무제가 표방했던 불교를 신앙하고 계율을 철저히 지키는 '보살계 제자'의 모습은 결국 정치와 종교가 모두 그를 중심으로 통합된 '황제보살'의 실현을 위한 것이었다. 그는 한편으로는 지속적으로 교단을 간섭하고 통제하여 왕권을 강화시켜 나갔는데, 대표적으로 '단주육'의 시행을 통해 육식을 금지하며 교단에 대한 정책적 개입을 시도하였다. 다시 말해, 인도 아쇼카왕의 '전륜성왕' 이미지가 정치이념으로서 중국의 남북조 정권을 거쳐 한국, 일본 등 동아시아에 널리 수용되는 과정의 경유지 역할을 한 것이 바로 이 양 무제 시기라고 할 수 있다.

삼국의 불교 수용과 공인은 모두 왕실을 중심으로 이루어졌다. 고구려는 소수림왕 때 불교가 공식적으로 수용되었는데, 전진의 부견이 372년 불상과 경문을 보내왔고, 그 결과 375년에 사원이 최초로 건립되었다. 백제는 침류왕 원년(384) 9월 동진에서 마라난타가 들어와 불교를 전파하였고, 이듬해인 385년에 불교를 공인하였다. 고구려나 백제에서는 불교가 비록 통치 이데올로기는 아니었지만, 양국의 불교 수용은 종교적 측면만이 아니라, 모두 국제정치적 역학 속에서 중앙집권 체제를 구축하기 위한 포석이었다.

신라가 고구려나 백제에 비해 늦은 시기에 불교를 수용하였던 것도 신라가 양국에 비해 중앙집권화가 늦었던 것과 연관이 있다. 신라는 법흥왕 때인 527년에야 비로소 불교가 정식으로 공인되었는데, 이차돈의 순교에서도 보이듯, 당시 신라에서는 토착신앙을 중심으로 한 귀족들의 반발이 거세었다. 따라서 신라 왕실의 불교 수용은 귀족 세력에 대한 왕권 강화와 국가체제의 정비를 모색하는 과정이었다고 할 수 있다. 그 후, 신라 왕실은 불교와 계속 밀접한 관계를 형성하였다. 왕이 곧 부처라는 전륜성왕의 이념을 계승하였을 뿐만 아니라, 신라 왕족이 석가족과 같은 진종이라는 이데올로기를 창조하는 한편, 팔관회·백고좌회 등 국가적 불교의례를 통해 호국 의식을 고취시키기도 하였다.

고려시대 불교는 국교로서 정치적 위상이 매우 높았다. 고려의 태조는 여러 숭불정책을 펼쳐 민심을 규합하였는데, 그는 〈훈요십조〉에서 국가의 대업이 부처의 가피에 의지하고 있다고 밝히고, 연등회와 팔관회 등 불교 행사를 지속적으로 시행하도록 당부했다. 고려 왕실은 태조의 숭불 이념을 계승하여 대대로 불교에 귀의하였다. 고려의 국왕들은 보살계를 수지하고 국가적 불교의례를 정기적으로 개최했으며, 또한 불사리를 공양함으로써, 불교를 믿는 국왕이 통치하는 고려에 부처의 가피가 있을 것이라는 믿음을 심어 주었다.

한편, 고려의 국왕들은 숭불정책을 통해 전륜성왕의 이미지를 통치에 활용하여, 중앙집권적 정치체제를 구축하고자 하였다. 대표적인 숭불정책으로 국왕의 스승이자 국가의 정신적 지도자로서 국왕보다 상위에 있는 국사나 왕사가 있었다. 한편으로 승과 제도를 운영하여 이를 통과한 승려에게 승계와 승직을 수여함으로써 불교 교단과 승려들을 국가권력 속으로 편입시켜 관리하기도 하였다.

또한 고려에 이르러 팔관회나 백고좌회는 신라보다 그 규모가 확대되었으며 의례도 체계적으로 정비되어 고려 사회를 통합시키는 기능을 수행하였다. 국가와 왕실을 대표하는 국왕이 주관하거나 참여하는 불교의례가 빈번하게 설행된 것은 고려만의 시대적 특징으로, 고려에서 국가적 불교의례는 국왕을 정점으로 한 정교통합과 사회통합을 가시화시키는 역할을 담당했다.

거란이나 몽골과 같은 외세의 침입 속에서 승군의 활약은 고려시대 불교가 단순히 종교적 기능을 넘어 국가 질서를 수호하는 역할까지도 담당하였음을 시사한다. 고려시대에는 국가의 주도로 두 차례에 걸쳐 대장경이 조판되었는데, 11세기에 조판된 『초조대장경』과 13세기에 조판된 『재조대장경』이 그것이다. 『초조대장경』이 현종 대에 일어난 거란의 침입을 물리치려는 염원을 담고 있었다면, 『재조대장경』은 몽골의 침입으로 부인사 소장의 대장경판이 훼멸된 후 고종 대에 국난을 극복하려는 염원을 담아 재조되었다. 다시 말해, 고려대장경은 불법으로 국가를 수호하는 고려의 정치이념 및 국가의 위기 상황을 종교적 힘으로 극복하려는 호국신앙의 상징이었던 것이다.

조선왕조는 성리학을 통치 이데올로기로 삼아 건국되었다. 따라서 고려시대 정치와 긴밀하게 결합되었던 불교는 다시 국가권력과 일정한 거리를 유지하게 되었다. 기실 조선시대에는 불교를 적극적으로 장려하기도 하고 강경하게 배척하기도 하는 등 그 구체적인 시기와 국왕에 따라 불교에 대한 정책이 극단적으로 변화했다. 그렇지만 거시적인 시각에서 평가하자면 불교 세력은 정치권력에 비해 미약한 지위를 벗어나기는 힘들었고, 대체로 정치권력의 태도에 의해 그 운명이 좌우되었다고 할 수 있다. 단, 조선시대의 불교가 소위 '숭유억불'이라는 정책 기조하에서 고려와 비교하여 그 세력이 크게 약화되었던 것은 사실이지만, 그렇다고 불교가 기존의 통념처럼 정치사회적 지위를 완전히 소실한 것은 아니었으므로, 조선시대 불교의 정치적 위상이 재고되어야 할 필요성은 엄존한다.

한편 '숭유억불' 정책에도 불구하고 임진왜란이 일어나자 승려들이 자발적으로 전쟁에 참여하여 국가 수호에 동참하는데, 이처럼 국가적 위기 상황에 적극적으로 개입했던 승군의 활약을 통해 불교의 위상은 다시금 높아지게 되었다. 이러한 조선시대 의승군의 활약은 동아시아 범위로 눈을 돌려도 드물게 관찰되는 양상으로, 국난의 상황에서 나라를 구하기 위해 전쟁에 참여한 의승군은 불교에 대한 사회적 인식을 개선하는 데 상당히 기여하였다. 그러나 동시에 불교계에 막대한 인적·물적 손실을 초래하였으며, 세속에서 벗어나 수행하는 본연의 기풍이 퇴색되었다. 이처럼 의승군의 호국 정신을 십분 활용하여 국가는 위기 상황에서 벗어났지만, 불교는 계율보다 호국과 충의를 우위에 두었던 까닭에 정치권력에의 종속을 피할 수 없었고 결국 세속화의 길을 걷게 된다.

이상에서 알 수 있듯, 한국불교와 정치권력은 거시적으로는 불교의 예속적 면모가 주를 이루는 정교결합이 관통하고 있지만, 동시에 양자가 각종 정치·사회적 상황에 따라 역동적으로 다양하게 결합한 양상을 보이고 있다. 따라서 '결합'이나 '공생'만으로는 한국불교와 정치 간의 관계를 충분히 대변할 수 없으며, 그 역동성에 대한 지적이 동반될 필요가 있기에, 이 장에서 한국불교와 정치권력 간의 관계를 '역동적 공생 관계'로 규정하였다.

요컨대, 한국불교는 왕권과의 복잡·다양한 역학 관계 속에서 끊임없이 정치권력과 소통하며 역동적으로 공생적 관계를 맺어 왔다. 삼국의 중앙집권 체제와 맞물려 중국으로부터 수용되었던 불교는 신라 왕족의 통치를 뒷받침하는 이데올로기로 작용하였고, 고려에서는 불교가 국교로서 정치권력과 통합되어 숭불정책 및 국가의례 등이 행해졌으며, 국난 시에는 호국 염원이 담긴 대장경이 조판되기도 했다. 성리학을 통치 이데올로기로 삼은 조선왕조에서는 불교 세력이 다소간 약화되긴 했지만,

임진왜란과 같은 국가적 위기 상황에서 승군의 활약을 통해 불교의 위상이 다시금 높아지기도 했다. 그리고 이러한 역동적 공생 관계는 초월적 사유로서의 불교와 현실로서의 한반도 정치가 어떤 접점에서 만나 어떤 경로로 걸어왔는지를 우리에게 여실히 보여 주고 있다.

| 참고문헌 |

김영태, 『한국불교사』, 서울: 경서원, 1997.
김용태, 『조선후기 불교사 연구』, 서울: 신구문화사, 2010.
최병헌 외, 『한국불교사 연구 입문』 상, 파주: 지식산업사, 2013.

강호선, 「고려시대 국가의례로서의 불교의례 설행과 그 정치적 의미」, 『동국사학』 59, 동국역사문화연구소, 2015.
김용태, 「조선 중기 의승군 전통에 대한 재고: 호국불교의 조선적 발현」, 『동국사학』 61, 동국역사문화연구소, 2016.
김용태, 「한국불교사의 호국사례와 호국불교 인식」, 『대각사상』 17, 대각사상연구원, 2012.
김창현, 「고려시대 승병의 성격과 역할」, 『동국사학』 59, 동국역사문화연구소, 2015.
박용진, 「고려대장경의 정치·사회적 기능과 의의」, 『동국사학』 59, 동국역사문화연구소, 2015.
박윤진, 「고려시대 불교 정책의 성격」, 『동국사학』 59, 동국역사문화연구소, 2015.
소현숙, 「梁 武帝의 佛敎政策」, 『한국고대사탐구』 2, 한국고대사탐구학회, 2009.
이자랑, 「제정일치적 天降관념의 신라적 변용-인도 아쇼까왕과의 비교를 중심으로」, 『불교학연구』 32, 불교학연구회, 2012.
조준호, 「초기불교에 있어 국가권력(왕권)과 교권: 세간과 출세간에서의 정교분리를 중심으로」, 『인도연구』 14-2, 한국인도학회, 2009.
최연식, 「동아시아의 불교와 정치」, 『불교평론』 58, 불교평론사, 2014.

권력과 종교

윤회 輪廻

· 박서연

I. 인도불교와 윤회사상

　　업과 윤회/ 무아와 윤회/ 아뢰야식과 윤회의 주체

II. 동아시아 불교와 업·윤회 관념

　　중국불교의 윤회 관념/ 티베트·몽골 불교의 윤회 관념/ 일본 불교의 윤회 관념

III. 신라시대 업·윤회사상의 수용과 전개

　　신라인의 윤회관/ 윤회와 지계/ 점찰법회와 윤회 인식

IV. 고려~조선 시대 윤회 관념의 변용

　　수륙재의 설행/ 효 윤리와 윤회/ 육도윤회설과 지옥

■ 윤회, 그 간단없는 생사의 수레바퀴

I. 인도불교와 윤회사상

업과 윤회

윤회사상은 인도 종교와 철학의 핵심이다. 윤회는 범어로 상사라 saṃsāra이며, 승사락僧娑洛이라 음역하고, 재생·재화신再化身·전생轉生 등으로 번역된다. 생사·생사윤회·윤회전생·유전流傳·윤전輪轉이라고도 한다. 중생이 탐·진·치 삼독의 업인業因으로 말미암아 삼계 육도의 생사 윤전을 초감超感하는 것이 흡사 수레바퀴가 회전하듯이 하여 영원히 그치지 않기 때문에 윤회라 한다. saṃsāra는 saṃ과 sāra라는 두 단어의 결합으로 이루어진 말이다. saṃ은 '함께'라는 뜻이고 sāra는 sr에서 유래된 것으로 '달리다'·'빨리 움직이다'·'흐르다'·'건너다'라는 뜻을 가지고 있다. 그러므로 saṃsāra의 글자 그대로의 의미는 '함께 흐르는 것', '일련의 상태를 건너는 것'이다. 윤회설에 의하면, 현재 생生은 수없는 생 가운데 하나이다. 하나의 생, 그것은 윤회라는 큰 강물 속의 하나의 물결에 지나지 않는 것이다.

윤회사상의 기원에 대해서는 학자들 간에 이견이 있으나, 인도 내부에서 형성되었다는 데에는 의견의 일치를 보이고 있다. 여기에도 두 가지 주장이 있다. 즉 인도 토착인들의 원시신앙에서 나왔을 것이라는 주장과, 외래 민족인 아리아인들이 인도에 침입해 들어온 뒤 그들의 끈질긴 추구 끝에 성립되었을 것이라는 주장인데, 후자의 주장이 더 설득력을 갖는다.

윤회사상은 고대 인도 바라문교의 주요 교의 가운데 하나이며, 우빠니샤드 시대 이후에 일반화되었다. 붓다가 당시에 활동했던 지역에는 상당히 넓게 윤회사상이 퍼져 있었고, 불교에서는 이를 수용하여 더욱 발전시켰다. 가장 오래된 『우빠니샤드』에는 윤회사상이 분명하게 그 모습을 나타내고 있으며, 초기 불교 경전에 나오는 윤회사상은 가장 오래된 『우빠니샤드』에서 볼 수 있는 윤회사상보다 훨씬 발달되어 있다.

윤회사상은 『우빠니샤드』 사상가들의 오랜 시간에 걸친 탐구에서 나온 결과라고 할 수 있다. 『브리하다란야까 우빠니샤드』에는 인간, 조상, 신의 세계가 서술되어 있고, 『찬도기야 우빠니샤드』에는 여기에 동물의 세계와 벌레의 세계를 보태고 있다. 『우빠니샤드』의 사상가들은 아뜨만을 개체적인 영혼처럼 생각했고 윤회의 주체로 보았다.

불교에서는 윤회사상과 함께 업설도 수용하였다. 업은 윤회사상을 위해 없어서는 안 될 필수적인 요소이다. 불교에서는 이 업을 보다 명확하게 만들고 발전시켰을 뿐 아니라 이 교리에 한층 더 큰 의미를 부여했다. 빨레 뿌생과 나라다(Narada) 장로는, 어떠한 철학 체계도 불교가 한 만큼 업의 중요성을 드높인 체계는 없을 것이라고 하였다.

업은 범어로 까르만karman이다. karman은 '하다'·'완수하다'·'생산하다'·'준비하다'·'만들다'라는 의미를 가진 kr가 어근으로, 일·행위·행동 등으로 번역된다. 일반적으로 업이라고 하는데, '자기가 행동하고 자기가 그 결과를 받는다.'는 의미를 담고 있다. 이것은 윤회사상과 결부되어, 다음 생을 결정하는 업은 그 앞 생(前生)에서 지은 것이며, 현재의 생은 이전에 지은 업의 결과이고 동시에 다시 태어날 미래 생의 상태를 결정한다.[1]

---

[1] 호진, 『무아·윤회 문제의 연구』, 서울: 불광출판사, 2015, pp.26~157 참조.

붓다가 생존했던 시기에는 윤회사상이 갠지스 지역에 널리 유포되어 있었다. 불교에서는 윤회와 업을 물리적 의미에서가 아니라 종교적, 윤리적 맥락에서 수용하였다. 불교에서 수용한 업설과 윤회사상은 종교적인 자각을 바탕으로 하는 것으로서, 일반적인 업설과 윤회사상을 그대로 수용한 것은 아니었다.[2]

무아와 윤회

불교를 철학적으로 그 사상의 깊이를 심화시켜 온 것이 무아설이라고 한다면, 종교적으로 그 실천적 수용의 폭을 넓혀 온 것은 윤회설이라고 말할 수 있을 것이다. 불교의 전개 과정에서 이 두 설은 양립하면서 불교를 더욱 발전시켜 왔다.[3]

불교에서는 일반적으로 인간 존재를 가리킬 때 오온五蘊(pañcaskandha)이라고 한다. 온, 즉 스칸다skandha는 '모임(集合, 積集)'이라는 뜻으로, 오온은 '다섯 가지 요소의 모임'이라는 의미이다. 그것은 색色이라는 한 가지 육체적인 요소와 수受·상想·행行·식識이라는 네 가지 정신적인 요소의 모임을 가리킨다. 이 오온은 인간 존재의 다른 이름이기도 하다. 이러한 오온이 모여 인간의 육체와 정신을 형성하면서 '나(我)'라고 불리는 것이다. 정신적인 요소인 수·상·행·식은 실체적 영혼(ātman)과 같은 존재의 작용에 의해 발생하는 것이 아니다. 감각기관(根)들과 그것들에 상응하는 대상(境)들과의 관계에 의해 일시적으로 발생하는 것이다. 이렇게 발생된 정신 현상은 일시적으로 나타났다가 곧 사라져 버린다. 색·수·상·행·

---

2 나라 야스아키 지음, 정호영 옮김, 『인도불교』, 서울: 민족사, 1994, pp.108·225
3 정승석, 『윤회의 자아와 무아』, 서울: 장경각, 1999, p.81

식의 다섯 요소가 모일 때 임시적으로 인간이라는 존재가 이루어지며, 이 요소들이 흩어질 때 인간 존재는 더 이상 존재할 수 없다. 인간 존재를 구성하고 있는 이들 요소들은 모두 실체가 없으며 변하는 것이다. 오온으로 구성된 존재는 실체적인 '아我가 아닌 존재', 즉 비아非我이고 역시 그와 같은 존재에 실체적인 '아가 없다는 것' 즉 무아無我(anātman)이다. 이것이 바로 무아설이다. 무아설은 불교를 다른 종교와 구별 짓는 가장 특징적인 교리로서, 인간 존재를 분석하고 고찰한 데서 나온 객관적인 사실이다. 불교는 있는 그대로의 인간 존재를 부정하지 않으며, 불교에서 부정하는 것은 '영속적이고 불변하는 실체적 존재로서의 나(我)'이다.[4]

초기 경전에서, 세존은 색·수·상·행·식의 오온이 무아라고 설한다. 예를 들어 색이 만일 아라면 색은 병에 걸리지 않고 색에 대해, '(나의 색은) 이렇게 있으라, 이렇게 있지 말라.' 등으로 말할 수 있어야 하지만 사실은 그렇지 않다. 세존은 색이 무아이기 때문에, 색은 병에 걸리고 색에 대해 '이렇게 있으라, 이렇게 있지 말라.'라고 말할 수 없다는 것이다.

인도철학 전반에서 흔히 아뜨만으로 통하는 그 아我의 의미는 다의적이다. 이 '아'는 주로 '그 자신', '자기 자신', '그 사람 자신', 정신과 육체를 모두 포함하여 '사람인 것' 즉 인격, 미세한 형이상학적 실체로서의 '자아' 또는 영혼 등의 의미로 쓰인다. 이 중 무아라고 말할 때의 '아'는 일반적으로 그중에서 미세한 형이상학적 실체로서의 '자아' 또는 영혼을 가리킨다. 아뜨만은 자기, 개체, 중생, 인격, 자아, 의식 있는 행위자 등과 동의어이다. 이 모든 명칭으로 규정되는 것은 무엇이든 실재하다거나 궁극적인 사실이 아니라 서로 연결된 사실들에 대한 총칭에 불과하다. 무아는

---

4 호진, 앞의 책, 2015, pp.122~126

궁극적 실재의 존재에 대한 부정적 표현인 것이다.[5]

윤회한다는 측면에서 윤회의 주체를 상정하지 않을 수 없고 그럴 경우, 전통적인 논의에서 무아설은 윤회의 주체라는 측면에서 윤회와 상충한다는 측면이 있다. 붓다의 가르침과 업·윤회는 모순되는 것이 아니지만 무아설이 무영혼설과 동일한 의미로 이해되었을 때, 불교의 무아설은 윤회사상, 업설과 대립하는 것이 되었다.[6] 무아와 윤회의 양립 문제는 불교의 발상지인 인도에서 붓다의 생존 당시에 이미 제기되었다. 붓다의 열반 후에도 수백 년 동안 이 문제로 인해 여러 가지 설說이 나왔고, 이것은 부파의 발생 이유가 되기도 하였다.

아뢰야식과 윤회의 주체

윤회사상은 인도의 거의 모든 종교와 철학의 바탕이 되었다. 그러나 각 종교와 철학에서 내세우는 윤회설에는 차이가 있다. 예를 들면 힌두교나 자이나교에서는 윤회의 주체로서 아뜨만이나 지와(jiva, 영혼)를 내세우지만, 불교에서는 그러한 존재를 인정하지 않는다.[7]

밀린다왕과 불교 승려인 나가세나와의 문답을 기록한 경전인 『밀린다팡하』에서, 나가세나는 영혼은 존재하지 않으며 윤회는 어떠한 주체의 전이가 아니라고 말한다. 사람은 과거 세상에서의 업에 의해 현재 세상에서 새로운 삶을 얻지만 실체적인 윤회의 주체는 없다는 것이다.

윤회의 주체에 대해서는 아비달마 시대에 이르러 각 부파 간에 서로

---

5 정승석, 앞의 책, 1999, pp.19~20
6 나라 야스아키 지음, 정호영 옮김, 앞의 책, 1994, p.59
7 호진, 앞의 책, 2015, p.28

다른 설들이 제시되었다. 대중부에서는 윤회의 주체로서 근본식根本識사상을 내세웠고, 상좌부에서는 유분식有分識사상을, 독자부에서는 보특가라補特伽羅(pudgala)사상을, 화지부에서는 궁생사온窮生死蘊사상을, 경량부에서는 세의식細意識과 일미온一味蘊사상을 각각 내세웠다. 이러한 사상들과 함께 나타난 중유설中有說도 윤회의 주체를 찾는 과정에서 나온 것으로 아뢰야식과 연결된다. 중유설은 초기 불교의 윤회사상과 대승불교의 윤회사상을 이어주는 교량 역할을 한다고 할 수 있으며, 아뢰야식이 윤회의 주체로서 자격을 갖추게 하는 데 중요한 역할을 하였다.[8]

아뢰야식阿賴耶識은 범어 알라야ālaya의 음역으로, 아라야식阿羅耶識·아려야식阿黎耶識·아리야식阿梨耶識이라고도 한다. 무몰식無沒識·장식藏識이며, 본식本識·종자식種子識·제8식이라고 한역한다. ālaya란 '간직한다'는 뜻이다. 종자를 소장하고 있는 식이라는 의미에서 종자식이라고도 한다. 아뢰야식 개념은 이미 『해심밀경』에 나타난다. 『아함경』에서 설하는 '알라야'라는 말이 대승경전에 계승되어 아뢰야식사상의 중요한 계기가 되었지만 그것이 어떠한 경로를 거쳐 『해심밀경』의 아뢰야식으로 발전했는지는 알 수 없다.[9] 이처럼 초기 불교 시대에 이미 아뢰야식의 맹아가 보이며 대승불교에서는 마명, 무착, 미륵, 세친 등이 아뢰야식에 대해 설명하였다. 유식학에서는 아비달마불교에서 윤회의 주체를 확실히 내세우지 못한 것과 업력의 보존 장소를 분명하게 정하지 못한 점을 보완하여 아뢰야식을 창출해 내었다.

아뢰야식은 자상自相·인상因相·과상果相의 세 가지로 나뉘며, 아뢰야

---

8 空海 唯眞 엮음, 『윤회의 주체와 실상』, 서울: 경서원, 2000, pp.32~33
9 히라카와 아키라 지음, 이호근 옮김, 『인도불교의 역사』 하, 서울: 민족사, 2004(초판 5쇄), pp.111~112

식에는 능장能藏·소장所藏·집장執藏의 세 가지 뜻이 있다. 이 3상相과 3장藏은 아뢰야식이 모든 업력을 보존하고 있으며 만물을 발생시키는 원인이 됨을 말한다. 아뢰야식은 그 체성이 간단함이 없이 항시 상속하고 삼계 육도에 윤회하는 공능이 있다. 아뢰야식만이 종자의 훈습처가 되고 윤회의 주체가 될 수 있다고 한다.[10] 『유가사지론』에서는 아뢰야식이 윤회의 주체가 되는 이유를 설명하고 있다. 즉 아뢰야식으로 말미암아 전생에 지은 업력을 보존하고 금생에 출생할 수 있으며, 선악의 업력도 조성된다. 아뢰야식이 없다면 유루종자와 무루종자를 간단없이 지속시킬 수 없고, 인간이 사망할 때 상체가 마비되거나 하체가 냉촉하면서 점점 시체화하는 것이 불가능할 것이라고 하였다.[11]

윤회의 원동력은 아뢰야식 속에 보존되어 있는 업인業因이며, 업인이 있으므로 윤회할 수 있다. 업인은 종자와도 통하는 말로서 모든 종자는 제8아뢰야식 속에 보존되어 있으면서도 친히 자과自果를 출생시키는 공능功能의 차별이 있다. 유식학에서는 종자가 일체의 만법을 창조한다고 한다.

아뢰야식에 상분相分·견분見分·자증분自證分·증자증분證自證分의 4분分이 있다. 상분은 상相, 즉 형상(相狀)이다. 소연所緣의 뜻이며, 인식의 대상이 된다. 견분은 능연能緣의 뜻이며, 인식 주체가 된다. 이것은 상분을 인식하고 비추어 아는(照知) 주체 작용이다. 자증분의 '자'는 자체의 뜻이고, '증'은 증지證知의 뜻이다. 즉 자체 상에서 견분을 증지하는 작용을 말한다. 증자증분은 자증분을 증지하는 인식 작용이다. 이 4분은 식의 내

---

10 空海 唯眞 엮음, 앞의 책, 2000, pp.54~55·101·139
11 『瑜伽師地論』卷51(『大正藏』30, 579a); 空海 唯眞 엮음, 앞의 책, 2000, pp.102~104에서 재인용.

용과 활동을 분류한 것으로서, 호법 논사는 종자는 자증분에 포섭된다고 하였다. 그런데 무루종자는 염오된 아뢰야식에 의존하지 않고 아뢰야식의 체성에 의존하여 보존된다고 한다.[12]

아뢰야식과 종자는 불일불이不一不二의 관계에 있다. 식의 현행은 아뢰야식에 보존된 종자로부터 발생한 결과로서 이를 과라고 한다. 동시에 식의 현행은 결과이면서 하나의 행위이므로 업이 되며, 이 업은 미래의 결과를 가져올 세력을 구비한 채 하나의 종자가 되어 아뢰야식에 보존된다.[13] 호법 논사는 종자는 본래 보유한 것도 있고 새로 훈습하여 조성된 것도 있다고 하였다.[14] 이러한 호법 논사의 업력사상은 중국과 한국에 많은 영향을 주었다.

II. 동아시아 불교와 업·윤회 관념

중국불교의 윤회 관념

위진남북조시대에 승조僧肇(374~414)와 여산 혜원廬山慧遠(334~416)에 의해 중국불교에서는 업과 윤회의 개념이 수용되었다. 인도불교를 중국화하는 데 크게 기여한 승조는 행위의 인과가 분명히 존재할 수 있는 근거를 제시하였다.[15] 중국에서 삼세 인과응보의 가르침은 동진 시대에 혜

12　空海 唯眞 엮음, 앞의 책, 2000, pp.104~109

13　오형근, 『유식학입문』, 서울: 불광출판부, 1992, p.163; 空海 唯眞 엮음, 앞의 책, 2000, p.107에서 재인용.

14　오형근, 앞의 책, 1992, p.172; 空海 唯眞 엮음, 앞의 책, 2000, p.110에서 재인용.

15　이병욱, 「중국불교에 나타난 업業과 윤회輪廻의 두 가지 양상」, 『불교학연구』 29,

원이 여산에서 백련결사를 이끌던 시기에 나타나고 있다. 이 결사에 동참한 유유민劉遺民은 「입서문立誓文」에서, 삼세를 꿰뚫고 있는 업보에 대해 세밀하게 생각할 때 업보가 제거하기 어렵다는 것을 깨닫게 되며, 지금 동지들이 염불삼매를 행하고 아미타 부처님께 구원을 요청하는 이유가 여기에 있다고 하여,[16] 삼세인과응보사상에 입각하여 조석으로 염불에 힘쓰고 있었던 사실을 알 수 있다. 그들에게는 염불삼매의 실천이야말로 업보를 단절하는 길이었던 것이다. 혜원은 『삼보론三報論』을 찬술하여 삼세 인과의 이치를 설하였으며, 설법할 때마다 이 삼세 인과응보의 이치에 대해 설명하였다. 그는 중국 전래의 세속 경전은 응보의 문제를 단지 일생 동안만으로 한정시켜 생각하지만, 불교의 경전은 과거·현재·미래의 삼세에 걸친 응보를 생각하며, 더구나 그 응보의 세계, 즉 육도윤회로부터 벗어나야만 한다고 하는 점에서 중국의 전통적인 사상을 훨씬 능가하고 있다고 주장하였다.

육조시대 대부분의 사대부들은 윤회설, 곧 삼세응보사상에 매료되었으며, 삼세인과응보사상이 불교의 근본이라고 파악하고 이것을 구원의 길로 받아들였다. 그리고 일반 대중들은 삼세인과응보사상을 받아들이면서도 천명天命을 믿고 숙명을 받아들였다.[17]

육도윤회설에 따르면, 사람은 죽은 뒤에 생전에 지은 행동에 따라 지

불교학연구회, 2011, pp.46~51
16 『出三藏記集』 卷15(『大正藏』 55, 109c); 토오도오 교순·시오이리 료오도 지음, 차차석 옮김, 『중국불교사-漢민족의 불교-불교전래로부터 수·당 시대까지』, 서울: 대원정사, 1992, p.137에서 재인용.
17 森三樹三郎 지음, 오진탁 옮김, 『불교와 노장사상』, 서울: 경서원, 1992, pp.100~106; 道端良秀, 「中國人の死の觀念と佛敎」, 『中國佛敎思想史の硏究』, 京都: 平樂寺書店, 1983(2쇄), p.117; 이병욱, 앞의 논문, 2011, pp.49~50에서 재인용.

옥·아귀·축생·아수라·인간·하늘의 육도를 윤회한다. 이 육도의 세계에 태어난 사람은 그곳에서의 삶이 끝나면 다시 다음 생을 받도록 되어 있다. 그런 윤회는 실로 무궁무진해서 마치 수레바퀴에 시작과 끝이 없는 것과 같다고 불교 경전에 설명되어 있다. 이것을 윤회전생輪廻轉生이라고 한다. 이러한 윤회전생의 교설은 중국에서 신멸론神滅論과 신불멸론神不滅論의 논쟁을 야기하였다.[18]

황제보살, 보살천자로까지 불리는 양 무제의 불교 신앙은 매우 독실하였다. 그는 동태사同泰寺를 비롯하여 많은 사찰을 지었으며, 무차대회·수륙대제 등의 대법회를 개최하였다. 또한 무제는 불교 교리에도 정통하여 여러 경전에 대한 소疏를 지었을 뿐만 아니라 동태사에서 직접 『열반경』을 강술하기도 하였다.[19] 양 무제는 자비도량참법을 행하여 죽은 황후 치씨가 구렁이의 몸을 벗고 천상에 태어나게 하였다. 치씨는 생전에 악업을 지은 과보로 죽은 뒤에 구렁이의 몸을 받았으며, 양 무제의 도움으로 다시 천상에 태어날 수 있었다. 치씨가 인간에서 축생으로, 다시 천상으로 윤회한 것은 육도윤회에 해당한다. 육도윤회설에 따르면, 윤회하는 세계에 여섯이 있고, 이 가운데 어느 세계에 태어나느냐 하는 것은 생전에 지은 행위인 업에 의한다.

중국불교의 업과 윤회의 개념은 수·당 시대를 거치면서 두 가지 양상으로 분화된다. 하나는 천태, 화엄 등 중국의 종파 불교에서 업과 윤회의 역할이 축소되는 것이고, 다른 하나는 『능엄경』, 『부모은중경』 등 중국 찬술 경전에서 윤회의 개념이 강조되는 것이다. 특히 『능엄경』에서는 육도

---

18 토오도오 교순·시오이리 료오도 지음, 차차석 옮김, 앞의 책, 1992, pp.137~141
19 미찌바다 료오슈 지음, 계환 옮김, 『중국불교사』, 서울: 우리출판사, 2016(8쇄), pp.76~77

윤회가 아니라 기존의 육도에 신선神仙을 더하여 칠취七趣를 말하는데, 이는 도교의 영향을 받은 것으로 추정된다. 이러한 칠취설은 업과 윤회 관념의 중국적 변형을 보여 주는 것이라 할 수 있다. 또한 『부모은중경』에서는 업과 윤회에서 효를 강조한다.[20] 이처럼 불교의 업·윤회 관념은 유교나 도교 등 중국 고유 사상과 결합하여 중국적으로 변화되어 나타나고 있다.

티베트·몽골 불교의 윤회 관념

티베트에서는 13세기부터 활불전세活佛轉世의 전통이 형성되었다. 살아 있는 부처, 즉 활불活佛은 부처님의 화신을 의미하며 티베트어로는 튈구(Sprul-sku)이다. 활불은 장기간의 불교 수행과 정진으로 윤회의 세계를 자유로이 왕래하고 탈피할 수 있는 능력을 얻은 자를 의미한다. 티베트 활불의 존재와 연속성의 현상은 윤회사상의 배경에서 형성되었다. 티베트에서 활불전세제도의 형성은 티베트불교의 전파와 발전 과정 속에서 불교의 영혼 전세와 생사윤회의 학설에 근거를 두고 형성되었다. 티베트에서 활불이 전세하는 이유는 종교적 필요 때문이었다. 즉 깨달음을 성취한 구도자를 계속 발양, 계승하여 일반 민중들에게 불법을 전파함으로써 그들도 윤회의 세계에서 벗어날 수 있도록 도움을 주기 위해서였다. 티베트 활불전세의 전통은 기본적으로 대승불교의 보살 관념이 발전하여 형성되었다. 따라서 전세의 중심인 활불은 열반의 세계로부터 인간 세상에 다시 온 부처의 화신이다. 이러한 화신 관념은 티베트에서 활불

---

20 이병욱, 앞의 논문, 2011, pp.46~52·72

전세제도가 확립되기 이전인 고대 토번吐藩 시대에서부터 광범위하게 인식되어 있었다. 활불은 티베트불교의 모든 종파마다 나름대로의 전통적 계보를 가지고 존재한다. 티베트 활불의 대표적인 인사로는 달라이 라마와 판첸 라마를 들 수 있으며, 달라이 라마는 관음보살, 그리고 판첸 라마는 아미타불의 화신으로 숭상되었다.[21]

티베트에서는 유식교학에서 말하는 무주처열반의 이상이『능가경』에 보이는 대비천제보리大悲闡提菩提와 같은 철저한 이타주의자의 형태로 설해진다. 부처와 거의 동등한 십지十地에 도달한 보살은 이 세상에서 자유로이 화신化身을 보여 준다. 일체지자이기 때문에 미망의 세계에 구애되는 일이 없으며, 그러면서도 자신을 위하여 열반의 경지를 갈망하는 일 또한 없다. 오로지 모든 중생들의 해탈을 위하여 봉사하며 공空을 설하고 모든 중생들이 구원될 때까지 영원토록 윤회의 세계에서 전생轉生을 거듭한다고 한다.[22]

몽골불교는 티베트불교의 영향을 받았다. 활불을 뜻하는 티베트어 튈구는 몽골어로는 호필륵한呼畢勒罕(Hoblighan)이다. 이 말은 몽골어로 '자재전생自在轉生', 즉 '다시 온 이(再來人)'라는 뜻이다. 즉 '몸이 죽은 뒤에 본성에 우매하지 않으며, 태에 맡겨(寄託) 전생하고 다시 그의 전세前世의 직위를 영접(接)한다.'라고 풀이된다. 범부들은 망념을 없애지 못하여 업에 따라 전생하여 자재하지 못하고 항상 유전하며 미혹하여 스스로 알지 못하나, 만일 망념을 없애어 청정해지면 실다운 법성을 증득하여 업전業

---

21 심혁주, 『티베트의 활불活佛제도-신神을 만드는 사람들』, 서울: 서강대학교출판부, 2010, pp.24~31·53
22 야마구치 즈이호(山口瑞鳳)·야자키 쇼켄(矢崎正見) 지음, 이호근·안영길 옮김, 『티베트 불교사』, 서울: 민족사, 1990, p.68

轉이 되지 않고 능히 스스로 생사의 주인이 되어 자재전생하여 연을 따라 (隨緣) 중생들을 제도하니 곧 '호필륵한'이라 이름한다. 이러한 자재전생 사상은 윤회사상과 불타의 삼신三身 신앙이 결합된 것이다. 불교에서는 모두 이미 해탈한 성자聖者이기에 능히 생사 업력의 속박을 받지 않는다고 깊이 믿는다. 대승의 성자는 보살행을 닦을 때 중생의 근기에 따라 마음대로 갖가지 형상을 응현應現하여 중생들을 섭수 교화(攝化)한다. 이들 변화하여 나타난 형상들은 바로 불타 삼신의 하나인 응화신과 동일하다. 화신은 비원悲願으로 중생을 구제하기 위해 자재하게 응현하니 이가 곧 호필륵한인 것이다.[23]

티베트의 대승불교가 몽골 땅에 널리 퍼지자, 몽골에서는 경·율·논에 정통한 삼장 법사와 아비달마 법사들을 곳곳에서 초빙하여 몽골인들로 하여금 바른 불교를 믿도록 유도하였다. 불교는 몽골인들의 정치, 경제, 사회, 문화에 지대한 영향을 미쳤다. 몽골의 칸들은 부처의 환생으로 믿어졌으며, 그래서 몽골과 불교는 깊은 인연이 있는 것으로 인식되었다. 칭기즈칸은 '환생한 부처'라는 뜻의 바즈라파니(Vajrapani, 금강불金剛佛)라 불렸고, 지그의 후손인 압테 센 한(Ab tai sain khan)은 바즈라(Vajra) 부처님의 화신으로 여겨졌다. 칭기즈칸의 넷째 아들인 툴루이(Tului)의 아들이 왕위에 즉위하였는데 그의 이름은 몽케(Munkh, 1251~1259)였다. 몽케칸은 티베트의 고승인 갈마와 교류하였으며, 불교 교리를 널리 전파시켰다. 몽케칸은 불교 승려들을 존경하였으며, 매달 나흘을 선의 날(좋은 날)로 선언하고 이 날에는 남을 억압하지 않고 살생을 금지하였으며 오직 불교 교

---

23 聖嚴, 『西藏佛敎史』, 台北: 法鼓文化事業股份有限公司, 1998(초판 2쇄), pp.137~138

리를 준수해야 한다고 선언하였다.[24] 이를 통해, 몽골에서도 선악의 업과 화신 관념을 중심으로 하는 윤회사상이 형성되었음을 알 수 있다.

일본불교의 윤회 관념

일본에는 불교의 전래와 함께 윤회사상이 도입되었다. 윤회를 육도윤회로 파악하고 현생의 다양한 운명들을 모두 숙세의 업으로 이해하고 있었던 것은 『원씨물어源氏物語』를 비롯한 많은 문예 작품에 보이는데, 이는 불교 사상의 정곡을 이해한 것이면서도, 윤회의 진생轉生적 측면만을 강조한 것이라고도 할 수 있다.[25] 이는 윤회사상이 당시 사람들에게 보편적 정서로서 받아들여졌음을 의미한다고 하겠다.

일본에서는 불교가 전해진 이후 신神과 관련하여 업의 관념이 있었다. 민중에서는 '신신이탈神身離脫' 및 '호법선신護法善神'이라고 불리는 현상이 일어났다. 즉 신이 신으로서의 몸을 벗어나겠다고 생각하거나 불법 수호가 자신의 역할이라는 관념이 등장한 것이다. 그 최초의 기록은 『등씨가전藤氏家傳』권하의 무치마로(武智麻呂)의 전설인 것으로 보인다. 전설에 따르면, 에치젠(越前) 와카사(若狹)의 히코노가미(比古神)가 무치마로의 꿈에 나타나 자신을 위해 절을 세워 달라고 하며, "나는 오랜 전생의 업보로 인해 신이 된 지 오래되었소. 지금 불도에 귀의하고자 복업을 수행하고 있지만 인연을 얻지 못하였기에 그것을 알리려 온 것이오."라고

---

24 돌고룬 체데브 지음, 체데브 다그미트마 번역, 『몽골불교사』, 가평: 불교정신문화원, 2003, pp.25~34
25 田中孝海, 「印度系思想の日本的受容(1 輪廻・轉生)」, 『印度學佛教學研究』 20-1 (通卷 39), 日本印度學佛教學會, 1971, pp.389~390

하였다. 이로 보아, 오랜 업보에 의해 신이 되었다는 전설이 8세기 초에 생겨났을 가능성을 부정할 수 없다.

8세기 후반에는 신이 스스로의 몸을 불법의 힘에 의지하여 벗어나기를 바란다는 전설이 등장한다. 오랜 억겁을 거쳐 무거운 죄업을 지어서 신이 되는 응보를 받았는데, 지금 영원히 신의 몸을 벗어나기 위해 삼보에 귀의하고자 한다는 기록이 있다. 이러한 설화는 일본의 독자적인 것은 아니며, 이미 중국에서 성립한 『고승전』·『속고승전』에 있는 동일한 이야기가 모티브가 된 것이다.[26] 이들 설화를 통해, 일본에서는 8세기에 업으로 인한 응보사상이 있었음을 알 수 있다.

나라시대에는 정토교에 관심을 기울이고 또 정토 관계의 저술을 남긴 승려도 나타났다. 나라시대의 정토교는 원생자 자신의 신앙으로서가 아니라, 오히려 죽은 자의 추선 의례로서의 성격이 현저하였다. 아스카·나라시대에 만들어진 아미타불상 및 아미타 정토변상 37가지 예 가운데, 제작 시기·목적 등이 판명된 19가지 예를 보면, 18가지 예가 모두 고인의 기재忌齋 때에 제작된, 고인의 명복을 비는 것이다. 사경의 경우에도 마찬가지여서, 도다이지(東大寺) 아미타당·호케지(法華寺) 정토원 등도 건립 동기는 죽은 자에 대한 추선에 있었다. 『범망경』에 의거한 추선 의례도 행해졌는데, 756년에 쇼무 천황(聖武天皇)이 죽자 고켄 천황(孝謙天皇)은 그 이듬해 기일에 선왕을 추복追福하기 위하여 도다이지·다이안지(大安寺)에서 『범망경』을 강설하게 하였다.[27]

---

26 미노와 겐료 지음, 김천학 옮김, 『일본불교사』, 서울: 동국대학교출판부, 2017, pp.47~49

27 『續日本紀』卷19 孝謙天皇 天平勝寶 8年 12月 己酉 條; 石田瑞麿, 『佛典講座14-梵網經-』, 東京: 大藏出版株式會社, 1971, p.182·232 참조; 최원식, 『신라 보살계사상사 연구』, 서울: 민족사, 1999, p.263에서 재인용.

한편, 불교는 업 관념과 함께 일본인들에게 삼세의 사상을 심어 주었다. 현세의 존재 상태는 전세의 업에 의해 결정되며 현세의 행위는 후세의 존재 상태를 규정한다. 그리고 살아 있는 모든 자는 육도 중의 어느 곳에서 삼세에 걸쳐 영겁으로 유전해야 한다. 불교 의례로 일본인 생활에 정착한 추선追善 법회도 부처의 자비에 의해 육도윤회에 종지부를 찍으며 죽은 자의 최종적 구제를 비는 것이었다. 바로 죽은 자의 성불 혹은 후생선처를 기원하였던 것이다. 악행의 응보가 지옥이나 아귀, 축생 등의 비참한 세계라는 것도 승려에 의해 설해졌다. 헤이안시대 초기의 불교 설화집인 『일본영이기日本靈異記』에 염라왕의 결정에 따라 지옥의 업고를 받은 이야기가 몇 편 실려 있다.[28]

『일본영이기』에 수록된 116조條의 인과응보 설화 가운데 가장 역설되고 있는 것이 선악의 현보現報이다. 자타카 등을 비롯한 불전 설화에 보이는 것처럼 과거세와 현세를 인과로 결부하여 업을 설한 것에 비하면 일본의 현보 설화는 자못 성급한 감을 준다. 현세를 중시하는 일본인에게 업을 기체基體로 하는 인과응보를 설하기 위해서는 현보로써 할 수밖에 없었을 것이다. 머리로는 과거·현재·미래의 삼세에 걸친 육도윤회를 이해할 수 있을지라도 심정으로서는 현보를 구하는 성향이 일본인에게 있다고 하겠다.[29]

이처럼 일본의 설화집에는 삼세 인과응보의 업·윤회사상이 나타나고 있다. 일본에서는 일찍부터 지옥 및 명부를 형상화한 수많은 문학작품이 창작, 향유되었고 지옥도와 시왕도十王圖 역시 많은 작품이 제작되었다.

---

28 카와사키 유네유키(川崎庸之)·가사하라 가즈오(笠原一男) 지음, 계환 옮김, 『일본불교사』, 서울: 우리출판사, 2009, pp.131~133
29 田中孝海, 앞의 논문, 1971, p.390

일본의 지옥 설화는 대체로 생전의 선악에 대한 보응이 뚜렷함을 명부에서 직접 체험한다는 내용으로 되어 있다. 그리고 망자의 환생이 신불信佛·방생放生·보시와 같은 망자 자신의 생전 공덕에 의해 이루어지고 있다.[30] 이상의 내용을 통해 볼 때, 일본불교에서 윤회사상은 업설에 더욱 철저하였던 것으로 보인다.

III. 신라시대 업·윤회사상의 수용과 전개

신라인의 윤회관

삼국시대에 불교가 수용되면서 업설과 인과응보설은 신라 사회에서 큰 영향을 미치게 된다. 신라에서는 불교가 수용된 후 얼마 지나지 않아, 살아서 선인善因을 쌓지 못했거나 악행을 행한 경우에는 죽은 후의 추선에 의해 천상에 태어나거나 극락에 왕생할 수 있다고 생각되었다. 그 후 아미타 신앙이 널리 유포되면서 윤회를 초월한 극락이 사후세계로서 받아들여졌다.[31]

신라에서는 사복 설화, 욱면비 설화 등 윤회와 관련된 다수의 설화가 유포되었다. 이들 윤회 관련 설화들에서는 선업과 악업의 결과가 분명하게 나타남이 강조되고 있다. 김유신의 전생 관련 설화에서처럼 천상에

---

30 김기종, 「지옥」, 동국대학교 불교문화연구원 HK연구단 엮음, 『테마 한국불교』 5, 서울: 동국대학교출판부, 2017, pp.245~246
31 김영미, 「불교의 수용과 신라인의 죽음관의 변화」, 『한국고대사연구』 20, 한국고대사학회, 2000, pp.167·181

서 인간으로, 혹은 인간에서 인간으로의 윤회도 이루어진다. 승려 혜통惠通과 관련된 설화에서는 교룡蛟龍이 버드나무로 윤회한다는 인식이 보인다. 그리고 문무왕이 용이 되었다는 설화를 통해, 신라인들이 인간에서 축생으로의 윤회를 믿었음을 엿볼 수 있다. 또한 고구려·백제에서 조성된 불상의 명문에서는 태어날 때마다 삼악도를 멀리할 것을 기원하고 있다. 이로 미루어 볼 때, 삼국시대에 육도윤회설이 신앙되었음을 알 수 있다. 신라에서 윤회의 주체에 대한 논의가 있었는지 알아볼 수 있는 자료는 없으며, 중고기까지 이에 대한 논의는 없었던 듯하다.

신라 사회에서 승려들의 경전 연구가 진행되면서, 이제 윤회의 과보를 받는 필연성은 아뢰야식의 작용으로 설명되었다. 의적義寂은 업이 신식神識에 있어 끝내 없어지지 않는다고 하고 신식을 정신이라고 하였다. 그리고 경흥憬興은 중생이 지은 스스로의 행위에 따라 육도에 윤회하는 것은 종자식 즉 아뢰야식의 작용에 따른 것이라고 파악하였다. 의적과 경흥은 장식, 곧 종자식의 작용을 강조했지만, 천신이 기록한 것에 따라 과보를 받는다고도 보았다.[32]

신라의 화엄사상가들은 대중 교화에도 많은 관심을 기울였다. 특히 의상은 부석사에서 『화엄경』을 강의하는 한편, 많은 제자들을 가르치면서 사람들을 교화하였다. 이 소문을 들은 진정眞定도 홀어머니를 두고 의상 문하로 출가하였다. 진정이 출가한 뒤 3년이 지나, 그의 어머니가 죽었다는 부고가 도달하였다. 이에 의상은 문도들을 이끌고 소백산으로 가서 진정의 죽은 어머니를 위해 추동에서 석 달 동안 『화엄경』을 강의하였고, 그 결과로 진정의 어머니가 천상에 태어났다는 기록이 『삼국유사』에 전

---

32 김영미, 앞의 논문, 2000, pp.161~173

한다. 즉 진정의 어머니는 의상이 그녀를 추모하여 『화엄경』을 강설해 준 공덕으로 육도윤회 가운데 선도善道에 속하는 천상세계에 태어났음을 알 수 있다.

윤회와 지계

『삼국유사』의 사복불언蛇福不言 조와 욱면비염불서승郁面婢念佛西昇 조에는 숙세宿世의 업과 윤회에 대한 설화가 들어 있다. 이 두 설화의 시대 배경은 차이가 있으나, 전생에 암소가 경經을 실은 공덕으로 현생에 사람으로 환생하여 결국 정토왕생하였다는 공통점을 갖는다. 사복의 망모와 욱면이라는 노비 둘 다 비천한 신분의 여인이라는 점은 동일하나, 정토왕생의 내용에는 차이가 있다. 즉 사복의 망모는 화엄정토에 왕생하였고, 욱면은 극락정토에 왕생하였다.

먼저 사복불언 조의 내용을 보면, 사복은 신라 10성 중 한 명으로 불리며, 응세應世한 화신 즉 보살의 화신으로 말해진다.[33] 사복이 12살 때 그의 어머니가 죽자 고선사高仙寺에 머무르고 있던 원효를 찾아가 "옛날에 그대와 내가 경을 실은 암소가 죽었으니 함께 장사 지내자."고 말한다. 즉 사복의 어머니는 전생에 암소였고 현생에는 여인으로 태어났던 것이다. 전생에 암소였던 사복의 어머니가 현생에 인간으로 태어날 수 있었던 것은 바로 경전을 실은 공덕에 의한 것임을 알 수 있다. 원효는 사복과 함께 집에 당도하여 사복의 요청으로 그의 죽은 어머니에게 포살수계布薩授戒하였다. 포살은 붓다 당시부터 행해진 참회 의식이고, 수계란 '계

---

33 김상현, 『신라화엄사상사연구』, 서울: 민족사, 1991, p.180

를 준다'는 의미이다. 원효가 포살수계하기를 마치자, 두 사람은 상여를 메고 활리산活理山 동쪽 기슭으로 갔다. 원효가 "지혜의 호랑이를 지혜의 숲속에 장사 지내는 것이 마땅하지 않겠는가?"라고 말하니, 사복은 "옛날 석가모니 부처님이 사라수 사이에서 열반에 드셨는데 지금 또한 그와 같은 이가 있어 드넓은 연화장세계蓮華藏世界에 들어가려 하네."라는 게송을 읊고는 띠풀을 뽑으니, 그 아래에 밝고 맑은 허공계가 있었는데 칠보 난간의 누각이 장엄하여 거의 인간 세상이 아니었다. 사복이 어머니의 시체를 업고 그 안으로 들어가니 땅이 다시 합쳐졌다고 한다.[34] 사복이 말한 연화장세계는 그가 띠풀을 뽑자 그 아래에 나타난 밝고 맑은 허공계였다. 연화장세계는 화엄정토이며, 이는 곧 열반의 세계를 의미한다. 사복의 어머니는 포살수계로 참회하고 계를 받았기 때문에 열반에 들 수 있었던 것이다.[35]

다음으로 욱면비염불서승 조의 내용을 살펴보면, 욱면이 전전생에 승도로서 정진하다가 계를 얻지 못하여 축생도에 떨어져 부석사의 소가 되었다가 불경을 실은 공덕으로 축생도에서 벗어나 다시 인간계에 비천한 노비의 신분으로 전생하였다. 즉 인간에서 축생으로, 그리고 다시 인간으로 전생轉生해 온 욱면의 3생이 분명하게 설명되어 있다. 육도윤회설에 따르면 존재는 그 업에 따라 축생에서 인간으로, 천상에서 지옥으로 돌고 돈다. 신라 사회에는 불교의 업보윤회사상의 영향으로 생겨난 설화들이 다수 유포되어 있었는데,[36] 사복불언 조와 욱면비염불서승 조의 설화 역시 이러한 예에 속한다.

---

34 『삼국유사』 권4, 「義解」 5, 蛇福不言(『韓國佛敎全書』 6, 349b~350a)
35 박미선, 『신라 점찰법회와 신라인의 업·윤회 인식』, 서울: 혜안, 2013, p.74
36 김상현, 앞의 책, 1991, p.175

앞서 살펴보았듯이, 사복의 죽은 어머니 역시 연화장세계에 들어가기 전에 원효에게서 계를 받았으며, 욱면의 전전생이었던 승도가 축생도에 떨어지게 된 것은 근본적으로 계를 얻지 못하였기 때문이다. 육도윤회설에서 축생도는 악도에 해당한다. 사복불언 조와 욱면비염불서승 조를 통해, 계를 지님으로써 윤회에서 벗어날 수 있다거나 축생 등의 삼악도에 떨어지지 않는다는 믿음이 당시 신라 사람들에게 있었음을 추정해 볼 수 있다.

점찰법회와 윤회 인식

우리나라에서 점찰법회에 관한 기록이 가장 먼저 보이는 때는 신라 진평왕 때이다. 진평왕 대에 원광圓光은 자신이 머물던 가서사嘉栖寺에 점찰보占察寶를 설치하고 항규로 삼았다고 하며, 안흥사安興寺의 비구니 지혜智惠는 선도산仙桃山 신모神母의 현몽에 의하여 점찰법회를 베풀었다고 한다. 점찰보는 점찰법회는 아니지만 이를 위한 일종의 계契 조직으로서 점찰법회 운영을 위한 경제적 기구 조직체였던 것으로 보인다.[37]

점찰법은 원광에 의해 처음으로 신라에 소개되었으며,[38] 원광의 점찰법회는 『점찰경』에 근거한 계율과 참회를 강조하였다. 신라 사회에 업과 윤회사상에 입각한 내세관이 정착하는 데에는 원광의 점찰법회가 중요한 역할을 한 것으로 보인다. 점찰법회는 원광 이래로 신라에서 매우 널

---

[37] 김영태, 「신라 점찰법회와 진표의 교법연구」, 『불교학보』 9, 1972, 동국대학교 불교문화연구원, pp.99~101
[38] 박미선, 앞의 책, 2013, p.68

리 행해진 듯하다.[39]

『삼국유사』사복불언 조에 의하면, 사복이 그의 망모와 연화장세계로 들어간 뒤에 후세 사람들이 그들을 기리어 금강산 동남東南에 도량사道場寺라는 절을 짓고 매년 3월 14일에 점찰회를 행하여 항규로 삼았다고 한다. 통일 이후에는 이전보다 더 많이 점찰법회가 행해졌다. 흥륜사에서는 육륜법회六輪法會가 설設해졌는데, 이때의 육륜법회 즉 육륜회는 점찰법회였을 것으로 추정된다. 또 오대산 남대南臺에 지장방地藏房을 두고 낮에는 『지장경』과 『금강반야경』을 독송하고 밤에는 점찰예참占察禮懺을 하였는데, 점찰법회 그 자체는 아니지만 점찰법에 의한 예참이기 때문에 점찰법회와 다름이 없다고 하겠다.[40]

경덕왕 대의 진표眞表에 의해서 점찰법회는 새로운 의의를 지닌 교법 형태를 갖추게 된다. 그는 철저한 점찰 참회법의 실천자이자 신봉자였으며, 널리 점찰 교법을 설한 신라적인 점찰 교법의 집성자였다. 진표는 계법을 중심으로 한 점찰 참회의 교법을 새롭게 확립하였으며, 점찰법에 의한 참회와 계율을 강조하였다. 진표는 그 제자들과 함께 점찰법회를 신라 사회에 뿌리내리게 하였다.

점찰법회의 소의경전은 『점찰선악업보경占察善惡業報經』이며, 줄여서 『점찰경』이라 한다. 『점찰경』은 말세의 중생들이 많은 장난障難으로 정법正法과 선법善法을 믿어 닦을 수 없을 때 먼저 참회법을 닦아 업장을 소멸시키고 나서 대승으로 나아가는 길을 밝혀 놓은 경이다. 『점찰경』에서는, 지장보살이 불멸 후 악세惡世의 때에 모든 일에 장애가 많아 선법을 오로지 구할 수 없을 때에는 목륜상법木輪相法을 써서 숙세 선악의 업과 현재

---

39 김영미, 앞의 논문, 2000, p.166
40 김영태, 앞의 논문, 1972, pp.102~104

의 고락과 길흉 등의 일을 점찰할 것을 설한다. 이 윤상은 세 가지가 있다. 첫째 윤상은 숙세에 지은 선악 업의 차별을 나타내는 것으로 그 윤輪이 열 개이며, 둘째 윤상은 숙세에 적집積集한 업의 강약 대소 차별을 나타내는 것으로 그 윤이 세 개이며, 셋째 윤상은 삼세 가운데 보報를 받는 차별을 나타내는 것으로 그 윤이 여섯 개이다. 지장보살은 세 가지 윤상의 여러 가지 점찰 방법과 참회 수법修法을 자세하게 설명한다.[41]

이처럼 점찰법은 지난 세상에서의 선악의 업과 현재의 고락과 길흉을 살핀다. 점찰법회는 지장 미륵신앙과 관련되며, 계와 참회를 중시하는 실천적 성격을 띤다. 점찰법회가 널리 성행했다는 사실은 신라인들에게 업보 윤회사상이 널리 받아들여졌던 현실을 반영한다.[42]

IV. 고려~조선 시대 윤회 관념의 변용

수륙재의 설행

수륙재란 수륙水陸의 무주고혼과 아귀를 구제하기 위해 공양을 베푸는 의식이다. 수륙재의 소의경전은 『불설구발염구아귀다라니경佛說救拔焰口餓鬼陀羅尼經』과 『불설구면연아귀다라니신주경佛說救面然餓鬼陀羅尼神呪經』이다. 이들 소의경전에서 보이는 아귀에게 시식하는 의식과 관련하여 수륙재를 시아귀회施餓鬼會라고도 한다. 『불조통기佛祖統紀』에 의하면,

---

41 『占察善惡業報經』(『大正藏』17, 902b~c); 김영태, 앞의 논문, 1972, pp.105~107 참조.
42 김영미, 앞의 논문, 2000, p.167

수륙재는 양 무제가 505년(천감天鑑 4)에 처음 설행하였다고 한다.[43]

중국에서는 11세기 무렵부터 황실이나 문인 관료들을 중심으로 수륙재가 유행하였다. 소식蘇軾, 사마광司馬光 등 문인 관료들이 망자 천도를 위해 수륙재를 설행하였다. 또한 무주고혼이나 전쟁에서 죽은 군사들을 추천追薦하기 위한 수륙재도 있었다. 중음 상태로 떠도는 영혼들의 여기戾氣로 인해 재해와 역병이 일어나므로 재해나 역병이 돌 때 이들을 천도하고 매장되지 않은 유골들은 국가에서 수습하여 줌으로써 어려움을 극복하려는 시도였다.

남송대에는 영가 천도를 위해 수륙재가 설행될 때 육도를 윤회하는 다른 영혼들이나 무주고혼들에게 감로를 베풀어 이들의 천도를 함께 기원하는 내용이 확인되며, 영가를 위한 욕실浴室을 설치했던 것도 확인된다. 이러한 것들은 조선 전기 설행된 수륙재의 모습과도 관련이 있다.[44]

우리나라에 수륙재가 언제 전래되었는지는 자세히 알 수 없으나, 문헌상 기록된 최초의 수륙재는 고려 광종光宗 때인 968년(광종 19)에 시행한 것으로 나타난다. 광종은 많은 사람들을 죽인 일에 가책을 받게 되어 자신의 죄악을 덜기 위해 재회齋會를 널리 베풀었으며, 불교의 인과응보설에 의거하여 귀법사歸法寺에서 무차수륙회를 베풀었다고 한다.[45] 이는 광종이 선악의 행위에 따른 과보를 인지하고 있었음을 보여 준다.

고려시대 불교는 복을 빌고 재앙을 물리치는 기양祈禳적 경향을 띠었

---

43 彌燈(연제영), 『국행수륙대재-삼화사 수륙재를 중심으로』, 서울: 조계종출판사, 2010, pp.11~19
44 강호선, 「수륙재」, 동국대학교 불교문화연구원 HK연구단 엮음, 『테마 한국불교』 2, 서울: 동국대학교출판부, 2014, pp.334~335
45 彌燈(연제영), 앞의 책, 2010, pp.19~20

다.⁴⁶ 고려시대 수륙재는 개인의 악업 소멸과 전쟁에서 죽은 영혼들을 천도하기 위한 목적에서 시행된 것으로 보인다. 원 간섭기 이후에는 수륙재 설행 기록이 다양해지고 설행 목적도 구체적으로 확인된다. 백련사 3세 천책天頙이 찬술한 「수륙재소水陸齋疏」는 수륙재와 관련된 고려 후기 자료 중 가장 시기가 이른 것으로, 몽골과의 전쟁이 끝나 가던 무렵으로 추정되어 오랜 전쟁에서 죽어 간 영혼들을 위로하고 천도하기 위해 설행되었을 가능성이 높다.⁴⁷

조선시대에는 성리학을 숭상하고 불교를 억압하는 정책이 시행되었지만, 국초부터 중기까지 수륙재가 설행되었다. 조선 초 태조 때에 공양왕 등 무참히 죽어 간 고려 왕실의 왕씨들을 위해 설행된 수륙재는 망자 추천을 위한 목적과 아울러 자신의 악업에 대한 참회의 성격이 있었던 것으로 보인다. 국행 수륙재가 폐지된 이후에도 민간에서의 수륙재는 지속적으로 설행되었다.⁴⁸

효 윤리와 윤회

중국에서 축법호竺法護가 한역한 『불설우란분경』에는, 붓다의 제자인 목련이 자신의 어머니가 생전의 악업으로 인해 죽어서 아귀 세상에 태어나 음식을 먹지 못하는 큰 고통을 받는 것을 알고 붓다에게 여쭈어 자자自恣하는 7월 15일에 뭇 승려들에게 온갖 음식을 대접함으로써 어머니를 구제하였다는 이야기가 실려 있다. 목련의 어머니가 악업의 과보로 육도

---

46 김영태, 『한국불교사』, 서울: 경서원, 1997, p.160
47 강호선, 앞의 책, 2014, p.339
48 彌燈(연제영), 앞의 책, 2010, p.22

의 하나인 아귀도에 떨어져 고통 받다가 구제되었다는 내용은 곧 업과 윤회에 대한 것을 말하고 있다.『불설우란분경』에서는, 선남자·선여인들이 불제자로서 항상 부모의 은혜를 생각하고, 현생의 부모와 과거 칠세의 부모를 위하여 해마다 7월 15일에 우란분재盂蘭盆齋를 행하여 자기를 낳고 길러준 부모의 은혜에 보답하라고 설한다. 이는 불교적 효를 말하는 것이다.

고려시대에는 이『불설우란분경』에 근거한 우란분재가 베풀어지고『목련경』이 강론되었다.『불설우란분경』의 목련 고사를 바탕으로 중국에서 만들어진 위경僞經으로 알려진『목련경』에는, 죄업으로 인해 지옥에 떨어진 어머니를 구제하는 내용이 설해지고 있다. 이러한 이야기를 담고 있는 경전이 고려 사회에 널리 유통되었다는 것은 불교의 업설과 윤회사상이 일반 민간의 효 관념과 결합되어 성행하였음을 의미한다.

조선시대에는 성리학이 국가의 근본이념이 되었고, 효 역시 강조되었다. 억불의 기조 속에서도 흥불興佛의 군주였던 세조 때 간행된『월인석보』권23에도 목련 고사가 실려 있는데, 악행의 과보와 목련의 효행에 초점을 두고 있어 조선시대에도 업·윤회사상과 효 관념이 결부되어 나타남을 알 수 있다.[49]

조선시대의 한문·한글소설에는 명부 또는 저승을 소재로 한 작품들이 많이 있다. 그중 작자 미상의 19세기 한글 소설인 〈저승전〉에는 옥황상제가 선인과 악인의 환생처를 판결하는 장면이 있는데 옥황상제가 인간 세계로 환생하는 사람들을 판결하기에 앞서 그들에게 삼강오상의 가르침을 인간 세상에 널리 전파할 것을 명하는 내용이 있다. 승려가 주인

---

49 김기종, 앞의 논문, 2017, pp.248~251

공이고 불교의 지옥을 제재로 한 작품에서 삼강오륜의 실천을 권하고 있는 것이 주목된다.[50] 이를 통해 당시의 시대 상황 외에도 불교의 윤회사상이 유교 윤리와 결합되어 나타남을 엿볼 수 있다.

조선 후기의 '회심곡'류 불교 가사는 1800년대 민중예술의 발흥이라는 시대적 분위기에서 연출된 대중적인 노래로, 사십구재·수륙재·예수재 등의 불교 의식에서 구연되었다.[51] '회심곡'류 불교 가사 중 〈속회심곡〉에서는 부모에게 불효하는 것을 가장 중요한 죄업으로 간주하고 있다.

현재 우리나라에서 널리 행해지는 불교 의식인 사십구재는 『법화경』, 『지장경』, 『아미타경』, 『약사여래경』 등의 사상에 근거해서 행하는 의식이다. 사십구재는 사람이 죽은 날로부터 칠 일마다 한 번씩 재를 올리는데, 그것을 일곱 번 시행하는 불교 전통 제례의식이라 할 수 있다.[52] 『지장경』에 의하면, 유가족이 죽은 이를 위해 재를 베풀어 공덕을 지으면 영가靈駕, 즉 죽은 이가 나쁜 세계에 떨어질 죄업이 있다 하더라도 인간 세계나 천상에 태어나게 된다고 하였다. 49일이 지나면 생전에 지은 업에 따라 여섯 갈래 윤회의 세계 가운데 하나의 생을 받게 되는데, 이 49일 동안에 유가족이 죽은 이를 위해 공덕을 지으면 그가 나쁜 세계에 떨어지지 않고 좋은 곳에 갈 수 있다고 한다.[53] 불교의 사십구재 의식은 업설과 윤회사상이 효의 윤리와 결합된 것임을 알 수 있다.

---

50 김기종, 앞의 논문, 2017, pp.268~271
51 김종진, 『불교가사의 연행과 전승』, 서울: 이회문화사, 2002, pp.319~320; 김기종, 앞의 책, p.260에서 재인용.
52 효림, 『사십구재란 무엇인가』, 서울: 행원, 1998(초판 2쇄), pp.16~19
53 이바지편집부 엮음, 『49재: 공덕과 의미』, 광주: 이바지, 1998(초판 8쇄), pp.13~16

육도윤회설과 지옥

불교에서는 윤회하는 세계에 지옥·아귀·축생·아수라·인간·하늘의 육도가 있다고 말한다. 이들 육도 가운데 어느 세계에 태어나느냐 하는 것은 자신의 행위와 그 행위의 결과와의 총체인 업에 의해 결정된다고 한다. 그러므로 선업을 지으면 좋은 길(善道)에 태어나게 된다. 인간 세계는 선도에 해당하고 축생도는 악도에 해당한다. 사람으로 태어날 업을 지었으면 사람으로, 짐승의 업을 지었으면 짐승으로 다시 태어나게 된다. 윤회함에 있어, 인간은 영원히 인간으로, 짐승은 영원히 짐승으로 존재하는 것이 아니라 여러 가지 존재로 모습을 바꾸는 것이다.[54] 다시 말하면, 축생에서 인간으로, 천상에서 지옥으로 돌고 돈다. 이것을 육도윤회설이라 한다.

육도윤회설에서 지옥은 삼악도 중에서도 죄업이 가장 무거운 자가 가는 곳으로 말해진다. 이러한 지옥 관념은 동아시아 문화권에서 불교의 업설과 윤회사상을 일반 대중들에게 전파시키는 데 큰 역할을 하였다.[55]

시왕 신앙은 고려시대에 성립되어 있었으며, 지옥 관념 또한 일반 민중에 인식되었을 것으로 보인다. 고려시대와 조선시대에는 시왕도가 제작되어 사찰에 봉안되었다. 시왕도에는 죄업에 따라 벌을 받는 지옥의 모습이 그려져 있는데, 이 역시 악업에 의한 윤회를 말해 준다. 조선시대의 시왕도에 묘사된 업경대業鏡臺 역시 업이 윤회의 바탕이 됨을 말해 주는 것이라 하겠다. 18세기 불교 가사인 작자 미상의 〈인과문因果文〉에는,

---

54 윤호진, 「불교의 죽음 이해」, *Catholic Theology and Thought 21*, 신학과사상학회, 1997, pp.16~17·24
55 김기종, 앞의 논문, 2017, p.276

인간 세상에서 지은 죄는 염라대왕의 업경대에 낱낱이 비친다는 내용이 있는데, 여기서도 윤회의 원인으로 업을 들고 있음을 알 수 있다. 〈인과문〉에는 시왕 앞에 끌려온 망자들이 업경대에 비친 생전의 죄업에 따라 무간지옥으로 보내지고 죄인들은 온갖 고통스러운 형벌을 받는 모습이 묘사되어 있는데, 생전에 사람을 죽인 망자는 도산지옥, 확탕지옥 등에서 극심한 괴로움을 다 받은 뒤에는 소나 양, 개·돼지 등의 축생으로 태어난다는 내용을 통해, 불교의 육도윤회설이 말해지고 있음을 알 수 있다. 즉 인간에서의 악업에 대한 과보로 죽어 지옥에 떨어지고, 지옥에서의 고통스런 과보가 다한 뒤에는 다시 축생의 세계에 태어난다는 것으로, 엄밀한 인과응보의 업·윤회사상을 말하고 있다. 이처럼 고려시대와 조선시대의 시왕도나 불교 가사에 나오는 지옥이나 업경대 등을 통해, 당시 사람들의 윤회 관념 속에는 죄업·악업으로 명시되는 업사상이 함께 내포되어 있음을 알 수 있다.

조선 숙종 때 서포西浦 김만중金萬重(1637~1692)이 쓴 소설인 『구운몽』에도 불교의 윤회설이 그려지고 있다. 유·불·선 삼교의 사상이 혼합되어 있는 『구운몽』의 주요 줄거리는, 주인공 성진性眞이 지옥으로 보내졌다가 다시 인간 세계로 보내져 팔선녀八仙女와 부귀영화를 누리다가 세속 일이 무상하고 허망함을 깨닫게 되어 마침내 연화봉에 이르러 보살의 도를 깨달아 극락세계로 갔다는 내용이다. 이것은 성진과 팔선녀가 과거·현재·미래의 삼세를 윤회한 것을 말한다. 즉 성진이 연화봉을 떠나기 전은 전세前世이고, 지옥으로 갔다가 인간 세상에 와서 속세에 산 것은 현세現世이며, 다시 연화봉으로 돌아간 것은 내세라고 볼 수 있다. 이처럼 『구운몽』에는 삼세윤회사상이 나타나 있다.

성진이 속세를 흠모하였을 때 육관六觀 대사가 성진을 꾸짖고 지옥으로 보내면서, "진세塵世를 생각하니 어찌 한 번 윤회를 면하리오?"라고 한 내용이 있다. 여기서 육관 대사는 '윤회'라는 표현을 사용하고 있으며, 이는 성진이 생사윤회했다는 뜻이 된다.[56] 아울러 주목되는 것은 육관 대사의 이 말 속에는 신身·구口·의意 삼업 중 의업意業의 중요성을 강조하는 내용이 보인다는 점이다. 성진이 세속을 생각한 것은 곧 의업에 해당하고, 업은 반드시 과보를 초래한다는 불교의 업설을 염두에 둘 때 성진은 지옥, 인간 등으로 윤회하지 않을 수 없다. 윤회는 전적으로 업에 달려 있다. 이루어진 업은 반드시 결과를 남긴다. 그래서 업이 존재하는 한 윤회는 계속된다.[57] 이러한 '업과 윤회의 관계'라는 측면에서 『구운몽』의 이 부분은 의업의 결과 필연적으로 윤회하게 됨을 말하고 있으며, 업이 윤회의 동력이 됨을 의미한다. 육관 대사의 이 짧은 한마디에는 바로 업설과 윤회사상의 핵심이 들어 있는 것이다.

이와 아울러 주목되는 점은 『능엄경』과의 관련성이다. 조선 후기에 『능엄경』은 불교 전통 강원의 교과목으로 지정될 정도로 불가에서 중시된 경전이다. 앞에서 언급하였듯이, 중국에서 찬술된 경전으로 알려지는 『능엄경』에는 육도윤회가 아니라 육도에 신선神仙을 더한 칠취七趣가 설해지고 있는데, 이는 도교의 영향이라 말해진다. 『구운몽』은 유·불·선 삼교의 영향을 받은 것으로 알려져 있고 불교의 업·윤회사상이 그 핵심을 이루는데, 이로 미루어 보아 저자인 김만중이 『능엄경』의 영향을 받았을 가능성도 배제할 수 없을 것이다.

---

56 曺喜陽, 「『九雲夢』에 標榜된 輪廻思想」, 『京大文學』 2, 경기대학교 국어국문학회, 1967, pp.47~49
57 호진, 앞의 책, 2015, p.297

윤회, 그 간단없는 생사의 수레바퀴

　윤회는 흔히 끊임없이 돌고 도는 수레바퀴에 비유된다. 바퀴가 쉼 없이 돌아가듯 간단없이 생사를 반복하는 우리의 삶을 윤회라는 말로 표현한 것이다. 윤회사상은 불교 이전에 이미 인도 사회에 있었으며, 초기 불교 당시부터 불교에 수용되었다. 불교의 윤회사상은 업설과 결합되어 더욱 발전되었으며, 인도를 넘어 동아시아로 널리 전파되었다.

　중국에서 윤회사상은 신멸론과 신불멸론의 논쟁을 야기하기도 하였다. 중국불교의 업·윤회 관념은 유교의 효 윤리와 결부되었으며, 이러한 경향은 신라 및 고려, 조선 시대에도 나타난다. 티베트에는 활불전세제도가 있었다. 활불전세제도의 형성은 티베트불교의 전파와 발전 과정 속에서 불교의 영혼 전세와 생사윤회의 학설에 근거를 두고 형성되었다. 몽골의 불교는 티베트불교의 영향을 받았다. 몽골의 칸들은 부처의 환생으로 믿어졌으며, 칭기즈칸은 '환생한 부처'라는 뜻의 바즈라파니라 불렸다. 16세기에 몽골에는 선악의 업에 관한 사상 및 화신 관념이 있었다. 몽골은 불교와 깊은 인연이 있는 것으로 인식되었는데, 이는 마치 신라가 예로부터 불연佛緣이 깊은 땅으로 인식되었던 것과 유사하다. 일본에서는 불교가 전해진 이후 신神과 관련하여 업의 관념이 있었다. 또한 8세기에 일본에는 업으로 인한 응보사상이 있었으며, 불교는 일본인들에게 삼세사상을 심어 주었다. 일본불교에서 윤회는 업설에 더욱 철저하였던 것으로 보인다.

　불교를 수용함으로써 업과 윤회사상은 신라 사회에 큰 영향을 미치게 된다. 신라 사회에 업설과 윤회사상에 입각한 내세관이 정착하는 데에는 원광의 점찰회가 중요한 역할을 한 것으로 보인다. 원광의 점찰법회는 『점찰경』에 근거한 계율과 참회를 강조하였다. 점찰회는 업과 과보를 살펴보는 것으로, 계와 참회를 중시하는 실천적 성격을 띤다. 원광은 점찰법회를 실시함으로써 신라 사회에 업과 윤회사상 등 불교적 세계관을 인식시켜 주었다. 경덕왕 대에 진표 역시 그 제자들과 함께 점찰법회를 신라 사회에 뿌리내리게 하였다. 진표는 점찰법에 의한 참회와 계율을 강조하였다. 진표는 계법을 중심으로 한 점찰 참회의 교법을 새롭게 확립하였다.

신라에서는 사복 설화, 욱면비 설화 등 윤회와 관련된 다수의 설화가 유포되었다. 사복의 망모는 연화장세계에 들어가기 전에 원효에게서 계를 받았으며, 욱면의 전전생이었던 승도가 축생도에 떨어지게 된 것은 근본적으로 계를 받지 못하였기 때문이다. 이처럼 사복 설화와 욱면비 설화에서는 수계와 윤회가 관련이 있음을 보여 준다. 이들 윤회 관련 설화에서는 선업과 악업의 결과가 분명하게 나타남이 강조되고 있다. 신라인들은 인간에서 축생으로의 윤회를 믿었으며, 죽은 뒤에 천상이나 인간, 짐승의 세계 혹은 지옥에 태어나기도 한다고 믿었다. 이로 미루어 볼 때 신라인들도 육도의 관념을 받아들였을 것으로 보인다. 고구려·백제에서도 윤회전생하는 육도 가운데 지옥·아귀·축생의 삼악도를 빨리 여의기를 기원하였던 것으로 보인다. 중국과 달리 신라 사회에서는 영혼의 멸滅·불멸不滅에 대한 논쟁은 없었던 것으로 보이며, 신라에서 윤회의 주체에 대한 논의가 있었는지를 알아볼 수 있는 자료도 없다. 신라의 의적은 업이 신식神識에 있어 끝내 없어지지 않는다고 하였으며, 경흥은 중생이 지은 스스로의 행위에 따라 육도에 윤회한다고 하였다.

고려와 조선 시대에는 수륙재·우란분재·사십구재 등이 시행되었다.

수륙재나 사십구재의 근저에는 불교의 윤회와 업사상, 유교에서 강조하는 효의 윤리가 복합적으로 내포되어 있다고 생각된다. 고려와 조선 시대의 시왕도나 불교 가사에는 지옥, 업경대 등이 나오는데, 이를 통해 당시 사람들의 윤회 관념 속에는 죄업·악업으로 명시되는 업사상이 함께 내포되어 있었음을 알 수 있다. 조선 후기 '회심곡'류 불교 가사 중 〈속회심곡〉에서는 부모에게 불효하는 것을 가장 중요한 죄업으로 간주하고 있다. 그리고 19세기 한글 소설인 〈저승전〉에서는 불교의 윤회사상이 유교 윤리와 결합되어 있음을 엿볼 수 있다. 현재 우리나라에서 널리 행해지는 불교 의식인 사십구재는 업설과 윤회사상 및 효의 윤리가 결합된 것이라 할 수 있다.

조선 숙종 때 김만중이 쓴 『구운몽』에는 불교의 윤회설이 나타나 있으며, 삼업 중 의업意業의 중요성이 강조되어 있다. 업은 반드시 과보를 초래한다는 불교의 업설을 염두에 둘 때, 이루어진 업은 반드시 결과를 불러오고, 업이 존재하는 한 윤회는 계속될 수밖에 없다. 윤회의 동력이 되는 것은 바로 업業이다.

우리 한민족의 피 속에는 윤회사상이 흐른다. 윤회와 업은 현재를 바라보는 새로운 관점을 제공하기도 하는데, 현재 나의 행동이 미래의 원인이 되기 때문에 능동적이고 적극적인 삶의 자세를 심어 줄 수 있다. 나아가 인과응보, 자업자득으로도 말해지는 윤회사상과 업설은 현재 나의 행동을 절제하고 좀 더 긍정적인 방향으로 행동할 수 있게 하는 보이지 않는 규범이 된다고 하겠다.

| 참고문헌 |

空海 唯眞 엮음, 『윤회의 주체와 실상』, 서울: 경서원, 2000.

나라 야스아키 지음, 정호영 옮김, 『인도불교』, 서울: 민족사, 1994.

돌고룬 체데브 지음, 체데브 다그미트마 번역, 『몽골불교사』, 가평: 불교정신문화원, 2003.

심혁주, 『티베트의 활불活佛제도-신神을 만드는 사람들』, 서울: 서강대학교출판부, 2010.

정승석, 『윤회의 자아와 무아』, 서울: 장경각, 1999.

호진, 『무아·윤회 문제의 연구』, 서울: 불광출판사, 2015.

히라카와 아키라 지음, 이호근 옮김, 『인도불교의 역사』 하, 서울: 민족사, 2004.

강호선, 「수륙재」, 동국대학교 불교문화연구원 HK연구단 엮음, 『테마 한국불교』 2, 서울: 동국대학교출판부, 2014.

김기종, 「지옥」, 동국대학교 불교문화연구원 HK연구단 엮음, 『테마 한국불교』 5, 서울: 동국대학교출판부, 2017.

김영미, 「불교의 수용과 신라인의 죽음관의 변화」, 『한국고대사연구』 20, 한국고대사학회, 2000.

김영태, 「신라 점찰법회와 진표의 교법연구」, 『불교학보』 9, 동국대학교 불교문화연구원, 1972.

문화와 의례

언해불서 諺解佛書

· 김기종

I. 한글의 창제와 불서의 언해

　번역과 언해/ 언해의 체재와 양식/ 언해의 과정

II. 조선 전기의 언해불서

　『석보상절』과 『월인석보』/ 간경도감과 불서 언해/ 지방 사찰의 언해불서

III. 조선 후기의 언해불서

　『은중경』의 언해와 유통/ 『권념요록』·『염불보권문』/ 『지장경언해』

IV. 근대 시기의 불경 번역

　백용성과 삼장역회/ 권상로의 경전 번역/ '근대적' 역경의 출현

■ 승려의 교육과 대중의 교화

I. 한글의 창제와 불서의 언해

번역과 언해

'번역'은 일찍이 「석보상절 서」의 협주에서 "譯은 翻譯이니, ᄂᆞ미 나랏 그를 제 나랏글로 고텨 쓸씨라."라고 정의한 것처럼, 외국어의 문장을 국어의 문장으로 옮겨놓는 일이다. 구두口頭에 의한 번역은 통역이라고 하여, 글로 쓰는 번역과 구별된다.

번역의 하위 범주인 '언해諺解'는 원천 언어와 사용 시기가 한정된 개념이다. 원천 언어가 한문이 아닌 번역서에는 언해라는 용어가 사용되지 않았다. 예를 들어, 같은 『노걸대』를 번역한 경우에, 중국어 역학서譯學書는 『노걸대언해』라 하였지만, 몽골어와 만주어 번역서는 『몽어蒙語노걸대』·『청어淸語노걸대』로 되어 있는 것이다.[1] 또한 우리글을 외국어로 번역한 경우도 '언해'에 포함되지 않는다. 곧, 언해는 한글 창제 이후부터 갑오경장 이전까지 사용된 용어로, 중국어를 국어로 옮기고 한글로 기록하는 행위와 그 산물을 가리킨다. 언해의 대상은 반드시 한문 또는 백화문이어야 하고, 일방향의 번역 행위라는 특징을 갖는다.

'언해'란 용어는 16세기 초의 「노박집람老朴集覽 범례凡例」·「이륜행실도二倫行實圖 서序」·「사성통해四聲通解 서序」 등에서 쓰이기 시작하였다. 15세기에는 역해譯解·번역·번서飜書·반역反譯·언석諺釋 등의 용어가 사용

---

[1] 안병희, 「언해의 역사」, 『국어사문헌연구』, 서울: 신구문화사, 2009, p.25

되었다. 서명에 '언해'가 명기된 최초의 문헌은 김안국의 『정속언해正俗諺解』(1518)이고, 내제와 판심제에 모두 '언해'라는 명칭이 사용된 것은 『소학언해小學諺解』(1588)이다.² 이후 선조 대에 교정청에서 간행된 『논어언해』·『중용언해』 등의 언해 경서는 모두 '~언해'라는 서명으로 되어 있다. 이들 교정청 언해 경서의 보급으로 인해 17세기 이후에는 '언해'라는 용어가 보편화된 것으로 여겨진다.

그런데 언해불서의 경우는, 1762년에 간행된 『지장보살본원경언히』를 제외하고는, 그 서명이 '~언해'로 명기되어 있는 예가 전혀 없다. 언해불서의 서명은 한문본과 동일하다. 하나의 예만 들면, 『법화경언해』의 원 서명은 저본과 마찬가지로 『묘법연화경』이다. 그렇지만 학계에서는 한문본과 구별하기 위해 원 서명의 뒤에 '언해'를 붙여 사용하고 있는데, 본고에서 다루는 언해불서의 서명 역시 학계의 관례를 따른 것임을 밝힌다.

언해의 체재와 양식

언해의 체재는 언해서의 구성 방식이기도 하다. 언해서의 구성 방식으로 고려되는 요소로는 원문(한문)이 제시되어 있는가, 한자음이 표시되었는가, 협주가 있는가, 언해문의 표기 방식이 순 한글인가 국한문 혼용인가 등을 들 수 있다.³

언해서의 체재는 편찬자의 편찬 의도에 따라 다음의 세 가지로 구분된다. 첫째, 원문을 단락으로 나누고, 그 단락에 해당하는 언해문을 실은

---

2 김무봉, 「불전언해의 몇 가지 문제」, 『불교학연구』 9, 불교학연구회, 2004, p.188
3 윤용선, 「언해 자료의 역사와 언어 양상에 대한 검토」, 『우리말글』 56, 우리말글학회, 2012, p.143

것이다. 언해서의 가장 일반적인 형태로, 한문 원문에는 한글 구결이 달려 있고, 원문과 언해문의 한자에 독음이 부기되어 있다. 둘째, 한 책의 앞부분에 한문 원문을 모두 수록하고 뒷부분에 언해문 전부를 수록한 것이다. 한문 원문에는 대부분 구결이 붙어 있지 않고, 원문과 언해문의 한자에도 독음이 없다. 셋째, 원문과 언해문을 별책으로 간행한 것이 있다. 언해문은 한자를 사용하지 않고 한글로만 표기되어 있는 경우가 대부분이다.[4]

이러한 언해서의 체재는 다음과 같이 좀 더 세분화시킬 수 있다. 곧 (1) 언해문, (2) 원문+언해문, (3) 원문 및 한자 음역+언해문, (4) 원문 구결문+원문 언해문+주해 구결문+주해 언해문, (5) 원문 구결문+주해 구결문+주해 언해문, (6) 원문 구결문+언해문 등의 유형으로 나눌 수 있는 것이다.[5]

한편, 한글에 의한 번역의 양식은 직역과 의역이 있다. 먼저, 직역의 특징으로는 한자어의 빈도수가 높고, 한문의 문맥 관계를 표시해 주는 '뻐(以), 시러곰(得), 젼츠로(故)' 등의 전이어轉移語가 많이 사용되며, 매우 한정된 조사나 어미가 쓰인다는 점을 들 수 있다. 경어법 또한 매우 제한적으로 사용된다.[6] 반면에, 의역은 상대적으로 고유어가 많고, 직역에 나타나는 전이어를 사용하지 않으며, 경어법에 민감하여 등장하는 인물의 존비 관계를 명확히 밝히려는 특징이 있다.[7]

---

4 홍윤표, 「한글 자료의 성격과 해제」, 국어사연구회 편, 『국어사연구』, 서울: 태학사, 1997, pp.110~111
5 김무봉, 「조선 전기 언해 사업의 현황과 사회·문화적 의의」, 『훈민정음, 그리고 불경언해』, 서울: 역락, 2015, pp.77~78 참조.
6 홍윤표, 앞의 논문, 1997, pp.103~104
7 안병희, 앞의 논문, 2009, p.44

언해 양식과 언해 체재는 언해서의 간행 의도와 밀접하게 관련된다. 예를 들어, 불교 경전과 유교 경서는 원문의 이해와 독송이 목적이기 때문에 원문에 독음과 구결이 달리고 언해문은 직역의 번역 양식을 취하는 것이다. 이에 비해, 내용 전달을 목적으로 하는 교화서와 실용서는 그 체재도 다양하고 대체로 의역의 특성을 보인다.

언해의 과정

조선시대 언해불서의 편찬 과정은, 비록 15세기의 관판官版 불서에 국한된 것이기는 하지만, 아래와 같은 기록을 통해 그 구체적인 모습을 알 수 있다.

上이 입겨츨 드리샤 慧覺尊者의 마기와시눌 貞嬪韓氏等이 唱準ㅎ야눌 工曹參判 臣 韓繼禧 前尙州牧使 臣 金守溫은 飜譯ㅎ고 議政府檢詳 臣 朴楗 護軍 臣 尹弼商 世子文學 臣 盧思愼 吏曹佐郞 臣 鄭孝常은 相考ㅎ고 永順君 臣 溥는 例 一定ㅎ고 司贍寺 臣 曹變安 監察 臣 趙祉는 國韻 쓰고 慧覺尊者 信眉 入選 思智 學悅 學祖는 飜譯 正히온 後에 御覽ㅎ샤 一定커시눌 典言 曹氏 豆大는 御前에 飜譯 닑스오니라

인용문은 1461년(세조 7) 교서관校書館에서 간행된 활자본 『능엄경언해』 권10의 「어제御製 발跋」의 협주이다.[8] 인용문의 내용을 언해 과정의 단계별로 정리하면 다음과 같다. ①한문 원문에 구결을 단다. ②구결을 단 문

---

8 이 「어제 발」은 1462년 간경도감에서 간행된 목판본 『능엄경언해』에도 수록되어 있다.

장을 확인한다. ③구결을 단 문장을 소리 내어 읽으면서 교정한다. ④한글로 번역한다. ⑤번역된 문장을 여럿이 서로 비교·고찰한다. ⑥번역을 정한다. ⑦번역문의 한자에 『동국정운』의 한자음을 적는다. ⑧번역문을 교정한다. ⑨번역문을 확정한다. ⑩확정된 번역문을 소리 내어 읽는다.

이와 같이 『능엄경언해』는 '현토懸吐-확인-독송-번역-비교 검토-주음-교정-확정-독송' 등의 복잡하고 치밀한 과정을 거쳐 간행되었음을 알 수 있다. 그런데 간경도감에서 간행한 『금강경언해』(1464)의 발문에도 이와 유사한 내용이 있어 주목된다.

『금강경언해』에는 효령대군·해초·김수온·한계희·노사신의 발문이 있는데, 이 책의 번역자인 한계희가 쓴 발문에 언해 과정이 자세히 서술되어 있다. 곧 『금강경언해』의 편찬 과정을 세조의 구결 친정親定, 구결에 따른 한계희의 번역, 효령대군·해초 등의 연구라는 세 단계로 제시하고 있는 것이다. 그리고 각 단계의 협주에서는 세부 절차를 구체적으로 설명하고 있다.

먼저, '구결의 확정' 단계에서는 ①정빈 한씨가 세조 앞에서 구결을 쓰고, ②사당 혜경·숙의 박씨 등이 소리 내어 읽으면서 교정을 보며, ③영순군이 세조의 명령을 받아 출납을 맡았다고 되어 있다. 다음으로, '번역'과 '연구'에서는 ④예조참의 조변안이 『동국정운』에 따른 한자음을 쓰고, ⑤공조판서 김수온 등은 참조하여 바로 잡으며, ⑥의정부 사인 박건 등 관원 5인은 여러 불경을 상고하였음을 밝히고 있다. 또한 ⑦안충언·장말동 등 19인이 번역을 쓰고, ⑧장치손·박성림 등 11인은 번역문을 소리 내어 읽은 것으로 되어 있다.[9]

---

9 "親定口訣〔①貞嬪韓氏 御前書口訣, ②社堂 慧瓊·道然·淑儀朴氏 書口訣策唱隼, ③ 永順君 溥 承傳出納〕臣敬依口訣宣譯 孝寧與海超等更加研究〔④ 禮曹參議 臣

이렇듯 한계희의 발문은 언해 과정이 구결의 확정, 구결에 따른 번역, 원전의 연구·교감이라는 세 단계로 이루어지고, 각 단계가 분업 및 협업의 체제로 되어 있음을 보여 주고 있다. 이러한 특징을 『능엄경언해』의 예와 비교할 때, 언해의 절차 및 과정이 좀 더 정교해지고 전문화되었음을 알 수 있는데, 간경도감에서 간행한 여타의 언해불서 또한 동일한 과정을 거친 것임을 짐작할 수 있다.

II. 조선 전기의 언해불서

『석보상절』과 『월인석보』

최초의 언해불서인 『석보상절』은, 1447년(세종 29) 수양대군이 세종의 명으로 소헌왕후昭憲王后의 명복을 빌기 위해 편찬·간행한 석가의 일대기이다. 총 24권 가운데 권3·6·9·11·13·19·20·21·23·24의 10권만이 현재 전하고 있다.[10] 『석보상절』은 『월인석보』와 함께, 한문 원문 없이

曹變安 書國韻 ⑤ 工曹判書 臣 金守溫 工曹參判 臣 姜希孟 議政府 都承旨 臣 盧思愼 參校 ⑥ 議政府舍人 臣 朴楗 工曹正郞 臣 崔灝 行仁順府判官 趙祉 行司正 臣 安愈 成均 主簿 臣 金季昌 考諸經 ⑦ 典言 曹氏 行同判內侍府事 臣 安忠彦 護軍 臣 張末同 臣 河雲敬 司謁 臣 李元良 臣 吳命山 行謁者 臣 張經孫 臣 安哲貞 行司勇 臣 洪仲山 臣 鄭孝常 臣 金龍守 臣 洪自孝 承供校尉 臣 白守和 臣 金斤 典事 臣 崔順仝 臣 金兌守 臣 丁壽萬 給事 臣 金孝之 臣 李枝 書飜譯 ⑧ 行司勇 臣 張治孫 臣 金今音同 承供校尉 臣 朴成林 臣 陳繼紹 臣 金孝敏 臣 李致和 臣 崔順義 臣 楊壽 臣 許孟孫 臣 尹於山 臣 金善 唱準)."〔 〕표시는 협주를 의미한다.

10 10권의 현전본 중, 권3과 권11은 16세기 중엽의 복각본이고, 나머지는 모두 초간본이다. 그리고 권6·9·13·19는 중간본의 간행을 위한 교정본이다.

국한문 혼용의 언해문만으로 되어 있고, 한자에는 독음이 달려 있다. 그리고 이들 불서는 중국의 대표적 불전佛傳인 승우僧祐의 『석가보釋迦譜』를 중심으로, 『법화경』·『대방편불보은경大方便佛報恩經』·『약사경藥師經』·『지장경地藏經』 등의 여러 대승경전大乘經典을 편입 및 번역하고 있다.

『월인석보』는 세종이 『석보상절』을 보고 지은 『월인천강지곡』을 본문으로 삼고, 『석보상절』을 해설 삼아 합편한 것으로, 첨삭 및 증수의 과정을 거쳐 1459년(세조 5)에 간행되었다. 총 25권 중 권3·5·6·16·24를 제외한 20권이 전하고 있다.[11] 월인부와 상절부로 구성되어 있는 『월인석보』는, 세종 당대에 간행된 『석보상절』 및 『월인천강지곡』과는 다른 모습을 보인다. 특히 상절부와 협주에서 많은 변개가 이루어졌다.

『월인천강지곡』은 『월인석보』로 합편되면서, 세종 당대의 표기에는 변화가 없으면서도 한자 독음의 위치가 달라졌고, 협주가 새로 첨가되기도 하였으며, 노랫말의 일부에 손질이 가해지기도 하였다.[12] 상절부의 경우는, 『석보상절』의 저경이 다시 번역된 결과, 표기법은 물론이고 어휘·문장 구조·번역 양식 등에서 많은 차이를 보이고 있으며, 『석보상절』에 없던 여러 저경과 협주가 새로 첨가되었다.

『석보상절』과 『월인석보』의 현전본 중에는 그 저경과 내용이 유사한 권차가 다수 보이고 있어 주목을 요한다.[13] 저경과 내용이 대응되는 『석보상절』과 『월인석보』를 통해, 『석보상절』에서 『월인석보』로 합편되는 구체

---

[11] 이 중, 초간본은 권1·2·7·8·9·10·11·12·13·14·15·17·18·19·20·23·25의 17권이고, 복각본은 권1·2·4·7·8·17·21·22·23의 9권이다. 초간본과 복각본이 모두 전하는 『월인석보』는 권1·2·7·8·17·23의 6권이다.
[12] 김기종, 『월인천강지곡의 저경과 문학적 성격』, 서울: 보고사, 2010, pp.26~28
[13] 『석보상절』 권9와 『월인석보』 권9, 『석보상절』 권11과 『월인석보』 권21, 『석보상절』 권24와 『월인석보』 권25 등이 이에 해당한다.

적인 양상뿐만 아니라, 『석보상절』과 『월인석보』 각각의 편찬 방식 및 텍스트의 성격을 더욱 잘 파악할 수 있기 때문이다.

『석보상절』은 여러 저경의 내용을 삽화 단위로 분리하여 그 시간적 순서와 전체적인 문맥에 맞게 재배열하고 있다. 저경의 번역에 있어서는 채택된 저경의 삽화 중, 『석보상절』의 주제 형성과 관련되는 내용만을 문맥에 맞게 발췌·요약하고 있다. 이에 비해, 『월인석보』는 대체로 『석보상절』의 저경과 구성 방식을 따르면서도, 『석보상절』에서 제외되었던 저경의 삽화 및 내용을 축약 또는 생략 없이 저경의 모습 그대로 옮기고 있다.[14] 이와 같은 구성 방식의 차이점은 『석보상절』 및 『월인석보』 편자의 편찬 태도, 더 나아가서는 두 텍스트의 편찬 동기 및 목적의 차이에 기인한 것이라 할 수 있다.

『석보상절』 및 『월인석보』의 편찬 목적·과정 등을 자세히 서술하고 있는 「어제 월인석보 서」에는, "추천追薦에 전경만 한 것이 없으니 네가 석보를 만들어 번역함이 마땅하다.(世宗謂予 薦拔無如轉經 汝宜撰譯釋譜)"라는 세종의 언급이 소개되어 있다. '전경'은 경전을 전독轉讀하는 것으로, 경문經文의 전체 내용을 모두 읽는 것이 아니라, 그 주요 대목만을 골라 읽는 것을 뜻한다. 한정된 시간 안에 되도록 많은 경전을 읽어 공덕을 짓기 위해 그 주요 대목만을 읽는 것이다.

이러한 세종의 언급은 『석보상절』의 편찬 목적을 보여 준다. 곧 『석보상절』은 소헌왕후의 추천 의식인 전경 법회에서 많은 승려들이 함께 소리 내어 읽는 대본으로 쓰일 것을 염두에 두고 편찬된 것이라 할 수 있다. 이러한 편찬 목적으로 인해, 『석보상절』의 편자는 하나의 저경으로

---

14 김기종, 앞의 책, 2010, pp.106~117

하나의 삽화를 구성할 수 있음에도 굳이 여러 경전의 내용으로 삽화를 구성했고, 삽화의 주제와 관련이 없는 저경의 내용 일부를 생략하거나 축약한 것이라 하겠다.

『월인석보』의 편찬은,『석보상절』이 전경을 위한 대본이었다는 사실과 밀접한 관련이 있다. 현재 국립도서관에 소장되어 있는『석보상절』 권 6·9·13·19는 본문이 내용 단락에 따라 절단되어 있고,『월인천강지곡』의 낙장이 권6과 권9의 해당 부분에 첨부되어 있다. 이를 통해,『월인석보』의 편찬이『석보상절』이 간행된 직후부터 시도되었음을 알 수 있다.[15]

『석보상절』의 간행이 완료된 직후에『월인석보』의 편찬이 시도되었다는 점은,『월인석보』가『석보상절』과는 다른 성격의 불서를 만들고자 하는 의도에서 계획된 것임을 보여 준다. 그리고 그 의도는,『월인석보』가 저경을 중시하여 그 내용을 저경의 모습 그대로 옮기고 있는 점과, 번역양식이 직역이고 고유어보다 한자어의 비중이 큰 점 등을 통해, 독서물로서의 성격을 강화하는 데 있었음을 알 수 있다.

결국,『석보상절』은 대체로 소헌왕후의 영가靈駕와 추천 의식에 모인 백성들에게 들려지는 것을 목적으로 편찬되었고,『월인석보』는 추천 의식이 끝난 뒤에 주로 한자를 읽을 수 있는 독자층에게 석가의 생애와 불교의 교리를 알릴 목적으로 편찬된 것이라 하겠다.

한편,『월인석보』권25의 협주에는 승려의 생활과 밀접하게 연관되어 있는 내용이 보여 주목을 요한다. 권25의 제14~57장에 편입되어 있는 협주는 가섭존자가 아난에게 석가의 승가리의僧伽梨衣를 전하고 입멸하였다는 구절에 대한 주석이다. 여기에는 승가리의를 포함한 삼의三衣의

---

15 이호권,『석보상절의 서지와 언어』, 서울: 태학사, 2001, p.39

명칭·재료·크기·만드는 방법·입는 방법 등에 대한 설명과, 가사袈裟의 영험 및 위력에 대한 9편의 삽화가 포함되어 있다. 이 협주의 내용 가운데, 승려의 의복인 삼의에 대한 자세한 설명은 재가 신자에게는 크게 필요하지 않은 것이다. 곧 『월인석보』의 편자는 재가 신자보다는 승려 계층을 주요 독자로 염두에 두었으며, 승려 계층의 교육까지를 고려하여 편찬한 것이라 할 수 있다.

간경도감과 불서 언해

불서 간행을 위한 간경도감의 설치는 도승법度僧法과 승인호패법僧人號牌法의 개정안이 마련된 세조 7년 3월과 8월의 중간 시기인 6월에 시행되었다.[16] 1461년(세조 7) 6월 16일에 설치되어 1471년(성종 2) 12월 5일에 혁파될 때까지,[17] 간경도감에서는 약 37종의 한문 불서와 9종의 언해불서를 간행하였다.

한문 불서는 간경도감 설치 직후부터 그 간행이 시작되었는데, 서울뿐만 아니라 경상도 상주·안동·진주와 전라도 남원·전주, 그리고 황해도 개성 등 지방의 분사分司에서도 간행되었다. 언해불서의 경우는 1462년부터 1467년까지의 6년 동안 본사인 서울에서만 간행되었다. 분사의 존재는 고려 때의 교장도감敎藏都監이나 대장도감大藏都監의 선례를 따른 것으로, 간경도감의 불서 간행이 왕실 사업이 아닌 국가적인 사업임을 보여 준다.

간경도감은 총책임자로서의 도제조와, 제조·부제조·사·부사·판관

---

16 『세조실록』 권24, 7년 6월 16일
17 『성종실록』 권13, 2년 12월 5일

등의 구성원으로 조직·운영되었다. 11년의 존속 기간 동안 도제조와 제조로 임명된 인물은 15명 정도로, 대부분 세조의 측근이거나 집현전 출신이었다. 또한 부사와 판관에는 겸예문兼藝文의 유신儒臣들이 임명되기도 하였다.[18] 이에 비해 승려들은 간경도감의 초기에는 그 참여가 배제되었으며, 나중에 참여하게 된 뒤에도 유신들을 보조하는 역할 이상은 없었다.[19]

간경도감은 불서의 간행 외에도 불교와 관련된 여러 업무를 담당했음이 실록의 관련 기사에서 확인된다. 곧 세조 12년(1466) 3월에는 표훈사의 수륙회水陸會를 주관하였고, 예종 1년(1469) 1월에는 세조의 빈전殯殿과 관련된 불사를 설행하였다. 또한 원각사·봉선사·유점사·낙산사의 창건 및 중수와 불상·범종·불탑의 조성 등에 관여하였으며, 중국으로부터 불전을 포함한 많은 서적을 구입하는 업무를 담당하기도 하였다.[20] 이상의 내용을 통해, 간경도감은 불서 간행 기관에서 더 나아가, 당시 불교계를 통괄하는 역할을 하였음을 엿볼 수 있다.

간경도감에서 간행한 언해불서는 현재 9종이 전하고 있는데, 『선종영가집언해』·『수심결언해』·『사법어언해』의 선서禪書 이외에, 모두 대승경전의 주석서에 해당한다. 불서의 구결은 대부분 세조가 직접 달았고, 언해는 주로 집현전 출신의 유신儒臣인 김수온·한계희와, 당시 불교계의 대표적 고승인 신미가 담당하였다.

간경도감본 언해불서의 번역은 원문과 그 구결을 의식한 직역으로, 먼

---

18 박정숙, 「세조대 간경도감의 설치와 불전 간행」, 『역사와 세계』 20, 부산대학교 사학회, 1996, pp.49~51
19 박정숙, 앞의 논문, 1996, p.64
20 김기종, 「간경도감의 언해불전」, 『불교와 한글: 글로컬리티의 문화사』, 서울: 동국대학교출판부, 2015, pp.212~213

〈표 1〉 간경도감의 언해불서

	서명	간행연대	권수	역자/주해자	구결/언해자	비고
1	『능엄경언해 楞嚴經諺解』	1462년 (세조 8)	10권 10책	반랄밀제般剌密帝/ 계환戒環	세조/김수온· 한계희	
2	『법화경언해 法華經諺解』	1463년 (세조 9)	7권 7책	구마라집鳩摩羅什/ 계환戒環 요해要解, 일여一如 집주集註	세조/김수온· 한계희	일여의 집주에는 구결과 언해문이 없음
3	『선종영가집언해 禪宗永嘉集諺解』	1464년 (세조 10)	2권 2책	현각玄覺 찬술撰述, 행정行靖 주註, 정원淨源 과문科文	세조/신미 등	정원의 과문에는 구결과 언해문 없음
4	『금강경언해 金剛經諺解』	1464년 (세조 10)	1권 1책	구마라집/ 혜능慧能	세조/한계희	
5	『반야심경언해 般若心經諺解』	1464년 (세조 10)	1권 1책	현장玄奘/현수賢首 약소略疏, 중희仲希 주해註解	세조/효령대군· 한계희	중희의 주해에는 구결과 언해문 없음
6	『아미타경언해 阿彌陀經諺解』	1464년 (세조 10)	1권 1책	구마라집/지의智顗	세조/세조	경전의 본문에만 구결·언해 있음
7	『원각경언해 圓覺經諺解』	1465년 (세조 11)	11권 10책	불타다라佛陀多羅/ 종밀宗密 소疏	세조/신미· 효령대군·한계희	
8	『수심결언해 修心訣諺解』	1467년 (세조 13)	1권 1책	지눌知訥 저著	비현합조顯閤 (세조)/신미	
9	『사법어언해 四法語諺解』	1467년 (세조 13)	1권 1책	환산皖山·동산東山· 몽산蒙山· 고담화상古潭和尙 술述	신미/신미	4편의 법어로 구성

저 원전을 대문大文으로 나누고 한글로 구결을 쌍행으로 단 다음에, 국한 혼용의 언해문을 쌍행으로 잇따라 싣고 있다. 불전 및 주석의 원문과 언해문은 ○표로 구분되어 있고, 협주의 시작과 끝에는 흑어미가 있다. 원문의 한자에는 독음 표기가 없으나 언해문의 한자에는 『동국정운』에 따른 한자음이 부기되어 있고, 언해문의 한글에만 방점이 있다.

이상의 내용에서 알 수 있듯이, 간경도감에서 간행된 언해불서는 그 이전에 간행된 『석보상절』·『월인석보』에 비해 번역의 체재가 다소 복잡해졌고, 원문의 대역으로 인해 직역이 강화되었다. 이러한 특징은 경전의 주석까지 번역되어 있는 점과 함께, 세조가 설정한 언해불서의 주요 독자층이 '일반 백성들'이 아니었음을 짐작하게 한다. 경전과 그 주석에 대한 정확한 이해를 필요로 하는 계층은 일차적으로 승려들이 될 수밖에 없다.

언해의 텍스트로 선정된 불서의 성격을 통해서도 간경도감본의 독자층을 짐작할 수 있다. 선행 연구에 따르면,『능엄경』·『법화경』·『금강경』·『아미타경』은 선종의 소의경전들로, 이들 경전이『선종영가집』·『수심결』등의 선서와 함께 언해된 것은 당시 불교계의 상황을 반영한 것이자, 선사상의 보급에 그 목적이 있었다.[21] 그렇지만 태조 대의 11종이 선·교 양종으로 통합·축소된 세종 대 이후의 상황에서, 읽는 불전이 다를 정도로 선종과 교종의 구분이 명확했는지는 의문이다. 그리고 간경도감본의 선서는 선종이라는 종파적 입장이라기보다는 승려로서 읽어야 할 불교 입문서라는 측면에서 선정된 것으로 볼 수 있다.

여기에서, 간경도감이 설치되기 3개월 전에 제정되었던 도승법의 송경誦經 과목[22]을 주목할 필요가 있다. 승려가 되기 위해 반드시 외워야 하는 경전으로 제시된『반야심경』·『금강경』·「능엄주」(『능엄경』)는 공교롭게도 간경도감본 언해불서의 일부와 일치하기 때문이다. 예조 1년(1469)에 추가된『법화경』까지 포함하면,[23] 6종의 언해 불경 가운데 4종이 송경 과목

---

21 이봉춘,「조선전기 불전언해와 그 사상」,『한국불교학』5, 한국불교학회, 1980, pp.59~61; 박정숙, 앞의 논문, 1996, pp.62~63

22 "公賤으로 중이 된 자는 宗門에 告하고 종문에서는 **「금강경」·「心經」·「薩怛陁」**를 능히 외고, 僧行이 있는 자를 가려서 사유를 갖추어 예조에 보고한다."(『세조실록』권23, 7년 3월 9일)

23 "예조에서는 양종으로 하여금 **「심경」·「금강경」·「살달타」·「법화경」** 등을 시험하여

의 경전인 것이다. 이들 경전이 도승의 과목으로 선정되었다는 것은, 당시의 불교계에서 선종·교종의 구별 없이 읽고 외워야 할 기본 텍스트로 공인되었음을 의미한다.

결국, 간경도감의 언해불서 편간은 일반 백성이 아닌 당시의 승려들을 대상으로, 그들에게 불교의 기초 교리·지식을 보급하려는 데 일차적인 목적이 있었으며, '도승법'이라는 당시의 불교 정책과도 일정 정도 관련을 맺고 있다고 하겠다.

지방 사찰의 언해불서

15세기의 언해불서는 모두 관판본이고 서울에서만 간행되었다. 그러나 16세기 이후로 관판본은 더 이상 편찬·간행되지 않았고, 지방의 사찰에서 간경도감의 언해불서들이 복각·간행되었다. 경상도 합천 서봉사의 『수심결언해』(1500), 경상도 안음 장수사의 『영가집언해』(1520), 전라도 나주 쌍계사의 『법화경언해』(1547)·『아미타경언해』(1558), 황해도 심원사의 『반야심경언해』(1553), 전라도 안심사의 『금강경언해』·『원각경언해』(1575) 등을 그 예로 들 수 있다. 이들 중, 서봉사의 복각본은 지방에서 간행된 최초의 한글 문헌이 된다.[24]

간경도감본의 복각 외에도, 16세기에는 사찰을 중심으로 새로운 언해불서가 편찬·간행되었는데, 이들 언해불서의 이름과 서지 사항을 도표

합격자를 보고하게 하고, 이들로부터 丁錢으로 正布 50필씩을 받고 도첩을 준다." (『예종실록』 권8, 1년 10월 27일)

24 이호권, 「조선시대 한글문헌 간행의 시기별 경향과 특징」, 『한국어학』 41, 한국어학회, 2008, pp.93~94

〈표 2〉 16세기의 언해불서

	서명	간행연대	권수	간행처	판본	비고
1	『법집별행록절요언해 法集別行錄節要諺解』	1522년 (중종 17)	1권 1책	미상	목판본	앞뒤의 30여 장이 낙장
2	『은중경언해 恩重經諺解』	1545년 (인종 1)	1권 1책	미상 (전북 완주)	목판본	오응성吳應星 언해. 38종의 이본이 전함
3	『십현담요해언해 十玄談要解諺解』	1548년 (명종 3)	1권 1책	정수사淨水寺 (강화도)	목판본	김시습의 『십현담요해』를 언해한 것으로 제35·38장 낙장
4	『성관자재구수육자선정언해 聖觀自在求修六字禪定諺解』	1560년 (명종 15)	1권 1책	숙천肅川 관북관北 (평남 평원)	목판본	'육자신주언해六字神呪諺解'로 약칭하기도 하며 제44·45장 낙장
5	『몽산화상육도보설언해 蒙山和尙六道普說諺解』	1567년 (명종 22)	1권 1책	취암사鷲岩寺 (전북 순창)	목판본	
6	『선가귀감언해 禪家龜鑑諺解』	1569년 (선조 2)	2권 1책	보현사普賢寺 (평북 영변)	목판본	청허 휴정淸虛休靜(1520~1604)의 『선가귀감』을 금화도인金華道人이 언해한 것
7	『초발심자경문언해 初發心自警文諺解』	1577년 (선조 10)	1권 1책	송광사松廣寺 (전남 순천)	목판본	「계초심학인문誡初心學人文」·「발심수행장發心修行章」·「야운자경서野雲自警序」의 세 편으로 구성
8	『장수경언해 長壽經諺解』	16세기 중엽	1권 1책	미상	목판본	3종의 필사본과 2종의 목판본이 전하며 권말 하단부의 훼손이 심하고, 10여 장이 낙장된 것으로 추정

로 제시하면 〈표 2〉와 같다.

    16세기에 편찬된 언해불서는 모두 8종으로, 대승경전과 선서로 양분되던 간경도감본과 달리, 비교적 다양한 성격의 불서들을 포함하고 있다. 먼저, 『법집별행록절요언해』(1522)는 보조 국사普照國師 지눌知訥(1158~1210)의 『법집별행록절요병입사기法集別行錄節要幷入私記』를 언해한 것이다. 지눌의 이 책은 규봉 종밀圭峰宗密의 『법집별행록』에 대한 주석서로,

중요한 부분을 초록한 뒤 자신의 견해를 덧붙이고 있다. 언해본은 간경도감본의 체재를 따르고 있지만, 완역完譯이 아닌 원전의 약 1/3만을 초역抄譯하고 있으며, 원전의 일부가 언해본의 원문에서 다른 표현으로 바뀌기도 하였다.[25] 그러나 언해문 자체는 언해본에 실린 한문 원문을 충실하게 번역하고 있고 구결 또한 자세하게 달려 있어, 간경도감본의 체재에서 크게 벗어난 것은 아니다.

『은중경언해』는 『불설대보부모은중경佛說大報父母恩重經』(이하 『은중경』으로 약칭)의 번역이다. 이 경전은 중국에서 찬술된, 이른바 '위경僞經'에 해당한다. 『은중경언해』는 조선시대 언해불서 가운데 가장 많이 판각된 것으로, 16~19세기에 걸쳐 복각·간행된 38종의 판본이 현재 전하고 있다. 전북 완주의 오응성이 1545년(인종 1)에 언해하여 간행한 판본이 가장 이른 시기의 것이고,[26] 이후 간행된 대부분의 판본들은 이 초역본初譯本을 복각한 것이라 할 수 있다. 그런데 『은중경언해』의 이본들은 17~18세기에 간행된 판본의 비중이 크고, 특히 1796년(정조 20)에 간행된 '용주사판龍珠寺版'은 초역본과 번역 양식 및 번역의 구체적 양상에서 적지 않은 차이를 보이고 있다. 두 판본의 차이점 및 각 판본의 특징적인 국면은, 논의의 편의상 항목을 달리하여 Ⅲ장에서 다룰 것이다.

다음으로, 『십현담요해언해』(1548)의 저본은 김시습金時習(1435~1493)의 『십현담요해』(1475)이다. 이 책은 『십현담』의 주석서인 청량 문익淸凉文益(885~958)의 『동안찰십현담청량화상주同安察十玄談淸凉和尙註』를 대본으로

---

[25] 안병희, 「별행록절요언해」, 『국어사 자료 연구』, 서울: 문학과 지성사, 1992, pp.357~358

[26] 송일기, 「『불설대보부모은중경언해』의 초역본에 관한 연구」, 『서지학연구』 22, 한국서지학회, 2001, p.183

하여, 『십현담』의 요지를 해설한 것이다. 『십현담요해언해』 역시 간경도감본의 언해 체재를 따르고 있지만, 『법집별행록절요언해』와 마찬가지로, 원전의 내용과 일치하지 않는 부분이 있다. 언해본은 『십현담요해』에 실린 청량 문익의 주석을 모두 삭제한 것이다. 그리고 언해본에 실린 한문 원문은 『십현담요해』에 수록된 동안 상찰同安常察(?~961)의 『십현담』 원문과 일치하지 않는다. 이러한 차이는 언해본의 편자가 김시습이 구할 수 없었던, 원대元代와 명대明代에 간행된 『십현담』의 여러 판본을 직접 참고하여 교감한 결과로 이해할 수 있다.[27]

『성관자재구수육자선정언해』(1560)는 뒤에서 살펴볼 『장수경언해』와 함께 밀교 계통의 불서이다. 이 언해본은 사찰이 아닌, 평안남도 평원군의 숙천부에서 간행하였다. 육자대명왕진언六字大明王眞言인 '옴마니반메훔'을 외우면 온갖 번뇌를 끊고 불과佛果를 얻는다는 내용으로 되어 있다. 언해의 체재는 한글로 구결을 단 한문 원문의 행에 나란히, 한글로 독음과 구결을 쓴 행을 배열한 뒤, 한글만으로 된 언해문을 수록하고 있다. 이러한 특징은 이 책이 많은 진언을 수록하고 있는 밀교 경전이라는 점과, 불교 의식의 대본용이라는 점에 기인한 것이라 할 수 있다.[28]

『몽산화상육도보설언해』(1567)는 중국 원대의 임제종 승려인 몽산 덕이蒙山德異(1231~?)의 『몽산화상육도보설』을 언해한 것이다. 이 책은 일체유심조一切唯心造의 입장에서 대중이 업장을 참회하고 보리심菩提心을 내

---

27 하정룡, 「해인사 백련암 소장 『십현담요해』에 대한 서지학적 고찰」, 『동아시아고대학』 22, 동아시아고대학회, 2010, pp.207~209

28 참고로, 이 책의 내용 및 구성은 ①聖觀自在求修六字禪定, ②初入禪定, ③觀音菩薩六字大明王神呪, ④自己觀音密呪觀念說, ⑤次發四無量心, ⑥功德偈, ⑦釋迦如來花押符 등으로 이루어져 있다.(「《聖觀自在求修六字禪定》影印」, 『서지학보』 14, 한국서지학회, 1994, pp.133~230)

면 육도윤회를 끊고 성불할 수 있음을 강조하고 있으며, 이것이 고통에서 벗어나는 방법임을 설파하고 있다. '보설'은 대중의 고향告香과 청법請法으로 인해 수시로 행해지는 약식 설법을 가리킨다.[29]

『선가귀감언해』(1569)는 청허 휴정淸虛休靜(1520~1604)의 한문본 『선가귀감』을, 휴정의 문인門人인 금화도인金華道人 의천義天이 상·하 두 권으로 번역한 책이다. 보통 언해서와 달리, 이 언해본은 원전에 앞서 간행되었다. 『선가귀감언해』는 휴정의 저술인 『삼가귀감三家龜鑑』(1564년 이전)의 '불교' 부분을 의천이 재편·번역하여 간행한 것이고, 한문본은 언해본을 전체적으로 재편하여 10년 뒤인 1579년에 간행한 것이다.[30] 그리하여 언해본에는 한문본에 없는 내용이 있고, 한문본은 언해본처럼 분권되지 않은 1권으로 되어 있는 차이를 보인다. 『선가귀감』은 선종에 대한 입문서이자, 선종과 교종을 이론적인 면에서 종합시키고 있는 하나의 전환적인 저술로 평가받고 있다.[31]

『초발심자경문언해』(1577)는 신라 원효元曉(617~686)의 「발심수행장發心修行章」, 지눌의 「계초심학인문誡初心學人文」, 고려 충렬왕 대(1274~1308)의 승려 야운 각우野雲覺牛의 「야운자경서野雲自警序」를 한 권으로 묶어 언해한 것이다. 간경도감의 언해불서와 같이, 원문을 대문으로 나누고 한글로 구결을 달고 있지만, 언해문이 아닌 구결문의 한자에 독음을 부기하고 있다. 「발심수행장」은 출가·수도의 필요성 및 방법, 「계초심학인문」은 승려의 생활 규범과 마음가짐, 「야운자경서」는 출가자가 스스로 경계해

---

29 강호선, 「조선전기 『몽산화상육도보설』 간행의 배경과 의미」, 『동국사학』 56, 동국역사문화연구소, 2014, p.115
30 송일기, 「선가귀감의 서지학 연구」, 중앙대학교 박사학위논문, 1991, pp.97~102
31 이기영, 「선가귀감」, 박종홍 외, 『한국의 명저』, 현암사, 1979, p.533

야 할 점 등을 서술하고 있다. 이들 세 편은 모두 출가한 지 얼마 되지 않은 승려들을 독자층으로 설정하고 있는데, 조선 후기 승려들의 교육 과정인 이력 과정履歷過程 중, 사미과沙彌科의 교재로 쓰였다.[32]

끝으로, 『장수경언해』의 저본인 『불설장수멸죄호제동자다라니경佛說長壽滅罪護諸童子陀羅尼經』은, 온갖 고통과 죄보에서 벗어나는 방법에 관해 설하고 있는 밀교 계통의 경전이다. 고려시대에는 동자경법童子經法을 통한 불교 의식을 행할 때 사용되었다고 한다.[33] 언해본의 체재는 『성관자재구수육자선정언해』와 유사하게, 한문 원문과 그 한글 독음을 나란히 배열한 뒤, 순 한글로 된 언해문을 쌍행의 소자小字로 수록하고 있다.

이상, 지방 사찰에서 간행된 16세기 언해불서의 특징적인 국면에 대해 살펴보았다. 이들 불서는 선서(〈표 2〉의 ①·③·⑤·⑥), 위경(②), 밀교 경전(④·⑧), 불교 입문서(⑦) 등 비교적 다양한 내용 및 성격을 보여 주고 있다. 그런데 『은중경언해』와 밀교 경전을 제외한 5종의 불서들은, 모두 선종 또는 승려와 관련이 있는 것으로, 일반 백성들보다는 승려들을 대상으로 한 것임을 알 수 있다. 그리고 주석서 내지 연구서의 비중 또한 적지 않음이 확인된다. 곧 16세기 언해불서의 편찬 및 간행은 15세기의 간경도감본과 마찬가지로, '승려의 교육'에 그 일차적인 목적이 있는 것이다.

---

32 "從前以來 朝鮮僧侶 次第講修經論科目謂之履歷. 十戒·誦呪·般若心經·禮懺·**初心文·發心文·自警文**(已上 沙彌科也) 大慧書狀·高峰禪要·禪源諸詮集都序·法集別行錄卽節要(已上 四集科也) 楞嚴經·起信論·金剛般若經·圓覺經(已上 四教科也) 華嚴經·禪門拈頌·傳燈錄(已上 大教科也)"(이능화, 『조선불교통사』하, 서울: 신문관, 1918, p.568)

33 남권희, 「『불설장수멸죄호제동자다라니경』 언해본의 서지」, 『장수경언해』, 대구: 경북대학교출판부, 2000, p.165

III. 조선 후기의 언해불서

『은중경』의 언해와 유통

『은중경언해』는 부모의 은혜, 특히 어머니의 은혜를 열 가지[34]로 제시한 뒤, 지옥에 떨어지지 않기 위해서라도 그 은혜를 반드시 갚아야 한다고 권하는 내용이다. 앞에서도 언급했듯이, 이 책은 조선 후기에 가장 널리 유통된 언해서로, 현재 38종의 이본이 남아 있다. 이들 판본의 이름을 간행의 연대별로 정리하면 아래와 같다.

- 16세기: 오응성 발문본(1545), 장단 화장사본(1553), 아산 신심사본
  (11종)　(1563), 순천 송광사본(1563), 문화 패엽사본(1564), 은진 쌍계사본(1567), 김제 흥복사본(1573), 낙안 징광사본(1580), 의령 보리사본(1582), 풍기 희방사본(1592), 국도본國圖本(16세기)

- 17세기: 대구 동화사본(1609), 공주 율사본(1618), 장성 백암사본(1628),
  (18종)　최연崔衍 발문본(1635), 양산 통도사본(1648), 전주 봉서사본(1651), 정읍 내장사본(1653), 양양 신흥사본(1658), 개령 고방사본(1668), 고산 영자암본(1676), 청도 수암사본(1680), 양산 조계

---

[34] 열 가지 은혜는 ①잉태하여 몸을 간수하는 은혜(懷耽守護恩), ②해산에 임하여 수고하는 은혜(臨産受苦恩), ③자식을 낳고 걱정을 잊은 은혜(生子忘憂恩), ④쓴 것은 삼키고 단 것은 뱉어서 먹이는 은혜(咽苦吐甘恩), ⑤자식은 마른 데 눕히고 자신은 진 데 눕는 은혜(廻乾就濕恩), ⑥젖을 먹여 기르는 은혜(乳哺養育恩), ⑦깨끗하지 못한 것을 씻겨주는 은혜(洗濁不淨恩), ⑧자식이 멀리 나가 있으면 생각하고 염려하는 은혜(遠行憶念恩), ⑨자식을 위해 나쁜 업을 짓는 은혜(爲造惡業恩), ⑩나중을 생각하고 가엾어 하는 은혜(究竟憐愍恩) 등이다.

암본(1686), 경주 천룡사본(1686), 양주 불암사본(1687), 향산 조원암본(1689), 고성 건봉사본(1692), 자천각본字天刻本(17세기), 아단본雅丹本(17세기)

· 18세기: 정주 용장사본(1705), 개성 용천사본(1717), 금구 금산사본(1720),
 (8종)   영흥 진정사본(1731), 정읍 벽송대본(1760), 고창 문수사본(1760), 전주 남고사본(1794), **화성 용주사본(1796)**

· 19세기: 고산 안심사본(1806)[35]
 (1종)

『은중경언해』가 16세기에 11종, 17세기 18종, 18세기 8종, 19세기에 1종이 간행되었고, 여러 사찰을 중심으로 전국적으로 널리 유통되었음을 알 수 있다. 초역본은 오응성의 발문에 따르면, 돌아가신 부모님의 은덕에 보답하고 극락왕생을 축원하기 위해 간행한 것으로 되어 있다.[36] 이 책은 한문 원문을 대문으로 나눈 뒤 순 한글의 언해문을 배열하고 있는데, 원문에는 구결과 독음이 달려 있지 않다. 그리고 언해문의 주요 부분 아래에는 그 내용을 표현한 삽화揷畵들이 실려 있다.[37] 이와 같은 구성 및

---

[35] 송일기, 「새로 발견된 호남판 〈부모은중경언해〉 4종의 서지적 연구」, 『한국도서관·정보학회지』 41-2, 한국도서관·정보학회, 2010, pp.214~215; 김영배, 「〈불설대보부모은중경언해〉 해제」, 『(역주) 불설대보부모은중경언해』, 세종대왕기념사업회, 2011, pp.26~27

[36] 송일기, 앞의 논문, 2001, pp.185~186

[37] 이 책에는 21개의 삽화가 수록되어 있다. 참고로 이들 삽화와 그 내용을 보이면 ① 如來頂禮圖(1圖): 석가가 제자들과 길을 가다가 枯骨을 발견하고 예배하는 장면, ② 父母十恩圖(10圖): 어머니의 10가지 은혜를 표현한 것, ③ 八譬喩圖(8圖): 부모의 은혜에 보답하기 위한 실천적 행위를 8가지의 극한 상황으로 연출한 장면, ④ 三

체재는 초역본 이후 간행된 대부분의 판본들에도 해당된다.

그런데 정조의 명으로 1796년(정조 20)에 판각된 '용주사판'은 초역본과는 다른 모습을 보이고 있어 주목된다.[38] 용주사판은 한문 원문이 없는 대신, 원문에 대한 음역문을 한글 구결을 붙여 제시하고, 그 뒤에 순 한글의 언해문을 수록하고 있다. 또한 초역본 및 대부분의 판본들이 초역抄譯인데 반해, 용주사판은 직역의 양식을 취하여 완역完譯하고 있다.

예를 들어, 『은중경』의 서두인 "如是我聞 一時 佛在闍衛國 王舍城 祇樹給孤獨園 與大比丘 三萬八千人 菩薩摩訶薩衆"을 초역본은 "일시예 부톄 왕샤성의 뎨쥬 삼만팔쳔 드리고 겨시더니"로, 용주사판은 "이러트시 내 드르니 혼 째 부쳬 사위국 왕샤성 지슈급고독원에 이셔 대비구 삼만팔쳔 사룸과 보살마하살 모든 이로 더브러 혼가지로 ᄒᆞ엿더라."로 번역하고 있는 것이다.[39]

그리고 인용문의 '이셔'와 'ᄒᆞ엿더라'에서 보듯이, 용주사판은 설법의 주체인 석가를 존대하지 않고 있다. 용주사판의 '이셔'는 흔히 여타의 언해불서에서는 '겨샤'로 나타나고, 'ᄒᆞ엿더라'는 초역본에 '겨시더니'로 되어 있다. 용주사판은 이 인용문뿐만 아니라 언해문의 전체에 있어, 석가의 행동에 대한 어떤 서술어에도 존경의 선어말 어미인 '~시'를 사용하지

寶供養圖(1圖): 부모의 은혜를 갚는 방법으로 삼보에 공양하여 복을 닦는 장면, ⑤ 阿鼻地獄圖(1圖): 부모에 대한 孝·不孝의 인과응보를 보여 주는 장면 등이다.(송일기, 앞의 논문, 2001, pp.192~193)

38 이 책을 '용주사판'이라 부르는 것은 冊版의 보관 사찰명에 의한 것으로, 간행은 용주사와 무관하다. 책판은 鑄字所에서 판각하여 인출한 뒤, 용주사로 이관되었다.(이호권, 「유교 이념의 불교적 실현, 용주사판 『부모은중경언해』」, 정재영 외, 『정조대의 한글문헌』, 서울: 문헌과 해석사, 2000, pp.152~153)

39 이호권, 앞의 논문, 2000, pp.159~160

않는 특징을 보인다.⁴⁰

한편, 정조는 용주사판 『은중경언해』를 편간한 이유를 아래와 같이 밝히고 있다.

> 이단을 미워하는 것은 그것이 인륜을 어그러뜨리고 부모를 버리기 때문이다. 『은중경』도 불교서적 중의 한 가지 법이나, 그 책에 부모가 애써 길러준 은혜에 크게 보답할 것을 말하였고, 인과응보가 뚜렷하게 감응하는 구분을 낱낱이 서술하여, 상계上界와 아비지옥阿鼻地獄의 도설圖說에 이르러서는 똑똑히 알 수가 있으니, 어리석은 백성들에게 보고 깨닫도록 하기에 충분하다. 그러므로 이번에 간행하는 일은 실로 감응 분발하고 징계하는 뜻을 부여한 것이다. <u>읽는 사람을 만약 불경을 숭상하고 믿는 것으로 의심한다면</u>, 오랑캐의 내용이면 물리치고 사문師門의 내용이면 나오게 한다는 의리가 결코 아니다.⁴¹

인용문은 『홍재전서弘齋全書』「일득록日得錄」훈어편訓語篇의 일부이다. 여기에서 정조는 『은중경언해』를 편간한 이유로, 『은중경』은 부모의 은혜에 보답해야 할 것을 설하고 있고 또한 삽화가 있으므로, 어리석은 백성들이라도 쉽게 깨달을 수 있음을 들고 있다. 이 언급은 정조가 『은중경』을 '불경'이 아닌, '효孝'라는 유교적 덕목을 가르쳐 주는 '교화서'로 인식하고 있음을 보여 준다. 그리고 이러한 '교화서로서의 『은중경』' 인식은 용주사판 편간의 이유인 동시에, 『은중경언해』가 조선시대 언해불서 가운데 가장 널리 향유·유통된 이유로도 볼 수 있을 것이다.

---

40 이호권, 앞의 논문, 2000, p.161
41 『국역 홍재전서』 17, 서울: 민족문화추진회, 1998, pp.211~212

『권념요록』·『염불보권문』

『권념요록勸念要錄』은 1637년(인조 15) 전남 구례의 화엄사에서 간행한 것으로, 서문에 의하면 책의 편자는 나암 보우懶庵普雨(1509~1565)이다. 그러나 언해문에는 17세기의 국어가 반영되어 있어, 보우가 언해한 것으로 볼 수 없다.[42] 보우는 언해본이 아닌, 언해본에 수록된 한문 원문을 저본에서 초록한, 한문본의 편자로 보는 것이 좋을 듯하다. 이 책은 한문 원문에 단락을 지어 한글로 구결을 달고, 그 뒤에 순 한글의 언해문을 실었다. 구결문의 한자에는 독음을 달지 않았다.

『권념요록』은 11편의 왕생담과 「관법觀法」·「인증引證」 등으로 구성되어 있다. 「왕랑반혼전王郎返魂傳」을 제외한 모든 글들은 원나라 왕자성王子成의 『예념미타도량참법禮念彌陀道場懺法』(이하 『미타참법』으로 표기함)의 관련 부분을 옮긴 것이고,[43] 보우의 서문까지도 『미타참법』의 서문 일부와 일치하고 있다.[44] 10편의 왕생담[45]은 『미타참법』의 「왕생전록」 제4가 출전이고, 「관법」은 「구생행문」 제9·「결의생신」 제2, 「인증」은 「인교비증」 제3

---

[42] 김무봉, 「『권념요록』 해제」, 『(역주) 칠대만법·권념요록』, 서울: 세종대왕기념사업회, 2013, pp.133~134

[43] 『미타참법』은 10권 13장으로 되어 있는데, 참고로 그 목차를 보이면, 歸依西方三寶 第1, 決疑生信 第2, 引敎比證 第3, 往生傳錄 第4, 極樂莊嚴 第5, 禮懺罪障 第6, 發菩提心 第7, 發願往生 第8, 求生行門 第9, 總爲禮佛 第10, 自慶 第11, 普皆迴向 第12, 囑累流通 第13이다.

[44] 한보광, 「허응당 보우선사의 『권념요록』 연구」, 『한국불교학』 53, 한국불교학회, 2009, pp.106~109

[45] 10편의 왕생담은 ①「遠公結社傳」, ②「闕公則現報傳」, ③「烏長王見佛傳」, ④「鄭牧卿執幡傳」, ⑤「房翥勸他往生傳」, ⑥「隋文皇后傳」, ⑦「荊王夫人立化傳」, ⑧「梁氏自明傳」, ⑨「童女勸母傳」, ⑩「屠牛善和十念傳」 등이다.

이 그 출전이다.

『미타참법』의 「왕생전록」은 『고승전』·『왕생전』·『법원주림』 등에서 옮겨온 34편의 이야기들을, '비구(10편)·비구니(4편)·우바새(7편)·우바이(8편)·악업인(5편)' 등의 다섯 항목으로 나누어 수록하고 있다. 이들 가운데에는 극락왕생과 직접적인 관련이 없는, 염불의 현세 이익에 관한 이야기들도 포함되어 있다. 또한 왕생담에 있어서는 칭명염불稱名念佛뿐만 아니라, '관상염불觀想念佛'과 관련된 내용도 적지 않게 보이고 있다.

『권념요록』의 왕생담은 비구(①·②), 우바새(③·④·⑤), 우바이(⑥·⑦·⑧·⑨), 악업인(⑩)의 순서로 배열되어 있어, 「왕생전록」의 분류 항목 및 배열 순서를 따르고 있음을 알 수 있다. 이들 왕생담은 주로 아미타불의 이름을 칭념稱念하여 극락에 왕생한 사람들의 이야기로 되어 있다. 10편의 왕생담 중, 「오장왕견불전」·「정목경집번전」·「방저권타왕생전」·「수문황후전」·「동녀권모전」·「도우선화십념전」 등의 6편은 다음에서 살펴볼 『염불보권문』에도 실려 있다.

「관법」의 경우는, 관상염불이 칭명염불보다 훨씬 뛰어남을 말한 뒤, 입으로 염불하고 마음으로 생각해야만 왕생할 수 있음을 강조하고 있다. 「인증」은 아미타불의 이름을 들으면 극락에 왕생할 수 있음을, 『약사경』·『다라니경』의 관련 부분을 인용하여 서술하고 있다.

다음으로, 『염불보권문念佛普勸文』은 1704년(숙종 30) 경북 예천 용문사의 승려 명연明衍이 편찬한 책으로, 원 서명은 『대미타참약초요람보권염불문大彌陀懺略抄要覽普勸念佛文』이다. 여기에서 '대미타참'은 『권념요록』의 저본인 왕자성의 『미타참법』을 가리킨다. 그런데 『염불보권문』은 서명과 달리, 이 『미타참법』뿐만 아니라 극락·염불과 관련된 비교적 다양한 글들을 수록하고 있다. 편자인 명연이 직접 지은 글들을 포함하여, 여러 경전에서 발췌한 글들과, 염불 의식 관련 진언·게송·발원문, 그리고 가사 작품인 「서왕가」·「인과문」 등이 실려 있는 것이다. 또한 표기의 측면에 있어서도 한문 원문과 그 언해문을 함께 실은 것, 한문 원문에 한글 독음만 단 것, 순 한글로 표기된 것 등 하나의 책 안에 다양한 모습을 보여 주고 있다.

이 책은 예천 용문사에서 간행된 이래, 80여 년의 기간 동안 총 7차례에 걸쳐 복각·간행되었다. 곧 1704년 예천 용문사본, 1741년(영조 17) 대구 팔공산 수도사본, 1764년(영조 40) 대구 팔공산 동화사본, 1765년(영조 41) 황해도 구월산 흥률사본과 평안도 묘향산 용문사본, 1776년(영조 32) 경상도 합천 해인사본, 1787년(정조 11) 전라도 무진 선운사본 등이 그것이다.

『염불보권문』은 수록된 글들의 출전 및 내용에 따라, 제1부 경전에서 뽑은 글, 제2부 『미타참법』 소재 왕생담, 제3부 염불 의식문 등으로 구성되어 있다. 제1·2부는 구결이 없는 한문 원문과 순 한글의 언해문이 함께 제시되어 있고, 제3부는 한문 원문에 독음이 달려 있거나, 한글로만 표기되어 있다.

제1부는 『대집경』·『관무량수경』·『대아미타경』 등의 여러 경전에서 발췌한 8편의 글들을 수록하고 있다.[46] 이 8편의 글들은 그 제목을 통해서도 알 수 있듯이, 대부분 염불과 극락왕생에 관한 내용으로 되어 있는데, '염불의 이유(왕생·성불: ①·②) → 왕생·성불의 이유와 방법(③·④·⑤)

---

[46] 『염불보권문』 제1부에 실린 글들은 ① 「諸佛不如阿彌陀佛」, ② 「念諸佛不如念阿彌陀佛」, ③ 「諸國世界不如西方極樂世界」, ④ 「極樂世界七寶池中有九品蓮花臺」, ⑤ 「勸他念佛同生西方」, ⑥ 「有緣奉佛無緣毀佛」, ⑦ 「有信有益無信無益」, ⑧ 「貪世事人不知念佛大樂」 등이다.

→염불 법문에 대한 믿음(⑥·⑦·⑧)'의 내용 전개를 보인다.[47]

제2부는 9편의 왕생담[48]과, 명연의 글인 「져리나 무으리나 념불 권훈 후 바리라」로 구성되어 있다. 9편의 왕생담은 『권념요록』과 마찬가지로, 『미타참법』의 「왕생전록」이 그 출전이다. 여기에서는 현세 이익과 관상염불 관련 이야기는 모두 배제하고, 칭명염불과 관련된 왕생담만을 수록하고 있다.

그리고 왕생담의 배열에 있어서도 「왕생전록」 및 『권념요록』과 달리, 주인공의 신분과 성별에 따라, '왕실(⑨·⑩·⑪) → 사민士民(⑫·⑬·⑭) → 비구(⑮) → 부녀자(⑯) → 천민(⑰)'의 순서로 되어 있다. 한편, 『염불보권문』과 『권념요록』에 공통적으로 수록된 6편의 왕생담들을 비교해 보면, 후자는 구결문의 존재로 인해 직역의 번역 양식을 취하고 있고, 전자는 상대적으로 의역에 가까운 모습을 보인다.

제3부에는 염불 의식의 절차를 모은 「염불작법차서念佛作法次序」와, 염불 의식 때 이 「염불작법차서」와 함께 사용하는 「나옹화상셔왕가라」·「인과문」·「대불정수능엄신주」·「관음보살ᄌᆞ직여의뉸쥬진언」 등의 불교 가사 및 진언이 수록되어 있다.

이상의 내용을 통해, 『염불보권문』은 '염불의 이유(제1부) → 염불의 이익(제2부) → 염불의 실천(제3부)'이라는 비교적 논리적인 전개 양상을 보이고 있음을 알 수 있다. 제1·2부는 각각 '부처님의 말씀'·'왕생의 실례'를

---

47 김기종, 「18세기 『염불보권문』의 편간과 불교사적 의미」, 『불교학연구』 54, 불교학연구회, 2018, pp.160~165

48 제2부에 수록된 9편의 왕생담은 ⑨ 「烏長國王見佛往生」, ⑩ 「世子童女勸母往生」, ⑪ 「隋文皇后異香往生」, ⑫ 「京兆房翥勸他往生」, ⑬ 「學士張抗持課往生」, ⑭ 「信士牧卿執幡往生」, ⑮ 「불계 파훈 즁 웅쥰이 과글리 주거셔 극낙가다 ᄒᆞ시다」, ⑯ 「溫文靜妻辭親往生」, ⑰ 「屠牛善和十念往生」 등이다.

근거로, 왕생과 성불을 염불의 이유·이익으로 제시하고 있으며, 제3부는 의식의 절차라는 행위를 통해 왕생·성불에 대한 희구 및 다짐을 드러내고 있다. 다시 말해,『염불보권문』은 염불을 해야 하는 이유가 '왕생'과 '성불'에 있음을 보여 주는 동시에, '왕생'과 '성불'을 위해 염불을 해야 함을 강조하고 있는 것이다. 특히,『염불보권문』의 '염불'이 '칭명염불'만을 가리키고 있는 점과, 성불에 보다 강조점을 두고 있는 점은 이 책의 특징적인 국면이라 할 수 있다.[49]

『지장경언해』

『지장경언해』는『지장보살본원경언해』의 약칭이다. 중국 당唐의 실차난타實叉難陀가 번역한 1권 13품의『지장보살본원경』은, 지장보살의 본생·본원·공덕과 지옥의 종류 및 고통 등을 그 주요 내용으로 하고 있다. 이 경전은 중생들이 고통 받는 모습을 지옥고地獄苦를 통해 나타내고 아울러 그들을 구제하는 방법을 제시하고 있다는 점에서, 주로 참회업장懺悔業障과 죄업소멸罪業消滅을 위한 목적으로 신앙되었다.

『지장경언해』는 현재 4종의 이본이 전한다. 두류산 견성암見性庵본(1762), 종남산 약사전藥師殿본(1765), 보정사寶晶寺본(1879), 간행 연대 미상의 판본 등이 그것이다.[50] 이들 판본은 모두 한문 원문이 없고, 순 한글의 언해문만으로 되어 있다. 그리고 약사전본은 견성암본과 판식版式과 표기법 등에서 차이가 있을 뿐, 구성 및 내용에서는 동일하다. 이 외에, 비록 언해본은 아니지만, 1791년(정조 15) 송광사에서 간행된 원문의 한자음

---

49 김기종, 앞의 논문, 2018, pp.172~173
50 남권희,「지장경 해제」,『국어사연구』6, 국어사학회, 2006, p.167

을 한글로 병기한 음역본이 전하고 있다.

가장 이른 시기의 판본인 견성암본 『지장경언해』는 상·중·하의 3권 1책으로 되어 있다. 상권은 「도리천궁신통품忉利天宮神通品」 제1~「염부중생업감품閻浮衆生業感品」 제4, 중권은 「지옥명호품地獄名號品」 제5~「칭불명호품稱佛名號品」 제9, 하권은 「교량보시공덕연품校量布施功德緣品」 제10~「촉루인천품囑累人天品」 제13을 수록하고 있다. 용봉龍峯이 쓴 서문에 의하면, 이 책은 묘향산인妙香山人 관송觀松 장로가 후인들에게 『지장경』의 깊은 뜻을 알리기 위해 언해한 것으로 되어 있다.[51]

그런데, 이 책의 권수제는 '지장보살본원경언히권샹/월린쳔강지곡제이십일/셕보샹제이십일'로 되어 있어 주목을 요한다. 상권의 제1~3장張은 『지장경』에 전혀 없는 것으로, 권수제의 표기대로 『월인석보』 권21에 있는 내용이다. 곧 『월인천강지곡』 기其412~417의 6곡이 곡차 표기 없이 수록되어 있고, 이어서 어떠한 표시도 없이 『석가보』가 저경인 관련 상절부가 실려 있다. 또한 상권 끝부분에는 '구죡슈화길상광명대긔명쥬총디쟝규'가 실려 있는데, 이 다라니 역시 『지장경』에는 없고, 『월인석보』 권21에 수록된 것이다.

『월인석보』 권21은 ①도리천위모忉利天爲母 설법, ②『지장경』 설법, ③우전왕과 파사익왕의 불상 조성, ④육사외도六師外道의 석가 비방, ⑤석가의 염부제 귀환, ⑥금상金像의 불사佛事 부촉付囑, ⑦석가의 연화색 비구니 훈계, ⑧인욕태자의 효양행孝養行 등의 삽화들로 구성되어 있다.[52] 견성암본과 약사전본은 『월인석보』 권21의 전체 내용 중, 가장 비중이 큰

---

51 "此經曾無諺解 妙香山人觀松長老 欲令後人知其深義 故抽毫釋之"(龍峯, 「地藏經諺解序」)
52 김기종, 앞의 책, 2010, p.97

①~② 부분을 채택하여 새로 판각한 것으로, 『월인석보』 권21의 이본으로 볼 수 있다. 『지장경언해』는 용봉이 서문에 밝힌 것처럼 묘향산인 관송의 번역이 아닌 것이다.

한편, 『월인석보』 권21의 이본은 현재 3종이 전하는데, 안동 광흥사본(1542)·순창 무량굴사본(1562)·은진 쌍계사본(1569) 등이 그것이다.[53] 이렇듯 경상도·전라도·충청도의 여러 사찰에서 수차례 복각된 『월인석보』는 현전본 가운데 권21이 유일한 예에 속한다. 이 책에 편입되어 있는 『지장경』의 영향 때문이라 할 수 있다. 결국, 18세기 『지장경언해』의 판각 및 간행은 『월인석보』 권21의 복각본들과 함께, 지장 신앙이 조선 중기 이후 대중들 사이에서 널리 성행하였음을 보여 주는 일례라고 하겠다.

IV. 근대 시기의 불경 번역

백용성과 삼장역회

근대 불교계에서 역경譯經이 본격화된 것은[54] 1921년 8월 백용성白龍城(1864~1940)의 삼장역회三藏譯會가 출범된 직후이다.[55] 백용성은 근대 불

---

53 김기종, 앞의 책, 2010, p.18
54 1910년대의 불교 잡지에는 경전이나 논소를 '譯' 또는 '譯述'한 몇몇 글들이 실려 있다. 이 글들의 주요 저자인 박한영은 한문 원문에 한글로 현토한 것을 '譯', 한문 원문에 현토하고 자신의 견해를 붙인 것을 '譯述'로 명명하고 있다. 김상일, 「석전 박한영의 저술 성향과 근대불교학적 의의」, 『불교학보』 46, 동국대학교 불교문화연구원, 2007, p.142 참고.
55 김광식, 「일제하의 역경」, 『대각사상』 5, 대각사상연구원, 2002, pp.54~56

교계를 대표하는 선지식으로, 일반인들에게는 3·1운동 민족 대표 33인 중의 한 분으로 알려져 있다. 그리고 삼장역회는 불교의 대중화를 위한 역경과 그 출판을 위해 설립한 기관이다. 먼저, 백용성이 번역한 불서의 목록을 간행 연도와 함께 제시하면 다음과 같다.

『(신역대장경) 금강경강의』(1921), 『(신역대장경) 금강경』(1922), 『수능엄경선한연의首楞嚴經鮮漢演義』(1922), 『만금비라경卍金毘羅經』(1922), 『선문촬요禪門撮要』(1822), 『각정심관음정사총지경覺頂心觀音正士摠持經』(1924), 『원각경』(1924), 『(선한문역) 선문촬요』(1924), 『(상역과해) 금강경』(1926), 『팔양경八陽經』(1928), 『(조선글) 화엄경』(1928), 『(조선어) 능엄경』(1928), 『육조단경요역六祖壇經要譯』(1930), 『대승기신론』(1930), 『각설범망경覺說梵網經』(1933), 『천수경』(1938), 『지장보살본원경』(1939)[56]

백용성은 삼장역회 또는 대각교당大覺敎堂의 이름으로, 약 16종의 불서들을 번역·출판하였다. 같은 경전이 다양한 형식으로 여러 차례 출판되기도 하였는데, 『금강경』과 『능엄경』이 이에 해당한다. 백용성이 번역한 불서는 크게, 선禪에 관한 서적, 강원講院의 이력 과정에서 수학하는 경전·논서, 그리고 불교 의식에 관한 책으로 나눌 수 있다.

백용성의 불서 번역에 나타난 특징적인 경향으로는 먼저, 원문의 글자에 구애되지 않고 요점을 추려 번역했다는 점을 지적할 수 있다. 번역의 양식으로 말한다면 직역이 아닌 의역인 것이다. 다음으로, 백용성의 번역서에는 대부분 역자 자신의 과목科目이 붙어 있다는 점이다. 특히 『대

---

[56] 김광식, 「일제하의 불교출판」, 『대각사상』 9, 대각사상연구원, 2006, pp.17~19

승기신론』의 경우는, 본문을 총 99개의 단락으로 나누고, 각 단락별로 과목명을 붙이고 있다.57 끝으로, 원전의 몇몇 불교 용어를 다른 용어로 바꾸어 사용하기도 하였다. 예를 들어, 그는 '불佛'을 '각覺' 또는 '대각大覺'으로, '보살'은 '정사正士', '승려'는 '선생' 등으로 표기하고 있다. 전통적으로 사용하던 핵심 용어의 교체는, 당시 일반인들의 불교에 대한 부정적 인식을 극복하기 위한 시도의 하나로 평가받고 있다.58

권상로의 경전 번역

권상로權相老(1879~1965)는 우리나라 최초의 불교 잡지인 『조선불교월보』(1912. 2~1913. 8)의 편집인 겸 발행인으로 활약했고, 최초의 불교 개혁론인 『조선불교개혁론』(1912)과 최초의 불교 통사인 『조선불교약사朝鮮佛教略史』(1917)를 집필했다. 불교학에 관한 그의 저서나 불교계 내에서의 활약상은 어느 것 하나 선구적이지 않은 것이 없다. 역경의 분야에 있어서도 그는 비록 많은 번역서를 남기지는 않았지만, 동시대의 불경 번역에서는 볼 수 없었던 새로운 시도를 보여 주고 있다. 불교 잡지인 『불일佛日』 1호(1924. 7)에 수록된 「미타경」과, 1925년 조선불교 중앙교무원에서 간행한 『은듕경』이 그것이다.

전자는 『아미타경』의 완역으로, 한문 원문 없이 순 한글의 번역문으로 되어 있다. 백용성의 번역서와 같은 해설이 없는 대신, 주요 불교 용어에

---

57 신규탁, 「漢譯 불전의 한글 번역에 나타난 경향성 고찰」, 『동아시아불교문화』 6, 동아시아불교문화학회, 2010, pp.62~63
58 한보광, 「백용성스님의 역경활동과 그 의의」, 『대각사상』 5, 대각사상연구원, 2002, p.121

대한 간단한 주석이 있다. 그 몇몇 예를 보이면 "•법왕자=큰보살을 존칭하는 말. •보살=큰마음을 발하여 도를 구하는 사람. •아비발치=물러가지 안는다는 인도말. •일생보쳐=금생에만 보살로 잇고 래생에는 성불하는 이."59 등이 있다. 권상로의 역경은 쉬운 어휘와 우리 어법에 맞는 문장으로 되어 있고, '一'·'•' 등의 부호를 사용하여 경전 내용의 이해를 돕고 있어 주목된다.60

후자의 경우는 『불설대보부모은중경』의 번역본이다. 그런데 이 책에는 『은중경』의 초역본에 있던 여래정례도·부모십은도 등의 삽화뿐만 아니라, 아래와 같은 새로운 내용들이 포함되어 있다.

· 삼귀의
· 마하반야바라밀다심경
· 찬불가
· 불설대보부모은듕경
    初. 序分
    貳. 正宗分
        一. 報恩因緣   甲. 如來頂禮   乙. 佛認宿世   丙. 二分問答
        二. 歷陳恩愛   甲. 彌月劬勞   乙. 十偈讚頌
        三. 廣說業難   甲. 指數諸愆   乙. 援喻八種
        四. 果報應顯   甲. 啓發懺修   乙. 阿鼻墮苦   丙. 上界快樂
    參. 流通分

---

[59] 퇴경 즉역, 「미타경」, 『불일』 1, 1924. 7, pp.50~52
[60] 글의 제목 아래, 다음과 같이 부호와 그 의미에 대한 명기가 있다. "부호 ═사람일음 ─짱일음 ≈술어 •해석표"(퇴경 즉역, 앞의 글, 1924. 7, p.49)

一. 八部誓願　二. 佛示經名　三. 人天奉持
· 찬불게
· 신불가

위의 인용문은 『은듕경』의 목차를 옮긴 것이다. 『은듕경』은 한 면을 상·하단으로 나누고, 하단에는 한글 번역을, 상단에는 번역문의 주요 어휘와 그 한자를 병기하고 있다. 어머니의 열 가지 은혜를 읊고 있는 '십게찬송十偈讚頌'의 경우에는, 상단에 원문을, 하단에는 5언 8구의 게송을 8·7조, 7·5조, 8·8조 등 다양한 율격의 노랫말로 옮긴 번역문을 악보와 함께 제시하고 있다.[61] 『은듕경』의 서두와 끝부분에 실려 있는 「찬불가」와 「신불가」는 『은중경』의 내용과 상관없는 권상로의 창작이다. 이러한 찬불가 작품의 수록과, 체재 및 구성을 통해 이 책은 일종의 불교 의식집을 시도한 것임을 알 수 있다.

인용문의 '삼귀의~신불가'의 순서는 근대 불교계의 대표적 의식집인 『불자필람』(1931)·『석문의범』(1935)에 소개되어 있는 '강연 의식'의 절차와 유사하기 때문이다. '강연 의식'은 '귀의삼보歸依三寶 → 심경心經 → 찬불가 → 찬불게讚佛偈 → 입정入定 → 강화講話 → 사홍서원四弘誓願 → 산회가散會

---

[61] 첫 번째 노래인 「회탐수호은」을 예로 들면, 이 노래는 원전의 "異劫因緣重 今來託母胎 月逾生五臟 七七六精開 體重如山岳 動止劫風災 羅衣鄉不掛 裝鏡惹塵埃"를 다음과 같이 번역하고 있다. "여러 겁에 나려오며 인연이 무거울사 / 금생에도 다시와서 모태에 의탁햇네 / 달지나고 달지나서 오장이 생겨나고 / 일헤만콤 일헤만콤 륙정이 열리도다 / 사대륙신 무겁기는 산악과 한가지오 / 행동거지 하는데는 바람도 실소매라 / 조코조흔 비단옷도 모도다 입지안코 / 단장하든 거울에는 진애가 무첫도다."(권상로, 『은듕경』, 서울: 조선불교 중앙교무원, 1925, p.17)

歌'⁶²의 순서로 되어 있는데, '입정'과 '사홍서원'을 제외하고는『은등경』의 순서와 일치한다. '강화'와 '산회가'는 각각 '부모은중경'과 '신불가'에 대응된다. 그러므로『은등경』은 독서물인 번역서이자, 불교 의식의 대본이라는 이중적 성격을 갖는다고 하겠다.

'근대적' 역경의 출현

권상로의 「미타경」 외에도, 1920·30년대의 불교 잡지에는 불경 번역의 성과가 적지 않게 소개되어 있다. 이들 가운데 이응섭李應涉(?~?)과 허영호許永鎬(1900~1952)의 불경 번역은 권상로와는 다른 측면에서 새로운 모습을 보여 준다.

이응섭의 역경譯經은 그 대상이 조선시대의 승가僧家나 언해 불경에서 볼 수 없었던 경전이라는 점에서 주목된다.『불교』에 「법성法城」⁶³과 「문답 불교」⁶⁴란 이름으로 수록되어 있는『미란다왕문경彌蘭陀王問經』이 이에 해당한다.

이 경전은『나선비구경那先比丘經』이라고도 하는데, 기원전 2세기 후반에 서북 인도를 지배하던 그리스인 국왕 밀린다와, 불교의 논사論師인 나가세나 장로가 불교의 교리에 관해 문답한 것이 내용으로 되어 있다. 대화의 주제는 영혼의 문제, 윤회의 주체, 불타론, 해탈에 대한 실천 수행 등 다방면에 걸쳐 있다.⁶⁵

---

62 안진호 편,『불자필람』, 서울: 연방사, 1931, pp.121~122
63 『불교』 2~4, 불교사, 1924. 8~1924. 10
64 『불교』 5~25, 불교사, 1924. 11~1926. 7
65 정승석,『불전해설사전』, 서울: 민족사, 1989, pp.114~115

「법성」은 번역자가 밝히고 있듯이,[66] 『미란다왕문경』 가운데 '추리문답'을 번역한 것이고, 「문답불교」는 그 외의 부분을 초역抄譯한 것이다. 「문답불교」는 제2편 단혹문답斷惑問答 제7장에서 연재가 중단되었다. 한편, 「법성」과 「문답불교」의 직접적인 대본은 『고려대장경』 수록본이 아닌, 일본인 야마우에(山上曹源) 번역의 『국역 미란타왕문경』[67]으로 보인다.[68] 이 책은 영국인 학자 리즈 데이비드(Rhys David, 1843~1922)의 영역본英譯本을

〈표 3〉 불교 잡지 수록 허영호의 역경 목록

	불서명	수록 잡지	수록 연도	비고
1	『반야심경般若心經』	『불교』74호	1930. 8	원문·해설 있음
2	『아미타경阿彌陀經』	『신불교』7호	1937. 9	주석 있음
3	『금강경金剛經』	『신불교』1~6호	1937. 3~8	원문·해설 있으며 미완
4	『십이문론十二門論』	『신불교』5~9호	1937. 7~11	
5	『천수경千手經』	『신불교』8~9호	1937. 10~11	
6	『마등녀경摩鄧女經』	『신불교』10호	1937. 12	
7	『대승기신론大乘起信論』	『신불교』10~13호	1937. 12~1938. 3	
8	『보시태자경布施太子經』	『신불교』11~12호	1938. 1~2	
9	『천태사교의天台四教儀』	『신불교』14~19호	1938. 4~1939. 1	
10	『원인론原人論』	『신불교』21호	1940. 2	미완

---

66 "이 「법성」은 奢揭羅府에 도읍한 미란타 폐하와 유명한 성자 나가서나와의 문답을 기록한 『미란타왕문경』 중의 일절 추리문답을 拔取하여 단행본식으로 과목을 나누고 이를 명명한 것이다."(이응섭,「법성」,『불교』 4, 불교사, 1924.10, p.57) "경의 전반을 통하여 양자의 問하고 답함이 그 法相問答이며 斷惑問答이며 矛盾問答이며 가히 배울만한 者가 많기에 이것을 대강대강 추려 번역하여 우리의 수양자료를 삼았으면 좋을까 하노라."(이응섭,「문답불교」,『불교』 5, 불교사, 1924.11, p.57)
67 『國譯大藏經』 卷12, 東京: 國民文庫刊行會, 1918
68 『고려대장경』 권30에 수록된 『나선비구경』은 『국역미란다왕문경』과 체재가 다르고, 그 내용에 있어서도 왕이 나가세나를 찾아가는 후자와 달리, 나가세나가 왕을 찾아 가는 것으로 되어 있는 등 적지 않은 차이가 있다.

일역日譯한 것이다.[69]

위의 〈표 3〉에서 보듯이, 『신불교』의 편집인이었던 허영호는 10종의 불서를 번역하였는데, 번역의 구체적인 방법에서 동시대의 백용성·권상로 등과 차이를 보인다. 한자로 된 불교 어휘를 되도록 알기 쉬운 우리말로 풀어썼고, 근대 불교학의 연구 성과를 활용한 자세한 해설을 덧붙이고 있는 것이다. 이러한 특징은 『불교』 74호의 「프랏냐-파-라미타-마음ㄱ경」과 『신불교』 1~6호의 「능단금강반야바라밀다경주석能斷金剛般若波羅蜜多經註釋」에서 잘 나타나 있다.

이 두 글은 해당 경전의 범문梵文·한역·한글 번역과, 한글 번역에 대한 해설로 구성되어 있다. 전자가 산스크리트 원문과 그 우리말 음을 제시하고 있음에 비해, 후자는 우리말 발음만을 적고 있다. 또 전자는 완역이지만, 후자는 『금강경』의 서두 부분[70]에서 연재가 중단되었다. 「프랏냐-파-라미타-마음ㄱ경」에서 번역의 구체적인 예를 들면 아래와 같다.

> Evaṃ eva vedanā-saṃjuñā-saṃskāra-vijñānāni(애얨 애얘 얘다나 산즈냐 산스카라 비즈냐나니)
> 受想行識 亦復如是
> 이렇게 느끼는 것-모양 아는 것-생각 짓는 것-가려 아는 것들도 그와 같다.[71]

---

69 서경수, 「해제」, 『미란다왕문경』, 서울: 동국역경원, 1995, p.19
70 "如是我聞 一時佛在舍衛國祇樹給孤獨園 與大比丘衆千二百五十人俱 爾時 世尊食時 著依持鉢入舍衛大城 乞食於其城中次第乞已 還至本處飯食訖 收衣鉢洗足已敷座而坐 時長老須菩提在大衆中"
71 허영호, 「프랏냐-파-라미타-마음ㄱ경」, 『불교』 74, 불교사, 1930. 8, p.58

위의 인용문에서 허영호는 한역 『반야심경』의 "수상행식受想行識, 역부여시亦復如是"를 한자어 하나 없이 순수한 우리말로 풀이하고 있다.[72] 그리고 '식識'을 '가려 아는 것'이라고 번역한 이유에 대해 다음과 같이 설명하고 있다.

> 다음에 Vijñānā를 '가려 아는 것'이라고 한 것은 소위 '식識이 경境을 요별了別'하는 뜻을 보이기 위해서다. 'Vi'라는 접두어는 본래 '낱낱이' '가려서' '다른 길로' '나누어서'의 뜻을 가진 말이다. 그 말에 Jñā라는 말이 붙어서 가려서 아는 것 즉 구분해서 분별한다는 뜻을 가진 말이다.[73]

일본 다이쇼(大正)대학 불교학과 출신인 그는, 산스크리트어에 대한 어학적 지식을 바탕으로 '식'을 구분해서 분별한다는 뜻의 우리말 '가려 아는 것'으로 번역한 것이다. 이 외에, "무안계無眼界, 내지무의식계乃至無意識界"의 '안계'와 '의식계'를 각각 '눈의 떼'와 '생각하는 마음의 떼'로 번역한 것도 산스크리트 원문의 해석에 의거한 결과이다.[74]

결국, 이응섭과 허영호의 불경 번역은 역경의 대상과 방법의 측면에서, 조선시대 언해불서뿐만 아니라 백용성·권상로의 역경과도 다른, '근대적' 역경의 출현을 알리는 것이라 하겠다.

---

72 참고로, 『불일』 1호에 수록된 「摩訶般若波羅密多心經譯解」에서 백용성은 이 구절을 "색온과 같이 수온과 상온과 행온과 식온도 다 이와 같으니라."로 번역하였다.
73 허영호, 앞의 글, 1930, p.59
74 "눈의 떼, 생각하는 마음의 떼의 '떼'는 Dhātu를 옮긴 말이다. …… 이 Dhātu라는 말도 Dharma라는 말과 같이 Dhr라는 어근에서 온 말인데 지층, 지地의 성분, 요소要素 또는 집합체(聚合體)의 뜻을 가리키는 말로서 Cakṣurdhāru(眼界)라 하면 눈이라는 모든 눈을 다 엄쳐서 이르는 말이다."(허영호, 앞의 글, 1930, p.61)

승려의 교육과 대중의 교화

지금까지 살펴본 대로, 언해불서의 편찬은 조선 전기인 15·16세기에 집중적으로 이루어졌다. 조선 후기에는 15·16세기의 언해불서가 활발하게 복각·유통되었지만, 새롭게 편찬된 언해불서는 『권념요록』과 『염불보권문』의 두 책뿐이다. 그리고 조선 전기와 후기의 언해불서는 그 편찬 배경과, 언해된 텍스트의 내용 및 성격에서 차이를 보인다.

먼저, 15세기의 언해본은 국가의 불교 정책과 관련이 있다. 주지하다시피, 조선왕조는 개국과 더불어 '숭유억불崇儒抑佛'의 국시를 표방하고, 이에 따른 정책을 실시하였다. 특히 태종 6년(1406)에는 종전의 11종을 7종으로 병합하였고,[75] 세종 6년(1424)에는 7종을 다시 선·교 양종으로 폐합廢合한 뒤, 양종에 각각 18개의 사찰만을 허용하였다.[76] 그러나 이와 같은 억불 정책에도 백성들뿐만 아니라 많은 사대부들이 여전히 불교를 숭신崇信하였고, 개인의 차원에서 설행되는 불교 의례 및 불사는 고려시대 못지않게 성행하고 있었다.[77]

세종은 즉위 20년(1438)을 기점으로 그 이전의 억압 일변도에서 벗어나 불교에 대한 유화적인 입장을 취하기 시작한다.[78] 이러한 변화는 무엇보다 불교에 대한 제도적 정비가 일단락되었고, 또한 예악과 문물제도의

---

75 『태종실록』 권11, 6년 3월 27일
76 『세종실록』 권24, 6년 4월 5일
77 이영화, 「조선초기 불교의례의 성격」, 『청계사학』 10, 청계사학회, 1993, pp.38~42 참고.
78 한우근, 「세종조에 있어서의 대불교시책」, 『유교정치와 불교』, 서울: 일조각, 1993, p.153

정비를 통해 유교 국가로서의 안정된 기반이 이루어졌음에 기인한다. 불교에 대한 세종의 유화적인 입장은 억압 정책에도 불구하고 불교가 여전히 신앙의 대상으로 숭신되고 있는 상황으로 인해, 보다 적극적인 태도를 취했다고 여겨진다. 곧 세종은 유교 국가의 틀 안에서, 나라의 통치에 도움이 되는 방향으로 불교를 '순화'시킬 방안을 모색했고, 이와 같은 모색이 현실화된 것이 바로『석보상절』·『월인천강지곡』의 제작과 내불당의 중건이라는 것이다.[79]

많은 대중들이 모이는 장소에서 불리고 읽혀질 것을 전제로 한『석보상절』과 『월인천강지곡』의 제작에 있어, 세종은 다음의 두 가지에 주안점을 둔 것으로 보인다. 하나는 백성들에게 친숙하고 많은 백성들이 믿고 있는 불교를 이용한 대중 교화이고, 다른 하나는 그 동안의 억불 정책으로 인해 질적 수준이 저하되고 비행을 저지르는 승려들에 대한 문제였다. 전자는 국가의 통치에 도움이 되는 유불의 조화, 후자는 승려들에 대한 교육을 통해 불교계의 '순화'를 모색한 것으로, 그 목적은 불교의 중흥이나 불교 대중화가 아닌, 국가의 안정과 통합에 있었다고 여겨진다.[80]

간경도감의 언해불서는 바로 이 같은 맥락에서 편찬·간행된 것으로, 그중에서도 '승려의 교육'이라는 의도에 기인한 것이라 할 수 있다. 세조대에 개정된 도승법이 불교에 대한 제도적 정비라면, 불서 언해는 불교계에 대한 일종의 문화 통제라고도 볼 수 있다. 대부분의 선행 연구에서 주장한 불교 중흥 또는 불교 대중화와는 그 성격이 다른 것이다.

지방 사찰의 16세기 언해불서는 언해의 텍스트 선정에 있어, 선서의 비중이 확대되었고, 대승경전의 주석서 대신 밀교 경전이 새로 추가되었

---

79 김기종, 앞의 책, 2010, pp.257~263
80 김기종, 앞의 논문, 2015, pp.223~224

다는 특징을 보인다. 선서의 경우는, 승려로서 읽어야 할 불교 입문서의 측면이 강했던 간경도감본에 비해, 보다 전문화된 주석서 내지 연구서가 포함되어 있다. 이들 언해불서는 승려의 생활과 밀접한 관련이 있고, 승려들을 주요 독자층으로 설정하고 있다는 점에서 간경도감본과 공통점을 갖는다. 그리고 이러한 사실은 관판과 사찰판이라는 차이점이 있음에도, 조선 전기의 언해불서가 세종이 제시한 불교 순화 정책의 두 가지 방향, 즉 '대중의 교화'와 '승려의 교육' 중, 후자의 측면을 계승·강화한 것임을 알게 한다.

한편, 조선 후기 언해불서의 특징적인 국면은 『은중경언해』의 유통 및 개각改刻, 『권념요록』과 『염불보권문』의 편간, 『월인석보』 권21의 『지장경언해』로의 재편이라는 세 가지 사항으로 정리할 수 있다. 재가자나 일반 백성들을 대상으로 하고 있는,[81] 이들 불서의 유통과 그 성행은 조선 후기 성리학 사회에서 불교가 담당했던 역할 내지 불교의 존재 이유를 보여 준다는 점에서 주목을 요한다. 곧 부모에 대한 '효도'와, 지옥·극락으로 대표되는 '사후 문제'가 그것이다. 이 두 가지는 국가의 억압과 성리학자들의 비판에도 불구하고 조선시대의 불교계를 지속하게 한 이유라고 할 수 있다.[82]

그런데 『은중경』의 '효'뿐만 아니라, 『권념요록』·『염불보권문』·『지장경언해』에서 각각 왕생의 방법과 지옥행의 이유로 제시하고 있는 항목들

---

81 『염불보권문』의 「니 발원문 외오는 사름은 다 극낙셰계 가오리다」에는, "**양반 샹인 즁 거스 부인 샤당** 대도 내 ᄆᆞ음이 실로 셩인 부톈줄 알고 비록 가지가지 만 가지 이를 ᄒᆞ면셔도 셔방 아미타블을 닛지 말고 념ᄒᆞ시쇼."라는 구절이 보인다.(『韓國佛敎全書』 9, pp.60c~61a)
82 김용태, 『조선후기 불교사 연구』, 서울: 신구문화사, 2010, pp.354~357

은 대체로 일상생활에서 지켜야 할 윤리 규범과 관련이 있다.[83] 그렇다면 사후 문제에 대한 관심 역시 윤리·교화적인 측면과 연결될 수 있다. 이 불서들에 의하면 지옥에 떨어지지 않고 극락에 왕생하기 위해서는 삼보 三寶에 대한 믿음 외에도 윤리 규범을 지켜야 하기 때문이다. 다시 말해, 조선 후기에 편찬·유통된 4종의 언해불서는 모두 일종의 '교화서'로 볼 수 있다는 것이다.

결국, 조선시대의 언해불서는 전기와 후기라는 편간의 시기에 따라 그 편찬의 목적이 다르고, 그 결과 각각 승려의 교육을 위한 학습서와, 대중을 위한 교화서라는 성격을 띠고 있다고 하겠다. 언해불서의 이러한 이중적 성격은 공교롭게도 한글의 창제자인 세종이 설정한, 불교문화 정책의 방향과 일치한다는 점에서 흥미롭다 할 것이다.

---

83 『권념요록』·『염불보권문』의 왕생담에는 칭명염불 외에, 보시·持戒·부모 효양 등이 왕생의 방법으로 제시되어 있다. 『지장경』에서는 부모를 죽이고, 부처 몸에 피를 내거나 불·법·승의 三寶를 비방하며, 함부로 음행을 행하거나 승가의 재물을 도둑질하면 무간지옥에 떨어진다고 하였다.[實叉難陀 譯, 『地藏菩薩本願經』 「觀衆生業緣品」 第3(『大正藏』 13, pp.779c~780a)]

| 참고문헌 |

김기종, 『불교와 한글: 글로컬리티의 문화사』, 서울: 동국대학교출판부, 2015.
김기종, 『월인천강지곡의 저경과 문학적 성격』, 서울: 보고사, 2010.
김무봉, 『훈민정음, 그리고 불경언해』, 서울: 역락, 2015.
김영배, 『국어사자료연구: 불전언해 중심』, 서울: 월인, 2000.
안병희, 『국어사문헌연구』, 서울: 신구문화사, 2009.

김광식, 「일제하의 역경」, 『대각사상』 5, 대각사상연구원, 2002.
박정숙, 「세조대 간경도감의 설치와 불전 간행」, 『역사와 세계』 20, 부산대학교 사학회, 1996.
이봉춘, 「조선전기 불전언해와 그 사상」, 『한국불교학』 5, 한국불교학회, 1980.
이호권, 「조선시대 한글 문헌 간행의 시기별 경향과 특징」, 『한국어학』 41, 한국어학회, 2008.
정우영, 「중기국어 불전언해의 역사성과 언어문화사적 가치」, 『한국어학』 55, 한국어학회, 2012.

문화와 의례

청규 淸規

· 이자랑

I. 율률과 승제법僧制法

승가의 형성과 율의 제정/ 율의 내용과 제정 목적/ 승제법, 중국적 규범의 등장

II. 중국과 일본에서 청규의 등장과 발전

광률의 역출/ 선종의 출현과 동산법문의 집단생활/ 『백장청규』와 『선원청규』/ 도겐의 『영평청규』

III. 한국에서 청규의 도입과 변용

선종의 수용과 청규의 도입/ 보조 지눌과 『계초심학인문』/ 고려 말 선승의 불교 교단 개혁과 『칙수백장청규』/ 불교 상례집과 청규

IV. 한국 근현대기의 결사와 청규

근대 한국불교의 청규/ 봉암사결사와 공주규약/ 『조계종 선원청규』와 『승가청규』

■ 청규, 승가 개혁을 위한 결사의 상징

I. 율律과 승제법僧制法

승가의 형성과 율의 제정

불교의 출가자들이 모여 이룬 공동체를 '승가僧伽'라고 부른다. 승가는 산스크리트어 상가(saṃgha)의 음역어이다. 상가는 '함께'라는 의미를 지니는 saṃ이라는 접두어와 '운반하다, 가지고 오다'라는 의미의 √hṛ라는 동사가 결합해서 만들어진 말로 '모임, 집단' 등의 의미를 갖는다.[1] 요컨대, 불도 수행 혹은 깨달음의 획득이라는 공통된 목적을 지닌 사람들이 모여 함께 생활하는 집단을 가리킨다. 불교의 교조인 붓다(佛), 붓다가 설한 가르침(法)과 더불어 삼보三寶 가운데 하나로 거론될 만큼 승가가 불교에서 갖는 의미는 크다.

승가는 초전법륜初轉法輪, 즉 5비구를 대상으로 이루어진 붓다의 첫 설법을 계기로 형성되었다. 이후 인도 각지에서 붓다의 밑으로 출가하려는 출가자의 숫자가 급격하게 증가하면서 이들을 구성원으로 받아들일 절차, 그리고 이들이 공동체 생활을 하며 함께 준수해야 할 규칙이 필요해졌다. 승가의 정식 구성원인 비구가 되기 위해서는 일종의 통과의례인 수계 의식을 거쳐야 한다. 초기에는 '잘 왔구나, 비구야(ehi, bhikkhu)'라는 붓다의 한마디가 수계식의 역할을 했지만, 머지않아 3사師 7증證의 입석하에 백사갈마白四羯磨로 진행되는 수계갈마가 수계 의식으로 정착

---

1 *Pali English Dictionary*, London: PTS, reprinted 1986, p.667 sangha 항

한다. 3사란 의식 실행에 직접적으로 관여하는 세 명의 비구, 7증은 의식이 올바른 방법으로 진행되었는지 증명해 주는 일곱 명의 비구이다. 한편, 백사갈마란 승가 의식인 갈마를 진행하는 형식 가운데 하나로, 출가 희망자를 출가시켜도 좋은지 승가의 구성원에게 세 번에 걸쳐 찬반 여부를 확인한 후 결정내리는 것을 말한다. 중대한 사안을 결정할 때 적용하는 방법이다. 이 수계식을 통해 '구족계具足戒'를 받아야만 정식 비구 혹은 비구니가 될 수 있으며, 수계 후에는 그 신분을 유지하는 한 구족계를 반드시 지켜야 한다.

구족계는 수범수제隨犯隨制의 형태로 제정된 조문으로 구성되었다. 승가가 처음 형성된 후 5년(혹은 12년)이 지날 무렵 수딘나라는 비구가 전처와 음행을 저지르는 사건이 발생하자, 붓다는 이를 악행으로 규정하며 금지한다. 이 사건은 승가에서 발생한 최초의 악행으로 전해진다. 이후 도둑질·살인·거짓말 등의 악행이 나타났고, 붓다는 악행을 저지르는 자가 나타날 때마다 이를 금지하는 형태로 조문을 제정해 갔다. 이 조문들을 통틀어 '율律(vinaya)'이라고 한다. 수행자에게 권장할 만한 행동을 모아 미리 제시하자는 제안도 있었지만, 붓다는 거절한다. 악행을 저지르는 비구가 나타나고, 그 악행으로 인한 과실을 스스로 목격할 때 비로소 수행자는 율의 필요성을 절감하고 실천의 의지도 갖게 된다는 이유에서였다.[2] 수딘나 비구의 음행 사건을 계기로 제정된 '음욕법'을 시작으로, 이후 비구가 해서는 안 될 250여 개의 조문이 제정되어 갔다. 하나하나의 조문은 '학처學處', 조문을 모두 모아 놓은 조문집은 '바라제목차波羅提木叉'라고 부른다. 바라제목차는 계경戒經 혹은 계본戒本이라고도 한다. 이

---

2 *Vinaya-piṭakaṃ*, vol. 3, PTS, pp.7~10; 『四分律』 卷1(『大正藏』 22, 568c~569c)

바라제목차에 포함된 250여 개의 조문이 바로 구족계이다.

비구니 승가는 비구 승가보다 나중에 형성되었다. 비구니의 수계갈마는 '이부승수계二部僧授戒'라고 불린다. 이부승이란 비구 승가와 비구니 승가를 가리키는 것으로, 비구니가 되기 위해서는 3사 7증으로 구성된 비구니 승가에서 백사갈마를 통해 구족계를 받은 후, 비구 승가에서 동일한 방식으로 재차 구족계를 받아야 한다. 구족계의 숫자도 비구보다 훨씬 많은 348조이다.[3]

율의 내용과 제정 목적

비구·비구니가 지켜야 할 규범은 총칭하여 '율'이라고 하며, 삼장三藏 가운데 하나인 율장律藏(Vinayapiṭaka)에서 다룬다. 율장은 내용에 따라 경분별經分別, 건도부犍度部, 부수付隨 등 세 부분으로 나뉜다.

첫째, 경분별이다. 경분별이란 '경에 대한 분별' 즉 경에 대한 주석이라는 의미인데, 이때 경이란 '바라제목차'를 가리킨다. 요컨대 경분별은 구족계인 바라제목차 조문 하나하나에 설명을 달아놓은 부분이다. 바라제목차는 죄의 경중輕重 및 그 내용에 따라 바라이波羅夷·승잔僧殘·부정不定·사타捨墮·바일제波逸提·바라제제사니波羅提提舍尼·중학衆學·멸쟁滅諍의 8종으로 학처를 분류하여 제시한다. 경분별에서는 이들 학처 하나하나가 어떤 사건을 계기로 제정되었는지, 또한 어느 정도의 행동을 했을 때 처벌의 대상이 되는지 상세한 설명을 달고 있다. 경분별은 비구경분별과 비구니경분별로 구성된다.

---

3 바라제목차 조문의 수는 각 부파 전승의 율장에 따라 차이가 있다. 여기서는 법장부 전승의 『사분율』에 근거하여 비구 250계, 비구니 348계로 기술한다.

둘째는 건도부이다. 건도부에서는 승가 갈마, 즉 승가의 주요 행사나 의식 등에 관한 조문들을 다룬다. 예를 들면, 구족계·포살·안거·자자 등이다. 경분별의 내용인 바라제목차의 조문들이 출가자로서 해서는 안 될 지지계止持戒를 담고 있다면, 건도부는 승가의 일원으로서 적극적으로 실천해야 할 작지계作持戒를 담고 있다.

세 번째 부수는 경분별과 건도부에서 설한 것을 외우기 쉽도록 골자만 정리하여 제시한 것으로, 이 둘에 비해 후대에 성립한 것으로 알려져 있다. 경분별·건도부·부수의 세 부분으로 구성된 율장을 '광률廣律'이라고 한다.

율장에서는 율을 제정한 이유 내지 목적으로 열 가지를 든다. 흔히 '제계십리制戒十利'라 불리는 것이다. 팔리율에 의하면, 승가의 선성善性·승가의 안락·악인의 절복折伏·올바른 비구들의 안락한 거주·현세의 모든 번뇌의 차단·미래세의 모든 번뇌의 차단·아직 신심을 일으키지 않은 자들의 신심 획득·이미 신심을 일으킨 자들의 신심 증장·정법의 확립·조복調伏의 애중愛重을 위해 율을 제정하였다고 한다.[4] 이 내용을 보면 알 수 있듯이, 율은 단지 승가 내부의 질서 유지라는 차원에서만 제정된 것은 아니다. 승가의 안락과 화합, 악행으로 인해 발생할 수 있는 고통의 차단, 승가 발전의 기반인 일반 사회의 지지, 그리고 붓다의 가르침을 올바르게 실천함으로써 영원히 존속하게 될 정법의 힘을 이념으로 하여 율이 제정되었음을 알 수 있다. 한마디로 말해, 제계십리의 공통된 이념은 '승가의 영원한 발전과 존속'이다. 승가가 존재하지 않는다면 불법은 단절될 수밖에 없다. 따라서 승가가 자정 기능을 확보하여 구성원의 청정

---

4 *Vinaya-piṭakaṃ*, vol.3, PTS, p.21; 『四分律』卷1(『大正藏』22, 570c)

과 안정을 도모하고, 외부로부터의 지지도 확보함으로써 영원히 존속하고 발전하기 위해 율이라는 규범이 필요했던 것이다.

인도의 경우, 경분별과 건도부에 담긴 율은 승가의 규범으로서 후대까지 변함없이 중요한 역할을 하였다. 승가의 정식 구성원인 비구·비구니가 되기 위해서는 반드시 구족계를 받아야 했으며, 입단 후에는 구족계와 더불어 승가 일원으로서 실천해야 할 건도부에 담긴 규범의 준수가 엄격히 요구되었다.

승제법, 중국적 규범의 등장

중국에 불교가 들어온 후 바라제목차, 즉 계본이 처음 역출된 것은 3세기 중반으로 전해진다. 『고승전』에 의하면, 위魏의 가평 연간(249~253)에 낙양에 온 중천축국 출신의 승려 담가가라曇柯迦羅(혹은 담마가라曇摩迦羅, Dharmakāla)는 머리카락이 없는 점이 일반인과 다를 뿐 귀계歸戒도 받지 않은 채 승려 행세를 하는 당시 낙양의 출가자들을 보며 탄식하였다고 한다. 그리하여 『승기계본』을 역출하여 중국 승려들로 하여금 조석朝夕의 의례를 갖추게 하고, 나아가 인도 승려를 초청하여 갈마법羯磨法을 세워 계를 받게 하였다.[5] 새로운 비구·비구니의 탄생에 구족계가 필수불가결한 조건이라는 점을 고려한다면, 이는 상당히 늦은 감이 있다.[6] 담가가라가 계본을 역출한 후 얼마 지나지 않아 위의 정원正元 연간(254~256)

---

5 『高僧傳』 卷1(『大正藏』 50, 324c~325a)
6 불교의 중국 初傳에 관해서는 다양한 설이 있는데, 일반적으로 많이 통용되는 것은 후한 명제의 영평 10년(67)설이다. 단, 당시의 주변 사정으로 미루어 볼 때 의문스러운 점은 많다.(미찌바다 로오슈 지음, 계환 옮김, 『중국불교사』, 서울: 우리출판사, 1996, pp.16~19)

에 안식국의 담제曇諦라는 승려는 낙양에서 『담무덕갈마曇無德羯磨』를 번역한다.[7] 계본이 비구가 지켜야 할 구족계의 내용을 담고 있다면, 갈마본은 수계갈마의 실행에 필요한 각종 규칙을 담고 있다. 따라서 여법한 수계갈마의 실행을 위해서는 이 양자의 확보가 필수불가결하다.

이후의 상황은 자료의 부족으로 알 수 없지만, 일부 사람들을 중심으로 수계갈마가 실행되었던 것으로 보인다.[8] 하지만, 계본은 학처만을 나열한 것이다. 구체적인 갈마 실행의 정보를 담고 있지 않기 때문에 이때 제대로 형식을 갖춘 갈마가 이루어졌다고 보기는 어렵다. 또한 담가가라 당시 번역된 계본은 내용상으로도 불완전했기 때문에 이후 중국의 불교도들은 좀 더 완전한 계본을 확보하기 위해 많은 노력을 기울였다. 그리하여 4세기 중후반에는 상당히 많은 종류의 비구·비구니 계본이 유통된 것으로 보인다. 동진東晉의 도안道安(312~385)은 완전한 계본을 입수하기 위해 노력한 대표적인 인물 가운데 한 명으로, 379년(건원 15)에 장안長安에서 담마시曇摩侍가 「비구계본」과 「비구니계본」을 번역하자 매우 기뻐하며 스스로 「비구대계서比丘大戒序」를 짓기도 하였다.[9]

그런데 온전한 계본 획득을 위한 노력과 더불어, 한편에서는 중국 상황에 맞는 새로운 승제법이 제정되었다. 중국불교사에서 처음으로 승가의 질서 확립을 위해 독자적인 규범을 제정한 것은 앞서 언급한 도안으로 알려져 있다. 53세부터 67세까지(365~379) 전란을 피해 양양襄陽 단계사檀溪寺에서 400~500명의 제자들과 함께 생활하게 된 도안은 많은 사람들을 적절히 통솔하기 위한 규범 확보의 필요성에 직면하자 「승니궤범

---

[7] 『高僧傳』 卷1(『大正藏』 50, 325a)
[8] 橫超慧日, 『中國佛敎の硏究』, 京都: 法藏館, 1958, p.30
[9] 橫超慧日, 앞의 책, 1958, pp.63~93

僧尼軌範」을 제정한다.

아쉽게도 「승니궤범」은 현존하지 않지만, 『고승전』 등에 그 내용이 남아 있다. 이에 의하면, "제정한 바의 「승니궤범」은 불법의 헌장憲章으로서 조목별로 세 가지 법식을 이루고 이를 천하의 사찰에서 제정하여 이에 따른다."라고 한다.[10] 세 가지 법식이란 첫째 행향行香·정좌定座·상강경上講經·상강上講의 법, 둘째 상일육시행도常日六時行道·음식창시飮食唱時의 법, 셋째 포살차사회과布薩差使悔過 등의 법이다. 이들 세 가지 법식이 구체적으로 어떤 행동을 가리키는지는 명확하지 않다. 기존의 연구를 종합해 보면,[11] 첫째 행향 등은 승중僧衆 내지 신자가 불전에 들어가 부처님 앞에서 소향燒香의 예를 올리고, 좌석을 정하며, 경을 독송하거나 강의하는 법식法式을 규정한 것으로 추정된다. 둘째 상일육시행도는 매일 아침·정오·저녁·밤·자정·새벽의 육시에 각각 불상을 오른쪽으로 돌며 예경하는 것이며, 음식창시에서 음식은 오후불식을, 창시는 경을 읊을 때의 작법을 말하는 것으로 보인다. 셋째, 포살차사회과 등의 법이란 포살·차사·회과의 법을 규정한 것이다. 이 중 포살은 동일한 경계(界) 안에 속한 비구 전원이 한 자리에 모여 바라제목차를 낭송하며 보름마다 범계 사실은 없는지 확인하고 참회하는 집회이며, 회과란 계율에 근거하여 보름 동안 스스로 지은 죄를 반성하고 참회하는 행위이다. 한편, 차사는 의미가 명확하지 않다. 포살 시 비구니 승가에 가서 팔경법을 설할 교수사

---

10 『高僧傳』卷5(『大正藏』50, 353b). 한편, 송의 贊寧(926~930)이 저술한 『대송승사략』 '道俗立制' 항목에서는 "立三例以命章 使一時而生信 一行香定座上講 二六時禮懺 三布薩等法"라고 한다.(『大正藏』54, 241b)

11 林德立, 『中國禪宗叢林 淸規史の硏究』, 東京: 山喜房佛書林, 2011, pp.65~67; 橫超慧日, 앞의 책, 1958, pp.184~186; 塚本善隆, 『中國佛敎通史』 1, 東京: 鈴木學術財團, 1968, pp.514~516 등.

비구를 비구 승가로부터 파견하는 것을 의미할 가능성이 높다고는 생각되지만, 도안 당시 중국 비구니 승가의 상황이나 비구·비구니 승가의 관계 등이 어느 정도 율에 근거해서 이루어지고 있었는지 알 수 없기 때문에 단언하기 어렵다.

이를 보면, 도안은 설법할 때의 규범, 예불과 식사에 관한 규범, 포살에 관한 규범을 「승니궤범」에 담아 공동체의 규범으로 사용하였음을 알 수 있다. 이 중 전통적인 율장에서 언급하는 규범과 직접적인 관련이 있는 것은 포살에 관한 세 번째 항목뿐이지만, 포살이나 참회가 승가 운영 내지 수행자의 지계에 있어 갖는 의미를 고려한다면 도안은 매우 핵심적인 부분에서 율장의 가르침을 실천하고 있다고 생각된다.

한편, 『대송승사략』에서는 도안과 같은 시대에 남방의 회계會稽에서 활약한 지둔支遁이 「중승집의도衆僧集儀度」를, 도안의 제자인 여산 혜원廬山慧遠(334~416)은 「법사절도法社節度」를 지어 공동체의 규범으로 삼았다고 한다.[12] 이들 승제법은 현존하지 않아 구체적인 내용은 알 수 없으나, 출가 공동체를 이끌어 가기 위한 규범으로서 중요한 역할을 했던 것으로 추정된다. 특히 도안의 「승니궤범」과 더불어 혜원의 「법사절도」 역시 이후에도 여러 지역에서 큰 영향을 미쳤던 것으로 보인다.

이후 5세기 초에 『십송률』, 『사분율』, 『오분율』, 『마하승기율』의 네 종 율장이 모두 번역됨에 따라 승가 운영에 관한 전반적인 규범을 파악할 수 있게 된다. 하지만, 북위北魏 효문제孝文帝 493년(태화 17)에 사문통 승현僧顯을 중심으로 제정된 「승제僧制 47조」, 광통光統 율사 혜광慧光(468~537)이 만든 「승제 18조」, 양나라 무제(464~549) 때 광택사 사주였던 법운法雲

---

12 『大宋僧史略』(『大正藏』 54, 241b)

이 만든「승제」등 중국불교계에서는 끊임없이 독자적인 승제법이 제정되어 갔다. 이로 볼 때 문화나 기후 등이 다른 인도에서 제정된 율을 실천하는 데 중국의 수행자들은 적지 않은 어려움을 느꼈던 것으로 보인다.

II. 중국과 일본에서 청규의 등장과 발전

광률의 역출

승제법은 출가 공동체를 이끌어 가기 위한 현실적 규범으로서 도안 이후 중국불교계에서 널리 제정되었고, 그 영향 역시 지대하였다. 하지만, 붓다가 제정한 것으로 전해지는 전통적인 율이 갖는 권위는 무시될 수 없었다. 이는 담가가라의『승기계본』역출 이후 온전한 계본이나 율장의 입수를 위해 많은 승려들이 고군분투했던 사실을 통해서도 알 수 있다. 다만 실제로 율장에 근거하여 승가의 각종 의례나 행사가 실행된 것은 광률廣律 번역 후의 일이다.

중국에서 처음으로 광률이 역출된 것은 5세기 초이다. 401년에 장안에 도착한 구마라집鳩摩羅什은 불약다라弗若多羅가 암기한 내용에 따라 3분의 2 정도를 번역하고, 불약다라가 죽자 나머지는 담마류지曇摩流支가 가지고 온 경본經本을 근거로 404~409년에 걸쳐『십송률』을 번역했다고 한다.[13] 이를 시작으로『사분율』,『오분율』,『마하승기율』이 연달아 역출되었다. 410~412년에 걸쳐 불타야사佛陀耶舍는 축불념竺佛念의 협력을 얻

---

13 정승석 편,『佛典解說事典』, 서울: 민족사, 1989, p.219

어 『사분율』을 번역하였으며, 법현法顯(337?~422?)이 인도에서 입수해서 가져온 대중부의 『마하승기율』 범본은 418년에 불타발타라佛馱跋陀羅에 의해, 스리랑카에서 가져온 『오분율』 범본은 424년에 불대집佛大什에 의해 건강建康에서 번역되었다. 이처럼 불과 20여 년이라는 짧은 기간 동안 중국에서는 4대 광률이 한꺼번에 역출되면서 계율에 대한 이해를 전반적으로 높이게 된다. 연구를 통한 이해의 시간도 필요하므로 당장 광률에 근거하여 승가의 제반 행사가 이루어졌다고 보기는 어렵겠지만, 송의 원가元嘉 8년(431) 무렵에는 3사 7증의 백사갈마로 수계갈마가 이루어지는 등 점차 승가의 각종 의례나 행사가 율장에 근거하여 실행되었다.

  비구니 수계갈마의 정비 과정을 보면 이 점을 더 확실하게 확인할 수 있다. 유송劉宋(420~479) 시대가 되면 비구니의 숫자는 훨씬 증가하는데, 광률의 번역을 통해 여법한 수계 의식에 대한 지식을 갖게 되자 당시의 비구니들은 자신들이 율에 규정된 여법한 절차를 거치지 않고 비구니가 되었다는 사실에 불안감을 느끼게 된다. 4세기 중반경에 정검淨撿(292~361) 등이 구족계를 받았지만, 이는 비구 승가에서만 받은 것으로 율에 규정된 이부승수계는 아니었다. 그런데 이 무렵, 외국의 선주인 난제難提가 사자국師子國(지금의 스리랑카)에서 비구니를 싣고 송나라 도읍에 와서 경복사景福寺에 머무르게 된다. 이에 혜과慧果와 정음淨音 등은 이부승수계를 위해 다시 구족계를 받고 싶어 했지만, 아쉽게도 사자국에서 온 비구니는 여덟 명으로 3사 7증을 구성할 수 없었다. 그 후 2년이 지난 433년에 이르러 선박주인 난제는 다시 사자국으로부터 철살라鐵薩羅 등 비구니 세 명을 데리고 들어온다.[14] 이에 승가발마僧伽跋摩는 남림사南林寺

---

14 『佛祖統紀』(『大正藏』 49, 344c); 『四分律刪繁補闕行事鈔』 卷2(『大正藏』 40, 51c); 『比丘尼傳』(『大正藏』 50, 939c) 등.

계단에서 300여 명의 비구니가 중수重受, 즉 다시 수계하도록 했다고 한다.[15]

이렇듯 5세기 초에 4종의 광률이 역출되면서 율에 대한 지식이 늘어나며, 율장에 근거한 여법한 수계갈마의 정비에 관심이 모아지고, 나아가 불교의 출가 수행자는 율에 따라 250계의 구족계를 받고 또 실천해야 한다는 원칙이 점차 정착해 간다. 이 원칙을 지키며 수행하는 사찰을 '율사律寺'라고 한다. 열반종·성실종·천태종·화엄종 등 수행하는 교리의 내용은 달라도 250계를 수지하며 수행한다는 점에서는 모두 '율사'라 불렸다.[16] 『십송률』 번역 이후 5세기 후반 무렵까지 약 100여 년 동안은 낙양을 중심으로 『십송률』 연구가 중심을 이루었다.[17] 하지만, 6세기 이후에는 낙양에 머물던 상당수의 고승들이 난을 피하여 강남이나 업鄴으로 이동하면서, 이 지역을 중심으로 불교가 눈부신 발전을 보이게 된다. 이때 이 일대를 중심으로 광통 율사 혜광이 활약하고 있었는데, 그와 그의 문제門弟들이 『사분율』에 주목하면서 6세기 이후에는 『사분율』을 수지하는 자가 늘어나게 된다.[18]

선종의 출현과 동산법문의 집단생활

5세기 후반에 보리달마菩提達磨에 의해 중국에 선종이 출현하게 된다. 그의 법은 혜가慧可(487~593?)에게 전해지고 이후 승찬僧粲·도신道信·홍

---

15 『比丘尼傳』卷2(『大正藏』50, 939c)
16 平川彰, 「百丈淸規と戒律」, 『佛敎學』 37, 佛敎思想學會, 1995, pp.5~6
17 佐藤達玄, 『中國佛敎における戒律の硏究』, 東京: 木耳社, 1986, p.17
18 平川彰, 「四分律宗の出現と十誦律」, 『南都佛敎』 56, 南都佛敎硏究會, 1986, p.6

인弘忍을 거쳐 제6조 혜능慧能(638~713)에 이르러 드디어 중국에 널리 퍼지게 된다. 그런데, 달마 당시는 물론이거니와 혜능에 이르기까지 선종은 자립하지 못한 채 선승들 역시 율사에 기거하였던 것으로 보인다. 이러한 사정은 『선문규식』의 다음 기술로부터 유추 가능하다.

> 선종은 처음 소실少室(달마)로부터 시작하여 조계(혜능)에 이르기까지 대부분 율사律寺에 기거하였다. 비록 별원으로 되어 있었지만, 설법說法·주지住持에 있어 (율사의) 법도에 부합하지 못하였다.[19]

찬영의 『대송승사략』 권상 「별립선거別立禪居」에서도 "달마의 가르침이 이미 실천되고 있었지만, 근기가 맞는 자들은 서로 화답하였다. 그러나 그들이 교화하는 대중들은 오직 사원에 따라 별원에 거주하여 특별히 다른 제도는 없었다."라고 한다.[20] 이들 기록으로 볼 때 선승들은 상당히 후대까지 율사 안의 일정한 주처에서 함께 생활한 것으로 추정된다. 즉, 선종의 승려 역시 구족계를 받고 비구가 되어 율사에 머물며 250계를 지키는 생활을 한 것이다. 하지만 중국에서 성립한 선종은 제자 양성법이나 수행 방법 등에 있어 인도에서 성립한 계율로는 다스리기 어려운 면이 많았다. 이로 인해 여러 가지 불편함이 발생하였고, 결국 선종의 독자적인 사원 건립이나 수행 규범이 절실하게 요청된다.

선종의 초기 역사에 관해서는 불분명한 점이 많은데, 율사로부터 선원이 독립되는 계기를 제공한 것은 동산법문東山法門에 의한 집단생활이었을 것으로 추정된다. 제4조 도신道信(580~651)은 무덕 연간(618~626) 초기

---

[19] 『景德傳燈錄』 卷6 「禪門規式」(『大正藏』 51, 250c).
[20] 『大宋僧史略』(『大正藏』 54, 240a).

에 파두산破頭山 즉 쌍봉산雙峰山으로 옮겨가, 이후 500명의 대중과 더불어 30여 년 동안 집단생활을 했다. 선종에서 최초로 이루어진 본격적인 정착 집단생활이다. 이후 도신이 651년에 입멸하고 나면, 제5조 홍인 역시 쌍봉산 동쪽에 있는 빙묘산憑墓山으로 옮겨가 500명의 대중과 더불어 20여 년 동안 집단생활을 계속하게 된다. 2대에 걸친 산에서의 집단생활로 인해 이들 동산법문은 자급자족의 생활양식과 질서 유지를 위한 자율 규범의 필요성에 직면했을 것으로 보인다.[21] 다만 이들이 실천한 그 어떤 독립적인 규범도 현존하는 자료로부터는 찾아볼 수 없다. 이 이후의 구체적인 상황은 알 수 없지만, 이때 집단생활과 자급자족의 필요성 내지 실천의 경험은 이후 선종 교단이 교단으로서 자립해 갈 수 있는 가능성을 제시하고, 나아가 회해에 이르러 본격적인 규범을 제시하는 계기가 된 것으로 보인다.

『백장청규』와 『선원청규』

청규란 선종 교단, 즉 총림叢林에서 지켜야 할 일상적인 생활 규범 혹은 그러한 규범들을 모아 놓은 규범집을 일컫는다. 청규의 시초는 선종 제6조 혜능의 손제자에 해당하는 마조 도일馬祖道一(707~786)의 제자 백장 회해百丈懷海(720~814 혹은 749~814)가 제정한 『백장청규』(혹은 『고청규古淸規』라고도 함)라고 알려져 있다. 이것은 814년에 제정되었다고 하는데, 아쉽게도 현존하지 않는다. 『백장청규』가 만들어졌을 당시의 사정은 『송고승전』 권10의 「당신오백장산회해전唐新吳百丈山懷海傳」이나 『경덕전등록』

---

[21] 增永靈鳳, 「道信弘忍の史傳とその集團生活」, 『印度學佛教學研究』 3, 日本印度學佛教學會, 1953, pp.277~278

권6의 「홍주백장산회해선사洪州百丈山懷海禪師」 등에 상세히 전해진다.²²
이에 의하면, 회해는 48세(796) 무렵에 백장산으로 들어간 이후 20여 년 동안 머물렀는데, 백장이라는 이름이 보여 주듯이 천척이나 되는 높은 절벽이 있는 매우 험하고 깊은 산이었다. 우바새인 유창감정游暢甘貞의 도움으로 당사堂舍를 만들었지만, 몰려드는 사람들을 수용할 수 없게 되자 그때까지 율사의 조직을 갖추고 있던 절을 선원의 조직으로 바꾸고 승도의 교육 방법을 바꿈과 동시에 승도가 들어갈 당사의 수용력을 증가시켰다. 이는 율사 안에 별원으로서 선원이 존재하는 구조로는 몰려드는 승도를 수용할 수 없을 뿐만 아니라, 선에 부합하는 수행이나 제자 양성 등을 실행하기 어려웠기 때문이었다.²³ 이렇게 해서 선사의 선거禪居, 즉 승당僧堂이 만들어졌다. 승당은 선사 안에 있는 건물인데, '도안道眼을 얻은 장로', 다시 말해 한 명의 '사가師家'가 이곳에서 다수의 수행승을 지도하였다.²⁴

선종 특유의 효율적인 수행과 교육을 위해 총림의 규범으로 제정된 『백장청규』는 현존하지 않기 때문에 원래 형태는 확인할 수 없지만, 다행히 후대의 문헌에 내용이 남아 있어 대략적인 것은 파악할 수 있다.²⁵ 청규를 제정함에 있어 회해는 전통적인 부파의 율장에 의거하여 계율을 실천하던 율사와는 달리, 대승과 소승의 계율 가운데 좋은 점을 취하여 규

---

22 『宋高僧傳』 卷10(『大正藏』 50, 770c~771a);『景德傳燈錄』 卷6(『大正藏』 51, 250c~251b)
23 平川彰, 앞의 논문, 1995, pp.8~9
24 平川彰, 앞의 논문, 1995, pp.10~11
25 『백장청규』의 내용은 『宋高僧傳』 卷10의 「百丈懷海傳」;『景德傳燈錄』 卷6의 「禪門規式」;『禪苑淸規』 卷10의 「百丈規繩頌」;『勅修百丈淸規』 卷8의 「古淸規序」; 陳詡의 「唐洪州百丈山故懷海禪師塔銘」 등을 통해 대략 파악할 수 있다.

칙을 세워 선을 실현하고자 하였다.[26]

『백장청규』를 시작으로 이후 중국·한국·일본 등에서는 총림의 규범으로 많은 청규가 만들어졌다. 그중 대표적인 것이 바로 현존 최고最古의 청규인『선원청규禪苑淸規』이다.『백장청규』는 제정 후 널리 실천되었던 것으로 보이지만, 북송 시대에 이르면 많은 변화가 더해져 그 본래의 모습을 상당 부분 상실해 갔다. 이에 1103년(숭녕 2)에 자각 종색慈覺宗賾이『선원청규』(혹은『숭녕청규』라고도 함)를 제정하였다.『선원청규』서문에 의하면, 종색은 당시 회해에 의해 제시된 규범이 변형되어 감을 아쉬워하며, 그 원래 모습을 되살리려는 의도하에『선원청규』를 편찬하였다. 따라서 기본적인 입장은『백장청규』와 별반 다르지 않으며, 단지『백장청규』가 편찬된 당과『선원청규』가 편찬된 북송이라는 시대적 차이에 의한 주변 상황의 변화에 의거하여 구체적인 내용에서 항목상 차이가 보일 뿐이다.

이들 청규는『사분율』을 중심으로 한 율장과『범망경』혹은 유가계 계통의 대승 보살계에 입각하여 선 수행자가 나날이 지켜야 할 일상적인 규범을 규정하고 있다. 수계·호계 등 선 수행자가 일상생활에서 지켜야 할 갖가지 규정을 시작으로 정기적인 각종 행사에서 지켜야 할 규칙, 소임자의 의무, 청규 위반자에 대한 징벌 등 선원의 질서 유지를 위한 여러 내용이 다루어졌다.

율장과 청규 간에는 내용상 일치하는 규정도 많지만, 차이점 역시 크다. 가장 두드러진 차이점으로는 '보청법普請法'을 들 수 있다. 보청이란 '널리 청한다'는 의미로 모든 승려에게 의뢰하여 노동을 하게 하는 것이

---

26 『宋高僧傳』卷10(『大正藏』50, 770c)

다. 보청에 의해 출가자가 직접 농사를 짓게 될 경우 율장에서 금지하는 '벌초목계伐草木戒'와 '굴지계掘地戒' 등을 어길 수 있다. 또한 율장에 의하면, 수행자는 노동을 통해 직접 음식물을 조달해서는 안 된다. 물과 양지楊枝 이외에는 반드시 타인으로부터 보시 받은 음식만을 입에 넣을 수 있다. 하지만, 청규에서는 '일일부작一日不作 일일불식一日不食' 즉 하루 일하지 않으면 하루 먹지 않는다는 말로 널리 알려져 있는 바와 같이, 수행자가 직접 농사를 지어 음식물을 조달해야 한다. 이로부터 심산유곡에서 수행하며 자급자족의 생활이 불가피했던 초기 선종 교단의 영향과 더불어, 대중의 노동이 선 수행에 있어 갖는 종교적 의의를 확인할 수 있다. 선 수행에 있어 보청은 수행의 한 과정으로 간주되었다.[27] 식사 등 일상 생활에서 하는 모든 행위가 그대로 수행으로 연관된다는 생각은 청규 규범에서 전반적으로 확인되는 현상이다.

『백장청규』와 『선원청규』 이후, 중국에서는 송·원대를 거치며 여러 종류의 청규가 간행되었다. 그중 중요한 것은 1274년(함량 10)에 유면惟勉이 편집한 『총림교정청규총요叢林校定淸規總要』 2권, 1311년(지대 4)에 일함一咸이 편찬한 『선림비용청규禪林備用淸規』 10권, 그리고 1338년(지원 4)에 덕휘德煇가 중편重編한 『칙수백장청규勅修百丈淸規』 8권이다.

도겐의 『영평청규』

『영평청규永平淸規』는 일본 조동종의 개조인 도겐(道元, 1200~1253) 선사가 1237년[가테이(嘉禎) 3]부터 1249년[호지(寶治) 3]에 이르기까지 전후

---

27 최법혜 역주, 『고려판 선원청규 역주』, 서울: 가산불교문화연구원, 2001, p.5

13년여 동안 찬술했던 청규를 후세에 편집하여 건곤乾坤 두 권으로 한 것이다. 중국에서 회해의 『고청규』에 이어 종색의 『선원청규』(1103)와 무량수無量壽의 『입중일용청규入衆日用淸規』(1209)가 등장한 후의 일이며, 일본에서 성립한 최초의 청규이다. 중국 청규에 근거하면서도 자신의 사상을 반영하여 독자적인 청규로 완성하고 있다. 도겐은 송나라 유학 당시 회해의 『고청규』를 보았으며, 그 사본 혹은 적어도 목차 같은 것이라도 일본으로 가져왔을 가능성이 큰 것으로 추정되는데, 그 주된 논거 중 하나는 도겐이 「보권좌선의찬술유래서普勸坐禪儀撰述由來書」에서 "종색이 『선원청규』에서 한 삭정削正 방법을 비판하며 올바른 좌선의를 작성하여 회해의 뜻을 부흥시켜야 한다."고 서술하고 있는 점이다.[28]

『영평청규』는 건곤 두 권, 모두 6장으로 구성되어 있다. 6장을 열거하면, 「전좌교훈典座敎訓」·「변도법辨道法」·「부죽반법赴粥飯法」·「중료잠규衆寮箴規」·「대대기오하사리법對大己五夏闍梨法」·「지사청규知事淸規」이다. 이 중 「전좌교훈」은 전좌의 역할과 마음가짐, 그 중요성 등을 설한 장이다. 전좌란 재죽齋粥(밥과 죽), 즉 대중들의 식사 일체를 관장하는 역할을 맡은 소임자이다. 음식을 만드는 전좌는 항상 보리심菩提心·도심道心·청정심淸淨心, 또한 희심喜心·노심老心·대심大心을 갖고 대중에게 정갈하고 맛난 음식을 제공하도록 해야 한다. 「변도법」은 승당의 생활 규칙과 법도法度, 좌선 자세 등을 설한 장이며, 「부죽반법」은 식사 작법, 즉 죽과 밥을 먹을 때 지켜야 할 규범을 모아놓은 장이다. 「중료잠규」는 공동 생활 공간인 중료에서 가져야 할 마음가짐과 행동 규범 등을 설한 장이다. 중료란 송대에 신축된 당우堂宇로 납자들이 독서, 음다飮茶, 휴식 등을 하는

---

28 近藤良一, 「百丈淸規と永平淸規」, 『印度學佛敎學硏究』 25, 日本印度學佛敎學會, 1965, pp.297~299

공간이다.²⁹ 「대대기오하사리법」은 본인보다 하안거를 5회 이상 더 거친 선배에 대해 지켜야 할 예의를 서술한 장이다. 「지사청규」는 6지사知事, 즉 도사都寺·감사監寺·부사副寺·유나維那·전좌典座·직세直歲 등 주지를 보좌하여 총림의 행정이나 사무, 운영, 살림살이 등을 관장하는 소임을 맡은 자들이 수행해야 할 의무나 책무, 주의 사항 등을 서술한 장이다.³⁰

이 중 다른 청규와 비교했을 때 『영평청규』가 갖는 가장 특징적인 장은 제1장 「전좌교훈」이다. 도겐은 송나라 유학에서 돌아온 지 10여 년이 지난 1237년경부터 청규를 찬술하였는데, 위의 6장 중 가장 이른 시기에 찬술한 것이 「전좌교훈」이다. 게다가 이 「전좌교훈」은 『선원청규』의 「전좌」에 비해 분량도 13배나 많고 내용 역시 상세하다. 도겐이 「전좌교훈」에 갖고 있던 애정을 느낄 수 있는데, 이는 그가 1223년에 입송하여 처음 만난 두 노老전좌 스님에게서 받은 감동에 기인한다고 한다.³¹ 당시 일본 불교는 매우 타락해 있었고, 출가자의 공양법 역시 일반인과 다를 바 없었다. 그런데 새하얀 눈썹에 휘어진 등을 한 노스님들이 땡볕에 삿갓도 쓰지 않은 채 앉아 버섯을 다듬는 모습은 도겐에게 충격이자 감동이었던 것 같다. 이처럼 『영평청규』는 중국 청규의 영향을 받으면서도 도겐의 체험과 사상을 기반으로 독자적인 체계와 내용을 갖추고 있다. 중국의 청규가 가장 첫머리에 두는 수계·호계에 관한 규정이 없다는 것도 하나의 특징이며, 『선원청규』에서는 성문계로부터 보살계로 차례로 설해지는 수계법이, 『영평청규』에서는 즉시 보살계를 받는 것이 입법의 시작이라고

---

29 윤창화, 「도겐의 『영평청규』의 의의」, 『일본불교사연구』 10, 일본불교사연구소, 2014, p.21
30 윤창화, 앞의 논문, 2014, p.21
31 『永平淸規』「典座教訓」(『大正藏』82, 321b); 윤창화, 앞의 논문, 2014, pp.27~35

설하고 있는 것도 주목된다.

III. 한국에서 청규의 도입과 변용

선종의 수용과 청규의 도입

가지산문迦智山門의 도의道儀 선사가 마조 도일의 제자 서당 지장西堂智藏(735~814)으로부터 법을 받고 신라 헌덕왕憲德王 13년(821)에 귀국하는 등, 신라 하대가 되면 당나라 유학에서 선을 수용한 승려들이 대거 귀국한다. 이들에 의해 선종이 급속도로 전파되어 나말 여초에는 후세에 구산선문九山禪門이라 불리는 아홉 산문이 형성되기 시작하였다. 중국에서 『백장청규』가 성립한 것이 814년이므로, 도의가 유학 당시 이를 견문했을 가능성도 고려되지만, 현존하는 자료 가운데 이때를 전후하여 『백장청규』가 신라에 도입되거나 실행되었음을 보여 주는 것은 없다.

『선원청규』가 처음으로 고려에 전해진 명확한 시기는 알 수 없지만, 이 점과 관련하여 「용문사중수비龍門寺重修碑」에 나오는 다음 내용이 주목받고 있다.

신사년辛巳年(1161) 경북산 대흥사에 머무를 때에도 재산을 희사하여 건물을 중수하고서 총림회叢林會를 열어 혜조 국사가 중국에서 전해온 좌선 의궤坐禪儀軌와 배발排鉢 등의 일을 행하면서 낙성하였다. 계사년癸巳年(1173)에는 왕명으로 명봉사 총림의 법주가 되었고, 을유년(의종 19, 1165) 금주金州(金海) 안국사에서 열린 50일 담선법회 때에도 법주를 맡았

었다.³²

이 비문은 1185년(대정 25)에 성립된 것으로, 혜조 국사의 법손인 대선사 조응祖膺의 행적을 기록한 것이다. 결정적인 증거가 없어 논란의 여지는 있지만, 여기 등장하는 혜조 국사는 담진曇眞과 동일 인물일 가능성이 높은 것으로 생각된다. 담진은 고려 예종의 명을 받고 송에 유학한 승려로, 송의 임제종 선승이었던 정인 도진淨因道臻(1014~1093) 문하에서 수학하고 귀국하였다. 위의 인용문을 보면, '좌선 의궤'나 '배발'이라는 표현이 나온다. 좌선 의궤는 좌선에 관한 법식을, 배발은 식사와 관련된 규정을 의미하는 것으로 중국 총림의 청규에서 언급되는 사항들이다. 이로 보아 담진에 의해 청규가 전래되었을 가능성은 높다고 생각되며, 이렇게 본다면 보조 지눌普照知訥(1158~1210)이『계초심학인문』을 저술하고 시행한 시기보다 40여 년이나 앞서 부분적으로 청규가 실행되고 있었을 가능성이 있다. 특히 이 인용문에 등장하는 "계사년癸巳年(1173)에는 왕명으로 명봉사 총림의 법주가 되었고"라는 표현은 이 시기 선종계에 총림이 형성되어 있었음을 보여 주는데, 이러한 총림은 청규에 따라 운영되었을 가능성이 높기 때문에, 지눌 이전에 담진이나 그 문도에 의해 이미 청규가 전해져 실행되고 있었을 가능성도 고려해 볼 필요가 있을 것이다.³³

---

32 이지명,「용문사중수비」, 조선총독부 편,『조선금석총람』권상, 성남: 아세아문화사, 1976, p.409; 김상영,「한국불교 총림의 전개양상과 그 역사적 의의」, 대한불교조계종교육원 불학연구소 편,『조계종 총림의 역사와 문화』, 서울: 조계종출판사, 2009, pp.48~49에서 재인용.
33 김상영, 앞의 논문, 2009, p.51

보조 지눌과 『계초심학인문』

보조 지눌은 1182년 정월에 개성 보제사普濟寺의 담선법회談禪法會에 참여하여 승려 10여 명과 더불어 명예와 이익을 버리고 산 속에 들어가 정과 혜를 닦자고 결의한다. 그 후 1190년(명종 20)에 공산公山 거조사居祖寺에서 결사를 시작하며 「권수정혜결사문勸修定慧結社文」을 통해 결사의 취지와 근본정신을 밝힌다. 지눌이 발표한 정혜결사定慧結社는 당시 교단의 폐해를 지적하며 정혜쌍수定慧雙修의 수행을 통해 승가 본연의 자세로의 복귀를 주장하는 것으로, 그는 이 결사문에서 당시의 승려들이 불법을 빙자하여 이익을 탐하고, 또한 풍진 세상에 빠져 도덕을 닦지 않고 의식만 허비하며, 위로는 홍도弘道를 무너뜨리고 밑으로는 중생을 이롭게 하지 못하며 중간으로는 사은四恩을 저버렸다며 한탄하고 있다.[34] 당시 고려 불교는 승려들이 출가자 본분의 마음가짐을 잃어버리고 이양利養에 탐착하며 부패해 있었다. 정혜결사는 이를 바로잡고자 한 일종의 개혁 운동으로서, 지눌은 '결사'라는 형태로 이를 실행에 옮겼던 것이다.

이후 지눌은 조계사에 수선사修禪社를 만들고, 1205년(희종 원년)에 정혜결사를 실현하는 구체적인 생활 규범으로 『계초심학인문誡初心學人文』을 지었다. 이는 '수선사 청규'라고도 불린다. '나쁜 벗을 멀리하고 어질고 착한 벗을 가까이 하라.'는 제1조를 시작으로 '법문을 듣는 법'에 이르기까지 총 24개 조의 규범으로 구성되어 있다. '계초심학인문'이라는 제목은 '첫 마음을 내어 배움에 나아가려는 사람을 경계하는 글'로서 '초심지인初心之人', 즉 첫 마음을 낸 사람이 지켜야 할 규범을 설하고 있다. 여기

---

34 『韓國佛教全書』4, 698a

서 '첫 마음을 낸 사람'이란 앞으로 깨달음을 얻고 자비를 실천하겠다는 마음(보리심)을 일으킨 사람, 즉 발심한 사람을 말한다.[35] 지눌과 뜻을 함께하며 결사에 동참했던 동료를 비롯하여, 불도 수행에 첫 걸음을 내딛은 모든 입문자들을 대상으로 하고 있다. 『계초심학인문』은 중국의 청규와 비교할 때 내용이 너무 간결하며, 제목에서도 알 수 있듯이 '초심지인'을 대상으로 하는 규정이라는 점에서 청규로 보아도 좋을지 논의의 여지는 있지만, 당시 불교 교단이 안고 있던 병폐를 비판하며, 출가자 본연의 모습을 찾기 위한 실천 규범으로 제시되었다는 점을 고려한다면 청규라고 보아도 무방할 것 같다.

지눌은 정혜결사를 조직하고 『계초심학인문』을 저술함에 있어 초기 불교 승가 이래의 율도 중국 선종 교단의 청규도 모두 인식하고 있었던 것으로 보인다. 『계초심학인문』을 저술하기 5년 전인 1200년에 송광산 길상사로 옮겨서 11년간 대중을 지도할 때 담도談道·수선修禪·안거安居·두타頭陀 등을 실행함에 있어 한결같이 불률佛律에 의거하였다는 기록이 '비명'에 보인다.[36] 또한 정혜결사문과 '비명'에서는 각각 "노동과 운력에 이르기까지 각기 소임을 나누어서 하자." "노동하고 운력함에 있어서 언제나 대중들에 솔선하였다."라고 하여, 지눌이 청규에서 볼 수 있는 보청과 총림 제도의 형성을 계승하고 있음을 알 수 있다.[37] 『계초심학인문』의 등장으로 기존 불교계의 비윤리적 행태를 근본부터 바로 잡으려는 윤리적 동기에 의해 출발한 도덕 공동체로서의 정혜결사가 윤리적 실천

---

35 김호성, 『계초심학인문을 아십니까?: 정혜결사의 청규』, 서울: 정우서적, 2015, pp.23~24
36 이지관, 『校勘譯註 歷代高僧碑文』 高麗編 4, 서울: 가산불교문화연구원, 1997, p.59
37 김호성, 『결사, 근현대 한국불교의 몸부림』, 서울: 씨아이알, 2016, pp.34~35

강령인 청규를 갖게 되었다.

이후 『계초심학인문』은 원효元曉(617~686)의 『발심수행장發心修行章』, 나옹 혜근(1320~1376)의 제자 야운野雲의 『자경문自警文』과 합본되어 출가 승려를 위한 불교 입문 교재로서 『초발심자경문』이라는 이름으로 전해져 오고 있다. 이 세 개의 저술이 합편合編된 정확한 시기는 알 수 없지만, 대략 조선 초기로 추정되고 있다. 조선조 산사의 강원 교과목에서 사미과沙彌科의 필수 입문 교재로 사용되었으며, 현재도 출가한 승려가 강원講院(승가대학)의 사미과(치문반)에서 처음 배우는 필수 입문 교재이다.

고려 말 선승의 불교 교단 개혁과 『칙수백장청규』

1254년(고종 41)에 자각 종색의 『선원청규』가 분사대장도감分司大藏都監에서 판각되었다.[38] 『선원청규』는 현재 6종의 이본異本이 남아 있으며, 이 중 초간본이 어느 것인가에 관해서는 논의가 많은데, 고려판본은 북송 1111년(정화 원년)의 판본을 저본으로 삼고 있어 『선원청규』 간행 후 불과 8년 후의 판본에 의거하고 있다는 점에서 고형古形을 가장 잘 유지하고 있다고 볼 수 있다. 이로 보아 1111~1254년 사이에 이 판본이 고려에 들어온 것은 분명하다. 또한 앞서 언급한 지눌의 『계초심학인문』에서도 『선원청규』에 관한 언급이 발견되므로, 이들 시기를 전후하여 고려 후기 선종 사원에서 청규가 일정한 역할을 했을 것으로 생각된다. 『고려판선원청규』가 판각된 후에는 수선사, 선원사, 용천사 등에서 이를 청규로 시행하는 등 고려 후기 불교를 주도했던 수선사 계열에 의하여 여러 선종 사

---

38 이를 최법혜가 1997년에 『高麗板重添足本禪苑淸規』(서울: 민족사), 이어 2001년에 이를 역주하여 『고려판 선원청규 역주』(서울: 가산불교문화연구원)로 출판하였다.

찰과 승려들의 청규로서 실질적인 영향을 미쳤다고 한다.[39]

그런데 청규가 국가적인 차원에서 활용된 것은 공민왕(재위 1351~1374) 대이다. 공민왕 대는 사회 전반에 걸쳐 대대적인 개혁의 필요성이 대두된 시기인데, 여기에는 불교 교단에 대한 개혁도 포함되어 있었다. 원 간섭기의 고려 불교계는 권문세족과 결탁하여 이양만을 추구하는 타락한 모습이었다. 이에 원 간섭기를 지나며 승정의 혼란이나 승려들의 질적 하락 등이 심각한 문제로 등장하면서 개혁론이 대두되었다. 이때 원나라에 유학하며 강남 임제종 승려의 문하에서 수학한 경험이 있는 선승들을 중심으로 교단 개혁이 이루어지게 된다. 태고 보우太古普愚(1301~1382)와 나옹 혜근懶翁慧勤(1320~1376), 그리고 백운 경한白雲景閑(1298~1374)이 대표적인 인물이다. 이들은 모두 청규 실천을 통해 교단 개혁을 실행하고자 하였다. 이들이 유학했을 당시 원대 선종은 국가와의 관계에서 남송대에 확립된 오산십찰五山十刹 제도를 계승하면서도 오산지상五山之上인 대룡상집경사大龍翔集慶寺를 개창하고 『칙수백장청규』를 간행하여 국가 불교를 강화하고 있었다.

보우와 혜근은 원나라 유학에서 귀국한 후 공민왕에게 발탁되어 왕사가 되었다. 이들은 원에서 경험한 선찰禪刹의 운영 방법이나 『칙수백장청규』 등을 도입하여 불교 교단을 개혁하고자 하였다. 먼저 보우는 1348년에 중국 유학에서 귀국할 때 『칙수백장청규』와 『치문경훈緇門警訓』을 들여왔다. 공민왕 5년(1356)에 왕사에 취임하자, 보우는 구산선문을 통합하여 선종 교단을 개혁하고, 나아가 청규의 엄격한 시행을 통해 교단 내부의 개혁을 도모하였다. '위국지도爲國之道'를 묻는 공민왕의 물음에 보우

---

39 김방룡, 「고중세 한국 선원 청규의 특징과 의의」, 『僧伽敎育』 5, 대한불교조계종교육원, 2004, pp.215~216

는 구산의 선승들이 각기 산문을 배경으로 서로 비방하며 다투는 문제를 해결하기 위해 구산선문을 통합할 것을, 또한 승려들의 일상생활의 위의를 다스리기 위해서는 『백장청규』를 실행해야 한다고 제안한다.[40] 보우에게 있어 청규 실행은 실질적으로 불교 교단을 개혁하기 위한 방법이었다. 한편, 공민왕 20년(1371)에 왕사가 된 혜근은 공민왕의 적극적인 후원 아래 회암사檜巖寺를 중수하였는데, 이 사찰을 청규에 규정된 선찰의 의식을 수행할 수 있는 공간으로 삼고자 했던 것으로 보인다. 즉, 혜근이 원에서 경험했던 선종 사원의 운영 방법을 모델로 삼아 고려 사원에서도 청규의 철저한 시행을 추구하고자 했던 것으로 추정되고 있다.[41] 경한 역시 청규의 실천을 강조했던 인물이다. 그는 법형제들이 서로 화합하지 못하고 싸우며, 사미들조차도 서로 다투며 나아가 계율을 등한시하고 수행을 게을리하는 등 승가 전반에 걸쳐 만연한 분열과 수행 경시 등의 풍조를 엄중히 비판하였다. 이에 청규 실천을 통해 승가의 기강을 바로 잡고자 하였다.

이처럼 고려 말 불교 교단에서는 승가가 안고 있던 병폐를 해결하기 위한 방법으로 청규의 실행이 강조되었다. 이때 주목된 청규는 모두 『칙수백장청규』이다. 『칙수백장청규』 8권은 순제順帝의 명으로 당시 백장산 수성선사修聖禪寺 주지 동양 덕휘東陽德輝(?~?)가 편집하고 대룡상집경사 주지 소은 대흔笑隱大訢(1284~1344)이 교정하여 1338년에 성립한 것으로 송대 『선원청규』를 비롯하여 『선림비용청규』 등 이전의 여러 청규를 종합

---

40 維昌撰, 「太古行狀」, 『태고보우논총』, pp.698b~699a. 김방룡, 앞의 논문, 2004, pp.217~218에서 제시된 원문 참조.
41 강호선, 「고려말 禪僧의 入元遊歷과 元 淸規의 수용」, 『한국사상사학』 40, 한국사상사학회, 2012, p.46

한 것이다. 『칙수백장청규』가 간행되자 모든 사찰은 기존에 사용하고 있던 청규를 버리고, 새로 간행된 이 청규에 따르라는 황제의 '성지聖旨'가 내려졌다. 국가 사업으로 간행된 『칙수백장청규』는 황제와 황태자를 위한 의식을 규정한 「축리장祝釐章」을 가장 앞에 두는 등, 기존 청규가 총림에서의 공동체 운영의 지침으로 기능한 것에 비해, 상대적으로 국가주의적 경향이 강화되었다.[42] 이 청규가 국가적인 차원에서 간행되고, 나아가 배포·시행되었던 것과 마찬가지로, 고려 말의 청규 실행 역시 공민왕의 개혁 정치 및 왕권 강화 등과 밀접한 관련을 가지고 이루어졌던 것으로 보인다.

불교 상례집과 청규

고려 말에는 『선원청규』나 『칙수백장청규』 등 중국의 청규가 큰 영향을 미쳤던 것으로 보이는데, 1398년(태조 7)에는 상총尙聰이 중국의 법 규정 대신 수선사의 『조계청규』를 사용할 것을 주장하였다.[43] 따라서 고려 말부터 조선 초에 걸쳐서는 이러한 기존의 청규류가 선종 사원을 중심으로 제각각 사용되고 있었던 것으로 추정된다. 그런데 조선 후기인 17세기경이 되면 시대 변화에 따라 이전 청규에 기반을 둔 작법 의례를 수정할 필요성이 발생했던 것으로 보인다. 즉, 유교 사회의 시대적 영향을 받아 불교적 상례의喪禮儀도 시대의 흐름에 조응하는 형태로 바뀌며 새로운 불교 상례집과 의례집이 편찬, 간행된다. 대표적으로는 17세기 중반

---

42 강호선, 앞의 논문, 2012, pp.36~37
43 『태조실록』 권14, 태조 7년 5월 13일(기미); 김용태, 『조선후기 불교사 연구-임제법통과 교학전통』, 서울: 신구문화사, 2010, p.362

에 편찬된 부휴계 벽암 각성碧嚴覺性(1575~1660)의 『석문상의초釋門喪儀抄』와 허백 명조虛白明照(1593~1661)의 『승가예의문僧家禮儀文』을 들 수 있다. 『석문상의초』 서문에는, 흉례凶禮가 중요함에도 현재 시행되고 있는 것이 규범에 잘 맞지 않고, 『선원청규』 등의 상례 역시 중국의 법으로 동방의 예와 맞지 않기 때문에 요점만 간추린다는 취지의 내용이 기술되어 있다.[44]

한편, 조선 후기의 선승 백파 긍선白坡亘璇(1767~1852)은 1811년에 "불법의 진실한 뜻이 문자에 있지 않고 도를 깨닫는 데 있건만 스스로 법에 어긋난 말만 늘어놓았다."라고 참회하면서 초산 용문동으로 들어가 5년 동안 수선결사운동을 전개하였다.[45] 수선결사는 납자의 출가 본분을 지키자는 것에 중점을 두고 있는데, 이는 결사의 구체적인 지침서로서 수선의 방법과 이념을 기록한 『수선결사문』에 잘 나타난다. 이 결사문에는 결사를 운영해 나갈 청규로 돈오를 위한 조사 활구의 참구와 법계 중생의 구제, 계율의 엄수와 청정 결식 및 조석 예경, 식당 작법의 준행 등이 상세히 제시되어 있으며,[46] 『권수정혜결사문』·『선가귀감』·『치문경훈』 등 소위 청규류를 중시하여 저술된 것으로 보인다.[47]

또한, 백파는 불교 의식에 필요한 의식문을 편집하여 1826년(순조 26)에 『작법귀감作法龜鑑』이라는 종합 의례서를 지었다. '작법'은 일반적으로 불가에서 통용되는 의식을 뜻하며 '귀감'은 본보기를 뜻하므로, '작법귀

---

44 『釋門喪儀抄』「釋門喪儀抄序妻」(『韓國佛敎全書』 8, 237)
45 백파 긍선 지음, 김두재 옮김, 『작법귀감』, 서울: 동국대학교출판부, 2010, p.9
46 박서연, 「결사」, 동국대학교 불교문화연구원 HK연구단 엮음, 『테마 한국불교』 3, 서울: 동국대학교출판부, 2015, p.385
47 김호귀, 「『修禪結社文』의 修禪作法과 修禪結社의 이념」, 『한국선학』 29, 한국선학회, 2011, pp.59~60

감'이라는 제목은 말 그대로 불교의 제반 의식에 통용되는 의식문의 모범이라는 의미를 담는다.[48] 이 책은 상·하 두 권으로 되어 있다. 권상에는 각종 청문請文과 현행 영산재 작법에서 사용되는 제반 의식문, 수계 의식에 쓰이는 의식문을 빠짐없이 정리하여 수록하고 있으며, 권하에서는 분수焚修작법을 비롯하여 가사이운袈裟移運과 점안點眼, 다비작법茶毗作法과 구병시식救病施食, 순당식巡堂式 등의 각종 의식문을 수록하고 있다.[49] 『작법귀감』은 당대의 현장에서 실행되고 있는 의례의 모습을 짐작할 수 있음은 물론이고, 백파가 당대에 생각했던 의식 진행상의 문제점을 살펴볼 수 있다는 점에서도 소중한 자료적 가치를 지닌다고 평가되고 있다.[50]

IV. 한국 근현대기의 결사와 청규

근대 한국불교의 청규

조선 후기의 암울한 상황과 식민지 불교의 폐해 등을 극복하고 중흥의 길을 모색하기 위해 근대기의 한국 고승들은 다각적인 노력을 기울였다. 이 과정에서 두드러지게 나타난 현상이 바로 결사와 청규의 제정이다.

먼저, 한국 근세 선불교의 중흥자로 평가받고 있는 경허 성우鏡虛惺牛(1846~1912)는 1899년 9월 가야산 해인사에서 수선사를 창설하고, 그해 11월에는 「결동수정혜동생도솔동성불과계사문結同修定慧同生兜率同成佛果

---

[48] 김두재 옮김, 앞의 책, 2010, p.7
[49] 김두재 옮김, 앞의 책, 2010, p.10
[50] 김두재 옮김, 앞의 책, 2010, p.12

稧社文」을 지어 정혜결사운동을 주창하였다. 이 결사문에는 경허가 결사 대중을 위해 제정한 30개 조항의 규례規例도 포함되었다. 이 규례에는 정혜결사를 추진함에 있어서의 자세나 마음가짐, 원칙, 유의 사항 등에 관한 구체적인 내용이 배열되어 있다.[51] 경허의 수선결사는 지눌의 정혜결사를 계승하면서도 선종의 결사에 미륵정토사상을 결합한 것이었는데,[52] 규례에도 이런 이념이 반영되었다. 또한 경허는 수선사 결사 이후 1903년까지 송광사, 화엄사, 천은사, 동화사 등의 사찰에 선원을 창설하고 결사의 이념을 홍포했다.[53] 1902년 10월 범어사에서는 「범어사계명암수선사청규梵魚寺鷄鳴庵修禪社淸規」를 제정하였다. 앞서 제정한 수선결사 규례가 주로 결사의 이념이나 사상을 강조하는 방향에서 제정되었다면, 이 범어사 청규는 결사 책임자나 용상방 소임 선정 시의 당부 사항, 결사 진행상의 처리 원칙, 수행상의 원칙 등 일반적인 청규와 유사한 형태로 제정되었다.[54]

한편, 근대 한국불교의 대표적 선승 한암 중원漢巖重遠(1876~1951)은 1921년 겨울부터 1922년 봄까지 금강산 건봉사乾鳳寺에서 선회禪會를 열어 결사를 실행했다. 원래 건봉사는 염불만일회라는 염불 결사의 전통이 있는 사찰이었는데, 이 도량에서 염불원을 폐지하고 선회를 연 것이다. 당시 건봉사의 염불 결사는 고성염불高聲念佛이고, 자성이 미타인 줄도 모르듯 법도가 쇠폐한 지경이었기에 유심삼매로 나아가려는 정혜쌍수적

---

51 김광식,「근대 한국 선원 청규의 개요와 성격」,『僧伽敎育』5, 대한불교조계종교육원, 2004, p.229
52 고영섭,「경허 성우의 불사와 결사」,『한국불교학』51, 한국불교학회, 2008, p.87
53 박서연, 앞의 책, 2015, p.386
54 김광식, 앞의 논문, 2004, pp.233~234

인 염불을 지향한 것이었다.⁵⁵ 한암은 이 결사를 진행하며 대중의 공동생활 규칙으로서 아홉 항목의 규례를 제정하였는데, 소임자 선정이나 그 자격 요건 등에 대해 매우 세심하게 규정하고 있으며, 대중의 화합을 특히 강조하고 있다.

승려이자 독립운동가로 널리 알려진 백용성白龍城(1864~1940)은 일본이 '대처육식'을 허용하는 등 한국불교의 정체성이 위협받자 계율의 등한시로 인한 혼란과 한국 전통 선의 몰락을 우려하여 1924년경부터 한국 전통 선禪의 활성화를 위해 만일참선결사회萬日參禪結社會를 추진하였다. 이때 제정된 청규가 『불교』지 15호(1925. 9)에 「규칙」과 「입회선중주의사항」으로 게재되었다. 「규칙」에서는 결사회의 명칭, 목적, 실천 방법, 참가자의 자격, 종주의 역할, 조직 등을 구체적으로 언급하고 있다. 이 결사회의 조직 배경에 당시 식민지 불교의 영향으로 한국불교계에 만연해 있던 계율 경시 경향에 대한 우려가 있는 만큼 실제 청규 항목에서도 결사 참가자의 자격으로 '『범망경』, 『사분율』을 특히 준수하려고 결심한 자'를 거론하고, 결사를 충실히 수행하기 위해서는 '보름마다 대소승 율을 설한다'라는 등 계율을 강조하는 항목이 적지 않다. 이는 「입회선중주의사항」에서도 '살생·투도·망어·기어綺語·양설兩舌·악구惡口·탐진치·음주 식육이 무방반야無妨般若라고 하는 자', '율을 비방하는 자'와는 동거하지 않는다거나 '속인이라도 오신채와 주육酒肉을 도량 안에 가져오지 못한다'고 하는 등 결사의 정상화를 위해 철저하게 계율을 지키고자 했음을 알 수 있다.⁵⁶

반농 반선半農半禪, 즉 선농禪農 불교를 대표하는 백학명白鶴鳴(1867~

---

55 김광식, 앞의 논문, 2004, p.236
56 김광식, 앞의 논문, 2004, pp.238~242

1929)은 내장사를 중심으로 수행한 선사이다. 평소 수좌들은 선농을 겸해야 한다는 소신을 갖고 있던 그는 1920년대 후반 무렵 내장선원의 규칙을 개정하여 자신의 뜻을 관철시켜 갔다. 강유문의 「내장선원 일별」이라는 글의 말미에 부기된 형태로 전해지는 「내장선원 규칙」은 '선원의 목표는 반농 반선으로 변경함'이라는 제1항을 시작으로 선원 운영은 자선 자수自禪自修·자력 자식自力自食할 것, 회원은 신발의新發意·신출가를 모집할 것, 의식은 총림의 정규에 기초를 둘 것, 일용은 오전 학문·오후 노동·야간 좌선의 삼단으로 완정完定할 것, 동안거는 좌선 위주, 하안거는 학문과 노동 위주로 할 것, 범음은 시세에 적합한 청아한 범패를 학습할 것, 파계나 사행, 나습懶習, 기타 폐습은 일체 엄금할 것 등 선농 겸행, 승가의 폐풍 개량 등 결사의 실행 목적에 부합하는 형태로 제정되었다.[57]

봉암사결사와 공주규약

1947년에 퇴옹 성철退翁性徹(1912~1993)이 청담 순호青潭淳浩(1902~1970), 자운 성우慈雲盛祐(1911~1992) 등과 더불어 봉암사鳳巖寺에서 했던 '봉암사결사'는 한국 근현대 불교사 기술에 있어 그 이전과 이후를 구분할 만큼 한국불교의 역사적 전기를 이루는 사건으로 평가되고 있다.[58] 이 결사는 해방 이후 나타난 사회적 혼란과 왜색 불교의 잔재 속에서 한국불교의 정체성을 회복하고 수행자 본연의 모습을 되찾고자 하는 목적에서 시작되었다. 1947년 가을부터 1950년 3월까지 진행된 결사 당시 성

---

57 김호성, 앞의 책, 2016, pp.83~89
58 조성택, 「봉암사 결사를 다시 생각한다」, 『불교평론』 30, 만해사상실천선양회, 2007, p.2

철은 출가자들이 공동생활에서 함께 지켜야 할 수행 규칙을 제시하였다. 이른바 '공주규약共住規約'이다. 이는 총 18개의 항목으로 구성되어 있는데, 그중 대부분의 항목이 전통적인 율이나 청규 등 승가의 실천 규범과 관련된 것들이다. 이를 내용적으로 나누면 사찰 경영의 개혁에 관한 것으로 제3조 식생활의 대강·제4조 자력갱생의 원칙·제5조 불공 의식의 개혁·제11조 일상 노동·제17조 자급자족이 있으며, 의발의 개혁으로는 제6조 오조五條 착용·제7조 외출 시 의복·제8조 가사에 대한 규정·제9조 발우의 개혁이 있다. 그리고 제12조 포살의 실천, 제13조와 제9조 식생활, 제14·15·16조 주생활이 다루어진다.[59] 이와 같이 18개 조 가운데 대부분이 출가자의 의식주 생활과 관련된 규범상의 문제이다.

공주규약의 '공주'란 함께 머문다는 의미이다. 율장에서는 "공주란 갈마羯磨를 함께 하고, 설계說戒를 함께 하고, 함께 배우는 것, 이것을 공주라고 한다."라고 하여,[60] 단지 육체적으로 같이 사는 것을 의미하는 것이 아닌, 승가 의식이나 포살, 배움 등에 있어 구성원이 함께 하는 것이 공주의 의미임을 보여 준다. 바라제목차의 학처 가운데 극중죄에 해당하는 바라이죄는 범계하면 '불공주不共住(asaṃvāsa)'의 처벌을 받게 되어, 승가의 정식 구성원인 비구 혹은 비구니의 신분을 상실한다. 필시 성철은 '공주규약'을 제정함에 있어 출가자로서 함께 생활하는 데 필수불가결한 조건을, 다시 말해 이를 실천하지 않으면 불제자가 아니라는 의미를 담아 규범을 제정했을 것으로 생각된다. 이는 봉암사결사의 결성 당시 성철이 강조했던 "부처님 법대로 살자"라는 슬로건을 통해서도 유추 가능하다.

당시 불법이 참모습을 상실해 가는 현실을 목격하며, 성철을 비롯한 당

---

59 이 분류는 김호성, 앞의 책, 2016, p.134에 근거한다.
60 *Vinaya-piṭakaṃ*, vol.3, PTS, p.28

시 결사 주도자들은 봉암사라는 하나의 공간 속에서 불제자로서 실천해야 할 생활양식을 실천하고자 하였다. 불교의 쇠락은 출가자가 갖추어야 할 근본정신과 생활양식을 잃어버렸기 때문에 나타난 현상이므로, 이를 회복하기 위해서는 '부처님 법대로' 다시 말해 부처님 당시의 생활 방식을 그대로 실천하는 것이 필요하다고 생각한 것이다. 공주규약에는 실제로 오조가사 및 보조 장삼의 상시 착용, 삿갓과 석장의 사용, 괴색 가사의 착용, 와발우瓦鉢盂의 사용 등을 비롯하여, 정기적인 포살의 실행이나 법랍에 의한 좌차座次 등 전통적인 율에서 강조되는 내용들이 잘 반영되어 있다.

『조계종 선원청규』와 『승가청규』

2004년 대한불교조계종 전국선원수좌회에서 선원청규 제정을 발의하고, 2006년 10월 선원청규편찬위원회가 발족되었다. 그 후 4년 정도의 세월이 흘러 『대한불교조계종 선원청규』가 완성되었다. 종단에서 배포한 이 책의 서문에는, 불조심인의 정법에 동서가 따로 없지만, 중국과 한국은 문화와 풍토가 상이하고, 시대의 변화에 따라 이질적 요소가 나타남에 따라 기존의 선원청규는 이 시대 수행자들이 규범으로 삼기에 부적절한 요소가 많기 때문에 시대정신에 부합하는 『조계종 선원청규』를 편찬하여 문명사의 새로운 흐름에 대비하고자 한다는 편찬 취지가 실려 있다.[61] 즉, 선원의 수행 풍토 진작을 위해 시대적 흐름도 고려한 한국불교의 풍토에 맞는 청규를 제작하고자 한 것이다. 앞서 언급한 바와 같이, 지눌을 시작으로 한국불교사에서 다양한 청규가 등장했지만, 『조계종 선

---

61 전국선원수좌회 편, 『대한불교조계종 선원청규』, 서울: 조계종출판사, 2010, p.31

원청규』는 종단 차원에서 전국 선원을 대상으로 제정된 최초의 청규라는 점에서 주목할 만하다.

『조계종 선원청규』는 총 2부로 구성된다. 제1부에서는 「조계종의 종지와 역사」·「조계종의 소의율장」·「조계종의 법계와 승가교육」 등 3장을 통해 조계종의 역사 및 계단법 등에 대한 총론적 설명을 한다. 제2부는 총 7장으로 구성된다. 제1장 「선원의 구성과 체제」에서는 선원을 기본 선원과 전문 선원으로 구분한 후, 각 선원의 조직과 운영, 소임자의 자격과 역할에 대해 설명한다. 제2장 「선원의 안거와 수행 체계」에서는 방부의 자격과 용상방(소임방)의 구성, 나아가 수행 체계로서 간화선 지도와 조석예불, 수행의 조도 방법, 포살 및 자자 등이 설해진다. 또한 선원의 일과와 식당 작법, 대중 공사, 선방 수칙 등과 같은 제반 수칙도 보인다. 제3장 「보청법」에서는 사중 운력과 홍법 및 복지 활동, 생태 및 환경 교육 등에 대해 규정하며, 제4장에서는 의식주에 걸친 대중 생활 전반에 관한 설명과 각종 법구에 대한 설명이 이어진다. 제5장에서는 예경 의식과 연중 의식 거행에 대한 의례가, 제6장에서는 수행자의 경제생활과 문화생활, 그리고 복지 대책이, 제7장에서는 「장례의와 생명 나눔」이라는 제목하에 다비와 천도 등 입적 후의 장례 의식 절차와 장기 기증이나 시신 기증과 같은 생명 윤리 차원의 문제도 다루고 있다.

『조계종 선원청규』에 수록된 주요 내용은 중국과 일본의 청규 및 대만 불광사의 규범을 비롯하여 천주교 베네딕트 수도원의 규약 등을 참고하여 23차에 걸친 회의 및 연찬회 등을 거쳐 편찬되었다고 한다.[62] 기존의 전통을 계승하면서도 시대의 조류에 부합하는 내용을 담기 위해 노력한

---

62 김호귀, 「『조계종 선원청규』의 내용과 편찬 의의」, 『불교평론』 46, 만해사상실천선양회, 2011, p.184

흔적이 여러 곳에서 발견된다.[63] 다만, 이후 실천적 규정보다는 개념적 규정에 머물러 충분히 활용되지 못한 것은 아쉬움으로 남는다.

한편, 조계종 종단쇄신위원회에서는 2015년에 종단의 모든 출가자들을 대상으로 하는 『대비원력의 발심과 실천을 위한 승가청규』(이후 『승가청규』로 약칭)를 제정, 발표하였다. 청규 서문에 의하면, "대한불교조계종 종단쇄신위원회의 청규제정위원회는 청정 승가공동체의 회복과 현대사회와의 조화로운 공존이라는 바람을 담아 『대비원력의 발심과 실천을 위한 승가청규』를 제정했습니다."라고 제정 취지를 밝히고 있다.[64] '청정 승가공동체의 회복'과 '현대사회와의 조화로운 공존'이라는 두 표현에서 알 수 있듯이, 이 청규는 출가자들의 범계 행위로 말미암아 승가가 청정성을 상실하고, 나아가 일반 사회로부터도 신뢰를 상실함으로써 승가가 여법한 모습으로 존재하지 못하게 된 현실을 반성하며 개선해 가고자 제정된 것이다.

『승가청규』는 두 부분으로 구성되어 있다. 청규와 실천의 장이다.

이 중 청규는 수행·생명·평화·나눔·문화의 총 5장으로 구성된다. 「수행의 장」에서는 일상적 삶이 곧 수행이므로 행주좌와에 간절하고 간경이나 참선, 염불, 진언 등에 집중할 것, 소욕지족의 삶, 깊이 사유하는 삶, 겸허하고 진실하게 자신은 낮추고 타인은 존중하며, 회향하는 삶을 살 것을 규정한다. 「생명의 장」에서는 모든 생명의 안락과 행복을 위해 항상 노력할 것을 규정하며, 「평화의 장」에서는 어떤 불의의 권위와 억압 폭력에도 인내와 비폭력으로 대응하고, 항상 자애로운 언어와 행동으로 평화로운 삶을 생활화할 것을 규정한다. 「나눔의 장」에서는 부처님의

---

63 김호귀, 앞의 논문, 2011, pp.184~187
64 대한불교조계종, 「서문」, 『승가청규』, 서울: 조계종출판사, 2015

제자답게 정법을 전하고 나누며, 가난하고 병든 사람, 절망에 빠진 사람의 고통을 나눌 수 있도록 노력할 것을 규정한다. 여기서는 헌혈이나 장기, 시신 기증 등 생명 나눔의 삶에 대한 언급도 하고 있다. 마지막 「문화의 장」에서는 청규를 잘 지키는 삶을 생활화하고, 자주 모여 지역의 역사와 문화에 대해 공부하며, 사부대중이 진솔하게 대화하고 토론하는 대중공사 문화를 가꾸는 삶을 생활할 것 등을 규정한다.

한편, 실천의 장에서는 의식주·소유와 소비·의례와 의식·일상 위의·소임과 실천의 5장으로 나누고, 이들 주제와 관련하여 실천해야 할 항목들을 열거하고 있다.[65]

현재 조계종의 승려들은 『사분율』, 『범망경』 보살계, 청규, 종헌·종법이라고 하는, 때로는 서로 상치하기조차 하는 내용을 담고 있는 무시무시한 분량의 네 가지 규범집 사이에서 혼란을 겪고 있다. 이러한 혼란은 처음부터 규범에 대한 무관심 혹은 기피를 불러일으킬 가능성이 있다. 따라서 모든 종도들이 그 중요성을 인식하며 현실적으로 실행해 갈 수 있는 규범이 등장한 것은 환영할 만한 일이다. 다만, 이러한 규범은 전통적인 규범집에 대한 충분한 검토와 숙고, 그리고 반영이 이루어진 형태로 구성되어야 할 것이다. 현실 상황을 고려한 규정도 물론 중요하지만, 출가자=수행자라는 공식이 성립할 수 있는 본질적인 내용과 더불어 '승가의 구성원'으로서 지향해야 할 구체적인 방향성을 제시해 주는 것이 무엇보다 중요하다. 또한 청규 제정 후에는 실천을 위한 노력 역시 중요하다. 기본 교육과정에서 의무적으로 청규를 숙지할 수 있는 교과를 마련하고, 정기적인 포살 등을 통해 범계 여부 등을 점검하며, 나아가 참회를

---

65 대한불교조계종, 앞의 책, 2015, pp.16~35

통해 자신의 범계 행위를 돌아보고 새로운 마음을 다질 수 있는 기회를 줄 수 있는 시스템이 확보되어야 한다. 이런 노력들이 쌓여 갈 때 청규 제정을 통해 이루고자 했던 목표에 한 걸음씩 다가갈 수 있을 것이다.

청규, 승가 개혁을 위한 결사의 상징

　승가는 불도 수행을 위해 모인 사람들에 의해 성립된 공동체이다. 초전법륜을 계기로 붓다의 가르침은 사람들에게 널리 전달되었고, 그렇게 가르침을 받은 사람들 중에는 자신도 출가하여 불법에 따라 수행해 보고 싶다는 의욕을 일으키는 사람들도 있었다. 이들에 의해 승가는 형성되었다. 붓다는 이들이 불필요한 번뇌에 시달리지 않고 안정된 환경에서 수행에 전념할 수 있도록 다양한 규범을 제정해 갔다. 이 규범을 통틀어 '율律'이라 부른다. 인도의 경우, 율은 승가의 규범으로서 후대까지 매우 중요한 역할을 했다.
　그런데 불교가 인도를 넘어 중국으로 전해지면서 율 외에도 다른 규범들이 승가의 규범으로 등장하게 된다. 4세기경 도안의 「승니궤범」을 시작으로, 지둔의 「중승집의도」, 혜원의 「법사절도」 등 중국 승가 상황에 맞는 새로운 승제법이 제정되는가 하면, 9세기 초에는 백장 회해에 의해 성문화된 청규가 등장한다. 청규란 선종 교단, 즉 총림叢林에서 지켜야 할 일상적인 생활 규범 혹은 그러한 규범들을 모아 놓은 규범집을 일컫는다. 5세기 후반에 보리달마에 의해 중국에 선종이 출현하고 제6조 혜능 대에 이르러 큰 발전을 이루지만, 선종은 자립하지 못한 채 선승들 역시 율사律寺에 기거하였다. 하지만 회해는 이전까지 율사의 조직을 갖추고 있던 절을 선원의 조직으로 바꾸고 『백장청규』를 제정하여 선에 부합하는 수행이나 제자 양성 등을 실현했다.
　이후 중국·한국·일본 등에서는 총림의 규범으로 많은 청규가 만들어졌다. 그중 대표적인 것이 바로 현존 최고最古의 청규인 『선원청규』이다.

12세기 초에 자각 종색은 당시 회해에 의해 제시된 규범이 변형되어 감을 아쉬워하며, 그 원래 모습을 되살리려는 의도하에 『선원청규』를 편찬하였다. 『백장청규』와 『선원청규』 이후, 중국에서는 송·원대를 거치며 여러 종류의 청규가 간행되었다. 한편, 일본에서는 13세기에 도겐(道元)이 중국 청규에 근거하면서도 자신의 경험이나 사상을 반영한 『영평청규』를 찬술하여 큰 영향을 미쳤다.

한국에서는 신라 하대부터 선종이 유입되면서 불교계에도 어느 시점엔가 중국의 청규가 도입된 것으로 보인다. 정확한 시기는 알 수 없지만, 「용문사중수비」의 기록으로 보아 12세기 말에는 선종 사원이 청규에 따라 운영되었을 가능성이 있다. 한편, 한국에서 처음 찬술된 청규는 보조 지눌의 『계초심학인문』이다. 지눌은 당시 불교 교단이 안고 있던 폐해를 극복하기 위해 1205년(희종 원년)에 정혜결사를 일으키고 그 구체적인 생활 규범으로 『계초심학인문』을 찬술하였다. 지눌 이후 14세기 공민왕 대에는 태고 보우와 나옹 혜근, 백운 경한 등을 중심으로 국가적인 차원에서 청규가 활용되었다. 이들은 모두 청규의 실천을 통해 승가가 안고 있던 병폐를 해결하고자 하였다.

조선 후기에는 17세기경이 되면서 유교 사회의 시대적 영향을 받아 불교적 상례의喪禮儀도 시대의 흐름에 조응하는 형태로 바뀌며 중국의 청규가 갖는 한계를 극복한 새로운 불교 상례집과 의례집이 편찬, 간행된다. 또한, 조선 후기의 선승 백파 긍선은 1811년에 수선결사운동을 전개하고, 1826년에는 불교 의식에 필요한 의식문을 편집하여 『작법귀감』이라는 종합 의례서를 펴냈다.

근대기에는 조선 후기의 암울한 상황과 식민지 불교의 폐해 등을 극복하고 중흥의 길을 모색하기 위해 다양한 결사와 청규가 등장한다. 한국 근세 선불교의 중흥자로 평가받고 있는 경허 성우는 1899년 9월 가야산 해인사에서 수선사를 창설하고 정혜결사운동을 주창하며 결사 대중을 위해 30개 조항의 규례規例를 제시하고, 나아가 1902년 10월 범어사에서도 「범어사계명암수선사청규」를 제정하였다.

한편, 근대 한국불교의 대표적 선승 한암 중원은 1921년 겨울부터 1922년 봄까지 금강산 건봉사에서 선회禪會를 열어 결사를 실행했다. 원래 건봉사는 염불만일회라는 염불 결사 전통이 있는 사찰이었는데, 이 도량에서 염불원을 폐지하고 선회를 연 것이었다. 한암은 이 결사를 진행하며 대중의 공동생활 규칙으로서 9항목의 규례를 제정하였다.

승려이자 독립운동가로 널리 알려진 백용성은 일본의 '대처육식' 허용 등으로 한국불교의 정체성이 위협받자 계율의 등한시로 인한 혼란과 한국 전통 선禪의 몰락을 우려하여 1924년경부터 한국 전통 선의 활성화를 위해 만일참선결사회萬日參禪結社會를 추진하고, 역시 청규를 제정하여 제시하였다. 반농 반선半農半禪, 즉 선농禪農 불교를 대표하는 백학명은 1920년대 후반 무렵 내장선원의 규칙을 개정하여 수좌들은 선농을 겸해야 한다는 평소의 소신을 관철시켜 갔다.

한편, 1947년에 퇴옹 성철을 중심으로 일어난 봉암사결사는 해방 이후 나타난 사회적 혼란과 왜색 불교의 잔재 속에서 한국불교의 정체성을 회복하고 수행자 본연의 모습을 되찾고자 하는 목적에서 시작되었다. 1947년 가을부터 1950년 3월까지 진행된 결사 당시 성철은 출가자들이 공동생활에서 함께 지켜야 할 수행 규칙을 제시하였다. 이른바 '공주규약共住規約'이다. 이는 총 18개의 항목으로 구성되어 있는데, 그중 대부분의 항목이 전통적인 율이나 청규 등 승가의 실천 규범과 관련된 것들이다.

지눌을 시작으로 근대기에 이르기까지 청규는 승가가 안고 있는 폐해를 극복하고 불교의 부흥을 위해 형성된 결사의 실천 행동 강령으로 등장하는 경우가 많다. 규례, 규약, 규칙 등 다양한 이름으로 제시되는 이런 규범들을 모두 청규라는 이름으로 불러도 좋을지 의문은 남지만, 기존의 연구에 따라 청규라고 부른다면, 총림의 운영이나 제도 등에 초점이 놓여 있는 중국이나 일본의 청규와 비교할 때 한국의 청규는 결사의 행동 강령이라는 특징으로 인해 내용상 개혁적인 요소를 좀 더 농후하게 드러낸다고 할 수 있다.

현재 조계종의 경우 각 총림을 중심으로 다양한 청규가 실행되고 있는데, 근년에 종단 차원에서 『조계종 선원청규』와 『승가청규』가 새롭게 제정되었다. 전자는 시대적 흐름도 고려한 한국불교의 풍토에 맞는 청규 마련이 목적이며, 기존의 전통을 계승하면서도 시대의 조류에 부합하는 내용을 담기 위해 노력한 흔적이 여러 곳에서 발견된다. 『승가청규』는 조계종 종단쇄신위원회에 의해 2015년에 제정, 발표되었다. '청정 승가공동체의 회복'과 '현대사회와의 조화로운 공존'이라는 두 가지 목적을 위해 제정되었다.

현재 조계종의 승려들은 『사분율』, 『범망경』 보살계, 청규, 종헌·종법이라고 하는, 적지 않은 규범집을 갖고 있지만, 이들은 분량도 많을 뿐만 아니라 내용상 상치하는 부분도 있다. 이러한 혼란은 처음부터 규범에 대한 무관심 혹은 기피를 불러일으킬 가능성이 높다. 실제로 대다수의 조계종도는 본인들이 어떤 규범에 의해 행동해야 하는지 명확한 원칙을 확보하지 못하고 있으며, 따라서 지계의 수준도 낮다. 이로 인해 출가자가 출가자답지 못한 행동을 하여 승가의 질서를 어지럽히고, 나아가 일반 사회로부터도 존경과 신심을 잃어 현재 많은 문제들이 발생하고 있다. 종단 차원에서도 이를 개선하고자 『승가청규』의 제정과 같은 시도들이 이루어지고 있다고 생각된다. 앞으로 『승가청규』의 내용에 대한 깊은 논의, 그리고 실천의 적극적인 노력이 지속되어 궁극적으로 청규 제정을 통해 이루고자 했던 목표를 달성할 수 있게 되기를 기대한다.

| 참고문헌 |

김용태, 『조선후기 불교사 연구임제법통과 교학전통』, 서울: 신구문화사, 2010.
김호성, 『결사, 근현대 한국불교의 몸부림』, 서울: 씨아이알, 2016.
백파 긍선 지음, 김두재 옮김, 『작법귀감』, 서울: 동국대학교출판부, 2010.
최법혜 역주, 『고려판 선원청규 역주』, 서울: 가산불교문화연구원, 2001.

강호선, 「고려말 禪僧의 入元遊歷과 元 淸規의 수용」, 『한국사상사학』 40, 한국사상사학회, 2012.
增永靈鳳, 「道信弘忍の史傳とその集團生活」, 『印度學佛敎學硏究』 3, 日本印度學佛敎學會, 1953.
塚本善隆, 『中國佛敎通史』 제1권, 東京: 鈴木學術財團, 1968.
鏡島元隆·佐藤達玄·小坂機融, 『譯註 禪苑淸規』, 東京: 曹洞宗宗務廳, 1972.
林 德立, 『中國禪宗叢林 淸規史の硏究』, 東京: 山喜房佛書林, 2011.
平川彰, 「百丈淸規と 戒律」, 『佛敎學』 37, 佛敎思想學會, 1995.

찾아보기

ㄱ

가사의훈可思議熏 79
가사의훈습可思議熏習 79
가상嘉尙 66
가지산문 181
가츠마타 순교(勝又俊敎) 46, 56
가토 세이신(加藤精神) 58, 60
각각위인실단各各爲人悉檀 171
간경 159
간경도감 295, 296, 298, 299, 325
간노 히로시(菅野博史) 137, 143
간화선看話禪 185
「감통感通」 113
강경 134
격외선格外禪 192, 193
격의불교格義佛敎 168
견성법見性法 190, 196
견성성불見性成佛 174, 190
결結 142
결사 350, 357~360, 362, 368
결집結集 167
경景 63
경사景師 46, 56

경상經相 144
경서經序 134, 161
경용經用 137, 143, 144
경제석經題釋 138
경종經宗 130, 144
경체經體 137, 143, 144
경허 성우鏡虛惺牛 357, 369
경흥璟興 66
경흥憬興 267
계경戒經 331
계본戒本 331, 334, 335, 338
『계초심학인문』 349~352, 368
고기古記 108, 112, 116
『고봉원묘선사어록』 189
고역古譯 167
고익진 74, 114
고조선 91, 112
공관空觀 179
공교空敎 200
『공목장』 153
공부선功夫選 188
공시교空始敎 175
공안公案 188
공주규약共住規約 360~362, 369
과과 123

찾아보기……373

과果 143
과경科經 123~126, 132, 135, 161
과단科段 124, 134
과목 157
과문科文 122, 125, 127, 130, 132, 139, 141, 142, 151, 153, 154, 156~163
과입 153, 154, 162
과판科判 124, 137
곽郭 64
『관과대승기신론冠科大乘起信論』 148
관도冠導 148, 162
『관도방훈천태사교의冠導傍訓天台四敎儀』 148
『관소연론석觀所緣論釋』 84
관주冠註 148, 162
광률廣律 333, 338~340
『광명각품소』 150
광본 150, 155, 163
광석 130
광설 142
광통 법사 143
교내별전敎內別傳 171
교문敎門 172
교상판석 173
교외별전敎外別傳 171, 173, 174, 191
교체敎體 146, 147
구마라집鳩摩羅什 168
『구사론초』 65
구산문 194
구산선문九山禪門 181
구역舊譯 167
『구운몽』 278
구족계具足戒 331, 332, 334, 341
9철 127~130

국가의례 231
국사國師 228
궁생사온窮生死蘊 255
궈리쥐안(郭麗娟) 75
『권념요록勸念要錄』 309, 312, 324, 326
권상로權相老 317, 320, 322, 323
규봉 종밀圭峰宗密 141, 152, 155, 157, 174, 190
균여 155
근본식根本識 255
『금각대장경金刻大藏經』 48
『금강경』 177
『금강경언해』 290, 299
금강불金剛佛 262
『금광명경문구金光明經文句』 144
금릉각경처본金陵刻經處本 48
『금장』→『금각대장경金刻大藏經』
기신론사起信論師 79
『기신론소』 141
『기신론필삭기起信論筆削記』 141
「기이紀異」 111, 114
길장吉藏 124, 127, 133, 134, 136, 137, 139, 143~145, 152, 162
김만중金萬重 278
김수온 290, 296
김영태 76, 114
김치온 83

ㄴ

나옹 혜근懶翁惠勤(또는 懶翁慧勤) 187, 353, 368

남삼북칠南三北七 170
남종 175, 176, 201
남천축일승종南天竺一乘宗 173
『능가경』 173, 177, 184
『능엄경』 171, 259, 279
『능엄경언해』 289, 291
능전能詮 146
능전교체能詮教體 143, 147

ㄷ

단군 101, 107
단군 부정론 93
단군신화 93
단주육斷酒肉 219, 243
단혹멸고교斷惑滅苦教 175
달達 63
달라이 라마 261
달사達師 56
담가가라曇柯迦羅 334, 338
담란曇鸞 132
『담무덕갈마曇無德羯磨』 335
담연 128
담제曇諦 335
대감 혜능大鑑慧能 179
『대비바사론大毘婆沙論』 66
『대송승사략大宋僧史略』 133
대승 219, 220
대승돈교大乘頓教 175
『대승법원의림장大乘法苑義林章』 70
대승시교大乘始教 175
대승원교大乘圓教 175

『대승의장』 129, 134, 153
『대승장』 130
『대승장엄경론大乘莊嚴經論』 83
대승종교大乘終教 175
대의 130, 133
대의 도신大醫道信 181
대장경 246
『대정신수대장경大正新修大藏經』 47
『대정장』 → 『대정신수대장경大正新修大藏經』
『대지도론』 171
대치실단對治悉檀 171
대통 신수大通神秀 179
『대혜보각선사서』 189
『대혜어록』 189
도겐道元 345, 346, 347
도륜道倫 44
도봉 유문 158, 159
도생 135, 143
도승법度僧法 295, 298, 325
도신道信 341
도안道安 127, 133, 168, 335, 337, 367
도융道融 127
도의 국사道義國師 181
도증道證 66
도첩 238, 239
도쿠이츠(德一) 82
도키와 다이조(常盤大定) 58
돈교頓教 175, 200
돈오頓悟 190
돈오설頓悟說 72
돈점문頓漸門 191
돈점이교頓漸二教 171
『동국정운』 290, 297
『동사강목東史綱目』 92

찾아보기……375

동산법문東山法門 169, 341, 342
『동역전등록東域伝灯錄』 59
둔륜遁倫 44, 55

ㅁ

마명 대사馬鳴大士 177, 179
마조 도일馬祖道一 179
마하가섭摩訶迦葉 177
『마하지관摩訶止觀』 124
마한 91, 112
만법귀일일귀하처萬法歸一一歸何處 187
『만신찬대일본속장경卍新纂大日本續藏經』 47
만일참선결사회萬日參禪結社會 359, 369
만자교滿字敎 171
말법사상末法思想 169
말후구末後句 191
명부 265
명안종사明眼宗師 190
명효明晶 66
『목련경』 275
몰심로沒心路 192
몰어로沒語路 192
몰의로沒意路 192
몰이로沒理路 192
몰종적沒蹤跡 182
『몽산화상육도보설언해』 302
몽윤蒙潤 155
무극無極 96, 103
무득정관위종無得正觀爲宗 173
무루율의無漏律儀 70
『무명자집』 109

무설문無說門 184
「무설토론無舌土論」 181, 183, 194
무성無性 83
무심선無心禪 186
무아無我 253, 254
무애 219
무염 국사無染國師 181, 184
무표색無表色 70
문비 69
미노와 겐료(蓑輪顯量) 82
『미란다왕문경彌蘭陀王問經』 320
민절무기종泯絶無寄宗 176, 201
민지閔漬 97
『밀린다팡하』 254
밀의의성설상교密意依性說相敎 175, 200
밀의파상현성교密意破相顯性敎 175, 176, 200
밀종密宗 169

ㅂ

바라문교 251
바라제목차波羅提木叉 331, 332, 334, 336
바즈라파니 262
박인석 76
반만이교半滿二敎 171
반승飯僧 232, 234, 237, 238
반야공관般若空觀 173
『반야심경언해』 299
『방광반야경放光般若經』 168
방법사 66
배휴裴休 178

백고좌회百高座會 226, 227, 232, 244
백문보白文寶 101
『백법륜강요략석』 65
백암 성총 157
백용성白龍城 315, 316, 322, 323, 359, 369
백운 경한白雲景閑 186, 353, 368
120법문 129
『백장청규』 342~345, 348, 354, 367, 368
백장 회해百丈懷海 183, 342, 343, 346, 367
백진순 81
백파 긍선白坡亘璇 356, 368
백학명白鶴鳴 359, 369
번역 286, 288, 320
범範 64
『범망경』 264, 344, 359, 365, 370
범사範師 56, 65
범일 국사梵日國師 181
『법계도기총수록』 153, 162
법난法難 169
법랑法朗 181
법사法社 169
「법사절도法社節度」 337, 367
법상 126, 129
『법상종현성의략문답法相宗賢聖義略問答』 58, 60
「법성게」 159, 160
「법성게과주」 158, 159
법안 문익法眼文益 179
법운法雲 124, 127, 130, 135, 161
법이무루종자法爾無漏種子 82
법장 140, 141, 147, 155, 162
『법집별행록절요병입사기法集別行錄節要幷入私記』 157, 189
『법집별행록절요언해』 300

법현法顯 339
『법화경언해』 299
『법화경의기』 124
『법화경현찬요집法華經玄贊要集』 154
『법화문구法華文句』 133, 136, 139
『법화문구기』 128
『법화수구法華秀句』 59
『법화의기法華義記』 127, 130, 135, 161
『법화의소法華義疏』 124, 127, 135, 139, 143
법화종法華宗 180
『법화종요』 152
『법화종요서法華宗要序』 134, 150
『법화현론法華玄論』 134, 139, 162
『법화현의』 134, 136, 139, 162
법흥왕法興王 223, 243
벽송 지엄碧松智嚴 189, 195
벽암 각성碧巖覺性 356
『변중변론소』 68
별석 138, 142
별해탈율의別解脫律儀 70
보각普覺 99, 102
보광普光 66
보량寶亮 124, 131
보리달마 169, 172
보살계 218, 228
『보살계갈마기菩薩戒羯磨記』 74
『보살계본기菩薩戒本記』 74
『보살계본종요』 150
보살계 제자菩薩戒弟子 218, 227, 243
『보살지지경菩薩地持經』 78
보서 123
보섬寶暹 67
보우普雨 192
보조 지눌普照知訥 185, 349~351, 368

보조 체징普照體澄 182
보청법普請法 344
보특가라補特伽羅 255
복주復註 141, 155
본성상本性相 81
본유설本有說 70
본유신훈합생설本有新熏合生說 70
본유종자本有種子 70
봉선사 163
봉암사결사 360, 361, 369
부모미생전본래면목父母未生前本來面目 187
『부모은중경』 260
부정불예문不淨不穢門 184
부휴 선수浮休善修 192
북종 175, 176, 201
분과 125, 126, 131, 136, 158, 159
분별상좌부分別上座部 167
불가사의훈不可思議熏 79
『불교 과문집』 141
불리문자不離文字 171
불립문자不立文字 171, 174, 177, 191
불변不變 190
불사의훈습不思議熏習 79
『불설우란분경』 274
불설일자不說一字 171, 173, 191
불심佛心 198
불어佛語 198
불율의무표不律儀無表 70
비사備師 46, 56
비아非我 253

ㅅ

『사교의집주四敎儀集註』 155
『사교의집해四敎儀集解』 155
사교입선捨敎入禪 188, 195, 199
사굴산문 181
사기私記 148, 156, 158
4문 140, 154
『사문불경왕자론沙門不敬王者論』 216, 242
『사법어언해』 296
사복 266, 268
『사분비구작석계본소四分比丘作釋戒本疏』 64, 67
『사분율』 337~340, 344, 359, 365, 370
사십구재 276
『사십이장경』 167
사연설四緣說 70
사이초(最澄) 59
사지寺誌 109
삼계교三階敎 66, 169
삼관三觀 179
삼국사三國史 103
『삼국사기三國史記』 90, 105, 116
『삼국유사三國遺事』 90, 107
삼론종三論宗 169, 219
3문 154
3문 분별 154, 162
『삼보론三報論』 258
3분 124, 128, 130, 161
삼세응보 258
삼시교三時敎 171
삼장三藏 166
삼장역회三藏譯會 315, 316

삼처전심 196
상교相敎 200
상봉 정원 157
상시교相始敎 175
상원연등회 231
서당 지장西堂智藏 183
서복栖復 154
서분序分 168
서정인 79
석釋 142
「석경사고釋經史考」 132
석경제목 142
『석문상의초釋門喪儀抄』 356
『석보상절』 291, 292, 294, 297, 325
석의釋義 137
『선가귀감』 148, 149, 189, 192, 195, 196, 197
『선가귀감언해』 303
『선교결』 189, 191, 195, 197
선교겸수 195
선교불이禪敎不二 185
『선교석禪敎釋』 189, 191, 195, 197
선교융합禪敎融合 172, 177, 189, 193, 197, 199
선교일치禪敎一致 172, 180, 185, 191, 193, 197, 199
선교차별 183, 190, 191, 194, 196~199
『선교총판문』 200~202
선교회통 174, 178
『선문보장록』 183
『선문사자승습도禪門師資承襲圖』 175
선상판석禪相判釋 173, 175
『선요』 189
『선원제전집도서』 157, 174, 175, 189, 201
『선원제전집도서과평』 158

『선원제전집도서분과禪源諸詮集都序分科』 157
『선원집도서착병禪源集都序着柄』 157
『선원청규禪苑淸規』 342, 344~348, 352, 354~356, 367, 368
선인善因 266
선정융합론禪淨融合論 180
선정일치禪淨一致 180
선종禪宗 169, 174, 186
『선종영가집언해』 296
선종오가禪宗五家 169, 195
선주교종禪主敎從 186, 188~190, 193, 194, 196, 197, 199
설암 추붕雪巖秋鵬 157, 158
설일체유부說一切有部 167
『섭대승론소攝大乘論疏』 64, 67, 68
『섭대승론의장攝大乘論義章』 64, 67
『섭대승론장攝大乘論章』 67
『섭론』 67
『성관자재구수육자선정언해』 302
『성유식론』 49
『성유식론소成唯識論疏』 65, 68
『성유식론요의등成唯識論了義燈』 61
『성유식론요집成唯識論要集』 66
『성유식보생론成唯識寶生論』 84
성주 화상 184
성주산문 181
『성호사설』 109
세계실단世界悉壇 171
『세대편년절요世代編年節要』 100
세의식細意識 255
세조 290, 296, 325
세종 292, 293, 324, 325, 327
세친 125, 161

소석疏釋시대 135
소수림왕 221, 243
소승교小乘敎 175
소전所詮 146
소전종취所詮宗趣 143, 146
『속고승전』 67, 173
속선근續善根 85
『속장경』→『만신찬대일본속장경卍新纂大日本續藏經』
〈속회심곡〉 276
『송장유진宋藏遺珍』 49
수륙재 272, 273, 276
수문석의隨文釋義 139
수문해석 139, 142, 148
수선결사 356
『수선결사문』 356
수선사 청규 350
『수소기隨疏記』 141
『수심결언해』 296, 299
수연隨緣 190
수원승도隨院僧徒 233
수트라 166
『수현기』 138, 140, 162
순경順憬 56, 63
숭불정책 244
숭유억불崇儒抑佛 237, 245
『승가예의문僧家禮儀文』 356
『승가청규』 362, 364, 370, 371
승강僧講 133
승과僧科 229, 239
승관僧官 제도 225
승군 232~234, 246
승군勝軍 논사 70
『승기계본』 334, 338

「승니궤범僧尼軌範」 335~337, 367
승랑 219
승예僧叡 128
승우僧祐 133
승인호패법僧人號牌法 295
승정僧政 229
승제법僧制法 330, 334, 335, 337, 338
승조僧肇 257
승종僧宗 134
승진분勝進分 143, 145, 146
승현사僧玄師 65
시아귀회施餓鬼會 272
식망수심종息妄修心宗 176, 201
신라국법사新羅國法師 56, 63
신라방법사新羅昉法師 56, 63
신라원효사新羅元曉師 56, 63
신라인법사新羅因法師 56, 63
신라증법사新羅證法師 56, 65
신라현법사新羅玄法師 56, 63
신라효법사新羅晶法師 56, 65
신라흥법사新羅興法師 56, 63
신멸론神滅論 259, 280
신미 296
신방神昉 66
신불멸론神不滅論 259, 280
신불융합神佛融合 180
신식神識 267
신신이탈神身離脫 263
신역新譯 167
신이神異 112, 116
「신주神呪」 113
『신증동국여지승람新增東國輿地勝覽』 97, 108
신채호 93
『신편제종교장총록』 62

신훈설新熏說 70
신훈종자新熏種子 70
심로心路 192
심종心宗 174
심효생 103
『십송률』 337, 338, 340
십이분교十二分敎 166
『십지경론』 125, 126, 129, 161
『십지론의소』 126, 129
18과입科入 153
『십현담요해언해』 301

ㅇ

아뜨만 251, 253
아뢰야식阿賴耶識 255, 257
『아미타경언해』 299
아쇼카왕 210~212, 242
안정복 92, 109
안혜安慧 83
약설 142
『약찬』 → 『유가사지론약찬瑜伽師地論略纂』
『약천집藥泉集』 108
양 무제 216, 217, 219, 220, 242, 259
양바이이(楊白衣) 73
양원후이(楊文會) 48
어로語路 192
억불정책 238
언설문言說門 184
언설삼구 188
언해諺解 286
언해불서 287, 289, 296, 297, 323, 325, 327

업 251
업경대業鏡臺 277
업설 251, 252, 280
업인業因 256
에다 토시오(江田俊雄) 58
여산 혜원廬山慧遠 169, 257
역경 134
『역대연표歷代年表』 98
연담 유일 159, 160
연등회 230, 244
『연려실기술별집』 109
『열반경』 168
『열반경의기』 124
『열반경집해』 124, 131, 134
『열반소涅槃疏』 127
『염불보권문念佛普勸文』 310~312, 324, 326
염불삼매 258
『영가집언해』 299
영명 연수永明延壽 180
영상상影像相 81
영파 성규影波聖奎 159
『영평청규永平淸規』 345~347, 368
영혼 252
『예념미타도량참법禮念彌陀道場懺法』 309
예수재 276
오교五敎 181
5문 127~130
5문론자 129
오백결집五百結集 167
오부사아함五部四阿含 166
오성각별설五性各別說 79
오시교五時敎 171
오시팔교판五時八敎判 170
오온五蘊 252

찾아보기……381

오종교체 147
오종성설 79
『오종성의五種性義』 81
『오주연문장전산고』 109
오중현의五重玄義 134, 138
오초 에니치(橫超慧日) 132, 135, 136
『온실경의기溫室經義記』 136
「왕력王曆」 110
왕사王師 228, 237
왕즉불王卽佛 213, 214, 224, 242
요시다 도코(吉田道興) 72
용수 대사龍樹大士 177, 179
우두 법융牛頭法融 72, 179
우두종 176, 201
우란분재盂蘭盆齋 275
우빠니샤드 251
우이 하쿠주 71
우파국다優婆鞠多 177
욱면 266, 269
운문사雲門寺 99, 102
운인 65
『원각경』 141
『원각경언해』 299
원교圓教 175
원돈문圓頓門 191, 192
원법사遠法師 72
원상圓相 200
원융부圓融府 187
원측圓測 56, 63
원효 150~152, 162
월운 노사 163
『월인석보』 291, 292, 294, 297, 314, 315, 326
『월인천강지곡』 292, 294, 314, 325
위만조선 91, 112

『위서』 93
『유가론기瑜伽論記』 44
『유가론문답瑜伽論問答』 83
『유가론문적瑜伽論文迹』 64
『유가론보궐』 66
『유가론소瑜伽論疏』 66, 67
『유가론요간瑜伽論料簡』 65, 67
『유가사지론瑜伽師地論』 44
『유가사지론약찬瑜伽師地論略纂』 45, 56
유가종瑜伽宗 186
『유마경』 170
『유마경약소수유기維摩經略疏垂裕記』 124
유문 160
유분식有分識 255
유식육가 68
유유민劉遺民 258
유키 레이몬(結城令聞) 59, 68
유통분流通分 168
육도윤회 258, 259, 265
육도윤회설 267, 277
6요六要 136
윤회 250, 254, 280
윤회설 250, 252, 258
윤회전생輪廻轉生 259
율律 330~334, 338~340, 351, 359, 361, 367, 369
율사律寺 340, 341, 343
율의무표律儀無表 70
율장律藏 332, 333, 337, 338, 340, 343~345, 361
율종律宗 169, 180
융법사融法師 72
『융즉상무상론融卽相無相論』 129
『은둥경』 317, 319

『은중경언해』 301, 305, 306, 308, 326
응기문應機門 184
의로意路 192
의상 130, 150, 152, 159, 162
의승군義僧軍 239, 240, 246
의장義章 130
의적義寂 267
의정義淨 84
의지집수증依止執受證 84
의천 62
『의천록』 65
의통선義通禪 194
「의해義解」 113
이계복李繼福 105
이기백 115
이능화 94
이로理路 192
이만 74, 83
이부승수계二部僧授戒 332, 339
이사구절백비離四句絶百非 195
이승휴李承休 101
이심전심 177
이욱李澳 48
이응섭 320, 323
이익李瀷 92
『이제의』 137
「이종입」 173
이차돈 223
인因 143
인각사 99, 102
인과 143
〈인과문因果文〉 277
인과이실因果理實 143
인법사 65

『인왕경』 143, 226, 232
『인왕경소』 144
인천인과교人天因果教 175
인흥사仁興社 98, 102
일대시교 179
일미온一味蘊 255
『일본영이기日本靈異記』 265
『일승법계도』 152, 153
일심법一心法 190, 196
일연一然 96
일음교교판一音教教判 170
임신본 105
임제선법臨濟禪法 186
임제종지臨濟宗旨 186

ㅈ

자각 종색慈覺宗賾 344, 352, 368
자교오종藉教悟宗 171
자분自分 143, 145, 146
자성삼구 188
자운 성우慈雲盛祐 360
자은기慈恩基 45
자재전생自在轉生 261
자주自註 150, 152, 162
『작법귀감作法龜鑑』 356, 368
『잡집론소』 68
『장수경언해』 304
장수 자선長水子璿 141
장식파경교將識破境教 175, 176
장章 형식 129
『재조대장경再雕大藏經』 235, 245

〈저승전〉 275
『적사대장경磧砂大藏經』 49
전경 293, 294
전등사서傳燈史書 172
전륜성왕 210, 212, 218, 220, 224, 228, 242~244
『전법보기傳法寶紀』 173
전오傳奧 141
전좌 346
「전좌교훈」 346, 347
점교 200
점수漸修 190
점오설漸悟說 72
점찰법회 270
정가신鄭可臣 100
정검淨撿 339
정교결합政敎結合 218, 243, 246
정교통합 215, 218
정달淨達 65
정덕본 105
정려율의靜慮律儀 70
정법안장正法眼藏 173, 177, 184, 191, 196
정숭靖嵩 67
정영 혜원淨影慧遠 72
정예문淨穢門 184
정전문正傳門 184
정종분正宗分 168
정토淨土 180
정토교 264
정토염불 169
정토종淨土宗 169
정토진종淨土眞宗 180
정혜결사定慧結社 350, 351, 358, 368
정혜결사운동 358, 369

제계십리制戒十利 333
제관諦觀 155, 163
『제왕운기』 101, 108
제일의실단第一義悉檀 171
조가增賈 83
『조계종 선원청규』 362, 363, 370
조동종曹洞宗 180
조문祖門 172
조사선祖師禪 188
조사선법 182
조소과경造疏科經 133
조은수 163
조주 종심趙州從諗 186
종 145
종교終敎 175
종교입선從敎入禪 193, 197, 199, 202
『종리중경목록綜理衆經目錄』 168
종밀宗密 → 규봉 종밀圭峰宗密
종색 346
종성種姓 79
종요宗要 134, 137, 150~152, 161, 162
종요집宗要集 152, 162
종의從義 155
종자 256, 257
종자식 267
종취宗趣 146, 147
종통宗通 173
종통복고운동宗統復古運動 180
종파적 주석 142
주경注經 133
주석 155
『주음지입경注陰持入經』 134
『주인본욕생경注人本欲生經』 134
주자행朱子行 133

「중승집의도衆僧集儀度」 337, 367
중유中有 85
중유설中有說 255
중종임신본中宗壬申本 105
즈카모토 젠류(塚本善隆) 60, 62
즉심시불卽心是佛 178
증법사 66
『증보문헌비고增補文獻備考』 97
증정證正 159
지눌 → 보조 지눌普照知訥
지론종地論宗 129, 143, 169
지엄 130, 138, 140, 153, 162
지옥 265, 277
지원智圓 124
지원 승통智遠僧統 181
지의智顗 → 천태 지의天台智顗
지인 65
지장智藏 216
『지장경언해』 313, 315, 326
『지장십륜경地藏十輪經』 66
『지장십륜경소地藏十輪經疏』 66
직지인심直指人心 174
직현심성종直顯心性宗 176, 201
진각 혜심眞覺慧諶 185
진귀조사설眞歸祖師說 181, 183
『진심직설』 172
진씨陳氏 134
진여소연연종자眞如所緣緣種子 69, 82
진전사원眞殿寺院 227
진정眞定 267
진정 천책眞淨天頙 183
진종眞種 224
진표眞表 271
진흥왕眞興王 224

징관澄觀 140, 141, 152, 155

ㅊ

처중무표處中無表 70
천명天命 258
『천추금경록千秋金鏡錄』 100
천태 덕소天台德韶 180
천태법화종天台法華宗 180
『천태사교의』 148~150, 155, 163
천태종天台宗 169
천태 지의天台智顗 124, 133, 134, 136, 137, 139, 143, 144, 152, 170, 179
청규 338, 342, 344~349, 351~359, 361~371
청담 순호靑潭淳浩 360
『청장관전서』 109
청허 휴정淸虛休靜 189, 195
체 145
『초발심자경문』 352
『초발심자경문언해』 303
『초조대장경初雕大藏經』 235, 245
총석 142
최남선崔南善 92, 99, 102, 114
최원식 78
최종남 75
최초구最初句 191
추붕 → 설암 추붕雪巖秋鵬
추선 266
추선 의례 264
추인호 84
축법호竺法護 133, 134

『출삼장기집出三藏記集』 133, 168
측사測師 46, 56
『칙수백장청규』 352~355
칠백결집七百結集 167
칠취七趣 260
침류왕枕流王 222, 243

ㅌ

타다 오사무(多田修) 84
타분 145
『탐현기探玄記』 140, 146, 149, 162
「탑상塔像」 112
탕용통(湯用彤) 71
태고 보우太古普愚 187, 353, 368
태사泰師 56
태선일치台禪一致 180
태현 150
『통록촬요』 189
통석 138
퇴옹 성철退翁性徹 360, 369

ㅍ

『파사론소婆沙論疏』 65, 67
판첸 라마 261
팔관회八關會 226, 227, 230, 231, 244
팔만대장경 192
8분 125

팔종상八種相 83
평등 211, 212, 219
폐불 214, 216
포살 336, 337, 361, 362, 365
표標 142
표원 153, 154, 162
「피은避隱」 113

ㅎ

하서河西 127
하야시 카나 77
하택 신회荷澤神會 179
하택종荷澤宗 169, 174~176, 201
학처學處 331, 332, 335
한계희 290, 291, 296
한암 중원漢巖重遠 358, 369
『해심밀경기회본』 76
『해심밀경소』 68
『해인삼매론海印三昧論』 66
행달行達 65
향상문向上門 192
향상일로向上一路 192
허백 명조虛白明照 356
허영호許永鎬 320, 323
현담玄談 130, 131, 134~140, 142, 143, 148, 151, 155, 161, 162
현밀顯密 180
현범玄範 65, 68
현법사玄法師 81
현보現報 265
현시진심즉성교顯示眞心卽性教 175, 176, 200

현응玄應 64
현장玄奘 44
혜경惠景 64, 80
혜관慧觀 134, 150
혜광 340
혜달惠達 67
혜소慧沼 61
혜원 124, 129, 134, 136, 153
호국 236, 241, 245
호법護法 논사 70
호법선신護法善神 263
호월護月 논사 70
호필륵한呼畢勒罕 261
혼구混丘 97
홍인 342
홍주종洪州宗 169, 175, 176, 201
화선일치華禪一致 179
『화엄경』 179, 189
『화엄경문의요결문답華嚴經文義要決問答』
 153, 154, 162
『화엄경소』 141
『화엄경수소연의초華嚴經隨疏演義鈔』 141

화엄교학 182
화엄삼매華嚴三昧 188
화엄선華嚴禪 188
『화엄일승교의분제장』 155
『화엄일승법계도』 162
화엄종華嚴宗 169, 186
환성 지안喚醒志安 195
환암 혼수幻庵混脩 188, 195
활불活佛 260
활불전세活佛轉世 260, 280
황제보살皇帝菩薩 218, 220, 243
회본會本 153, 162
회암 정혜 157
회해 → 백장 회해百丈懷海
「효선孝善」 113
후루사카 코이치(古坂紘一) 83
『훈몽요초訓蒙要鈔』 189
〈훈요십조訓要十條〉 227, 230, 244
흥륜사 60
「흥법興法」 112, 113
흥법사 66

저자 소개

김용태

동국대 HK교수, 한국불교사 전공, 서울대 국사학과 박사. 『韓國佛教史』(일본 春秋社, 2017), *Glocal History of Korean Buddhism*(Dongguk University Press, 2014), 『조선후기 불교사 연구』(신구문화사, 2010), 「역사학에서 본 한국불교사 연구 100년」, 「동아시아의 징관 화엄 계승과 그 역사적 전개」

이수미

동국대 HK연구교수, 동아시아 유식불교 전공, Ph.D. University of California at Los Angeles, 서울대 강사 역임. "The Meaning of 'Mind-made Body'(S. manomaya-kāya, C. yisheng shen 意生身) in Buddhist Cosmological and Soteriological systems," 「『大乘起信論內義略探記』로 본 大賢의 唯識사상」, 「공유논쟁空有論爭을 통해 본 원효元曉의 기신론관起信論觀 재고: 법장法藏과의 비교를 중심으로」, "Redefining the 'Dharma Characteristics School' and East Asian Yogācāra Buddhism," 「여래장사상과 유식사상의 전통적 이분법에 관한 제문제」

박광연

동국대 HK연구교수, 한국불교사 전공, 이화여대 사학과 박사, 서울대 규장각한국학연구원 박사후과정(post-doc.) 이수. 『신라 법화사상사 연구』(혜안, 2013), 「경흥『삼미륵경소』의 도솔천 왕생관-신라 중대 유식 승려의 미륵신앙 재고찰」, 「한국 불교와 '종파'」, 「보살계 사상의 전개와 원효『菩薩戒本持犯要記』의 성격」, 「史書로서의『삼국유사』와『古記』연구의 흐름」

김천학

동국대 HK교수, 화엄학 전공, 한국학중앙연구원 철학박사, 일본 東京大 인도철학·불교학과 박사, 일본 히메지독쿄대학 조교수, 금강대 불교문화연구소 HK교수 및 연구소장 역임.『平安期華厳思想の研究―東アジア華厳思想の視座より―』(東京: 山喜房佛書林, 2016), 『화엄일승성불묘의』(역서, 동국대출판부, 2016), 「T85, No.2799『십지론의소十地論義疏』의 텍스트 문제에 대한 고찰」, 「『법화경론자주』 사본의 유통과 사상」, 「종밀에 미친 원효의 사상적 영향-『대승기신론소』를 중심으로」

김호귀

동국대 HK연구교수, 선학 전공, 동국대 선학과 박사, 동국대 불교문화연구원 전임연구원 역임. 『묵조선연구』(민족사, 2001), 『선과 수행』(석란, 2008), 『선리연구』(하얀연꽃, 2015), 「무생법인無生法忍의 구조와 무생선無生禪의 실천」, 「『담연원징선사어록』의 선관인식 및 종문인식 고찰」

조윤경

동국대 HK연구교수, 삼론학 전공, 중국 北京大學 철학과 박사. 「삼론종에서의 깨달음, 궁극적 경지인가 점진적인 과정인가?」, 「법랑法朗의 '상즉相卽' 개념」, 「삼론종의 이원적 범주 연구-『大乘四論玄義記』 제1권 「初章中假義」의 소밀疏密, 횡수橫竪, 단복單複, 쌍척雙隻, 통별通別에 대한 논의를 중심으로」, 「삼론교학에 나타난 '방편方便'의 의미-'방편方便'과 '권權'의 비교 고찰을 중심으로」, 「『大乘玄論』 길장 찬술설에 대한 재고찰-「二諦義」를 중심으로」

박서연

전 동국대 HK연구교수, 한국불교 및 화엄학 전공, 동국대 불교학과 박사, 동국대 한의학연구소 연구초빙교수 역임. 「신라 現身成佛 설화에 보이는 의상 화엄사상의 영향」, 「의상계 화엄수행론의 심리치유 가능성 고찰」, 「신림의 화엄사상에 관한 일고찰」, 「滿文『華嚴經續入法界品』에 관한 연구」, 「滿文『금강경』의 내용과 특징」

김기종

동국대 HK연구교수, 고전시가 전공, 동국대 국어국문학과 박사, 고려대 BK21 한국어문학교육연구단 연구교수 역임. 『(역주) 월인천강지곡』(보고사, 2018), 『불교와 한글』(동국대출판부, 2015), 『한국 불교시가의 구도와 전개』(보고사, 2014), 『월인천강지곡의 저경과 문학적 성격』(보고사, 2010), 『동아시아 불교의 근대적 변용』(공저, 동국대출판부, 2010)

이자랑

동국대 HK교수, 초기불교교단사 및 계율 전공, 일본 東京大 인도철학·불교학과 박사, 일본 東京大 외국인특별연구원 역임. 『나를 일깨우는 계율 이야기』(불교시대사, 2009), 『붓다와 39인의 제자』(한걸음 더, 2015), 『도표로 읽는 불교입문』(공저, 민족사, 2016), 『율장의 이념과 한국불교의 정향』(동국대출판부, 2017), 「신라사원노비의 발생과 사신」

인문한국불교총서 6
테마Thema 한국불교 6

2018년 6월 20일 초판 1쇄 인쇄
2018년 6월 30일 초판 1쇄 발행

엮은이 동국대학교 불교문화연구원 HK연구단
펴낸이 한태식
펴낸곳 동국대학교출판부

출판등록 제2-163(1973. 6. 28)
주 소 04620 서울시 중구 필동로 1길 30
전 화 02) 2260-3483~4
팩 스 02) 2268-7851
Homepage http://dgpress.dongguk.edu
E-mail book@dongguk.edu
편집디자인 로즈앤북스
인쇄처 (주)네오프린텍

ISBN 978-89-7801-940-8 94220

값 20,000원

이 책의 무단 전재나 복제 행위는 저작권법 제98조에 따라 처벌받게 됩니다.